Reise-Taschenbuch

mecklenburgische seenplatte

Jacqueline Christoph

Senkrechtstarter

Die Landschaft der Mecklenburgischen Seenplatte ist einfach eine Wohltat. Die vorherrschenden Farben sind das Grün der Wälder, das helle Blau des Himmels und das dunklere Blau des Wassers, im Frühjahr wunderbar kontrastiert vom leuchtenden Gelb der Rapsblüte, später durch andere Blühpflanzen und Früchte. Eine Reise durch diese beruhigenden Weiten verspricht Erholung, nicht zuletzt auch wegen all der Seen, an deren Ufern so manche Perle zu entdecken ist, wie hier Malchow – wegen ihrer Lage die einzige offizielle Inselstadt Deutschlands.

Überflieger

Schwerin
Hauptstadt mit Märchenschloss

Warnow-Durchbruchstal
Grandios!

Güstrow
Ein Engel und viele Türen

Wildpark-MV
Mit den Wölfen

Groß Raden
Wie die Slawen lebten

Krakow am Se
Ich weiß ein Haus am See

Kloster Dobbertin
Doppelspitze

Schweriner See/ Ziegelsee
Runden drehen, Segel hissen

Lewitz
Schon mal Kartoffel-Boccia gespielt?

Lübz
Mehr als ein Bier

Plau am See
Plau machen

Inselstadt mit DDR-Museum

Friedrichsmoor
Jagdtapete für alle

Parchim
Fachwerkschönheit

Ludwigslust
Versailles des Nordens

Redefin
Pferdefans aufgepasst!

Grabow
Küsse ohne Ende

Die Mecklenburgische Seenplatte — viel Grün und jede Menge Wasser. Beim Drüberfliegen wird deutlich, wie gut Sie hier Aktivsein und Erholung kombinieren können. Eine abwechslungsreiche Region!

Querfeldein

Fundstücke — Die Mecklenburgische Seenplatte hat vor allem eines: viel, viel Natur, in der man sich wunderbar bewegen und erholen kann. Mittendrin idyllische Dörfer, außergewöhnliche Schlösser, Guts- und Herrenhäuser.

Jahreszeiten

Es ist herrlich, durch die mecklenburgischen Weiten zu reisen. Im Frühjahr leuchten die Rapsfelder und lassen so auch an einem grauen Tag die Sonne scheinen. Im Sommer recken Mohn-, Korn- und Sonnenblumen ihre Köpfe dem Himmel entgegen. Der Herbst taucht das Land in goldgelbes Licht. Kartoffeln, Sanddorn, Äpfel und Kürbisse werden geerntet. Im Winter dann legt sich eine wunderbare Ruhe über das Land.

Wege übers Land

Ein sehr gut ausgebautes Wegenetz ermöglicht Wanderern und Radfahrern eine Vielzahl von Kombinationen: glasklare Seen umrunden, schattige Wälder durchwandern, leuchtende Weizen- und Rapsfelder durchqueren. Und immer treffen sie auf ein hübsches Dorf, hier und da auf ein geöffnetes Atelier, Findlingsgärten, Alleen mit und ohne Kopfsteinpflaster, ein altes Gutshaus, eine Badestelle …

Große Namen, kleine Orte

Einige Minidörfer am Wegesrand haben ungewöhnliche Namen wie Rom und Troja, Adamshoffnung und Gottesgabe, Siehdichum oder Lutheran. Über den Ursprung kann meist nur spekuliert werden. Aber oft lohnt sich eine Entdeckungstour vor Ort.

In der Seenplatte gibt es überdurchschnittlich viele Schutzgebiete und Naturparks. So nutzen Kraniche, Fisch-, See- und Schreiadler, Wasserrallen, Störche und andere Vögel das Gebiet wieder zunehmend als Lebensraum, Brut- und Rastgebiet. Egal, wo Sie von Frühjahr bis Herbst unterwegs sind, hier können Sie einzigartige Vogelbeobachtungen machen.

Wasser ohne Ende

Ein See, Kanal oder Fluss ist eigentlich immer in der Nähe, sodass es auch immer eine Bademöglichkeit gibt. Die großen Seen sind ideale Segelreviere. Das Besondere in der Seenplatte ist jedoch, dass viele der Gewässer miteinander verbunden sind. So können Wasserwanderer hier wirklich große Distanzen zurücklegen bzw. Runden drehen und die Seenplatte von der Wasserseite aus entdecken. Das ist sowohl sportlich mit dem Paddel in der Hand als auch genussvoll auf dem Hausboot möglich. Besonders beliebt ist das Gebiet der Kleinseenplatte, wo sogar einige der Seen für den Motorbootverkehr gesperrt sind. Idylle pur! Und wer nicht wasserwandern will, kann sich alternativ in eines der Bootshäuser einmieten.

Fischbrötchen & Co.
Ein Besuch in der Seenplatte ohne einen der heimischen Fische probiert zu haben, geht eigentlich nicht. Am besten als schmackhaftes Fischbrötchen oder als Räucherfisch direkt aus dem Ofen.

»Ick künn sei nich verstohn. Sei münn hochdüütsch mit mi rähden.« Humor auf Plattdeutsch …

Schlösser und Herrenhäuser

Die Mecklenburger Herzöge ließen sich nicht nur prachtvolle Schlösser errichten – u. a. in Schwerin und Güstrow –, sondern mit Ludwigslust und Neustrelitz sogar eigene Residenzstädte. Landadel und Gutsbesitzer eiferten ihnen nach. Nirgendwo sonst werden Sie eine höhere Dichte an Herren- und Gutshäusern finden als in der Seenplatte, oft noch mit einem schönen Park. Einige sind heute Museen, andere sind privat oder warten auf neue Besitzer, und wieder andere wurden zu besonderen Unterkünften umgebaut. In der Seenplatte können Sie wunderbar auf Schlössertour gehen. Besonders zahlreich, prächtig und vielfältig sind sie in der Mecklenburgischen Schweiz und um die Müritz.

Inhalt

Vor Ort

Zwischen Schwerin und Ludwigslust 14

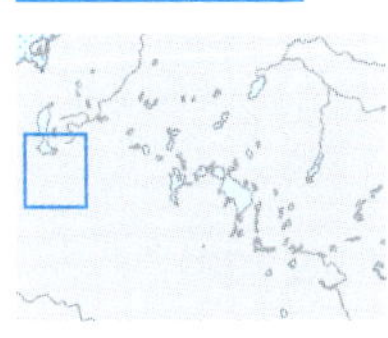

Auf den großen Seen, hier der Schweriner See, ist gut segeln … und wenn Flaute herrscht, ins Wasser hüpfen.

Im Westen der Seenplatte 46

Mecklenburgische Schweiz 80

Die großen Seen und der Müritz-Nationalpark 112

Neubrandenburg und Tollensesee 158

Neustrelitz, Kleinseenplatte und Feldberger Seenland 186

Das Kleingedruckte

Das Magazin

Vor

Ort

Außergewöhnliche Orte mit außergewöhnlichen Veranstaltungen, hier der »ruhepuls« auf dem Amtswerder in Feldberg.

Zwischen Schwerin und Ludwigslust

Nicht nur herzogliche Schlösser — Neben den beiden Highlights gibt es noch viel mehr Schönes zu entdecken.

Seite 17

Schwerin

Die gemütlichste Landeshauptstadt Deutschlands, die außerdem mit einem wasserreichen Umland gesegnet ist. Das Leben hier verläuft herrlich unaufgeregt und alles hat eine gute Balance – Alltag und Politik, Kunst, Kultur und Natur.

Seite 26

Pfaffenteich und Ziegelsee

Die Schweriner sind beschenkt durch ihre Seen, die sie bei jedem Wetter mit Kind und Kegel joggend oder radelnd umrunden. Beliebt ist die Tour um den Pfaffenteich und den Inneren Ziegelsee.

Schwerin ist Softeis-Hochburg, beliebt ist der Eispionier, S. 29.

Eintauchen

Seite 38

Ludwigslust 

Als der Schweriner Herzog Friedrich beschloss, sich sein eigenes Versailles zu erschaffen, wurde aus einem kleinen Jagdschloss das größte Barockschloss Norddeutschlands inklusive Landschaftspark und Wasserspielen.

Seite 35

Friedrichsmoor

In dem kleinen Jagdschloss verbirgt sich nicht nur eine einzigartige Wandtapete, sondern es liegt inmitten von Wäldern und umgeben von Fischteichen – eine Einladung zum Wandern und Radfahren.

Seite 43

Redefin

Ein Gestüt wie aus dem Bilderbuch, das für seine Hengstparaden bekannt ist und eine tolle Kulisse für Konzerte der Festspiele Mecklenburg-Vorpommern abgibt.

Seite 44

Grabow

In der Stadt an der Elde gibt es neben farbenfrohen Fachwerkhäusern auch Küsse ohne Ende. Schließlich wurde in Grabow der Schaumkuss erfunden …

Seite 33

Freilichtmuseum Mueß

Zu Fuß oder mit dem Rad geht es am Ufer des Schweriner Sees mit Möglichkeiten zum Baden und Einkehren bis ins kleine Mueß. Im dortigen Freilichtmuseum ist so einiges über die Mecklenburger Lebensart zu erfahren.

Seite 45

Rätselhafter Beerentod

Die Zitrone des Nordens, der Sanddorn, ist von einem mysteriösen Pilz befallen, der den vorhandenen Bestand innerhalb weniger Jahre nahezu halbiert hat.

Heinrich der Löwe besiegte die slawischen Stämme und gründete die erste Stadt Mecklenburgs: Schwerin.

Haben Sie schon einmal Kartoffeln um die Wette geschält oder sich im Kartoffel-Boccia versucht? Wenn nicht, schauen Sie bei den Tüffelwochen in der Lewitz vorbei.

Residenzen und Landschönheiten

R

Rein touristisch gesehen, rechnen viele die Region um Schwerin und Ludwigslust nicht mehr zur Mecklenburgischen Seenplatte, obwohl sie an deren westlichem Rand liegt. Keine Frage, Schwerin als Landeshauptstadt mit all seinen Seen und Ludwigslust mit Schloss und Landschaftspark sind unbedingt sehenswert. Es wäre jedoch schade, den Besuch nur auf die Residenzstädte zu reduzieren. Beide eignen sich ideal, um auch die umliegenden Orte in der Lewitz und Griesen Gegend zu entdecken. Im Gegensatz zum Rest der Seenplatte ist die Landschaft hier brettflach, und die Straßen laufen fast immer geradeaus. Dafür mäandert die Elde durch die Ebene. Der Fluss, der in der Müritz seinen Anfang nimmt, ist sehr präsent und durchfließt die Fachwerk-Schönheiten Parchim, Neustadt-Glewe und Grabow, um später in die Elbe zu münden. Wasserwanderer und Radfahrer sind hier noch relativ unter sich. Überhaupt ein Unterschied zu allen anderen Regionen der Seenplatte: Touristisch ist das Gebiet gut erschlossen, gestärkt durch viele lokale Initiativen, und dennoch geht es hier auch in der Hochsaison eher beschaulich zu.

O

ORIENTIERUNG

Internet: Die sehr empfehlenswerte Website **www.mecklenburg-schwerin.de** informiert umfassend u. a. zu verschiedenen Aktivitäten, Touren auf der Elde-Wasserstraße und den Schweriner Seen inklusive Verleihern und Unterkünften (mit Verlinkung), Verkehrsverbindungen und sogar Standorten von E-Ladesäulen. Außerdem betreiben Ludwigslust, Neustadt-Glewe und Grabow das gemeinsame Portal **www.dreiecksgeschichte.de,** auf dem es Tipps zu Unterkünften und der Region, Tourenbeschreibungen und Aktivitäten sowie aktuelle Meldungen gibt.

Bahn: Alle Städte der Region sind mit den Zügen der Deutschen Bahn bzw. der ODEG untereinander verbunden (www.odeg.de, Linien RB 13 und RB 14). Schwerin liegt an der Strecke Hamburg–Berlin.

Bus: Die Busse der Verkehrsgesellschaft Ludwigslust-Parchim (www.vlp-lup.de) verbinden alle größeren und kleineren Orte der Region miteinander, und das sogar bis nach Plau am See und Sternberg.

Schwerin

Welcher deutsche Landtag kann schon von sich behaupten, in einem Schloss zu tagen? Mecklenburg-Vorpommern kann! **Schwerin** ist zwar die kleinste Landeshauptstadt und darf sich mit ihren mittlerweile nur noch rund 98 600 Einwohnern nicht mal mehr Großstadt nennen, doch dafür ist sie die gemütlichste, die grünste und, umgeben von sieben herrlichen Seen, auch die wasserreichste.

Als es nach der Wende hieß »Tradition oder Moderne?«, also »Schwerin oder Rostock?«, war es eine Überraschung, wie eindeutig die Entscheidung für die älteste Stadt Mecklenburgs ausfiel. Schwerin hat diese Chance sehr gut für sich genutzt und ist aus seinem Dornröschenschlaf erwacht. Die alten herzoglichen Prachtbauten wurden saniert und erweitert, in vielen residieren heute Ministerien. Die Altstadt wurde aufpoliert, traditionsreiche Gasthäuser erstrahlen in neuer Pracht, die brüchig gewordene Schelfstadt ist zum In-Stadtteil Schwerins avanciert und die BUGA 2009 war ein weiterer Glücksfall. Unter dem Motto »Sieben Gärten mittendrin« wurden nun auch die historischen Parkanlagen um das Schweriner Schloss in die Stadtentwicklung einbezogen.

Schweriner Legenden

Man nannte sie die Blumenfrau. Auf dem Schlachtermarkt bot sie ihre Ware feil. Mit Schürze überm langen Rock, Schultertuch und Kopfhaube war sie ein Schweriner Original und gehörte gefühlt schon immer zum Stadtbild. Als es 1990 um den Entscheid für die Landeshauptstadt ging, legte sie mit ihren 91 Jahren noch mal los, sammelte an ihrem Blumenstand über

Open air und vor der traumhaften Kulisse des Schweriner Schlosses gibt das Mecklenburgische Staatstheater die »Aida«.

Schwerin

Ansehen

1 Skulptur Bertha Klingberg
2 Schloss Schwerin/Museum Schloss Schwerin
3 Demmler-Mausoleum
4 Burggarten
5 Schwimmende Wiesen
6 Kreuzkanal
7 Mecklenburgisches Staatstheater
8 Kollegiengebäude
9 Stadtmodell
10 Marstall
11 Dom
12 Marktplatz
13 Schlachtermarkt
14 Landesamt für Kultur- und Denkmalpflege
15 Logenhaus
16 Schelfkirche
17 Neustädtisches Palais
18 Kulturforum Schleswig-Holstein-Haus
19 Staatliches Museum Schwerin
20 Schleifmühle

Schlafen

1 Hotel Speicher
2 Hotel Zur Traube
3 Pension Mittendrin
4 Hof Medewege

Essen

1 Zur guten Quelle
2 Weinhaus Wöhler
3 Weinhaus Uhle
4 Restaurant Lukas
5 Schlossbucht Café und Strandbar
6 Seglerheim
7 Salädchen
8 Café Prag
9 Gundel's Café
10 Eismanufaktur Mueß
11 ILKA
12 Eispionier

Einkaufen

1 Bauernmarkt
2 BierPostAmt
3 Denissen
4 Das Kontor
5 littera et cetera

Bewegen

1 Anleger der Weißen Flotte

Ausgehen

1 Beachclub Schwerin
2 Der Speicher
3 Zum Freischütz

---

17 000 Unterschriften für IHR Schwerin und ging damit in die Stadtgeschichte ein. Und welcher Ort wäre besser geeignet als der (ehemalige) Eingang zur BUGA, um an **Bertha Klingberg** (1898–2005) zu erinnern? Dort sitzt sie als **Skulptur** 1 in ihrer typischen Tracht, noch immer Blumen verkaufend und an der Hand den Ehrenring der Landeshauptstadt Schwerin, der bisher nur ihr verliehen wurde (1993).

Verdient hätte diesen Ring auch das **Petermännchen,** ein kleiner Mann mit großem Hut und lockigem Haar, einer Halskrause über dem Brustpanzer und hohen Reitstiefeln. Er soll der gute Geist des Schweriner Schlosses gewesen sein, der mit Laterne und großem Schlüsselbund in allen Räumen nach dem Rechten sah und Eindringlinge vertrieb. Sein berühmtestes Opfer war Wallenstein. Den hatte der Kaiser im Dreißigjährigen Krieg als Herrscher über Mecklenburg ein-, die Herzöge von Schwerin und Güstrow kurz zuvor abgesetzt. Wallenstein gefiel es in Schwerin ausnehmend gut. Doch schon in der ersten Nacht war an Schlaf nicht zu denken. Stühle fielen um, Fenster öffneten sich, es polterte, und sogar die Bettdecke wurde ihm weggezogen. Tags darauf zog er in einen anderen Teil des Schlosses. Doch es wurde noch ärger. Denn während es rumpelte und an ihm zerrte, sah er plötzlich im Mondlicht einen kleinen

200
400 m
Obotritenring
Bgm.-Bade-Pl.
Ziegelsee
Güstrow, Sternberg, Crivitz
104
Werderstraße
Knaudtstraße
Spieltordamm
Dr.-Hans-Wolf-Str.
Walther-Radenau-Str.
Robert-Koch-Str.
Pestalozzistr.
Schweinemarkt
Landreiterstr.
Mühlenstr.
Hospitalstr.
Bergstr.
Pfaffenteich
Schelfstr.
Röntgenstr.
Taubenstr.
Lehmstr.
Bornhövedstr.
Ferdinand-Schultz-Str.
Apotheker-str.
Bebel-Str.
August-
Gaußstr.
SCHELFSTADT
Linden-str.
Kirchenstr.
Ziegenmarkt
Amtstr.
Jahnstr.
Dr.-Külz-Str.
Schwerin Hauptbahnhof
ZOB
Grunthal-pl.
Hauptbahnhof
Wismarsche Str.
Zum Bahnhof
Franz-Mehring-Str.
Am Packhof
Stadtverwaltung
Stadthaus
Molkereistr.
Alexandrinen-str.
Lübecker Str.
Paulskirche
Körnerstr.
Pfaffenstr.
Puschkinstr.
Münzstr.
Schliemannstr.
Fischerstr.
Steinstr.
Johannesstr.
Arsenalstr.
Friedrichstr.
Waisengärten
Bischofstr.
Am Dom
Domhof
Klöresgang
Martinstr.
Mecklenburgstr.
Wittenburger Str.
Schmiedestr.
Marienpl.
Helenenstr.
Buschstr.
Enge
Schusterstr.
Schlachterstr.
Grüne
Burgstr.
Schlosspark-Center
Schwerin Mitte
Schlossstr.
Gr. Moor
Salzstr.
Kl. Moor
Klosterstr.
Ministerium für Bildung, Wissenschaft und Kultur
Lobedanzgang
Geschw.-Scholl-Str.
Goethestr.
Reiferbahn
Burgseegalerie
Siegessäule
Schlossblick/IHK
Heinrich-Mann-Str.
Schlossinsel
Feldstr.
Stiftstr.
Tram
Burgsee
Schweriner See
Schäferstr.
Mecklenburgstr.
Graf-Schack-Allee
Gartenstr.
Querstr.
Lennéstr.
Schlossgarten
Hermannstr.
Platz der Jugend
Bertha-Klingberg-Platz
Burgseestr.
Franzosenweg
Bleicherstr.
Jägerweg
Schlossgartenpavillon
Lutherstr.
Stadtarchiv
Joh.-Stelling-Str.
Grüngarten
Lischstr.
Finanzamt
Freilichtbühne
Schlossgartenallee
Ludwigsluster Chaussee
Ludwigslust, Parchim, Mueß, Zippendorf, Ostdorfer See

Mann mit erhobenem Schwert auf sich zu eilen – Petermännchen! Und im selben Moment krachte das Bild des abgesetzten Landesherrn auf ihn hinunter. Wallenstein kehrte Schwerin umgehend den Rücken und bezog stattdessen das Güstrower Schloss. Im **Museum Schloss Schwerin** ❷ hängt ein Bild vom Petermännchen, gemalt auf eine alte Schranktür.

Die Schlossanlage

Wo sich heute das **Schloss** ❷ auf einer Insel im Schweriner See erhebt, stand einst eine Burg der Obotriten (s. S. 283). Das Land nannten sie Zuarin, was so viel wie wald- und tierreiche Gegend bedeutet. Später wurde daraus Schwerin. Die Burg wurde um- und ausgebaut, im 16. Jh. unter Johann Albrecht I. (1525–76) durch ein Renaissanceschloss ersetzt. Das verfiel allerdings, als Herzog Friedrich (1717–85) den Hof nach Ludwigslust (s. S. 38) verlegte. Gut 70 Jahre später befand Paul Friedrich (1800–42), es sei von Vorteil und notwendig, wieder in Schwerin zu residieren – immerhin waren die Mecklenburger mittlerweile zu Großherzögen aufgestiegen. Ein Neubau musste her, aber bitte nicht am alten Platz, sondern auf dem gegenüberliegenden Gelände des Alten Gartens. Doch als Paul kurz darauf starb, entschied Sohn Friedrich (Franz II., 1823–83), das alte Schloss um-, aus- und neu zu bauen. Schließlich hatte schon der Urvater der Mecklenburger Herzöge auf der Schlossinsel regiert. Und so prangt auch ein eindrucksvolles **Reiterstandbild von Fürst Niklot** an der Außenfassade des Schweriner Schlosses. Im Schloss selbst gibt es ein riesiges Wandgemälde von dessen Schlachtentod.

Bei einer Schlossumrundung sind die verschiedenen Baustile ohne Weiteres auszumachen. Sehr schön sind die reliefartigen Terrakottafliesen mit Gesichtern und Figuren auf der Rückseite und im Innenhof aus dem 16. oder die Märchentürme und die Orangerie aus dem 19. Jh. Die Pracht setzt sich im Innern fort, und wer sich für einen Besuch des **Museums Schloss Schwerin** ❷ entschließt, bekommt einen prima Einblick in das höfische Leben (s. S. 24).

Die **Schlosskirche** von Schwerin ist berühmt für ihren Sternenhimmel (derzeit nur mit Führung zu besichtigen, s. Tourist-Information S. 34).

Ein Mann namens Demmler

Beim Rundgang im Museum fällt das **Schlossmodell** in der ersten Etage auf. Es stammt aus der Zeit vor dem Umbau im 19. Jh. und wurde im Auftrag **Georg Adolph Demmlers** (1804–86) angefertigt. Er war ein Schüler Schinkels und wurde durch dessen Fürsprache mit nur 20 Jahren in den mecklenburgischen Staatsdienst aufgenommen. Seine Ernennung zum Landesbaumeister 1835 und sechs Jahre später zum Hofbaumeister fällt zusammen mit dem Ausbau des Schlosses und Schwerins selbst zur Residenzstadt. So gehen auch Arsenal und Marstall, Bauten am Alten Markt, die Neugestaltung des Pfaffenteichs und der Neubau der Paulsstadt auf sein Konto.

Früher Sozialdemokrat?

Ungewöhnlich waren Demmlers guter Draht zum Großherzog, mit dem er viele Pläne direkt besprach, und seine soziale Einstellung. Er machte sich u. a. für eine Kranken- und Unfallversicherung für die Bauarbeiter stark und richtete eine Sonntagsschule für Handwerkerlehrlinge ein, an der er selbst kostenlos unterrichtete. Während der Revolution von 1848 engagierte er sich für eine neue mecklenburgische Verfassung. Das ging dem Großherzog dann allerdings doch zu weit, und er verbat sich die politische Einmischung. Demmler konnte seinen Prinzipien jedoch nicht abschwören und nahm seinen Abschied. Begraben ist er in einem symbolträchtigen **Mausoleum** ❸ auf dem Friedhof am Obotritenring (ausgeschildert).

Kein Schloss ohne Park!

Das Schloss von Schwerin hat gleich mehrere Gärten und Parks: Zuerst ist da der **Burggarten** ❹, der auf Lenné zurückgeht. In mehreren Ebenen verläuft er um das Schloss inklusive dreiflügeliger **Orangerie** aus Gusseisen, Blumenbeeten, alten Bäumen und einer Grotte, damals der letzte Schrei in Sachen Landschaftsgarten. Über die Drehbrücke (funktioniert noch) nach Süden haben Sie die Qual der Wahl. Rechts lockt das **BUGA-Gelände** mit den **Schwimmenden Wiesen** ❺ und dem **Kreuzgang** im Bauhausstil, daneben eine in Wellen verlaufende Mauer als Einladung zum Verweilen. Geradeaus kommen Sie zum **Kreuzkanal** ❻ in schönstem Barock. Von seinem anderen Ende eröffnet sich der beste Fotoblick zum Schloss. Nach links geht es zum stimmungsvollen **Grünhausgarten** mit der **Schleifmühle** ㉑ und in den wiederum von Lenné angelegten **Landschaftspark.**

Bauten der Macht

Mit der Rückkehr des Hofs nach Schwerin um 1835/40 wurde auch die Stadt neu gestaltet. Mit dem **Alten Garten** begann es. In das ursprünglich als Schlossneubau geplante Palais zog die herzogliche Kunstsammlung, heute das **Staatliche Museum Schwerin** ⓳. Gleich daneben wurde das Theater, heute das **Mecklenburgische Staatstheater** ❼ (s. S. 31), errichtet, das in den 1980ern unter Christoph Schroth einige der aufregendsten DDR-Inszenierungen auf die Bühne brachte. Nach der Wende gingen die Theaterleute neue Wege und schafften es, ein Fünf-Sparten-Haus mit mehreren Spielstätten zu bleiben. Die Idee, den Alten Garten zum Ort der Schweriner Schlossfestspiele zu machen und die **MeckProms** (s. o.) zu veranstalten, hatte daran erheblichen Anteil. Gleich um die Ecke steht das **Kollegiengebäude** ❽, damals Sitz für die großherzogliche Regierung, heute Staatskanzlei und Sitz der Ministerpräsidentin. Am Fuße der Siegessäule steht seit 2019 ein bronzenes **Stadtmodell** ❾, das die aktuelle Größe der Stadt auch für Blinde erfahrbar macht. Alle Gebäude wurden von Demmler entworfen ebenso wie der **Marstall** ❿ etwas westlich auf der gleichnamigen Halbinsel, der heute Sitz des Ministeriums für Bildung, Wissenschaft und Kultur ist. Auf der rückwärtigen Seite eine kleine Herde blauer Pferde, Kunstobjekt aus BUGA-Zeiten – Aufsitzen erlaubt. An der Spitze der Halbinsel liegt übrigens das berühmte **Seglerheim** 6 (s. S. 29).

KONZERT MIT PICKNICK

Bei so vielen traumhaften Gärten, Schlössern und Parks in Mecklenburg-Vorpommern war die Idee naheliegend, diese Kulisse für sommerliche Klassikkonzerte zu nutzen. So entstanden vor über 20 Jahren die **MeckProms.** Das Auftaktkonzert findet stets im Schweriner Burggarten statt, bevor es u. a. weiter nach Güstrow geht (Termine: **Staatstheater** ❼, S. 31). Da lauschen Jung und Alt auf Decken oder mitgebrachten Stühlen andächtig-fröhlich den klassischen Melodien.

Kleiner Streifzug

Die bunt-beschauliche **Schlossstraße,** mit dem berühmten **Café Prag** 8 (s. S. 29) führt direkt auf das moderne Schlossparkcenter zu. Davor geht die **Mecklenburgstraße** ab, eine Einkaufsstraße und Fußgängerzone, und von dieser wiederum kleine Gassen mit

DAS LOHNT SICH

Mit dem **Schwerin-Ticket** haben Sie freie Fahrt in Bussen und Bahnen des Schweriner Nahverkehrs und Rabattangebote von bis zu 100 %. Dazu gibt es einen Flyer mit Stadtplan, Adressen, Öffnungszeiten und Preisen. Erhältlich ist es in der Information, in manchen Hotels und an den Verkaufsstellen des Nahverkehrs (www.nahverkehr-schwerin.de; 24 Std. zu 6,20 €/erm. 3,50 € oder 48 Std. zu 9,40 €/erm. 4,50 €).

viel Fachwerk und unterschiedlichen Läden – an jeder Ecke ein neuer Blick, besonders schön von der Schusterstraße hinauf zum Dom. Dabei fällt auch der goldene Kelch auf, der über eine Hausecke hinausragt – Zeichen für den einstigen Hoflieferanten, das **Weinhaus Uhle** 3, s. S. 28.

Altstadt

In Schwerin erhebt sich der **Dom** ⓫ aus dem Gassengewirr über das Häusermeer, so eingebaut ist er. Dieser Eindruck wird durch den 117,5 m hohen Turm noch verstärkt (220 Stufen). Den gibt es allerdings erst seit 1892. Davor war alles ungefähr gleich hoch, was schön an Modellen und auf Fotos im **Museum für Schweriner Stadtgeschichte** ⓴ zu sehen ist. Der Grundstein wurde schon 1172 gelegt, doch dauerten die Bauarbeiten ganze 146 Jahre, da man mittendrin noch mal von vorne anfing. Es hatte sich nämlich herausgestellt, dass Schwerin nicht so günstig an den Handelsrouten lag wie z. B. Rostock und Wismar. Doch wie das Leben so spielt, brachte Graf Heinrich eine Reliquie vom Blute Christi mit, als er 1222 von seinem Kreuzzug zurückkehrte. Schwerin wurde damit zum bedeutendsten Wallfahrtsort im Nordosten Deutschlands und spielte damit wieder in der gleichen Liga wie die Handelsstädte – und der Dom erhielt sein neues, gotisches Gesicht.

Außen strahlen die Backsteine in tiefem Rot. Der Innenraum hingegen ist sehr hell und weit mit farblich abgesetzten Säulen und Gesimsen. Das **Triumphkreuz** im Mittelschiff fällt sofort ins Auge. Es stammt eigentlich aus der Marienkirche in Wismar, doch diese wurde in den 1960ern gesprengt. An den Seiten sind Maria und Jesus Lieblingsjünger Johannes auszumachen. Sie sind die Schutzpatrone des Doms und finden sich ebenso am Hauptaltar. Hinter diesem verläuft ein Chorumgang, einer der ersten in der Backsteingotik. Dort befindet sich auch die Grablege derer von Mecklenburg-Schwerin. Die Särge sind nur Prunk, die eigentliche Krypta befindet sich darunter und ist nicht zugänglich. Das Grabmal vom knienden Herzog Christoph und seiner Gemahlin ist ein Vorgeschmack auf den Güstrower Dom. Nicht zu übersehen sind die beiden aufgestellten Grabplatten für vier Bischöfe aus der Familie Bülow.

Am Dom 4, T 0385 56 50 14, www.dom-schwerin.de, Dom und Turm Mo–Sa 11–15, So/Fei 12–15 Uhr, Domführungen Di/Do/Sa 14 Uhr

Zweimal Löwe

Vor dem Dom an der Bischofstraße steht ein stolzer **Löwe,** Erinnerung an Heinrich den Löwen, der den ersten Kirchenbau finanzierte und 1160 die Stadt Schwerin gründete – die erste und damit älteste Stadt Mecklenburgs. Der Sachse war ein streitbarer Mann und einer der damals mächtigsten deutschen Reichsfürsten. Auf dem **Marktplatz** ⓬ gibt es einen weiteren Löwen, dieses Mal auf einer von **Peter Lenk** gestalteten Säule, der mit seinen Arbeiten gerne provoziert. Auch hier gab es ob der doch recht obszönen Darstellungen ein erschrecktes Luftholen und heftige Debatten, die sich mittlerweile jedoch gelegt haben. »**Die Spur des Löwen**« zeigt vier Episoden aus dem Leben Heinrichs – die Wendenschlacht von 1147, die Gründung Schwerins auf den Knochen der Toten, die Fertigung der Löwenstatue 1166 sowie 1189 die Schlacht bei Bardowick (nördlich von Lüneburg). Zu Letzterer gibt es die Legende, dass die Einwohner Heinrich bei seinem siegreichen Einzug zwar huldigten, jedoch mit entblößter Kehrseite. Ihr Ort prosperierte im frühen Mittelalter durch seine Lage an der Salzstraße, doch damit war es vorbei, als Heinrich Herzog wurde und andere Städte bevorzugte.

Der Markt wird von Geschäften und gemütlichen Cafés flankiert. Das **Rathaus** hat Demmler mit einer ansehnlichen Schaufassade versehen. Der scheunenartige Anblick, wie er noch an der Rückseite vom Schlachtermarkt aus zu sehen ist, passte nicht mehr zum Stadtbild. Vom Rathaus ertönt übrigens jeden Tag um 9, 12 und 17 Uhr ein **Glockenspiel** mit verschiedenen mecklenburgischen Volksweisen wie z. B. »Von Herrn Pastorn sin Kauh«. Illustriert wird das Lied auch vom **Rundbrunnen** im 1980er-Jahre-Stil.

Verschlimmbessert

Dem einst gemütlichen **Schlachtermarkt** ⓭ hat man vor ein paar Jahren ein neues Outfit verpasst. Die schönen alten Bäume mussten weichen, die neuen müssen noch wachsen. Alles sieht kahl und kalt aus, und die Parkplätze passen nicht zum historischen Ensemble. Selbst vor einem der ältesten Gebäude der Stadt (1524), wo das **Landesamt für Kultur- und Denkmalpflege** ⓮ (!) seinen Sitz hat, gibt es Parkplätze. Auf dem Weg dorthin passiert man einen auffälligen gelben Bau im Tudorstil. Das **Logenhaus** ⓯, von Demmler für seine Freimaurerloge geschaffen, wird immer noch als solches genutzt.

Schelfstadt

Die heutige **Friedrichstraße** – sehenswert ist das Zigarrenhaus Preussler, Nr. 6 – war früher der Stadtgraben, und er trennte Schwerin von der **Schelfe,** dem Land zwischen den Wassern, damals nur ein kleines Fischerdorf mit Kirchlein und Markt. Anfang des 18. Jh. beschloss man den Ausbau zur Neustadt, doch dann wuchs diese so schnell, dass 100 Jahre später beide Städte zusammengelegt wurden. Heute geht die Alt- in die Schelfstadt über.

Zentraler Punkt ist der schön gestaltete Platz um die **Schelfkirche** ⓰. Die Puschkinstraße läuft direkt darauf zu. Ziemlich am Anfang gibt es einen prächtigen Bau, das **Neustädtische Palais** ⓱, mit vergoldetem Treppenhaus und dem Goldenen Saal im rückwärtigen Teil. Es wurde umfassend saniert und ist seit 2006 Arbeitsplatz für Angestellte des Justizministeriums. Deshalb ist das Palais leider nicht zugänglich, doch durch die Fenster ist das Treppenhaus zu erspähen, und manchmal gibt es Konzerte im Goldenen Saal – lohnenswert! Schräg gegenüber befindet sich das **Kulturforum Schleswig-Holstein-Haus** ⓲ mit einem zauberhaften Garten – eine der Adressen in puncto spannende Ausstellungen, Lesungen, Vorträge und Diskussionsrunden, aber auch Konzerte.

Puschkinstr. 12, T 0385 55 55 27, www.schwerin.de, tgl. 10–18, im Winter 11–18 Uhr

Hier wohnen die Schweriner gern

Bei einem Spaziergang durch die **Schelfstadt** gibt es einiges zu entdecken: begrünte Balkone, viele mit schmiedeeisernen Gittern, hier und da Jugendstilelemente, Dachgärten, gelungene und weniger gelungene Lückenbauten, bestaunenswerte Fassaden (z. B. Ecke Puschkin-/Körnerstraße), wunderschöne Türen, der Blick hinunter zum Pfaffenteich …

Der 2016 eröffnete Neubau des Staatlichen Museums Schwerin wird vor allem für Ausstellungen zeitgenössischer Kunst genutzt, darunter auch Werke des aus Mecklenburg stammenden Objektkünstlers Günther Uecker, hier seine »Sandspirale«.

Kein Wunder also, dass sie eine der beliebtesten Wohngegenden von Schwerin ist – mit kleinen Geschäften, Lokalen und Initiativen wie in der Münzstraße, die u. a. Straßenfeste organisieren. Bierfreunde sollten unbedingt beim **BierPostAmt** 2 hineinschauen (s. S. 30).

Museen

Prachtentfaltung pur

2 Museum Schloss Schwerin: Viele begeistert schon die Wendeltreppe … Von den 42 für den Großherzog bestimmten Räumen sind bisher 28 restauriert und für die Öffentlichkeit zugänglich. Das Sagenzimmer dürfte ohne Führung oder Audioguide einige Rätsel aufgeben, schön ist es trotzdem. Ebenso wie das Esszimmer, das Raucher- oder das liebreizende Blumenzimmer mit Skulpturen zwischen den Fenstern und Blick in den Burggarten. Dazu gibt es jede Menge schöner Details wie Kaminsimse, Pfeiler und Stelen im pompejanischen Stil, feinstes Porzellan, beeindruckende Zimmerdecken, Fotos von damals und heute, kunstvoll gearbeitete Holzfußböden, die Porträtgalerie der 31 Herzöge von 1348 bis 1800 und natürlich den Thronsaal. Das ist Prachtentfaltung pur! Angefangen vom wunderbar gearbeiteten Intarsienfußboden bis hinauf zur Decke mit dem umlaufenden, reich verzierten und vergoldeten Fries, das die Wappen aller 40 Städte des Großherzogtums Mecklenburg-Schwerin zeigt.

Lennéstr 1, T 0385 525 29 20, jew. Di–So Mitte April–Mitte Okt. 10–18, Mitte Okt.–Mitte April 10–17 Uhr, Eintritt 8,50 €, erm. 6,50 €, Audioguide 2 €, Führung 3 €, zu buchen über die Tourist-Information, s. S. 34

400 Jahre Kunstgeschichte

19 Staatliches Museum Schwerin: Der Bau sollte eigentlich das neue Schloss werden, wurde dann aber zur Heimat für die großherzogliche Kunstsammlung und ist heute die Galerie Alter und Neuer Meister. Dank der Sammlerfreude des Schweriner Herrscherhaues und der Schenkung eines Berliner Kunstsammlers (2013) besitzt das Museum viele Schätze. Zu viele, um sie alle auf einmal zu zeigen, obwohl man den klassischen schon um einen kubischen Neubau erweitert hat (2016). So darf man immer auf Sonderausstellungen gespannt sein. Beim Besuch wandelt man von Epoche zu Epoche. Da sind z. B. Rembrandt, Peter Paul Rubens und Jan Brueghel d. Ä. als Vertreter der flämischen und niederländischen Malerei. Ein kleiner Schatz ist die »Torwache« von Carel Fabritius, dem Begründer der Delfter Lichtmalerei, von dem es weltweit nur 13 Gemälde gibt. Außerdem vertreten sind Gemälde von Casper David Friedrich, Max Liebermann, Lovis Corinth, Pablo Picasso und Marcel Duchamp, Skulpturen von Ernst Barlach und bedeutende Werke der DDR-Malerei. Außergewöhnlich und sehenswert ist die weltweit größte Sammlung des französischen Tiermalers Jean-Baptiste Oudry. Als Hofmaler von Ludwig XV. schuf er in dessen Auftrag 34 Gemälde der königlichen Menagerie mit ihren exotischen Tieren, viele in Lebensgröße. Ein Teil der Gemälde wird im Schloss Ludwigslust gezeigt, das berühmteste aber (4,5 m x 3 m), Nashorndame Clara, ist hier in Schwerin zu bewundern. Nach Umbauarbeiten soll das Museum 2024 wieder eröffnen.

Alter Garten 3, T 0385 58 84 12 22, www.museum-schwerin.de, bisher: April–Okt. Di–So 11–18, Nov.–März Di–So 11–17 Uhr, 8,50 € mit Sonderausstellung, 5,50 € ohne, Führungen jew. Sa 12 und So 11 Uhr, Do 18–20 Uhr Rendezvous im Museum mit Lesungen, Konzerten, Filmpremieren, Künstlergesprächen, exklusiven Führungen oder Themenabenden

Es klappert die Mühle

⑳ **Schleifmühle:** Mehr als 300 Jahre ist sie alt und mehr als 200 Jahre hat sie geklappert, als Pulver-, Korn- und Lohmühle, die meiste Zeit jedoch als herzogliche Schleifmühle. Einige der Fensterbänke aus Granit und Marmor im Schloss stammen von hier, aber auch dekorative Steinplatten, Sarkophage, Denkmalsockel und Kamineinfassungen. 1904 wurde sie stillgelegt, diente als Wohnraum und stand dann leer. Zum Glück erkannten einige Schweriner die Einmaligkeit dieses Bauwerks, rekonstruierten es und verwandelten es in ein tolles Schaumuseum. Es ist nicht nur idyllisch gelegen, sondern auch informativ: über Mühlen im Allgemeinen und diese im Speziellen, ihre Geschichte von 1704 bis heute etc. Wer noch Fragen hat, wendet sich an die engagierten Vereinsmitglieder, die – nach meinem Eindruck – auf alles eine Antwort haben und auf Wunsch sogar die Mühle zum Schleifen bringen, eine laute und beeindruckende Angelegenheit.

Schleifmühlenweg 1, T 0385 56 27 51, www.schleifmuehle-schwerin.de, 4 €, April–Okt. tgl. 9–17, Nov.–März Mo–Fr 9–17 Uhr

Schlafen

Bei einer Buchung im historischen Zentrum ist zu bedenken, dass die Parkplatzsituation nicht einfach ist. Manche Restaurants und Gasthäuser bieten auch Unterkünfte an.

Historisch mit Seeblick

1 **Hotel Speicher:** Schön zu sehen, was man aus so einem alten Speicher alles machen kann. Das Hotel liegt direkt am Ziegelsee und lässt keine Wünsche offen. Die Hälfte der hellen, modernen Zimmer hat Blick auf den Ziegelsee. Aufmerksames Personal, gutes Frühstück, Fitness- und Wellnessbereich, Fahrradverleih und Coffee to go, wenn man sich morgens auf den ca. 15-minütigen Spaziergang am Pfaffenteich und durch die Altstadt zum Schloss macht. Außerdem gehört ein stilvolles **Restaurant** zum Hotel, gekocht wird, wenn möglich, mit Produkten aus der Region. Die vier Sterne sind absolut berechtigt.

TOUR
Zwei auf einen Streich

Pfaffenteich und Ziegelsee zu Fuß oder mit dem Rad

Mit dem **Rad** können Sie zusätzlich auch den Äußeren Ziegelsee umrunden (Einkehr: **Seewarte,** Paulsdamm 2, www.seewarte-schwerin.de, Do–Di 11.30–22 Uhr).

Bei schönem Wetter oder wenn Sie Lust haben, sich zu bewegen, umrunden die Schweriner gerne den Pfaffenteich und den Inneren Ziegelsee. Warum also nicht mit den Schwerinern spazieren gehen?

Repräsentativ wohnen

Der Pfaffenteich hat seinen Namen ganz klar von den Domherren, denen das umliegende Land gehörte und die hier ihre Gärten bestellten. Im Auftrag des Großherzogs begann Georg Adolf Demmler 1840 mit der Begradigung des Teichs und der Bebauung der Ufer, so z. B. dem großen, orangegelb leuchtenden Gebäude im Tudorstil, das **Arsenal,** heute Sitz des Innenministeriums. Für sich selbst baute er ein **Wohnhaus** am Südufer des Pfaffenteichs, der auch gerne als verkleinerte Ausgabe der Binnenalster bezeichnet wird. Hier lebte, wer es sich leisten konnte (und kann). Die Bauten sind durchweg sehr repräsentativ, besonders die **Häuser der August-Bebel-Str. 11** und **29** mit ihren in Anlehnung an die Renaissance verzierten Ziegeln.

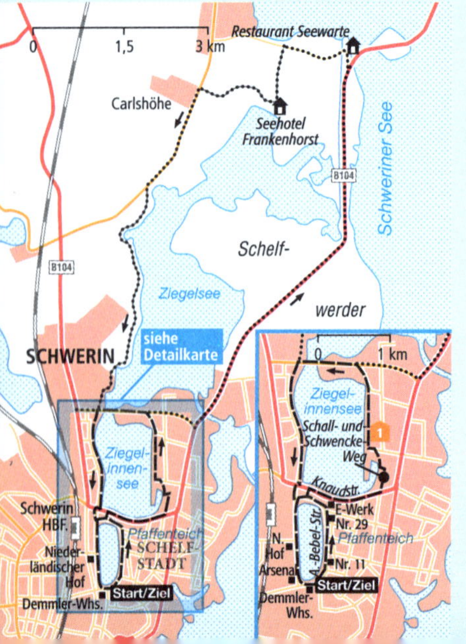

Vom Bier zum Ökoquartier?

Das imposante Gebäude am Ende ist das **E-Werk,** bis 1998 in Betrieb, dann Spielstätte des Mecklenburgischen Staatstheaters und seit 2023 auf unbestimmte Zeit wegen Sanierung geschlossen. Über die Knaudtstraße und vorbei an den Stahlskulpturen geht es in den **Schall-und-Schwencke-Weg.**

Immer im August, zum Drachenbootfestival, ist der Pfaffenteich in Festtagsstimmung.

Schall und Schwencke war eine private Brauerei, deren berühmtestes Bier wohl das Schallaner war (Paulaner und Franziskaner lassen grüßen). 1972 wurde sie Teil des VEB Getränkekombinats Schwerin. Jetzt wird das Areal zu (Öko-)Wohnungen umgebaut – über Stil und Qualität gehen die Meinungen auseinander.

Springende Fische

Der Ziegelinnensee war mal Hafengebiet, erkennbar an Kran, Pollern und den zum **Hotel** umgebauten **Speicher** (mit toller Sonnenterrasse!) 1. Insgesamt ein gefälliges Areal mit Neubauten im modernen weißen Einheitsstil und Mäuerchen zum Hinsetzen – ein guter Platz für Sonnenuntergänge. Auf dem Grund des Sees soll noch einiges an Munition liegen, weshalb man hier nicht tauchen darf. Aber Angeln geht: Allein wenn man hier nur sitzt, sieht man die Fische aus dem Wasser springen.

Niederländische Verwandtschaft

Am Nordufer auf der Hauptstraße nach links quert man den Zufluss zum Äußeren Ziegelsee und folgt dem schönen Uferweg wieder zurück mit herrlichem Blick auf die Schweriner Skyline. Am Pfaffenteich wird's dann wieder bürgerlich. Eines der mondänsten Häuser auf dieser Seite ist der **Niederländische Hof** (www.niederlaendischer-hof.de, €€). Heinrich von Mecklenburg heiratete hier 1901 Wilhelmina von Oranien-Nassau und wäre damit Uropa des jetzigen Königs der Niederlande, Willem-Alexander.

Infos

A 4
Cityplan s. S. 18

Start/Ziel: Südende des Pfaffenteichs

Dauer: 2,5 Std.

Einkehr: Hotel Speicher 1 (s. S. 25)

Speicherstr. 11, T 0385 500 30, www.speicher-hotel.com, DZ mit Seeblick €€€, auch Arrangements, Restaurant tgl. 17.30–21.30 Uhr, €€

Wohlfühlen mit Charme

2 **Hotel Zur Traube:** Dieses kleine, charmante Hotel zwischen Pfaffenteich und Schweriner See wird mit viel Liebe geführt – ob in den Zimmern, im Frühstücksraum oder in den Sitzecken im kleinen Garten.

Ferdinand-Schultz-Str. 20, T 0385 55 58 58 48, www.hotel-schwerin.de, €

Aus alt mach neu

3 **Pension Mittendrin:** In dem imposanten Fachwerkbau war früher das Stadtgeschichtliche Museum untergebracht. Seit dem Umbau 2009 gibt es zehn verschiedene gemütliche Ferienwohnungen für 2–4 Pers. Viel Fachwerk, ein altes Treppenhaus – alles sehr schön. Nur im Sommer kann es unterm Dach heiß werden.

Großer Moor 38, mobil 0172 442 22 08, www.schweriner-ferienwohnungen.de, €–€€

BIO-ALTERNATIV

Die Schweriner lieben ihren bunten und lebendigen **Hof Medewege** 4. Er liegt etwas außerhalb, am Medeweger See, und ist ein besonderer Ort mit Gärtnerei, Waldorfkindergarten, Pferden und Stallungen, Café und Spielplatz, einem Kultursaal für verschiedene Veranstaltungen und dem beliebten Hofladen. Man versucht im Kleinen, was im Großen (noch) nicht geht (Hauptstr. 10a, T 0385 550 91 54, www.cafe-hof-medewege.de, Café Mo–Fr 8.30–18.30, Sa 8.30–14 Uhr, 4 große Fewo €–€€).

Essen

Viele Lokale bieten einen preiswerten Mittagstisch an. Manche schließen abends schon recht früh. Küchenschluss ist meist gegen 20.30 Uhr.

Altstadtflair

1 **Zur guten Quelle:** Das schöne Eckgebäude mitten in der Altstadt ist bereits seit 170 Jahren am Platz und eine Institution. Schon Fritz Reuter hat hier gezecht, und zu DDR-Zeiten war es eine der In-Kneipen. Heute ist es ein uriges Lokal mit dem angeblich kleinsten Biergarten Mecklenburgs, wo es Frischgezapftes und herzhafte Mecklenburger Küche gibt. Urgemütlich. Auch Zimmer (€).

Schusterstr. 12, T 0385 56 59 85, www.gasthof-schwerin.de, Fr/Sa 11.30–23, So–Do 11.30–22 Uhr, €–€€

Bemerkenswerte Weinkarte

2 **Weinhaus Wöhler:** Die Zeiten des Hoflieferanten sind vorbei, doch dem guten Wein ist man treu geblieben. Neben deutschen und internationalen Tropfen sowie einer exquisiten Auswahl an Hochprozentigem gibt es sehr leckere deutsche Küche – vorrangig Fleisch und Wildgerichte, aber auch etwas Fisch und vegetarische Kost. Der Bau selbst ist ebenfalls ein Hingucker: Fachwerk, viel Holz und im Sommer ein einladender, begrünter Innenhof. Unbedingt reservieren! Auch 12 schöne Zimmer (€).

Puschkinstr. 26, T 0385 55 58 30, www.weinhaus-woehler.de, Di 17–22, Mi–Sa 11.30–22, So 11.30–14.30 Uhr, €€

Top

3 **Weinhaus Uhle:** Einst Hoflieferant, ist das Weinhaus heute eine Top-Gourmet-Hotel-Adresse.

Schusterstr. 15, T 0385 48 93 94 30, www.weinhaus-uhle.de, Mi–Sa ab 17.30 Uhr, €€€

Für Fischliebhaber

4 **Restaurant Lukas:** Sitzen können Sie entweder auf der Veranda oder im lichten Gastraum, zu den köstlichen Fischgerichten gibt es eine gute Weinauswahl. In der Saison reservieren!

Großer Moor 5, T 0385 56 59 35, www.restaurant-lukas.de, 11.30–14.30, 17–21, tgl. 11.30–22 Uhr, €–€€

Füße im Sand, Drink in der Hand

5 **Schlossbucht Café und Strandbar:** Das Café selbst ist ein reetgedecktes Haus am Uferweg nach Mueß, das sowohl Süßes als auch Herzhaftes wie Matjes, Schnitzel und Suppe serviert. Der eigentliche Knüller ist die Strandbar, wo Sie im Strandkorb, auf Liegestühlen oder in Lounge-Möbeln über den See auf das Schweriner Schloss schauen!

Franzosenweg 19, T 0385 57 77 45 44, www.schlossbuchtcafe.de, Café Mi–Mo 9–21, Strandbar tgl. 14–1 Uhr, €

Viel gerühmt

6 **Seglerheim:** Restaurant, Café und Lounge mit grandiosem Ausblick auf den Schweriner See. Auch Vermietung von Zimmern (€).

Werderstr. 120, T 0385 20 05 93 59, www.seglerheim-schwerin.de, Mi–Fr 14–22, Sa 12–22, So 10.30–15 Uhr, €–€€

Frisch, grün, gesund

7 **Salädchen:** Ob Wrap, Salat oder Kartoffel – Sie können sich Ihr Essen aus den verschiedensten frischen Zutaten selbst zusammenstellen, z. B. Sojasprossen, Oliven, Nudeln, Dressing, Ei, Gewürze, Rote Bete, Ziegenkäse, Rucola.

Wismarsche Str. 143, T 0385 55 15 69 25, www.salaedchen.com, Mo–Fr 9–15 Uhr, €

Schweriner Instanz

8 **Café Prag:** Einst Hofkonditorei, zu DDR-Zeiten Treff für Theaterleute und Intellektuelle und auch heute noch mit einem Tortenbuffet sondergleichen ausgestattet.

Schlossstr. 17, T 0385 56 59 09, www.restaurant-cafe-prag.de, Mo–Fr 9–19, Sa 9–20, So 10–18 Uhr, auch Frühstück und herzhafte Speisen bis zum Abend, €–€€

Highlight am Zippendorfer Ufer

9 **Gundel's Café:** An schönen Tagen ergattert man nur mit Glück einen Platz in Gundel's Café, meist muss man etwas warten. Doch das lohnt sich, denn die frisch gebackenen Kuchen, vielleicht sogar mit Schlagsahne, das Garten-Ambiente am See und dazu noch ein guter Kaffee bleiben lange in Erinnerung.

Am Strand 31, T 0385 218 16 04, Mi–So 13.30–17 Uhr, im Winter nur Sa/So

Eisranking

Softeis war vor und ist auch nach der Wende sehr beliebt in Mecklenburg. Hier meine Schweriner Favoriten:

10 **Eismanufaktur Mueß:** Die Nr. 1 – schon zu Ostzeiten haben die Leute hier Schlange gestanden. An der Tür prangt das Motto: »Eis macht glücklich. Wir wollen glückliche Gesichter sehen.« Neben den Klassikern Vanille oder Vanille-Schoko gibt es auch mal die Kombi Pistazie-Schoko und Heidelbeer-Buttermilch, je nachdem, wonach dem Eismann gerade der Sinn und was ihm zur Verfügung steht.

Zum Reppin 4, Mueß, www.eismanufaktur-schwerin.de, Mai–Okt. tgl. ab 10 Uhr

11 **ILKA:** Eine kleine Verkaufstheke, der Tresen mit Retrokacheln verziert. Hier gibt es jeden Tag, abgesehen von den Klassikern, eine neue Sorte zu probieren, z.B. Himbeere-Quark oder Erdnuss-Kirsche.

Enge Str. 2, www.ilka-eis.de, tgl. 11–18 Uhr

12 **Eispionier:** Die Klassiker – mit Toppings, wer möchte – kommen aus einer original DDR-Eismaschine. Beim Schlecken aus der Muschelwaffel heißt es dann gewusst wie, damit das Eis nicht tropft.

Große und kleine Softeis-Fans wissen es einzurichten, dass ihr Heimweg bei ILKA Eis vorbeiführt.

Mecklenburgstr. 5, tgl. 11–18.30, im Winter 12–18 Uhr

Einkaufen

Zu Schwerins Shoppingmeilen zählen neben dem Schlossparkcenter am Marienplatz die Friedrich-, Puschkin-, Schloss-, Schmiede- und Mecklenburgstraße.

Markttreiben

1 **Bauernmarkt:** Fr in den Schweriner Höfen am Marienplatz.
Wochenmarkt: Mi auf dem **Markt** 12 vor dem Rathaus.

Super Auswahl

2 **BierPostAmt:** Im Geschäft in der Schelfstadt gibt es neben europäischen auch regionale Biere, z. B. »Hennings« aus Leezen am Westufer des Schweriner Sees. Riesige Auswahl online.

Münzstr. 31, T 0385 575 66 98, www.bierpost.com, Di–Fr 13–18, Sa 10–14 Uhr

Bio mit Milchtankstelle

3 **Denissen:** Bio kauft man am besten im Laden von Hof Denissen am Marienplatz ein. Viele Produkte stammen vom eigenen Hof in Wöbbelin (zwischen Schwerin und Ludwigslust), anderes wird von Demeter-Erzeugern zugekauft. An der Milchtankstelle gibt es frische Milch: Flasche rein, bezahlen, Knopf drücken, rausnehmen. Aus der hofeigenen Milch stammt auch das umwerfend gute Denissen-Eis (Straßenverkauf).

Schlossstr. 38, T 0385 55 57 93 46, www.hof-denissen.de, Mo–Fr 9.30–18, Sa 10–16 Uhr

So viel Kunst

4 **Das Kontor:** Künstlerinnen und Künstler sowie Kreative haben eines der ältesten Häuser zu einem einladenden Kunstkaufhaus umgebaut. Stöbern lohnt sich!

Puschkinstr. 36, T 0385 209 44 88, www.kontor-schwerin.de, Di–Sa 10–18 Uhr

Literatur und Lesung

5 **littera et cetera:** Diese kleine Buchhandlung gegenüber der gemütlichen Konditorei Rothe punktet neben einer guten Auswahl an Literatur mit regelmäßigen Lesungen (montags bei littera et cetera) und Ausstellungen.

Schliemannstr. 2, T 0385 557 20 65, https://littera-etc.buchkatalog.de, Mo–Fr 9–18.30, Sa 9–13 Uhr

Bewegen

Durch die Stadt

Stadtrundfahrt: Entweder mit dem Cabrio-Doppeldecker als Hop-on-Hop-off vom **Anleger der Weißen Flotte** 1 zu den Hauptsehenswürdigkeiten (T 0385 48 59 21 82, März–Sept. tgl. 10–16 Uhr, sonst eingeschränkter, 14 €) oder mit der kleinen Bimmelbahn, dem Petermännchen, durchs historische Zentrum ab dem **Markt** ⓬ (mobil 0177 662 35 35, 12 €, erm. 6 €, April–Okt. jew. 11, 12.30, 14, 15.30, 17 Uhr, Dauer 1 Std.). Außerdem sind individuelle Fahrradrikscha-Touren möglich (Kontakt/Absprache: T 0385 47 84 98 15). **Stadtführung:** Über die Tourist-Information (s. S. 34) sind verschiedene Führungen buchbar, u. a. Altstadtrundgang (tgl. 11 Uhr, 10 €), Führungen mit dem Nachtwächter (April–Okt. Fr/Sa 20.30 Uhr, sonst nur Fr 18.30 Uhr, 12 €, erm. 10 €) oder zum Schloss, durch den Burggarten (Mo 14 Uhr, 8 €), zum Schweriner Tatort …

Schwerin vom Wasser aus

Die **Weiße Flotte Schwerin** bietet unterschiedliche Schiffstouren, z. B. nach Zippendorf oder Kaninchenwerder. Der **Hauptanleger** ❶ ist am Schloss.

Werderstr. 140, T 0385 55 77 70, www.weisseflotteschwerin.de, April–Okt. ab 10.30 Uhr jede Std. bis 16.30 Uhr

Mit dem Rad

Man kann in Schwerin (die Einkaufsstraßen ausgenommen) bzw. im Umland auch wunderbar mit dem Rad fahren – eine Umrundung einzelner Seen bietet sich geradezu an. Außerdem gibt es in der Tourist-Information (s. S. 34) auch Flyer für Entdeckungstouren mit dem Rad wie z. B. »Um den Ziegelsee« (27 km), »Schweriner See und Störtal« (26 km), »Vom Lankower zum Neumühler See« (29 km) oder auch »Seen, Moor und Wald« (33 km).

Ausgehen

Schwerin hat ein ungemein reiches und vielfältiges Angebot an kulturellen Veranstaltungen, angefangen bei klassischem Theater und Lesungen bis hin zu Kabarett und Rockkonzerten. Tickets und Termine gibt es bei der Information (s. S. 34) und auf www.schwerin.live/magazin/kultur.

Strandfeeling über den Dächern

❶ **Beachclub Schwerin:** So ein Parkhaus ist selten schön, hier eröffnete man auf dem Dach einen Beachclub. Liegestühle im Sand, Cocktails und andere Getränke (mit etwas Höhenaufschlag) und Blick auf die Schweriner Skyline – nicht schlecht!

Arsenalstr. 22–28, mobil 0176 62 90 04 76, www.beachclub-schwerin.de, Mai–Sept. tgl. ab 15 Uhr

Rock, Pop, Jazz, Klezmer …

❷ **Der Speicher:** Seit Jahrzehnten das Traditionshaus für Konzerte nicht klassischer Art, in urigem Kneipenambiente und mitten in der Schelfstadt.

Röntgenstr. 22, T 0385 51 21 05, www.schwerin.de

Geht immer

❸ **Zum Freischütz:** Wenn überall die Bürgersteige hochgeklappt sind, dann bleibt als letzte Option der Freischütz, wo sich immer viel buntes Volk versammelt, wild diskutiert und ausgelassen lacht.

Ziegenmarkt 11, T 0385 56 143, www.zum-freischuetz.de, Mo–Fr 11–22, Sa 18–3, So 18–2 Uhr

Alle Sparten

❼ **Mecklenburgisches Staatstheater:** Das Schweriner Theater mit mehreren Spielorten hat Tradition und ist nicht nur Schauspielhaus, sondern auch Ballett-/Musiktheater und Niederdeutsche Bühne. Es richtet auch die jährlichen Schlossfestspiele und die MeckProms aus.

Alter Garten 2, T 0385 53 00-0, Karten T 0385 530-123, www.mecklenburgisches-staatstheater.de

Lauschen

⓫ **Dom:** meist Mi 19.30 Uhr Orgelkonzert (Spende).

TOUR
Vom Märchenschloss ins Dorf

Wanderung vom Schweriner Schloss über den Badestrand von Zippendorf zum Freilichtmuseum von Mueß

Ein Ausflug vom Schweriner Schloss nach **Mueß** ist bei Schwerinern beliebt, denn dort gibt es nicht nur eine der besten Eisdielen und einen sehr guten Fischereihof, sondern auch ein sehr sehenswertes und spannendes Freilichtmuseum.

Etappe mit Kuchen

Vom **Schloss** ❷ nehmen Sie den Franzosenweg, der am Südufer des Schweriner Sees zum **Zippendorfer Strand** führt. Der 5 km lange Weg wurde 1870/71 von französischen Kriegsgefangenen ausgebaut und ist heute bei Spaziergängern, Joggern und Radfahrern gleichermaßen beliebt. Die Häuser an der Promenade verströmen noch etwas vom Charme der Bäderarchitektur um 1900. Das Strandhotel steht seit den 1990ern leider immer wieder

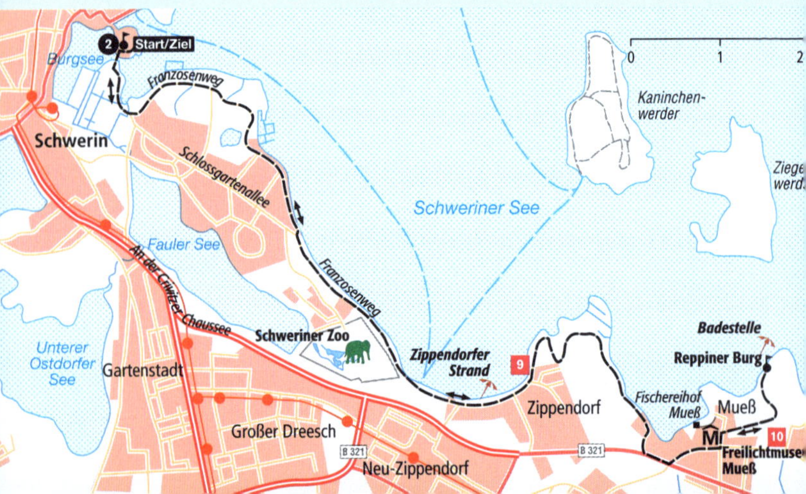

Infos

A/B 5

Start: Schweriner Schloss ❷

Länge: hin und zurück 16 km

Alternative: mit dem Ausflugsdampfer ab/an Zippendorf (s. S. 31)

Baden: Zippendorf und Reppiner Burg

Freilichtmuseum Schwerin-Mueß: Alte Crivitzer Landstr. 13, T 0385 20 84 10, März–Sept. Di–So 10–18, Okt. Di–So 11–17, Café schließt immer 30–60 Min. vorher, 5 €, erm. 3,50 €

Einkehr: Gundel's Café 9, s. S. 29; Eismanufaktur Mueß 10, s. S. 29; Fischereihof Mueß, Zum Alten Bauernhof 7A, T 0385 20 16 70, www.fischereihof-muess.de, April–Okt. Di–Fr 8–18, Nov.–März Di–Fr 9–17 Uhr, Sa immer 8–12 Uhr

leer. Keiner der bisherigen Besitzer konnte es aus dem Dämmerschlaf holen, und so verfällt es weiter. Am Ende der Zippendorfer Promenade lockt der Garten von **Gundel's Café** 9 mit täglich frischem Kuchen.

Wenn Fischschuppen reich machen

Durch den Wald und ein kurzes Stück an der Straße entlang, erreichen Sie nach weiteren 2,5 km das **Freilichtmuseum Mueß.** Auf dem historisch gewachsenen Areal von gut 7 ha wurden an die 20 für ein mecklenburgisches Fischer- und Bauerndorf typischen Gebäude liebevoll her- und eingerichtet. Da gibt es ein altes Hallenhaus, eine Schmiede, einen Backofen, eine Fischerkate … Beeindruckend auch all das zusammengetragene Wissen z. B. zum Status der Hirten, die außerhalb der Dorfgemeinschaft lebten, sich mit Kräutern auskannten und so als Heiler beliebt und als Hexer verschrien waren. Sehr schön sind die Geschichten rund um den Aberglauben in der Fischerkate. Da heißt es: »Man sollte sich am Silvesterabend die getrockneten Schuppen des Spiegelkarpfens in die Geldbörse stecken, dann kommt man im neuen Jahr nicht in Geldverlegenheiten. Je größer die Schuppen sind, um so besser.« Verständlich also, dass die Mecklenburger zu Silvester so gerne Karpfen essen.

Schulregeln anno dazumal

Vor allem Kinder, Lehrer und Eltern dürften im alten Schulgebäude ihren Spaß haben. Wer kann (noch) entziffern, was auf der Tafel steht? Man erfährt, wer damals unterrichtet hat (in Mueß auch schon mal ein Schneider), wie hoch der Verdienst des Lehrpersonals war, ja, dass Eltern Strafe zahlen mussten, wenn ihre Kinder bei der Ernte halfen, statt in die Schule zu gehen. Die damals geltenden Schulregeln haben durchaus Unterhaltungswert.

Übrigens, hier lagern auch die Prillwitzer Idole (s. S. 185), sie werden jedoch nur selten ausgestellt.

Badefreuden und leckerer Fisch

Gleich um die Ecke liegt der **Fischereihof Mueß** mit dem besten Räucher- und Frischfisch. Und zu einer der schönsten Badestellen am Schweriner See, der **Reppiner Burg,** ist es auch nur noch 1 km – idyllisch mit Burgturm und Ausblick.

Feiern

Eine Übersicht über die vielen Feste, Konzerte und ggf. Tickets bekommt man bei der Tourist-Information (s. S. 34). An dieser Stelle nur eine kleine individuelle Auswahl.

- **Schlossfestspiele Schwerin:** T 0385 530 01 23, www.schlossfestspiele-schwerin.de, Ticketverkauf ab Jahresanfang. Seit 1993 gibt es im Juni/Juli die Schlossfestspiele im Alten Garten mit dem Schloss als Kulisse. Der endgültige Durchbruch kam mit »Aida« 1999. Die Nachfrage ist so gut, dass man mittlerweile eine Musikaufführung an etablierter Stelle und eine Theateraufführung im Schlossinnenhof gibt.
- **Drachenbootfestival:** Aug., www.drachenbootfestival.de. Eines der Top-Events in Schwerin (s. S. 276). Um die 100 Teams treten auf dem Pfaffenteich gegeneinander an, begleitet von viel Jubel, Trubel, Heiterkeit sowie jeder Menge Buden und Menschen.
- **Schweriner Literaturtage:** www.schwerin.de. Seit 1995 finden im Herbst die Literaturtage an verschiedenen Orten in Schwerin statt, jedes Jahr zu einem bestimmten Thema. Sehr schön ist die Aktion »Eine Straße liest«, bei der Künstlerinnen und Künstler in Geschäften, Lokalen und Galerien um die Münz- und Puschkinstraße aus ihren Lieblingsbüchern lesen und Spenden für einen guten Zweck sammeln.
- **Schweriner Weihnachtsmarkt:** bis 30. Dez., Schwerin hat einen der schönsten Weihnachtsmärkte in Mecklenburg mit einer großen Glühweinpyramide, zu deren Füßen das heiße Getränk in vielerlei Varianten ausgeschenkt wird.

Infos

- **Tourist-Information:** Am Markt 14, T 0385 592 52 12, www.schwerin.de, Ostern–Dez. Mo–Fr 10–18, Sa/So/Fei 10–16, sonst Mo–Fr 10–17, Sa 10–16 Uhr.
- **Bahn:** Die Landeshauptstadt ist gut mit der Bahn zu erreichen, es gibt regelmäßige Verbindungen nach Hamburg, Berlin, Rostock, Wismar, Ludwigslust. Der Bahnhof liegt in Fußentfernung zur Altstadt.
- **Bus und Straßenbahn:** In Schwerin ist vieles mit öffentlichen Verkehrsmitteln erreichbar. Marien- und Bahnhofsvorplatz sind die wichtigsten Haltepunkte. Infos zum Netz unter www.nahverkehr-schwerin.de.
- **Parken:** In der Innenstadt sind Parkplätze rar, für Besucher empfehlen sich die kostenpflichtigen Parkplätze am Schloss und gegenüber dem Alten Marstall an der Werderstraße (1 €/Std.).

Die Lewitz

B/C5/6

Südöstlich von Schwerin liegt Europas größte zusammenhängende Wiesenlandschaft, die **Lewitz.** Sie erstreckt sich im Dreieck zwischen Mueß, Neustadt-Glewe und Parchim. Die weite Landschaft ist geprägt von Wiesen- und Ackerflächen, Teichen und Kanälen. Die wasserreichen Niederungen bieten einen hervorragenden Lebensraum für See- und Fischadler, Eisvögel und Silberreiher. Und im Frühjahr und Herbst tummeln sich hier Kraniche und Graugänse. Die **Fischteiche** von **Friedrichsmoor** und **Neuhof** suchen ihresgleichen. Spektakulär, wenn sie im Herbst abgefischt werden (s. S. 37). Einige Teiche werden danach wieder geflutet – als Schlafplätze für die Wasservögel.

Kartoffeln und Wald

Bekannt ist die Lewitz aber auch für ihre guten **Tüften** (Kartoffeln), die sogar mit einem Fest geehrt werden (s. S. 37). Von den einst riesigen Waldgebieten gibt es nur noch wenige wieder aufgeforstete Stücke. Denn wie in der Griesen Gegend wurde auch in der Lewitz, konkret um Neustadt-Glewe, Raseneisenstein abgebaut (s. S. 38), zu dessen Verhüttung man Holzkohle brauchte. In der noch ›erhaltenen‹ Waldlewitz um Friedrichsmoor lässt es sich wunderbar wandern, und während der Brunftzeit ist ordentlich was los. Die Region ist touristisch zwar nicht so bekannt, jedoch gut erschlossen. So wurde z. B. der rund 90 km lange **Lewitz-Radrundweg** angelegt.

Störkanal B5

Schwerin ist über den **Störkanal** mit der Müritz-Elde-Wasserstraße im Süden der Lewitz verbunden. Angler versuchen gerne ihr Glück am Kanal, und auch Biber fühlen sich hier sehr wohl. Die 22 km lange Wasserstraße ist wegen der geringen Wassertiefe und Fließgeschwindigkeit bei Freizeitkapitänen und Paddlern sehr beliebt. So wurden an den Brücken in **Banzkow** und **Plate** großzügige Anleger gebaut. An der Hebebrücke von Plate lockt der **Störkrug** mit lauschigem Biergarten zur Einkehr (T 03861 30 08 52, Di–Do/So 11.30–22, Fr/Sa 11.30–23 Uhr).

Die Strecke zwischen den beiden Orten ist die beliebteste, sowohl auf dem Wasser als auch am Ufer zu Fuß oder per Rad. Auf dem alten Treidelpfad wurde früher das Holz u. a. zum Schweriner Schloss und in die andere Richtung über Elde und Elbe bis nach Hamburg transportiert. In Banzkow stehen noch relativ viele reetgedeckte Hallenhäuser und die letzte der **Lewitz-Windmühlen.** Bis 1958 wurde dort Getreide gemahlen, heute ist es ein Hotel (www.lewitz-muehle.de, €€).

Jagdschloss Friedrichsmoor B6

Dieses idyllisch gelegene Kleinod in der Waldlewitz ist den Herzögen und ihrer Jagdleidenschaft zu verdanken. Da bereits im 18. Jh. erbaut, ist es eines der wenigen Jagdschlösser aus Fachwerk. Seien Sie also nicht enttäuscht, wenn es nur wie ein ›Gutshaus auf Feldsteinsockel‹ daherkommt.

Jagdtapete für alle

Ein kleiner Schatz verbirgt sich im Innern. Mitte der 1960er-Jahre wurde die berühmte **Bildtapete »La Chasse à Compiègne«** (»Die Jagd von Compiègne«) aus dem Jagdschloss Friedrichsthal bei Schwerin hierher gebracht. Die Darstellung einer Rotwildjagd wurde 1814 nach Entwürfen von Antoine Charles Horace Vernet in Paris gedruckt und ist eines der wenigen noch erhaltenen Exemplare. Nach der Wende wurde das zu DDR-Zeiten v. a. für Schulungen genutzte Schloss zu einem Hotel umfunktioniert, jedoch mit der Auflage, die Jagdtapete für die Öffentlichkeit zugänglich zu halten. Nachdem es zwei Jahre leer stand, wurde das Hotel 2021 wiedereröffnet und die Jagdtapete sollte eigentlich wieder zu bewundern sein.

www.jagdschlossfriedrichsmoor.org

Parchim C6

Die Stadt liegt etwas abseits der touristischen Hauptroute und im Schatten von Schwerin und dem Plauer See. Dabei war sie einst die mächtigste der Mecklenburger Landstädte, d. h. Mitglied im ständischen Landtag. Durch die günstige Lage an Handelswegen und der Elde-Wasserstraße war **Parchim** eine reiche Stadt. Davon künden noch heute die weithin sichtbaren und wuchtigen Türme von **St. Georgen** und **St. Marien** (Mai–Sept. Mo–Fr 10–16, Sa 10–12 Uhr). Doch nicht nur diese beiden Backsteinhallenkirchen aus dem 13. Jh., sondern die gesamte Innenstadt mit ihren vielen stattlichen

TRADITIONSVERLAG

Der heute in Rostock ansässige **Hinstorff Verlag** wurde 1831 von Carl Hinstorff (1811–82) in Parchim gegründet. Sein größter Coup gelang ihm 1856 mit den Büchern von Fritz Reuter, die mit fast 500 000 gedruckten Exemplaren zu Bestsellern wurden! Später, in der DDR, landete der Verlag mit Ulrich Plenzdorfs »Die neuen Leiden des jungen W.« einen absoluten Überraschungserfolg. Nach der Wende gründete er sich neu, das Verlagsprogramm: mecklenburgisch, norddeutsch, traditionell (www.hinstorff.de).

Gebäuden aus verschiedenen Epochen erzählen von der großen Vergangenheit.

Promis ihrer Zeit

Rudolf Tarnow (s. S. 270) wurde hier geboren, Fritz Reuter ging hier zur Schule und **Graf Helmuth von Moltke** (1800–91) stammt von hier. Auf dem **Moltkeplatz** erinnert ein bronzenes Denkmal an den Militärstrategen. Sein **Geburtshaus** (Lange Str. 28) ist heute eine Gedächtnisstätte. Wer will, kann mit Graf Moltke sogar auf eine Stadtführung gehen. Es macht Spaß, durch die lebendigen Straßen mit vielen Restaurants und Einkaufsmöglichkeiten zu spazieren. Und es gibt so manches zu entdecken: schön saniertes Fachwerk, hübsche Holzveranden, bunte Fenster, Türen und Tore, imposante Backsteinbauten mit markanten Giebeln und einige ungewöhnliche Straßennamen. Den Schuhmarkt mit der gotisierenden Fassade des **Rathauses** bitte nicht versäumen!

Parchim ist eine grüne Stadt. Nicht nur in den alten Wallanlagen lässt es sich wunderbar flanieren, sondern auch an den Wasserarmen der Elde. Hin und wieder verbinden Brücken die Ufer miteinander, an denen sich manch gemütliche Gastronomie findet, z. B. an den **Hafenterrassen** – manchmal mit Livemusik.

Neustadt-Glewe B6

Von Süden her gesehen ist die Stadt das Tor zur Lewitz. Sie liegt wunderbar an der Elde-Wasserstraße, sodass man hier zu Touren nach Schwerin, Parchim oder auch zur Elbe aufbrechen kann. Der Fluss durchströmt **Neustadt-Glewe** mit mehreren Wasserarmen, deshalb beschlossen die Schweriner Herrscher im 13. Jh., hier eine Wehranlage zum Schutz der südlich gelegenen Grenzen zu errichten. Die mittelalterliche **Burg** ist heute das Wahrzeichen der Stadt. Von dem ehemals umlaufenden Wassergraben zeugt nur noch ein Teich im Park.

Überblick

Doch steigt man auf den mächtigen **Burgturm,** sieht all die Wasserarme und überblickt die Lewitz, so kann man sich gut vorstellen, wie von hier aus die Furten und Wege kontrolliert wurden. Da die Herzöge bis weit ins 17. Jh. regelmäßig Quartier in Neustadt-Glewe nahmen und sich dann ein repräsentativeres Schloss bauen ließen, hat die Burg mit ihrem Wohnsaal und der ›mittelalterlichen Warmluftheizung‹ immer noch etwas Wohnliches. Man könnte fast neidisch werden, dass sie zu DDR-Zeiten als Wohnraum und Jugendherberge diente. Wie mag es sich hier wohl geschlafen haben? Allerdings erinnert nichts mehr daran, denn die Wehrburg wurde umfassend saniert und ist nun ein **Museum zur Stadt- und Burggeschichte.**

T 038757 500 64 oder 237 84, Nov./Dez. Fr–Mo/Fei 11–16, März–Okt. Mi–Mo 10–17,

Sa/So/Fei 13–16 Uhr, Führungen nach Anmeldung, auch außerhalb der Öffnungszeiten

Lohnt sich

Neustadt-Glewe hat außerdem einen ganz bezaubernden historischen Stadtkern mit hübschem Rathaus, einer niedlichen Stadtbibliothek, viel Kopfsteinpflaster und verschiedenen Fachwerkbauten. Infosäulen helfen bei der Orientierung. Einziger Nachteil ist die stark befahrene Hauptstraße, die mitten hindurchführt.

Schlafen, Essen

Direkt gegenüber

Hotel Schloss Neustadt-Glewe: Im neuen herzoglichen Schloss, genau gegenüber der alten Burg, können Sie sehr angenehm wohnen.

Schlossfreiheit 1, Neustadt-Glewe, T 38757 53 20, www.hotel-schloss-neustadt-glewe.de, €

Herzhaft in urigem Ambiente

Burg-Restaurant: Schon die Größe von Gastraum und Terrasse mit Blick über den Park sind einer Burg angemessen. Rustikale Holzmöbel draußen, etwas feineres Mobiliar im Innern, bodenständige Küche – von Wildgulasch über Rumpsteak bis zum Dessert sowie Kaffee und Kuchen. Freundliches Personal; regelmäßig Tanztee.

Alte Burg 1, Neustadt-Glewe, T 038757 59 84 77, tgl. ab 11 Uhr

Was Süßes zwischendurch

Café Rosenstraße: Quasi zwischen Burg und Schloss liegt dieses kleine Café mit einem gemütlichen Innenraum und einigen netten Außenplätzen. Es gibt sehr guten Kaffee, frischen Kuchen und Eisbecher, gegenüber bei **Rudolfo** bestes Denissen-Eis (s. S. 30).

Rosenstr. 12, Neustadt-Glewe, T 038757 596 39, im Sommer tgl., sonst Di–Fr/So 14–18 Uhr, im Winter geschl., €

Bewegen

Wandern

Das idyllische **Friedrichsmoor** ist ein wunderbarer Ausgangspunkt für Wanderungen durch die Waldlewitz, z. B. auf dem **Walderlebnispfad »Sagenhafte Lewitz«,** ein 4 bzw. 12 km langer Rundweg, der an mehreren Stationen von Räubern, Riesen, weisen Frauen und Drachen berichtet.

Zum Reinhören: www.sagenpfad.wald-mv.de

Feiern

- **Tüffelwochen:** Neben den üblichen Erntefesten wird insbesondere die Tüfte (Kartoffel) in der Lewitz gefeiert, und das gleich mehrere Wochen und an verschiedenen Orten wie Banzkow. Neben kulinarischen Entdeckungen rund um die Kartoffel gibt es auch Kartoffelwettschälen, Kartoffelweitwurf oder Kartoffel-Boccia.
- **Südwestmecklenburger Töpfermarkt:** Mai. Bunter Töpfermarkt im Park von Friedrichsmoor (www.toepfermarkt-friedrichsmoor.de).
- **Abfischen der Karpfenteiche:** Immer am 1. Nov.-Wochenende werden die Karpfenteiche in Neuhof (nördl. von Neustadt-Glewe) abgefischt, verbunden mit einem zünftigen Volksfest und Verkauf von Frisch- und Räucherfisch sowie regionaler Produkte.
- **Parchimer Martinimarkt:** 1. Nov.-Wochenende. Zum größten Jahrmarkt Mecklenburgs strömen Tausende Besucher in die historische Innenstadt. Neben kulinarischen Spezialitäten und viel Unterhaltung gibt es auch schönes Kunsthandwerk.
- **Burgfeste:** Die Burg von Neustadt-Glewe und die davor liegenden Wiesen sind die perfekte Kulisse für das **Mittelalterliche Burgfest** im Juni mit Ritterkämpfen, Markttreiben, Handwerkern, Gauklern und Hexen sowie für die **Burgweihnacht** im Dezember.

Infos

- **www.die-lewitz.de:** Informationen und Links zu Unterkünften, Aktivitäten, Verleihern, Terminen etc. Kontakt zum Lewitz e. V. per Mail.
- **Information im Stadthaus:** Blutstr. 5, Parchim, T 03871 715 50, www.parchim.de, www.parchim.m-vp.de, Mai–Sept. Mo–Fr 9–17, Sa 10–13, Okt.–April Mo–Fr 9–17 Uhr. Buchung von Stadtführungen »Mit dem Nachtwächter« oder »Mit Graf Moltke auf Zeitreise«.
- **Stadtinformation:** in der Burg, Neustadt-Glewe, T 0387 575 00 64/-65, www.neustadt-glewe.de, www.neustadt-glewe.m-vp.de, April–Okt. Mo/Mi–Fr 10–17, Sa/So 11–17, Fei 13–16, ab Nov. Fr–Mo 11–16 Uhr (nicht verlässlich bzw. verkürzt), Di geschl.

Griese Gegend und Ludwigslust

Griese Gegend A7

Die Gegend um Ludwigslust wird auch **Griese Gegend** genannt. Sie erstreckt sich zwischen Neustadt-Glewe und Grabow bis hin nach Hagenow und Dömitz weiter im Westen. Der Boden ist sandig, karg und grau. Und vermutlich bezieht sich »gries« genau darauf, denn im Niederdeutschen steht es für »arm« und »karg«. Jedoch gibt es hier wie auch in der Lewitz Vorkommen von Raseneisenstein – ein blau-braun-schwarzes Gestein, das wegen seines schlackeartigen Aussehens auch Klump genannt wird. Da es bis zu 30 % Eisen enthält, wurde es bis ins 18. Jh. abgetragen und verhüttet. Klump war in der Region als Baustoff gefragt, da es witterungsbeständig war und gute Dämmeigenschaften hatte. Außerdem war es günstig zu haben und sah auch noch urig aus. Zu sehen ist es z. B. in Ludwigslust und Redefin.

Ludwigslust 

Als Friedrich Wilhelm 1692 Herzog wurde, weil der kinderlose Onkel gestorben war, gab er seinem jüngsten Bruder Christian Ludwig II. das Amt Grabow als Apanage. Dieser ging allzu gerne auf die Jagd, und als das Grabower Schloss abbrannte, wählte er den von viel Wald umgebenen Hof Klenow, um dort ein neues Schloss bauen zu lassen. Als er dann 1728 selbst Herzog wurde, bezog er die Schweriner Residenz, hatte aber nun genügend Mittel, das Schloss in Klenow etwas aufzuhübschen. Und weil er sich so gerne hier aufhielt, hieß der Ort bald Ludwigs Lust. Einheimische sagen heute meist nur LuLu.

Versailles des Nordens

Doch erst sein Sohn und Nachfolger, Friedrich (1717–85) verpasste **Ludwigslust** sein heutiges Aussehen. Er kehrte Schwerin den Rücken und verwandelte das Schlösschen in eine repräsentative Residenz. Er war zuvor viel gereist und wollte nun sein eigenes Versailles errichten. Ab 1765 begann man, die Pläne des Hofbaumeisters Johann Joachim Busch umzusetzen. Aus der Dorfstraße wurde die Schlossstraße, einheitlich und planvoll für Mitglieder und Mitarbeiter des Hofs angelegt, die entlang zu flanieren sich lohnt. An ihrem Ende erreicht man einen riesigen Platz mit dem bedeutendsten Barockschloss Mecklenburg-Vorpommerns zur Rechten, zur Linken eine 70 m breite **Kaskade.** Dort sind die Götter der Flüsse Stör und Recknitz dargestellt, die den Ludwigsluster

Lieblingsort

›Mein‹ Schlosspark

Peter Joseph Lenné hat unzählige **Parkanlagen** gestaltet, doch diese hier in **Ludwigslust (📍 B 6)** mag ich besonders gerne. Die Weitläufigkeit der Anlage, der mit einigen Brücken überspannte Kanal, der sich immer wieder ändernde Blick, die weiten Wiesen und all die prächtigen Bäume – egal zu welcher Jahreszeit, der Park hat einen ganz eigenen Zauber. Mit dem Rad oder zu Fuß, mit etwas Picknick und einem guten Buch kann ich hier ohne Weiteres einen ganzen Tag verbringen, wenn möglich mit einer Torten-Einkehr im Schlosscafé. Hinweis: Im Sommer 2023 ist ein alter Baum mir nichts, dir nichts umgekippt. Nun ist man dabei, den Baumbestand zu prüfen. Anfang 2024 waren zumindest die Hauptwege wieder geöffnet.

Kanal mit Wasser speisen. Die Wasserspiele und die Sichtachsen zu Kirche und Stadt erinnern an Versailles. Der hinter dem Schloss liegende **Park** (mit 12,5 km^2 der größte in Norddeutschland) hat jedoch nur noch wenige barocke Elemente, da er Mitte des 19. Jh. von Lenné (s. S. 111) zu einem Landschaftspark umgestaltet wurde. Als Großherzog Friedrich Paul 1838 beschloss, wieder in Schwerin zu residieren, diente Ludwigslust nur noch als Sommerresidenz. Jedoch kehrte die herzogliche Familie nach der Absetzung 1918 doch noch zurück und lebte bis 1945 im Schloss von Ludwigslust. Zu DDR-Zeiten wurde es von Behörden genutzt, seit 1986 ist es Museum. So blieb viel von der herrschaftlichen Residenz erhalten, und v. a. nach 2000 ist viel passiert. 2016 wurde nach fünfjähriger Restaurierung der Ostflügel mit **Prunksaal** eröffnet. Jetzt arbeitet man am Westflügel und damit an den Gemächern der Herzogin.

Zu Besuch beim Herzog

Man betritt also das Schloss und steht im **Foyer** mit prachtvollem Treppenhaus. Der geradeaus liegende Jagd- und Gartensaal ist jetzt **Schlosscafé** und auch von der rückwärtigen Parkseite aus zu betreten (T 03874 62 09 19, Öffnungszeiten wie Schloss). Der Besuch des **Museums Schloss Ludwigslust** ist wirklich lohnend, gern auch mit einer der guten Führungen.

Überwältigend schön ist der **Goldene Saal** im ersten Stock. Er liegt in der Mitte des Schlosses und reicht über zwei Etagen. Seine drei großen Fenster gehen zum Park hin. Mächtige Säulen, verzierte Spiegel, kostbare Kristalllüster und der restaurierte Parkettfußboden entführen in vergangene Zeiten prunkvoller Bälle und festlicher Konzerte. So viel Gold und doch alles nur Attrappe, denn alle Verzierungen und Verkleidungen wurden aus Cartapesta gefertigt. Dafür hatte man in Ludwigslust extra eine Werkstatt eingerichtet. Dann gelangt man in die Gemächer des Herzogs. Was für ein erlesener Prunk! Gewebte Seidentapeten, Marketeriefußböden – auf die man gar nicht treten möchte, so schön sind sie –, damastene Wandbespannungen, Paneele mit goldenen Zierapplikationen aus Pappmaschee, ein Kamin aus Meißener Porzellan, die Menagerie-Gemälde von Oudry (s. S. 24). Keines der Möbel ist original, aber doch im Stil der Zeit. Bemerkenswert sind die Seiden- und handgedruckten Wandtapeten. Zum Glück fand sich in irgendeinem Eckchen immer noch ein Stück des Originals, und hochspezialisierte Handwerkerbetriebe in Crimmitschau und Wernigerode konnten die alte Pracht wiederherstellen. Wenn man genau hinsieht, erkennt man, wo die Restauratoren das Original beließen.

Schlossfreiheit 1, T 03874 57 19 15, www.mv-schloesser.de, Mitte April–Mitte Okt. Di–So 10–18, sonst Di–So 10–17 Uhr, 6,50 €, Führung 3 € extra

Paradiesvogel

Eine der vielgerühmten Sichtachsen in Ludwigslust ist der Blick vom Schloss zur **Kirche.** Der Blick heischende Bau mit Dreiecksgiebel und Säulenhalle lässt eher an einen antiken Tempel denken, doch obenauf prangt das Zeichen für einen christlichen Sakralbau. Das Innere mit dem die gesamte Apsis ausfüllenden Altargemälde (es soll das größte in Deutschland sein) und dem geschwungenen seitlichen Treppenflügel wirkt ebenso gewaltig. Die Kirche wird gerne als »Paradiesvogel unter den norddeutschen Kirchen« bezeichnet. Was fehlt, ist ein Glockenturm. Herzog Friedrich fürchtete sich wie sein Herrscherkollege in Mecklenburg-Strelitz vor Blitzeinschlägen und ließ die **Glockentürme** am etwas weiter weg liegenden Friedhofseingang errichten. Die Türme sollten ebenso prächtig sein wie Schloss und

Kirche. Offenbar wurde man in der damaligen Reiseliteratur fündig und wählte ägyptische Pylonen, sehr ähnlich dem Tempel von Karnak. Die Glockentürme sind einmalig und ebenso wie die Friedhofsmauer aus Raseneisenstein gearbeitet.

Schlafen, Essen

Passt

Hotel Erbprinz: Von außen ist das Hotel nicht so ansehnlich, doch die Zimmer sind schön groß und gemütlich in leichtem Barock eingerichtet. Sehr gutes Frühstück und freundliches Personal. Am Hotel gibt es Parkplätze und wer will, kann in der **Prinzenstube** auch zu Abend essen – witzig ist das selbst spielende Klavier. Die Küche ist sehr gut, nur etwas teurer. Auch Einheimische gehen hier gern essen.

Schweriner Str. 38, T 03874 250 40, www.erbprinz-ludwigslust.de, €, Restaurant Prinzenstube tgl. 12–22 Uhr, €–€€

Stilvoll

Landhaus Knötel: Klar und einfach, jedoch mit Stil, hier und da kleine feine Details – so sind die Zimmer im Landhaus Knötel eingerichtet. Es gibt genug Platz, sogar die Duschen sind begehbar. Die Lage ist top, die Atmosphäre freundlich und unaufdringlich. Außerdem gibt es zwei Ferienwohnungen (2–6 Pers.). Zum Hotel gehört ein **Restaurant** mit Biergarten und Terrasse. Auch hier ist alles sehr stilvoll-unaufdringlich und schick, nur wenige Gerichte, die jedoch hervorragend schmecken.

Kanalstr. 19, T 03874 220 15, www.landhaus-knoetel.de, €, Restaurant Di–Sa ab 16.30 Uhr, €–€€

Hausmannskost

Restaurant Alter Dragoner: Wo früher das 17. Dragonerregiment logierte, gibt es heute in zünftigem Ambiente bodenständige Hausmannskost. Die Gerichte sind einfach und schmecken, und auch ein Bier lässt sich hier gut zischen.

Käthe-Kollwitz-Str. 1, T 03874 227 40, www.alter-dragoner.de, tgl. 11–22 Uhr, €–€€

Mit Schlossblick

Alte Wache: Das Kaffeehaus und Restaurant liegt super neben der Kaskade mit Blick zum Schloss. Hier werden in feinem Ambiente altbekannte Speisen in sehr guter Qualität serviert (für Vegetarier leider nur Salat und Dessert). Warum also nicht nach dem Schlossbesuch auf Kaffee und Kuchen einkehren oder den Tag ausklingen lassen?

Schlossfreiheit 8, T 03874 57 03 53, www.altewache-ludwigslust.de, Di–Sa 12–22, So 11–18 Uhr, €–€€€

Für Tortenfans

Ellis Cafe: Wer Torten, Kuchen, Cupcakes und Ähnliches mag, ist hier richtig. Es gibt immer etwas Leckeres zu probieren. Wenn es keine Draußen-Sitzplätze gibt, einfach etwas für die Bank im Park mitnehmen.

Schlossstr. 24, T 03874 329 97 91, Fr–Mi 13–18, im Winter Fr–Di 12–17 Uhr

Einkaufen

Bier und Vitamine

Hinter dem herzoglichen Schloss liegt die **Orangerie,** schön und ungewöhnlich in Fachwerkbauweise. Früher wurden hier Melonen, Weintrauben und Pfirsiche ange-

FRISCHE-KICK

Man kaufe sich eine Flasche Sanddornsaft (100 %), fülle davon acht Esslöffel ab und püriere diese mit zwei kleinen Bananen und 800 ml Milch (oder Milchersatz). Das ist ein vitaminreicher Start in den Tag!

baut, heute geht es um Bier und Sanddorn. Die kleine **Braumanufaktur Ludwigslust** hat sich zum Ziel gesetzt, mit jedem ihrer Biere dem Herzog, der Stadt Ludwigslust und ihren Bauwerken ein Denkmal zu setzen, z. B. »Herzogs Liebling – verspielt und geheimnisvoll« oder »Seitensprung – mal was anderes probieren«. Zu erwerben sind sie um die Ecke im **Sanddorn-Storchennest,** der Verkaufsstelle der ältesten, mit rund 120 ha auch größten Sanddornplantage Deutschlands, die einzige mit Demeter-Qualität (s. S. 45). Neben Säften und Marmeladen gibt es weitere Sanddornprodukte. Für Wissensdurstige empfiehlt sich die Ausstellung im alten Apfelkeller.

Braumanufaktur Ludwigslust: Brauereiführung oder Bierverkostung: Friedrich-Naumann-Allee 26, mobil 171 542 55 35, www.lusthopfen.de, Mo–Fr 10–17 Uhr; Sanddorn-Storchennest: Friedrich-Naumann-Allee 26, T 03874 219 73, www.sanddorn-storchennest.de, März–Nov. Mo–Fr 9–18, Sa 9–13, So 9.30–12, Dez.–Febr. Mo–Fr 9–17, Sa 9–13 Uhr

Ausgehen

Film ab

Kino Luna: Ludwigslust hat ein kleines, süßes Kino mit einem ausgewählten Filmprogramm. Kein Wunder, dass das Kino schon mehrfach einen Preis genau dafür gewonnen hat, zuletzt 2022.

Kanalstr. 13, T 03874 57 02 90, www.lunafilmtheater.de

Infos

• **Information:** Schlossstr. 36, T 03874 52 62 51/-52, Jan.–April, Mitte Sept.–Dez. Mo–Fr 10–13, Mo/Do auch 14–16, Di 14–18 Uhr, Mai–Mitte Sept. Mo–Fr 10–13, Mo/Do auch 14–17, Di/Fr 14–18, Sa/So 10–15 Uhr (leider nicht verlässlich). Broschüre zum historischen Stadtrundgang mit Wegeleitsystem und Schaukästen.

Beim »Kleinen Fest im großen Park« heißt es entdecken, staunen, probieren, flanieren, genießen und vielleicht sogar mitmachen.

WELCH KULISSE!

Schloss und Park sind ideal für Feste der besonderen Art. So gibt es hier Aufführungen der **Festspiele Mecklenburg-Vorpommern** mit dem krönenden Open-Air-Event »Kleines Fest im großen Park«. An zwei Tagen im August sind verteilt auf über 20 Bühnen Musik, Comedy, Clownerie, Akrobatik, Marionetten- und Puppenspieltheater und zum Abschluss ein Feuerwerk zu sehen (www.kleinesfest-gmbh.de). Fast noch schöner sind die **Ludwigsluster Schlosskonzerte** (www.schloss-ludwigslust-foerderv.de), z. T. in historischen Kostümen wie beim **Barockfest** im Mai. Heimelig wird's bei der **Schlossweihnacht** mit gemeinsamem Singen in der Schlosskirche und hernach zum weihnachtlich strahlenden Schloss.

Führungen mit der Barockdame »Madame Lulu«, die einiges über Fächersprache und Intrigen am Hofe erzählt. Empfehlenswert ist die Radkarte mit Entdeckertouren im Südwesten der Griesen Gegend. Außerdem Tickets für Konzerte im Rahmen der Festspiele Mecklenburg-Vorpommern.
• **Internet:** www.griese-gegend.de, www.stadtludwigslust.de, www.ludwigslust.m-vp.de, www.entdeckerrouten.org

Redefin

A6

Pferdeidylle

Für Pferdefans und -liebhaber lohnt sich ein Ausflug nach **Redefin** auf jeden Fall. Allein schon die Anlage ist zum Staunen! Eine im Oval angelegte **Rennbahn,** in der Mitte eine historische und noch genutzte Pferdeschwemme, umlaufend an den Seiten riesige **Stallungen.** Diese kann man zu bestimmten Zeiten oder im Rahmen einer Führung besuchen. In den Boxen stehen eigene oder Gastpferde. Schilder künden vom Namen und welches Futter in welcher Menge gegeben wird. Zwischen den Stallungen stehen einige kleinere **Häuser** wie jenes des **Landstallmeisters** (www.landstallmeisterhaus.de, €) oder des **Rossarztes.** In Letzterem untergebracht ist ein **Museum** zur Anatomie der Pferde mit vielen Präparaten (mit tel. Anmeldung).

An der Stirnseite steht als absoluter Mittelpunkt der Anlage die **Reithalle** mit Rängen, Tribünen und einer Spiegelwand wie im Ballettsaal. An jedem Haus ist eine Tafel zu Zweck und Geschichte des Gebäudes angebracht. So erfährt man, dass Redefin eines der zehn Landgestüte in Deutschland ist, seit über 200 Jahren besteht und was so ein Landgestüt denn nun genau ist. Highlights sind die mehrmals im Jahr stattfindenden Hengstparaden mit Stallbesichtigung und Paradeprogramm (Karten im Vorverkauf 20–30 €, s. u.) sowie das Pferdefestival im Mai. Und weil es so idyllisch ist – wen wundert's –, finden hier auch Konzerte der Festspiele Mecklenburg-Vorpommern statt.

T 038854 62 00, www.landgestuet-redefin.de, Gestüt tgl. 8–20, Stallungen Mo–Fr 8–12, 14–17, Sa/So/Fei 11–12, 17–18 Uhr, Führung ab 11 Pers., 5 € p. P.

Einkaufen

Sanddornfrischkäsepralinen

Goldschmidt Frischkäse: Auf dem Weg nach Redefin, in Kummer, lassen sich die Macher dieser feinen Frischkäsemanufaktur mit Werksverkauf immer wieder etwas Neues einfallen, z. B. Ziegenröllchen, Frischkäsetörtchen, schokolierte Frischkäsepralinen oder eben auch die Sanddornfrischkäsepralinen – wow!

Karl-Marx-Str. 4, Kummer, T 038751 203 13, www.frischkaese.de, April–Okt. Mo–Fr 8–15 Uhr

Grabow

B7

Grabow ist bekannt für seine Schaumküsse. Die wurden 1835 in der hiesigen Pfeffernussfabrik erfunden und zur traditionellen deutschen Marke für diese Süßigkeit. Im Osten waren die handgemachten Schaumküsse heiß begehrt. Das Werk ist längst auf ein anderes Gelände umgezogen, gehört heute zu Continental Bakeries, produziert für mich aber immer noch die besten Schokoküsse. Das Firmenzeichen ist geblieben. Die alte Pfeffernussfabrik jedoch wurde als niedliches **Heimatmuseum** mit einigen Multimedia-Highlights wiedereröffnet. Da geht es nicht nur um Süßes, sondern v. a. um die Stadtgeschichte. Wer weiß schon, dass die Vorfahren der berühmten Schriftstellerfamilie Mann aus Grabow stammen?
Marktstr. 19, T 038756 700 54, Di/Do 10–13, Mi/Fr 13–16 Uhr

Nicht nur Küsse

Grabow hat immens viele schöne Fachwerkhäuser, selbst die Polizeistation ist in solch einem untergebracht. Schön ist es um **Pferdemarkt** und **Rathaus.** Da gibt es Häuser mit schiefen Wänden, Türen und Balken – und sie stehen doch. Ladeluken, Jahreszahlen und Balkeninschriften erzählen von Handel und Gewerbe vergangener Zeiten. Die Skulptur der zwei sich mit einem Bierhumpen zuprostenden Männer erinnert an die Rose-Brauerei, die das erste Porter in Deutschland braute (1853), bis zur Wende erfolgreich war und dann von der Treuhand abgewickelt wurde.

Wichtig für Grabow ist die Elde, einst für den Handel und heute v. a. für den Tourismus. Das so idyllisch durch Grabow strömende Gewässer lädt zu mancher Tour ein. Ein Spaziergang zur **Fresenbrügge** ist zu allen Jahreszeiten schön – auf der einen Seite hin, und auf der anderen zurück (ca. 1,5 Std.).

Essen

Mediterran in Grabow

Restaurante Portofino: Ein Italiener in einem Fachwerkbau, das ist schon komisch, aber das Ambiente stimmt, sowohl im Gastraum als auch im Garten. Gute italienische Küche, viele Wiederholungstäter und eine immer freundliche Bedienung.
Canalstr. 11, T 0387 565 69 55, www.restaurante-portofino.de, Di–Sa 11.30–14, 17.30–21 Uhr, €

Bewegen

Auf der Elde

Kanu- und Kajakverleih Grabow: Der Verleih liegt am Mühlenbach, der in die Elde mündet. Neben Booten bekommt man auch Tourentipps und, falls die etwas länger sind, einen Hol- und Bringservice.
Blieverstorfer Weg 3, mobil 0173 204 92 06, www.kanu-grabow.de, 2er-Kanu/-Kajak 35 €

Einkaufen

Schokoküsse ohne Ende

Werksverkauf: Ganze Familienverbände rücken hier an, sind die Preise doch unschlagbar: 60 Stück für 7 €! Außerdem Waffeln, Knäckebrot und Gebäck.
Grabower Süsswaren GmbH Werk Grabow, Kiebitzweg 1, T 038756 370, Mo–Do 8–17, Fr 8–18 Uhr

Infos

- **Internet:** www.grabow.de

Zugabe
Rätselhafter Beerentod

Der Sanddorn ist krank

Kleine Beere mit großer Wirkung: Sie wird zu Säften, Marmelade, Sanddorn-Secco und Kosmetika verarbeitet.

Der Sanddorn wird gern Zitrone des Nordens genannt. Das Vitamin-C-Wunder voller Mineralstoffe wächst selbst auf kargem Boden. Das Ölweidengewächs stammt eigentlich aus Asien und wurde im Osten Deutschlands kultiviert. Um Devisen für Südfrüchte zu sparen, suchte man nach alternativen Vitamin-C-Spendern. Sanddornbeeren schienen dafür besonders geeignet, denn sie enthalten sieben Mal mehr Vitamin C als Zitronen! So entwickelte der Berliner Gartenbauingenieur Hans-Joachim Albrecht aus mehreren Wildsorten eine für den Anbau geeignete Sorte. 1979 wurde die Leikora zugelassen – heute die am weitesten verbreitete Sorte Mitteleuropas. Im Jahr darauf eröffnete in Ludwigslust die erste Sanddornplantage Deutschlands, heute das Storchennest (s. S. 42).

Doch der Beere geht es nicht gut: Die Pflanzen in Mecklenburg-Vorpommern sterben, egal ob Wild- oder Kulturpflanze. Immer sind es die gleichen Symptome: Die Blätter welken und fallen ab, die Zweige hellen auf und verdorren, dann stirbt der Rest der Pflanze. Seit 2016 beobachten Forscherinnen und Forscher diesen Prozess. Viele Plantagen in MV haben schon die Segel streichen müssen. Beim Storchennest in Ludwigslust waren vier Jahre nach dem ersten Befall mehr als die Hälfte der Sträucher auf der Anbaufläche abgestorben. 2023 waren von einst 117 noch 7 ha gesund! Das Katastrophale ist: Niemand weiß, welche mysteriöse Krankheit für das Absterben des Sanddorns verantwortlich ist. Bisherige Untersuchungen haben zumindest ergeben, dass man nach den trockenen Sommern der letzten Jahre die Pflanzen nicht mehr sich selbst überlassen kann, sondern sie zusätzlich wässern muss. Außerdem wird immer noch die Züchtung aus den 1970er-Jahren angebaut – die klimatischen Bedingungen haben sich seither jedoch um einiges verändert. Mittlerweile versucht man es mit Sorten aus dem Alpenraum (teilweise mit Erfolg) und arbeitet an der Züchtung neuer, robusterer Sorten. Doch die Zeit drängt. Und solange nicht klar ist, welcher Erreger das mysteriöse Sanddornsterben verursacht, kann kein Gegenmittel gefunden und können die Flächen mit den abgestorbenen Pflanzen auch nicht neu bepflanzt werden. ■

Ein wahres Vitamin-C-Wunder!

Im Westen der Seenplatte

Die Landschaft ist wellig — Und in ihr liegen hingetupfte Seen, Dörfer, Kleinstädte, Durchbruchstäler, das edelste Kloster der Seenplatte und eine quasi originale Slawenburg.

Seite 54

Warnow-Durchbruchstal

Wer wissen will, was geschehen kann, wenn sich angestautes Schmelzwasser Bahn bricht, sollte diese kleine Tour durch eines der schönsten Durchbruchstäler in Mecklenburg unternehmen – zu Fuß oder mit dem Kanu.

Seite 57

Mestlin

Zu DDR-Zeiten wurde es zum Vorzeigedorf mit riesigem Kulturhaus ausgebaut. Nach der Wende herrschte gähnende Leere. Heute versucht man, erste neue Wege zu beschreiten.

Riesenkürbisse gibt's bei manchem Erntefest in Mecklenburg.

Eintauchen

Seite 52

Groß Raden

Im schönsten Slawendorf Mecklenburgs taucht man in die Lebensweise der Altvorderen ein.

Seite 55

Rothen

Auf Kopfsteinpflaster holpert man durch ländliche Idylle und gelangt in ein Dorf, in dem man auch gerne länger bliebe.

Seite 62

Eine Radtour um den Drewitzer See

… führt durch das ehemalige Staatsjagdgebiet der DDR, damals Zutritt nur für Honecker & Co.

Seite 51

Schloss Kaarz

Eines der stilvollsten Schlosshotels Mecklenburgs: Der Park mit Mammutbäumen und Skulpturen sowie das Café mit regionalen Produkten stehen auch Tagesbesuchern offen.

Seite 59

Alt Schwerin

Aus einer Sammlung landwirtschaftlicher Geräte wurde in mehr als 50 Jahren ein Erlebnisdorf der besonderen Art.

Seite 69, 74

Güstrow 

Aus dem hässlichen Entlein ist nach der Wende ein schöner Schwan geworden – einmalig ist das Türen-Depot. Und Ernst Barlach, der hier über 30 Jahre lang lebte, hat der Stadt so großartige Kunstwerke wie »Der Schwebende« im Dom hinterlassen.

Seite 66

Radtour um den Krakower See

Krakow selbst ist schon idyllisch, eine Tour um den zugehörigen See ist paradiesisch. Krönung ist der Abstecher ins Nebeldurchbruchstal.

Sich in eine Raubtier-WG einmieten und die Wölfe heulen hören? Ja, das geht – im Natur- und Umweltpark von Güstrow.

»Aber wohin ich in Wahrheit gehöre, das ist die dicht umwaldete Seenplatte Mecklenburgs von Plau bis Templin, entlang der Elde und der Havel …« Uwe Johnson

erleben

Lust auf kleine Entdeckungen?

Die Region östlich des Schweriner Sees ist dünn besiedelt und liegt (noch) abseits der touristischen Hauptrouten, abgesehen von Güstrow mit Barlach-Erbe und Renaissanceschloss. Ein Großteil des Gebiets wird durch die Naturparks Sternberger Seenland und Nossentiner/Schwinzer Heide gebildet. Die Landschaft ist typisch mecklenburgisch: leicht hügelig mit ausgedehnten Feldern und Wäldern, dazwischen Wiesen und Seen, darin versteckt einige ungewöhnliche Schlösser, Gutshäuser und Dörfer, Steinkreise, das Kloster Dobbertin und die Slawenburg bei Groß Raden. Der Fischreichtum ist legendär.

Die Abgeschiedenheit sorgt einmal mehr dafür, dass Wasservögel, Biber, Kraniche und Adler sich hier vermehrt aufhalten. Jedes der drei Durchbruchstäler, das Warnow-Durchbruchstal bei Groß-Görnow, das Mildenitz-Durchbruchstal bei Dobbertin und das Nebel-Durchbruchstal bei Krakow am See, ist einen Ausflug wert. Wie man sich in dieser Region überhaupt auf den Weg machen muss – zu Fuß, per Rad, mit dem Kanu oder Auto. Doch ist man erst mal aufgebrochen, weitet sich das Herz und stellt sich das Gefühl ein, auf Entdeckungsreise zu sein.

O

ORIENTIERUNG

Internet: Auf www.mecklenburg-schwerin.de/reiseziele/regionen/sternberger-seenland und www.naturpark-nossentiner-schwinzer-heide.de gibt es allgemeine Informationen zu den Naturparks.

Bienen: Spannend ist die von Bienenfreunden initiierte Bienenstraße, die beide Naturparks einbezieht. Auf verschiedenen Touren werden Sie durch die Region geführt, erfahren vom Leben und Wirken der Bienen, können vielleicht sogar einem Imker über die Schulter schauen und Ihre Nase in eine Bienenweide stecken (www.bienenstrasse.de).

Bus und Bahn: Abgesehen von Güstrow sind die Orte nur mit dem Bus bzw. dem eigenen Pkw zu erreichen. Alle Busverbindungen finden sich unter www.vlp-lup.de. Im Raum Güstrow ist v. a. der Bus 250 von Rebus (www.rebus.de) für Besucher von Interesse, der ca. alle 2 Std. auf der Strecke Güstrow–Wildpark–Krakow am See–Linstow verkehrt. Mit Ihrem Fahrschein erhalten Sie unterschiedliche Rabatte wie z. B. 10 % auf den Eintritt im Wildpark oder einen Stadt- und Umgebungsplan von Krakow am See.

Sternberg und das Sternberger Seenland ⚲C4

Der **Naturpark Sternberger Seenland** – 2005 gegründet und damit der jüngste der sieben Naturparke in Mecklenburg-Vorpommern – erstreckt sich zwischen Neukloster, Dobbertin und Sternberg und hinab bis nach Pinnow am südöstlichen Ufer des Schweriner Sees. Die Landschaft ist von zwei in der letzten Eiszeit entstandenen Endmoränenzügen geprägt, dazwischen Ebenen, sanfte Hügel und viele Seen. Eine der Attraktionen ist das Flusssystem der Warnow mit zahlreichen kleineren und größeren Nebenflüssen. Sie haben Flussauen und Erosionstäler hinterlassen. An manchen Stellen wie bei Groß Görnow hat sich das Wasser regelrecht durch einen Moränenwall ›gefressen‹ und ein wildromantisches Durchbruchstal hinterlassen (s. S. 54). Das im Zentrum dieses Naturparks gelegene Städtchen Sternberg diente als Namensgeber und ist ein guter Ausgangspunkt für Touren ins Sternberger Seenland. Einige schöne Spazierwege führen um den Ort und den See mit beschaulichen Gartenkolonien und einer herrlichen Badestelle.

Sternberg ⚲C4

Große Vergangenheit

Nähert man sich tagsüber der Stadt, so fällt zuerst die verhältnismäßig große Kirche auf, bei Dunkelheit hingegen ist es die

Bootshäuser wie hier am Großen Sternberger See finden sich überall in der Seenplatte, manche sind sogar für einen Urlaub zu mieten.

effektvoll angestrahlte Mauer des mittelalterlichen **Stadtwalls.** Den noch erhaltenen Teil hat man 2007 umfassend saniert und mit Grünflächen, Spiel- und Sitzmöglichkeiten sowie Spazierwegen versehen. Auch in der historischen Altstadt mit viel Kopfstein wurden bereits viele der alten Häuser liebevoll restauriert, dazwischen einige Neubauten, mal mehr, mal weniger gelungen. An manchen historischen Fassaden sieht man Verzierungen an den Querbalken, das sogenannte **Sternberger Band.** Besonders schön und farbenfroh sind sie in der Pastiner, Kütiner und Luckower Straße. Dreh- und Angelpunkt ist der **Marktplatz** mit Rathaus, Gasthaus und Kirche – ideal für Märkte und Feste wie das Rapsblütenfest (s. S. 52).

Judenpogrome und Reformation

Vor der Kirche stehen **drei Metallsäulen** mit umlaufenden Metallringen, darin eingestanzt die für Sternberg wichtigen Jahreszahlen, die mit 1248, dem Jahr der Stadtgründung, beginnen und 2009 enden, als die Säulen aufgestellt wurden. Die Darstellungen sind jedoch nicht ohne Weiteres zu verstehen. Deshalb an dieser Stelle einige Erläuterungen. 1492 soll der Jude Elasar auf der Hochzeit seiner Tochter Hostien durchstochen haben, aus denen daraufhin Blut geflossen sei. Seine Frau habe diese im Bach versenken wollen, sei aber stattdessen selbst in einem Stein versunken (heute an der Südseite der Kirche vermauert) und habe daraufhin die blutbefleckten Hostien dem Vikar der Kirche übergeben. Diese ›Geschichte‹ diente als Anlass für das größte Judenpogrom in Mecklenburg vor den Nationalsozialisten. Alle Mecklenburger Juden wurden verhaftet und in Sternberg ›verhört‹. 27 wurden zum Tod durch Feuer verurteilt, alle anderen 247 Juden verwies man des Landes. Ihr Vermögen ging an die Mecklenburger Herzöge, und Schulden wurden für ungültig erklärt. Es sollten mehr als 200 Jahre vergehen, bis sich wieder Juden in Mecklenburg niederließen. Sternberg allerdings errichtete die Heilig-Blut-Kapelle an der Stadtkirche, avancierte zum Wallfahrtsort und verdiente gutes Geld mit den Reliquien, also den Hostien. Mit dem Geldstrom war es nach 1549 jedoch vorbei. Denn in diesem Jahr wurde in Mecklenburg die Reformation eingeführt, mit der die Reliquienverehrung ein Ende hatte.

Rundumblick

Keine 4 km nordwestlich der Stadt führt die **Sagsdorfer Brücke** über die hier noch schmale Warnow, um kurz darauf das gleichnamige Dorf zu erreichen. Die Brücke ist heute ein idyllischer Rastplatz für Wasserwanderer, wo man auch gut mit dem Boot nach Weitendorf (s. S. 52) oder Richtung Norden nach Groß Görnow (s. S. 54) einsetzen kann. Der Ort liegt still in der weiten Landschaft, nur ein aufgestellter **Findling** erinnert daran, dass hier von 1275 bis 1572 jedes Jahr ein Landtag abgehalten wurde. So auch 1549, als am 20. Juni die Reformation in Mecklenburg eingeführt wurde. An dieses einschneidende Ereignis erinnert auch das riesige Wandgemälde in der Turmhalle der Sternberger **Stadtkirche.** Die 189 Stufen zur Aussichtsplattform lohnen sich – nirgendwo sonst hat man einen so herrlichen Rundumblick auf all das Wasser und Grün.

Mai–Sept. Di–Sa 10–12, 14–16, Mi bis 18 Uhr, Fr 11 Uhr Kirchenführung

Sternberger Kuchen

Am schönsten ist der Zugang zur Sternberger Altstadt durch das **Mühlentor,** das einzig erhaltene der vier Stadttore. Aus dem Weg wird eine Straße und gleich links steht das vielleicht älteste Haus von Sternberg. Hier ist das **Heimatmuseum** untergebracht, das im Frühjahr 2024 nach fünfjähriger Komplettsanierung wiedereröffnet wurde. So kann man endlich wieder einen Blick auf den berühmten

Sternberger Kuchen werfen: einen acht Zentner schweren dunklen Gesteinsbrocken, in den Muscheln, Schneckenhäuser, Seeigel und Haifischzähne ›eingebacken‹ sind. Das vom Grund eines Urozeans stammende Sedimentgestein wurde von einem der Gletscher mitgeschleift und blieb hier liegen.

Mühlenstr. 6, Kontakt auch über die Touristinfo, Do–Mo 13–16 Uhr, 4,50 €, erm. 3 € (weitere Ermäßigungen mit Kur- bzw. Familienkarte)

Museen

Größte Kutschensammlung

Mecklenburgisches Kutschenmuseum: 4 km südlich von Sternberg hält der kleine Ort **Kobrow** Erstaunliches bereit. Wer würde hier über 200 Kutschen vermuten? Am besten sind Sie mit einer der kurzweiligen Führungen durch die 300 Jahre abbildende Sammlung beraten, die vom einfachen Landauer und Stadtfahrzeugen über Prunk- und Reisewagen bis zu Post-, Wirtschafts-, Jagd- und sogar Kinderkutschen reicht. Auch Schlitten und Reiseaccessoires gehören zur Sammlung.

Dorfstr. 10, Kobrow, T 03847 43 57 37, www.kutschenmuseum-mv.de, April–Okt. Mi–So 10–17 Uhr, sonst nur für Gruppen und mit Voranmeldung, 5 €, erm. 4 €, mit Führung 7 €, erm. 5 €

Schlafen, Essen

Mit Seeblick

Hotel Dreiwasser: Das ehemalige Kreiskulturhaus in schönster Lage mit Blick auf den Sternberger See wurde in den 1990ern zum Hotel umgebaut, seit 2017 hat es neue Besitzer – nun ist es wieder vorzeigbar. Ein klassisches Hotel in 1a-Lage, mit Badestelle und Sportplatz sind gleich um die Ecke, dazu noch ein kleiner Campingplatz (www.camping-dreiwasser.de). Viele Zimmer haben Balkon und Seeblick. Sehr zu empfehlen ist das **Restaurant,** z. B. Rumpsteak oder Dorsch à la Strindberg in leckerem Senf-Zwiebel-Ei-Mantel. Im Sommer gehört auch das kleine **Café Auszeit** am See dazu.

Johannes-Dörwaldt-Allee 4, T 03847 43 80 81, www.hotel-dreiwasser.de, €€€

STILLE IDYLLE

Von Weitendorf führt ein mit Bäumen bestandenes Kopfsteinpflastersträßchen zu einem der für mich stilvollsten Schlosshotels, **Schloss Kaarz** (B 4). Hier stimmt jedes Detail, alles ist auf Wohlfühlen und Runterschalten ausgerichtet. Alle Zimmer, Suiten und Appartements tragen einen Namen, der mit dem Schloss verbunden ist – Hofmeister, Förster, Köchin usw. Farben, Formen, Materialien, Stile variieren. Restaurant und Schlosscafé erfreuen mit saisonaler Küche und Zutaten aus der Region. Im Landschaftsgarten, einem vor Jahrzehnten angelegten Arboretum, stehen zwei Mammutbäume als Wahrzeichen; ein Teich, hin und wieder ungewöhnliche Skulpturen, Bänke zum Verweilen. Der Park steht Tagesbesuchern offen (Schloss mit Park Kaarz, Obere Dorfstr. 6, Weitendorf, T 038483 30 80, www.schlosskaarz.de, €€€, Café April–Okt. tgl. 12–17, Nov.–März Fr–So/Fei 12–17 Uhr).

Frischer Fisch

Fischereihof Seefischerei Sternberg: Eine schöne mit Reet gedeckte Fischerhütte, rustikale Holzmöbel mit Blick aufs Wasser und eine gute Auswahl an Räucher- und Frischfisch – da kommt man gerne öfter. Der Matjes ist super, und auch der Räucherfisch lässt keine Wünsche offen. Nebenan werden Ferienwohnungen

vermietet, ein kleines Paradies für Angler (www.fischerhofferien.de, €).
Seestr. 13, T 03847 28 84, Mo–Fr 8–17, Sa 8–12 Uhr

Herrlich am See

Camping Sternberger Seenland: Der tolle Zeltplatz am Luckower See bietet Stellplätze für Zelte und Camper, aber auch Blockhütten und verschiedene Ferienhäuser. Zur Auswahl stehen Seeblick, Waldlage oder Sonnenplatz. Vor Ort können auch Tretboote und E-Bikes gemietet werden.
Maikamp 11, T 03847 25 34, April–Sept. tgl. 9–18 Uhr, www.camping-sternberg.de, €, im Juli/Aug. tlw. mit Mindestaufenthalt

Steaks und Pizza

Gaststätte am Markt: Ja, das ist wirklich noch eine Gaststätte mit großen Portionen bodenständiger Hausmannskost – Rumpsteak, Burger, Pommes und Bier. Das Ambiente und die Gerichte sind ansprechend. Toll ist es an warmen Tagen, wenn man draußen dem Treiben auf dem Markt zusehen kann. Gut geeignet für einen Cocktail an lauen Sommerabenden.
Am Markt 6, T 03847 43 59 13, www.restaurant-sternberg.de, Mi–Mo 11.30–14, 17–21 Uhr, im Winter nur abends, €–€€

Bewegen

Durchbruchstal

Kanu Camp Hennig: Das Camp liegt 4 km nördlich von Sternberg an der Mildenitz, die etwas später mit der Warnow zusammenfließt. Wer die wilden Gewässer im Durchbruchstal von Warnow und Mildenitz durchpaddeln möchte, steigt am besten hier ein und paddelt bis Eickhof oder weiter, z. B. bis Schwaan. Ein Transportservice ist möglich. Hier kann auch übernachtet werden – ideal, wenn man früh startet oder spät ankommt.
An der Mildenitz 10, Sternberger Burg, mobil 0171 451 79 58, https://kanucamp-hennig.de, April–Sept. tgl. 9–18 Uhr, Preise berechnen sich nach Strecke und Zeit, z. B. 2er-Kanu/Kajak bis Eickhof (bis 3 Std. u. 8 km) 50 €, 1 Zelt/2 Pers. 17 €, Hütte für 3–4 Pers. 45–60 €

Ruhige Gewässer

Kanu-Camp Weitendorf: Das Camp direkt am Rastplatz für Wasserwanderer ist ideal als Start für eine ruhige Tour auf der Warnow. Wer will, kann auch bis Eickhof und durchs Durchbruchstal paddeln (16 km, 4 Std.). Tipps, Equipment und viel gute Laune, außerdem Zeltmöglichkeiten und Blockhütten für bis zu 4 Pers.
Hofplatz 6a (Einsetzstelle), Weitendorf, mobil 0152 59 79 99 52 oder 0171 814 79 11, www.kanu-camp-weitendorf.de, 2er-Kajak/2er-Kanu 50 €/Tag, 1 Zelt/2 Pers. 17 €, Blockhütte 60 € (ohne Bettwäsche)

Infos

- **Landesrapsblütenfest Mecklenburg-Vorpommern:** Im Mai wird die Rapsblüte gefeiert – mit Wahl der Rapsblütenkönigin. Um diesem Titel dürfen sich seit 2018 auch Männer bewerben.
- **Touristinformation:** Am Markt 3, T 03847 44 45 35, www.stadt-sternberg.de, Mai–Sept. Mo–Fr 9–12, 13–17, Juli/Aug. auch Sa, Okt.–März Mo–Do 9–12, 13–16 Uhr, Fr nur vormittags.

Groß Raden C4

Fachleute hatten schon länger vermutet, dass auf der Halbinsel im Radener See eine slawische Siedlung zu finden sei. Als die Archäologinnen und Archäologen 1973 mit den Ausgrabungen begannen, wurden sie nicht enttäuscht. Zutage kamen ein Ort aus dem 9./10. Jh. mit Wehranlagen sowie die Reste eines kultischen Zentrums der Obotriten. Aus den Funden und Erkenntnissen wurde ein Slawendorf rekonstruiert – das **Archäologische Freilichtmuseum Groß Raden.**

In dem neu und modern gestalteten Museumsgebäude wird ein Teil der Funde präsentiert, zuweilen ergänzt durch spannende Sonderausstellungen. Erzählt wird von der slawischen Besiedlung im Nordosten Deutschlands, den Obotriten, den Warnowern, den Luitizen, ihrem Leben und ihren Göttern.

Wie die Slawen lebten

Das eigentliche **Slawendorf** liegt dann hinter einem beeindruckenden Palisadenzaun mit Wehrturm. Dort gibt es Zäune und Ställe aus Flechtwerk, Hütten aus Lehm wie vor 1000 Jahren und sogar schon eine Blockhütte, außerdem einen Tempel am originalen Ort und eine Schutzburg. Diese war komplett von Wasser umgeben und damals wie heute nur über eine Brücke mit Torhaus zu erreichen. Eigentlich war sie keine Burg, sondern ein gigantischer Wall, zu betreten durch ein eingelassenes Tor. Immer wieder gibt es Skizzen und Informationen zur ursprünglichen Anlage, zu den ausgestellten Gegenständen und zu den Handwerksarbeiten. In der warmen Jahreszeit können Sie z. B. Korn auf einem der Mahlsteine mahlen und Brot backen.

Lebendig heraufbeschworen wird slawisches Leben bei Veranstaltungen an Ostern, Pfingsten oder auch Silvester, wenn Wikinger- und Frühmittelalter-Enthusiasten der Siedlung Leben einhauchen (Infos auf der Website).

Kastanienallee 49, T 03847 22 52, www.freilichtmuseum-gross-raden.de, April–Okt. tgl. 10–17.30, Nov.–März Di–So 10–16.30 Uhr, 3,50 €, erm. 2 €, bei Sonderausstellungen 7 €, erm. 4 €, Führungen n. Voranm.). Erreichbar nur mit dem Rad oder Auto, das vorm Oldtimer-Museum geparkt werden muss (2 €), von dort zu Fuß bzw. dem Rad (vorbei an einigen Einkehrmöglichkeiten) zum Museumsgebäude (ca. 15 Min.) und noch einmal 15 Min. durch ein Waldstück zum eigentlichen Freilichtmuseum

Das Freilichtmuseum Groß Raden zeigt sehr konkret, wie die Slawen damals lebten, arbeiteten und sich verteidigten.

Essen

Germanen-Food

Zum Burgwall: In unmittelbarer Nähe zum alten Slawendorf geht es zünftig zu, d. h. so rustikal wie die Einrichtung sind auch die Gerichte. Fleischliebhaber dürften von der Steakwand begeistert sein: Hüft- und Rumpsteak, Rinderfilet oder Thors Hammer, alles in verschiedenen Mengen. Dazu gibt es knackig frische Salate, und die Fleischgerichte sind mit Früchten verfeinert. Und weil es so gut passt, können Sie hier auch eines der angesagten Störtebecker Biere (aus Stralsund) bestellen. Auch vegetarische Gerichte, Pizza und

TOUR
Die Kraft des Wassers

Kleine Wanderung durch das Warnow-Durchbruchstal

Infos

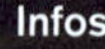 C 3/4

Start/Ziel:
Wanderparkplatz bei Groß Görnow

Dauer:
ca. 1,5 Std.

Alternative:
mit dem Kanu (s. S. 52)

Das **Warnow-Durchbruchstal** ist das bekannteste seiner Art in Mecklenburg. Eigentlich heißt es Warnow- und Mildenitz-Durchbruchstal, weil sich beide Flüsse kurz zuvor vereinigen und sie gemeinsam diese Landschaft geschaffen haben. Doch da der 155 km später in die Ostsee mündende Fluss ab hier schon Warnow heißt, hat sich dieser Name eingebürgert.

Vom **Parkplatz Warnowtal** aus geht es einige hundert Meter links des Flusses zur hölzernen **Warnowbrücke** – wow, was für eine Kraft muss hier gewirkt haben! Und dieses kleine, wenn auch wild dahin strömende Flüsschen soll diesen Durchbruch geschaffen haben? Hat es! Nur war es damals kein Flüsschen, sondern eine Schmelzwasserflut, die sich an der durch Gletscher geschaffenen Endmoräne so lange staute, bis der Druck so immens war, dass sie den Moränenwall durchbrach und alles mit sich riss. Geblieben ist das Tal mit bis zu 30 m hohen Hängen und Hunderten von Steinen bzw. Gesteinsbrocken, dazwischen lustig sprudelnd die Warnow – eine Herausforderung für manche Kanuten und gerade deshalb so beliebt.

Der Weg führt ein Stück an der Warnow entlang, bewegt sich dann links hinauf, später wieder hinab und führt weiter nordwärts zu einer zweiten **Brücke mit Rastplatz.** Auf der anderen Seite geht es südwärts. Am diesseitigen Ufer gibt es immer wieder Biberspuren, den Tieren geht es hier offenbar prächtig, auch wenn sie nur selten zu sehen sind. Vielleicht lässt sich aber ein Eisvogel blicken.

Wieder an der **Großen Warnowbrücke,** geht es hinüber auf die andere Seite und auf dem bekannten Weg zurück.

Cocktails, Kaffee und Kuchen sowie eine Terrasse mit Seeblick.

Kastanienallee 38, T 03847 24 61, www.zum-burgwall.de, Di 17–21, Mi–Sa 11.30–21.30, So 11.30–20 Uhr, €–€€

Rothen und Lenzen

Das Gebiet östlich von Sternberg ist touristisch weniger bekannt. Dabei gibt es hier einige lohnenswerte Rad- und Wanderwege und schöne baumbestandene Pflasterstraßen in einer leicht welligen Landschaft, die besonders zur Rapsblüte zauberhaft ist. Nicht zu vergessen einige idyllische und besondere Dörfer.

Rothen C4

Die ersten Eindrücke des Ortes sind ein altes DDR-Bushäuschen mit gelben Kacheln, ein ungewöhnlicher Straßenname »Zum Handtuch«, die Aufschrift »Mosterei« an einer Scheune, Pferde, ein altes Stallgebäude mit Ranken und roten Fensterrahmen, eine pinkfarbene Buddelkiste, der Blick auf den See, kubistische Skulpturen, ein romantisches Gutshaus, moderne Bronzen im Garten … Summa summarum: ein sehr gemütlich wirkendes Dorf mit einer ganz eigenen Lebendigkeit.

Die Kreativen vom Rothener Hof

Vieles, wenn nicht gar alles, ist den Kreativen vom **Verein Rothener Hof** zu verdanken (www.rothenerhof.de), bei denen die Initiativen zusammenlaufen. Das sind Ateliers, Werkstätten und eine Mosterei (www.rothener-muehle.de), Ausstellungen und jedes Jahr am 3. Oktober ein Markt (10–18 Uhr) mit Trödel, Handwerk und Produkten aus der Region.

Lenzen C4

Steinzeug …

Kennen Sie diese braunen Töpferwaren, meist Krüge und Vorratstöpfe, ihre Formen zeitlos schön? Sie werden **Bunzlauer Braungeschirr** genannt, sind heute aber meist industriell gefertigt. Im Dörfchen **Lenzen,** das am besten von Ruchow aus zu erreichen ist, gibt es allerdings noch eine Töpferei, die einzige Deutschlands, die dieses Gebrauchsgeschirr noch traditionell herstellt. Keramikfans ist Jens-Peter Planke vom **Töpferhof Lenzen** ein Begriff, da er häufig auf Märkten zu sehen war. Mittlerweile hat sein Nachfolger Marco Braun den Töpferhof übernommen.

Waldstr. 11–12, mobil 0176 74 81 26 13, www.brauntoepferei.de, keine festen Öffnungszeiten, besser auf der Website schauen oder anrufen

… und Steinkreise

Wer sich für Megalithkultur interessiert, sollte den Abstecher zum südlich gelegenen **Steinkreis** von Lenzen unternehmen. Ein ausgeschilderter Feldweg führt erst am Waldrand entlang, dann durch Felder in einen Wald. Auf der linken Seite sind die neun Steine, keiner größer als 1,50 m, zu sehen.

Der Weg ist per Rad machbar, knapp 2 km

Schlafen

Auf www.rothenerhof.de sind alle relevanten Adressen der Region gelistet.

Romantisch

Gutshaus Rothen: Das liebevoll gestaltete und im Sommer begrünte Gutshaus

In der Seenplatte gibt es überdurchschnittlich viele Keramiker. Einmalig ist jedoch das traditionell hergestellte Braungeschirr aus Lenzen.

oberhalb von Mildenitz und Rothener See hat vier unterschiedliche, wunderschöne Ferienwohnungen für 2–4 Personen. Ob im alten Pferdestall, im Gutshaus oder im Häuschen am Park, es ist überall gemütlich und eine Urlaubseinladung per se. Kastanienweg 4–5, T 038485 502 50, www.gutshausrothen.de, €–€€

Essen

Lecker und gemütlich

Die wilde Möhre in der Rothen Kelle: Ein Haus mit roten Fensterrahmen, berankten Hauswänden, eine Wiese mit Tischen und Stühlen – hier kehrt man gerne ein, ob zum kleinen Mittagsimbiss, auf Kaffee und Kuchen oder auf ein feines Abendessen. Die Zutaten kommen zum großen Teil aus der Region. Die Speisekarte, auf der schon mal deutsche und italienische Küche kombiniert werden, wechselt wöchentlich. Kastanienweg 8, www.ulrikesteinhoefel.de/hofcafe, Ostern–Okt. Do–So 12–21 Uhr, €

Köstliche Salate

Blauer Bock: Das unscheinbar wirkende Lokal befindet sich im in Dabel (ca. 6 km südl. von Rothen). Doch der Schein trügt. Denn neben schmackhaften herzhaften Gerichten gibt es hier ausgesprochen köstliche, weil virtuos zubereitete Salate. Wilhelm-Pieck-Str. 13, Dabel, T 038485 202 31, Mi–So 11–14, 18–22 Uhr, €

Mestlin und Dobbertin

Gegensätzlicher könnten die beiden Orte nicht sein: Der eine sucht als ehemaliges sozialistisches Musterdorf eine neue Identität, der andere mit seiner 800 Jahre alten Klosteranlage bedeutet ein Stück Mecklenburger Kirchen- und Baugeschichte. Beide sind sehenswert, jeder auf seine Art.

Mestlin C5

Auch **Mestlin** hat seine Kirche, es soll sogar die größte Dorfkirche Mecklenburgs sein. Aber das **DDR-Kulturhaus** ist noch größer und ›das‹ Wahrzeichen des Dorfes – Sie können es gar nicht verfehlen.

Zu groß fürs Dorf

Es liegt – natürlich – am Marx-Engels-Platz. Und auch der ist riesig, Parkplätze ohne Ende. Als Vorzeigeobjekt in den 1950er-Jahren erbaut, verströmt es den Charme stalinistischer Prachtbauten. Das Kulturhaus war Ort für Konzerte, Tanz und Disco, Tagungen, Frauentagsfeiern und Jugendweihen, aber auch Treffpunkt für Folkloregruppen oder Schachzirkel. Um den Platz gruppieren sich weitere Bauten – eine Grundschule mit Turnhalle, Häuser mit Wohnungen, Geschäftsräumen und Gemeindebüros. Mit der Wende stellte sich schnell heraus, dass dieses Kulturhaus für ein Dorf mit 1200 Einwohnern (heute knapp 740) nicht zu halten war. Doch das Ensemble als solches ist einzigartig und steht unter Denkmalschutz. Zum Glück hat sich 2008 der **Denkmal Kultur Mestlin e.V.** gegründet, der notwendige Baumaßnahmen veranlasst und mit viel Engagement dem Komplex wieder Leben einhaucht. Da gibt es Konzerte, verschiedenste Ausstellungen, MeRo (Mestlin rockt) mit Kult-Potenzial, Lesungen, Talks und sogar eine Lichterketten-Aktion.

T 038727 88 82 77, www.denkmal-kultur-mestlin.de

Dobbertin D4

Dobbertin ist vor allem für sein idyllisch auf einer Halbinsel gelegenes **Kloster** bekannt. Es ist die älteste Klostergründung Mecklenburgs, 2020 feierte man 800-jähriges Jubiläum.

Doppelspitze

Zu Beginn lebten hier Benediktinermönche, doch schon 14 Jahre später zogen diese aus und Nonnen des gleichen Ordens ein. Damals hatte das Kloster bei Weitem nicht die heutigen Ausmaße. Mit der Reformation wurde es ein adliger Damenstift und bis zur Schließung gehörten ihm fast ausnahmslos Frauen aus adligen Familien an. Im Einschreibebuch finden sich allein 188 von Bülows, 56 von Plessens, 15 von Voss, 13 von Arnims, sieben von Hahns (s. S. 288) und einige andere. Entsprechend beeindruckend ist auch die Wappentafel auf der Nonnenempore. Anders als bei einem Männerkloster stand das Chorgestühl der Frauen nicht im Chor, sondern auf einer Empore. Es war auch nicht üblich, dass Frauenklöster einen Glockenturm besaßen. Jenes von Dobbertin erhielt seinen auch erst im 18. Jh., welcher im Jahrhundert darauf durch einen doppelten **Kirchturm** ersetzt wurde – der einzige seiner Art in Mecklenburg-Vorpommern und von niemand Geringerem als dem Schweriner Hofbaumeister **Georg Adolph Demmler** (s. S. 20) entworfen und ausgeführt. Die Verbindungen der adligen Stiftsdamen dürften dabei sicher eine Rolle gespielt haben. Aufgrund ihrer Abstammung führten sie auch nicht das herkömmliche Leben einer Nonne. Um 1870 lebten 32 Stiftsdamen in Dobbertin. Jede von ihnen bewohnte ein Haus mit sechs bis zwölf Zimmern und Garten und verfügte über ein Zimmermädchen. Eine war Mathilde von Rohr, die in engem Kontakt mit Theodor Fontane stand, der sie in Dobbertin mehrfach besuchte. Deshalb sind ein Platz und die Förderschule nach ihm benannt.

Neue Nutzung

Das Kloster wurde ab 1961 als Außenstelle der Schweriner Nervenklinik genutzt und nach der Wende von der Diakonie übernommen. Seither wurden die Häuser der Stiftsdamen saniert und sind nun Wohnungen für gut 250 Menschen mit geistiger oder körperlicher Behinderung. Daher ist es wichtig, beim Besuch des Klostergeländes die Privatsphäre der Bewohner zu respektieren. Neben der **Förderschule** betreiben sie ein **Café** (s. u.), eine **Kerzenzieherei**, einen **Secondhandladen** und verschiedene Werkstätten. Die Erzeugnisse gibt es im Klosterladen, wo man auch seinen Eintritt bezahlt. Vor dem Klostergelände ist ein großer Parkplatz mit Infotafel, u. a. zur nächsten Führung.

Am Kloster, www.kloster-dobbertin.de; Klosterladen mit Eintrittskasse: im Klausurgebäude, T 038736 861 21, Di–Fr 12–15, Sa/So 11–16 Uhr, 5 €, erm. 3 €; Klosterführung auf Anfrage, 5 €; Kerzenzieherei: Mo–Fr 8–11.30, 12.30–15 Uhr; Secondhandladen: Di/Do 15.30–18 Uhr

Essen

Vielfältig mit Seeblick

Kloster-Café: Im alten Brauhaus mit schönem Gaubendach und Terrasse zum See befindet sich ein gemütliches Café, das von behinderten und nichtbehinderten Mitarbeitern bewirtschaftet wird. Es gibt viele leckere Sachen wie Nudeln, Pommes, Dobbertiner Wildbratwurst, Suppen, Salate, Bratkartoffeln und natürlich Kaffee mit selbst gebackenem Kuchen, u. a. Kalter Hund. Außerdem bekommt man hier selbst gemachte Marmelade.

Im Brauhaus, T 038736 861 98, Mai–Okt. Di–Fr 11–17.30, Sa/So/Fei 11–18 Uhr, Nov.–April Di–Fr 11–16.30, Sa/So/Fei 11–17 Uhr, €

Bewegen

Wasserwelten

Vögel beobachten: Viele der Wasserwege um Dobbertin sind für den Motorbootverkehr gesperrt, abgesehen von einigen für die Fischerei ›geöffneten‹ Seen. Das bringt Ruhe und gute Bedingungen für viele wasserliebende Tiere. Neben See- und Fischadler lassen sich vor allem Kraniche im Frühjahr und Herbst wunderbar an den **Langenhägener Seewiesen** beobachten (südl. der B 193). An der dort abgehenden Lindenstraße gibt es auch zwei Beobachtungsstände. Der Flachsee ist Refugium für Wasser- und Watvögel, besonders schön in der Morgendämmerung, wenn der Frühnebel sich langsam hebt.

Naturpark Nossentiner und Schwinzer Heide

D/E5

Der Naturpark Sternberger Seenland geht bei Dobbertin quasi nahtlos in den **Naturpark Nossentiner und Schwinzer Heide** über. Er erstreckt sich vom Nordufer des Plauer Sees bis hinauf zum Krakower See und östlich bis zum Damerower Werder am Kölpinsee (s. S. 118). Auch hier hat die letzte Eiszeit ihre Spuren hinterlassen. Neben den typischen Seen und den Hügelketten der Endmoränenzüge sind es vor allem die Sanderflächen – riesige von Schmelzwasserströmen abgelagerte Sand- und Kiesmengen. Das erklärt Ortsnamen wie Glashütte oder Teerofen. Denn Kies und Holz machten Mecklenburg zu einem

D

EINE DRAISINE FÜR DIE GANZE FAMILIE

In Mecklenburg wurden drei stillgelegte Bahnstrecken für Touren mit der **Draisine** ausgebaut. Dabei handelt es sich um eine Art Fahrrad auf Schienen für bis zu vier Personen, wobei jeweils zwei in die Pedale treten. Für Picknickkorb und Haustier ist meist auch noch Platz. Wenn Sie Pause machen möchten, heben Sie das Gefährt an ausgewiesenen Plätzen einfach aus der Schiene. Die längste Strecke liegt im Sternberger Seenland und führt von Karow über Goldberg nach Borkow, was landschaftlich sehr abwechslungsreich ist. Mit 23 km pro Strecke muss man allerdings für den Weg hin und zurück ganz schön in die Pedale treten. Viel leichter sind die 13,5 km von Waren nach Schwinkendorf mit schönen Baumtunneln (beide Strecken www.draisine-mecklenburg.de, 40 bzw. 49 €). Mit 17 km ist die Strecke Salem–Dargun die goldene Mitte (www.naturpark-draisine.de, 45 €).

der wichtigsten Glasproduzenten im 17./18. Jh. Teer wurde sogar bis in die 1990er-Jahre gewonnen.

Ein Großteil des Terrains war zu DDR-Zeiten gesperrtes Jagd- und Militärgebiet, was heute als Glücksfall zu werten ist, denn so sind die Seeufer kaum zugebaut und die Landschaft wenig zersiedelt.

Ins Nest gucken

Ein guter Auftakt für den Besuch des Naturparks ist das Infozentrum **Karower Meiler** am Nordwestufer des Plauer Sees bei Karow. Schon die Architektur des 2000 eröffneten Naturparkzentrums ist ungewöhnlich und gelungen. Drinnen gibt es eine gute Ausstellung zu Flora und Fauna, speziell zu den Seeadlern mit nachgebautem Nest zum Hineingucken. An der Infotheke sind vielfältiges Informationsmaterial, z. B. zu den knapp 300 km Rad- und Wanderwegen, sowie schöne Souvenirs und Mitbringsel wie Wildsalami und AppelDeSlöppt, ein Apfelwein aus alten mecklenburgischen Sorten, erhältlich. Neben den regelmäßigen kostenlosen Führungen gibt es im Außenbereich noch einen Bauerngarten, einen Barfußpfad, eine Baumringschule, und wer will, kann sich im Tierweitspringen messen. Ein kleiner Wanderweg führt zum **Moorochsen** mit tollem Ausblick auf den Plauer See. Mit etwas Glück sind See- und Fischadler, Kranich und Otter zu beobachten.

Ziegenhorn 1, Karow, T 038738 739 00, www.naturpark-nossentiner-schwinzer-heide.de/erleben-erholen-1-1, Mai–Sept. tgl. 10–17, April, Okt.–März Mo–Fr 10–16 Uhr

Alt Schwerin E5

Eine riesige Windmühle weist den Weg. Rauscht man auf der A 19 daran vorbei, fragt man sich: Was ist das? Also nächste Abfahrt runter und Richtung **Alt Schwerin** gefahren, immer der Beschilderung **Agroneum** nach. Früher hieß das Agroneum Agrarhistorisches Museum, nach der Wende wurde es umbenannt. Ist aber nicht so wichtig. Entscheidend ist, dass ein paar Leute 1963 weitsichtig genug waren, so viel wie möglich von dem zu bewahren, was für die landwirtschaftliche Entwicklung in Mecklenburg prägend war. So kam das repräsentative Gutstor von Vollratsruhe bereits 1964 nach Alt Schwerin.

Für das Modell hatte man auf der Weltausstellung 1883 in Chicago einen Sonderpreis erhalten. Der eigentliche Fokus im Agroneum liegt jedoch auf landwirtschaftlichen Geräten und Bereichen: Traktoren, Schmiede, Sägewerk, Wiegehaus, Mähdrescher usw. Die Sammlung ist riesig! Es wurden sogar Mühlen und andere Gebäude hierher versetzt. Entsprechendes Interesse vorausgesetzt, kann man hier viel, viel Zeit verbringen und sich zwischendurch im neuen **Bistro** mit einfachen Gerichten (Strammer Max, Bratkartoffeln mit Spiegelei) zu moderaten Preisen stärken. Für Kinder gibt es mehrere Spielplätze.

Landwirtschaft in der DDR

Das ist jedoch nur der erste Teil der Ausstellung, nicht umsonst nennt man Alt Schwerin **Erlebnisdorf.** Denn auf der anderen Seite der B 192, gibt es Wohnkaten, einen Schaugarten, ein Neubauernhaus, Ställe, Tagelöhnerkaten und die Alte Schule. In Letzterer erfährt man u. a., dass es 1906 in Mecklenburg-Schwerin 473 Dorfschulen mit 482 Klassen gab, d. h. fast jede Schule war einklassig! Spannend ist der Besuch des Wohnhauses einer vierköpfigen Familie, die es zum Jahreswechsel 1965 mitsamt der kompletten Einrichtung zurückließ. Beklemmend bzw. interessant – je nach Perspektive – ist das Museum im Museum in der alten Schnitterkaserne: eine Ausstellung von 1988 zur »Entwicklung der Landwirtschaft in der DDR von den Anfängen bis in die Gegenwart«.

Agroneum und Erlebnisdorf: Achter de Isenbahn 1, T 039932 474 50, www.museum-alt-schwerin.de, April–Okt. 10–18 Uhr, sonst nur bei Veranstaltungen oder auf Anfrage für Gruppen, 12 €, erm. 10 bzw. 6 €

TRÖDEL UND KÜRBISSE

Das Gelände des Agroneums bietet sich wunderbar für traditionelle Dorffeste an, wie das Schlachtefest zu Jahresbeginn oder den Oster-, Pflanzen- und Töpfermarkt im Frühjahr. In Alt Schwerin kommen noch regelmäßige Trödelmärkte hinzu. Beeindruckend sind die Kürbisfeste, wo der schönste, größte und schwerste Kürbis gekürt wird. Alle Feste von Alt Schwerin sind zu finden unter: www.agroneum-alt schwerin.de.

Schlafen

Exklusiv und abgelegen

Kiwi: So abgelegen wie Neuseeland ist auch diese Unterkunft am Dreier See, zu erreichen über eine leicht abenteuerliche Sandpiste. Doch es lohnt sich, denn näher an der Natur können Sie kaum sein. Es gibt acht unterschiedliche Ferienwohnungen im skandinavischen Stil sowie einen direkten Zugang zum See mit Liegewiese und Blocksauna, ebenso wie ein kleines Wäldchen, Fuß- und Volleyballplatz. Wen es nach mehr Trubel gelüstet, Malchow, Plau und Alt Schwerin sind nicht allzu weit entfernt.

Fischweg 1, Alt Schwerin, T 039932 461 22, www.kiwi-ferienwohnungen.de, €€–€€€, ab der 2. Nacht deutlich weniger

Essen, Einkaufen

Local Hero

Dörpladen dit & dat: Andrea Fabich-Albrecht und ihr Mann haben die Ärmel hochgekrempelt und die ehemalige Grundschule in ihren Dörpladen umgewandelt. Das war 2016. Mittlerweile ist der ›Tante-Emma-Laden‹ eine feste Instanz in Alt Schwerin. Es gibt nicht nur knackfrische Brötchen, sondern alle wichtigen Waren des täglichen Bedarfs wie Butter,

So schön wie dieser alte Dampfpflug können landwirtschaftliche Maschinen sein – mit vielen anderen zu bestaunen im Agroneum.

Milch und Tageszeitungen. Hinzu kommt die erfrischend fröhliche Art der Betreiberin, die gerne ein Pläuschchen hält, wenn die Zeit es zulässt. Denn sie serviert auch guten Kaffee, Kuchen, Eisbecher, Buletten und manchmal sogar die Altschweriner Hochzeitssuppe nach Originalrezept mit Eierstich – echt lecker.

Kastanienallee 27, T 039932 48 99 77, www.dörpladen-alt-schwerin.de, Ostern–Okt. Do–So 7.15–10.15 (Frühstück 8–10), 12–17, Mo nur bis 10 Uhr

Linstow

E4

Die Sache mit der Migration

Haben Sie schon mal von den **Wolhyniern** (gesprochen: Wolinjer) gehört? Das ist eine deutsche Volksgruppe, die in mehreren Wellen nach Russland einwanderte, um brachliegendes Land zu pachten und zu bewirtschaften. Besonders viele kamen um die Mitte des 19. Jh., als dort die Leibeigenschaft aufgehoben wurde. Sie ließen sich in der Nordwest-Ukraine nieder und benannten sich nach der dortigen Region Wolhynien. Alles ging gut, bis der Erste Weltkrieg ausbrach, Russland mit Deutschland im Krieg stand und die Wolhynier zu »feindlichen Ausländern« erklärt, sie enteignet und deportiert wurden. Nach dem Krieg kehrten von ehemals 250 000 Menschen 120 000 zurück und versuchten sich mit den neuen Verhältnissen zu arrangieren. 1939 erschallte dann der Ruf »Heim ins Reich«, und sie wurden nach Polen umgesiedelt. Schon im Winter 1944/45 mussten sie sich erneut auf den Weg machen, diesmal auf die Flucht nach Westen.

Gut 70 ›Umsiedler‹ wählten **Linstow** zur neuen Heimat. Durch die Bodenreform bekamen sie Land, bauten ihre für Wolhynien typischen Häuser und prägten das Gesicht des

TOUR
Findlinge, Harzer und Honeckers Jagdschloss

Eine Radtour um den Drewitzer See

Beim Betrachten der Landkarte und des Verlaufs der A 19 fällt auf, dass sie in einem Bogen westlich um den Drewitzer See herumführt, anstatt gerade hoch nach Linstow zu verlaufen. Die Wälder östlich des Sees waren seit 1962 Staatsjagdgebiet. Und wurde mal nicht gejagt, durften die Harzer ran. Kommen Sie mit auf eine Radtour um den schönen Drewitzer See!

Vom **Agroneum** nehmen Sie die Straße über die A 19 und biegen gleich links Richtung Norden ab. Für eine Weile radeln Sie parallel zu dieser. Nach gut 1 km geht rechts ein Weg zu der kleinen **Badestelle** am **Drewitzer See** ab, einem der klarsten Seen in Mecklenburg mit Sichtweiten bis zu 8 m. Er soll sogar Trinkwasserqualität haben.

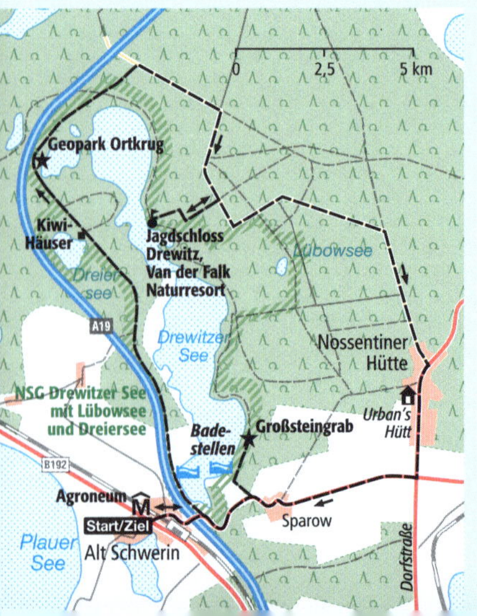

Danach geht es die meiste Zeit durch schattigen Wald auf gut befahrbaren Wegen weiter. Nach den **Kiwi-Häusern** (s. S. 60) wird es allerdings etwas holperig. Nach knapp 8 km kommt rechts der **Geopark Ortkrug.** Auch wenn einzelne Schilder nicht mehr zu lesen sind, die Brocken sind beeindruckend und manche auch zum Hinaufklettern.

Der folgende Abschnitt ist zwar etwas sandig und uneben, doch er lässt sich gut befahren. Nach weiteren 3 km treffen Sie auf eine stark mitgenommene As-

Infos

E5

Start/Ziel:
Agroneum in Alt Schwerin

Länge:
48 km

Einkehrmöglichkeiten:
in Alt Schwerin (s. S. 60), im ehemaligen Jagdschloss (s. u.) und in der Nossentiner Hütte: Urban's Hütt, Dorfstr. 58, T 039927 702 48, www.urbans-huett.de, Mi–So 12–15, 16.30–21 Uhr, im Sommer länger, €–€€

Bademöglichkeiten:
kurz hinter Alt Schwerin oder beim Großsteingrab Sparow

phaltstraße, die links zur Autobahn führt. Dort war früher die geheime Auf- und Abfahrt für die Besucher des Drewitzer Jagdschlosses. Heute kann man sie kaum noch ausmachen. Sie folgen der Straße nach rechts und der Ausschilderung nach Drewitz (ab hier wieder gut befahrbar) und zum **Van der Falk Naturresort,** wo sich das **Jagdschloss** befindet.

Ursprünglich war es eine kleine Jagdhütte, doch der kleine Erich (Mielke) wollte dem großen Erich (Honecker) zu dessen 70. Geburtstag 1982 ein besonderes Geschenk machen. Also kommandierte er Mitarbeiter seines Ministeriums (für Staatssicherheit) ab, nahm 40 Mio. Ostmark aus der Staatskasse und ließ sie zu einer pompösen Jagdresidenz mit Suiten, Bootshaus und Schwimmbad ausbauen. Honecker selbst soll sich hier nur dreimal aufgehalten haben. Heute ist die Hütte ein Hotel, doch Sie können das Anwesen besuchen, auf der schönen Terrasse mit Blick auf See und Bootshaus etwas essen oder trinken. Das Haus wurde renoviert, die Zimmer wurden zu Suiten umgestaltet. Die Heide-Suite jedoch (Honeckers Wohnraum, gut 100 m²) hat man belassen. Wer will, kann sich einmieten. Ich persönlich finde es allerdings etwas gruselig: Gleich beim Reinkommen fällt der Blick auf das typische Honecker-Bild, wie es früher überall hing, dazu dunkelblaue Tapete, sehr viel Holz, alles ein bisschen dunkel …

Die Route führt ein Stück zurück, weiter Richtung **Nossentiner Hütte** und nach Sparow, wobei Sie durch Kiefernwald fahren, der bis Anfang der 1990er-Jahre von Harzern bewirtschaftet wurde. Jeder war für ca. 3000 Bäume verantwortlich, von denen er dreimal im Jahr Harz erntete. Harz ist ein Baumsekret, das die Bäume beständig nachbilden und das ihnen als Wundverschluss dient. Es wird aber auch als Rohstoff zur Herstellung von Pech, Teer und Terpentin verwendet. Da die DDR kaum Devisen hatte, nutzte man stattdessen diese alte Methode. An die 12 000 t Harz soll man pro Jahr gewonnen haben, was damals ca. 1 % der Weltproduktion entsprach. Tafeln am Wegesrand geben darüber Auskunft.

Van der Falk Naturresort: Am Drewitzer See 1, T 039927 76 70, www.drewitzersee.vanderfalk.de, mit neuer Bungalowsiedlung, €–€€€

Von **Sparow** geht es auf direktem Weg zurück nach **Alt Schwerin.** Wer will, kann noch den Abstecher zum **Großsteingrab** machen und dabei ins Wasser springen.

heutigen Linstow mit. Eines dieser Häuser hat man nach der Wende unter großem Einsatz der Gemeinde restaurieren können. Zusammen mit dem **Wolhynier-Umsiedlermuseum** kann es besichtigt werden. Dort gibt es Modelle, Fotos, Sprachaufnahmen und Erinnerungen sowie typische Gegenstände des bäuerlichen Lebens. Auf dem Gelände steht auch ein riesiger Backofen, in den bis zu 30 Brote passen und der zum Museumstag im September angeschmissen wird. Die Ausstellung und das ganze Areal sind mit viel Liebe gestaltet, die Führung ist sehr enthusiastisch. Das Museum ist ein Erinnerungsort und gut geeignet, sich mit dem Thema Migration auseinanderzusetzen.

Hofstr. 5, T 038457 519 63, www.umsiedler museum-wolhynien.de, Mi 14–16, Mai–Sept. auch Sa/So 14–16 Uhr, sonst auf Anfrage, 4 €, erm. 2 €

Schlafen, Bewegen

Voll schön!

Gutshaus Linstow: Das Gutshaus ist schon von außen einladend. Innen wurde mit viel Lehm und Holz gearbeitet, die Heizungen verlaufen hinter den Wänden, alles hat etwas Gemütlich-Lebendiges. Es gibt schöne große Doppelzimmer und Ferienwohnungen mit mindestens zwei Schlafzimmern. Zum Gutshaus gehört auch ein einladendes **Café-Restaurant** mit gemütlichem Garten. Es steht zwar nicht viel auf der Karte, aber was serviert wird, ist lecker und außergewöhnlich, etwa die Birnensuppe. Die Gerichte sind tagesaktuell und die Kuchen selbst gebacken. Und nicht zu vergessen: die herzlichen und gastfreundlichen Betreiber.

Hofstr. 15, mobil 0151 70 51 24 06, www.gutshaus-linstow.de, €–€€, Frühstück 12 €/Pers., 6 € pro Kind, Café Mai–Okt Fr–So/Fei ab 15 Uhr, Restaurant 18–20.30 Uhr, €–€€

Baden

An der **Badestelle am Linstower See** mit Spielplatz und Badesteg lässt es sich gut aushalten.

Krakow am See

E4

Auch wenn **Krakow** nichts Spektakuläres zu bieten hat, bin ich doch gerne hier. Die vielen süßen Häuschen am Seeufer sehen einfach hübsch aus. Dazwischen eine sogenannte **Binnenbadeanstalt,** von denen es deutschlandweit nur noch 13 gibt. Aber keine Bange, hinter dem historischen Fachwerk verbirgt sich eine moderne Badeanstalt mit mehreren Stegen, Spielplatz und Wasserrutsche.

Petri Heil

An der **Seepromenade** laden Bänke mit Blick auf Schwäne und Tretboote zum Verweilen ein. Zur Rechten liegt das **Seehotel** mit gutem Eis (www.seehotel-krakow.de), zur Linken **Dat Hüdenhus** mit gutem Fischimbiss (www.mueritzfischer.de, April Do–Mo, Mai Mi–So 10–16, Juli–Sept. Di–So 10–17 Uhr). Auf den Geschmack gekommen, könnte man sich hier auch gleich mit Angelboot und Angelkarte versorgen und sein Petri Heil versuchen. Möglicherweise bekommt man sogar einen Hecht an die Angel, für den der Krakower See bekannt ist. Daher auch der **Brunnen** auf dem kleinen Markt, der den Hecht und andere Tiere und Pflanzen der Region zeigt. Überhaupt ist der **Markt** nett anzuschauen mit Kirche, dem **Hotel Nordischer Hof** mit richtig guter litauischer Küche und der Information im Haus mit dem schiefen Fenster.

Nordischer Hof: Markt 3, T 038457 50 70, €€, Restaurant Do–Sa 12–22, Sa 12–19 Uhr, €

Als Jörn, der Riese, sauer wurde

Es war einmal der Riese Jörn, der am Westufer des **Krakower Sees** wohnte, und den eine innige Freundschaft mit seinem Riesenfreund am Ostufer verband. Nur musste er immer erst den See umrunden, wollte er diesen besuchen. Also begann er einen Damm zu bauen, indem er Sand und Lehm in seiner Schürze heranschleppte. Als er ein gutes Stück geschafft hatte, riss ihm die Schürze und das herausfallende Material türmte sich zu einem Hügel auf. Jörn, ganz Riese, bekam eine Riesenwut, ließ alles stehen und liegen und verschwand auf Nimmerwiedersehen. Der Hügel heißt heute **Jörnberg,** auf ihm steht ein Aussichtsturm mit schönstem Panoramablick auf das glitzernde Seenlabyrinth. Auf der Metallbrüstung sind Orte der näheren Umgebung und in ganz Europa inklusive Nordpol mit den entsprechenden Entfernungen angegeben.

Von hier oben ist der bewaldete, weit in den See hinausragende Riesendamm gut zu sehen – der **Lehmwerder.** Dort wurde 2022 der Kurpark eröffnet – immerhin ist Krakow am See seit 2000 ein staatlich anerkannter Luftkurort. Hier kann man Wassertreten machen, balancieren, auf Bänken verweilen und den Blick schweifen lassen oder auch den schönen Ausblick am **Reuterstein** genießen. Besonderer Clou ist der Himmelssteg, auf dem man am Tage die Wolken ziehen und nachts die Sterne funkeln sehen kann.

Aussichtsturm: April/Mai, Sept./Okt. 9–18, Juni–Aug. 9–20, Nov.–März 9–16 Uhr, wenn das Wetter es zulässt

Museen

Druckerpresse

Alte Schule: Die alte Schule wurde wieder aufgemöbelt und in ein liebevoll zusammengestelltes Heimatmuseum verwandelt. Die Bibliothek im Haus ist auch für Urlauber zugänglich. Spannend ist das **Buchdruckmuseum** mit der Schauwerkstatt. Es riecht nach Druckerschwärze, und es wirkt, als ob die alten Maschinen jeden Augenblick loslegen könnten, da hier noch gedruckt wird wie Anfang des 20. Jh. Bei Bedarf gibt es eine fachkundige Führung.

Schulplatz 2, T 038457 226 13, Heimatstube und Bibliothek: Mo/Mi 13–17, Di 10–12, 13–18, Fr 10–12 Uhr; Buchdruckmuseum: Di–Fr 10–12, 13–17 Uhr und auf gut Glück

Kunst- und Kulturort

Alte Synagoge: Auch Krakow hatte einmal eine kleine jüdische Gemeinde. Die 1866 in gelben Klinkern erbaute Synagoge erinnert daran. Sie ist eine der zwei in ihrer ursprünglichen Form erhaltenen Synagogen in Mecklenburg (die andere steht in Hagenow). Wahrscheinlich wäre sie auch in der Reichspogromnacht zerstört worden, doch da die jüdische Gemeinde von 109 auf sechs geschrumpft war, hatte man sie 1920 dem Arbeiter- und Sportbund Fichte Krakow als Turnhalle überlassen. Das blieb sie auch zu DDR-Zeiten bis 1986. Neun Jahre später übernahm der Kulturverein Alte Synagoge e. V. das Gebäude und nutzt es seither für Ausstellungen, Konzerte, Lesungen, Kino und andere Veranstaltungen. Besonderes Augenmerk liegt dabei auf regionalen Künstlern.

Schulplatz 1, T 038457 236 47, www.kulturverein-altesynagoge.de, Di–Fr 10–12, 14–16 Uhr

Schlafen

Einige der schönen **(Boots-)Häuser** am und um den Krakower See kann man mieten. Hilfe bekommt man bei der Stadtinformation. Auch auf dem **Campingplatz** gegenüber gibt es bunte Hütten und Wohnfässer zu mieten (www.camping

TOUR
Paradiesblicke, Nebeltal und Buchenzauber

Radtour um den Krakower See mit Wanderung nach Kuchelmiß

Auf dieser Tour bieten sich immer wieder Bademöglichkeiten: Schwimmzeug nicht vergessen.

Die Runde wird auch gerne Paradiesgartentour genannt, denn Fritz Reuter wähnte sich im Paradies, als er sich hier nach sieben Jahren Haft (s. S. 106) für einige Zeit erholte. Reuters Empfindungen lassen sich bei den Ausblicken und den blau-grünen Landschaften gut nachvollziehen.

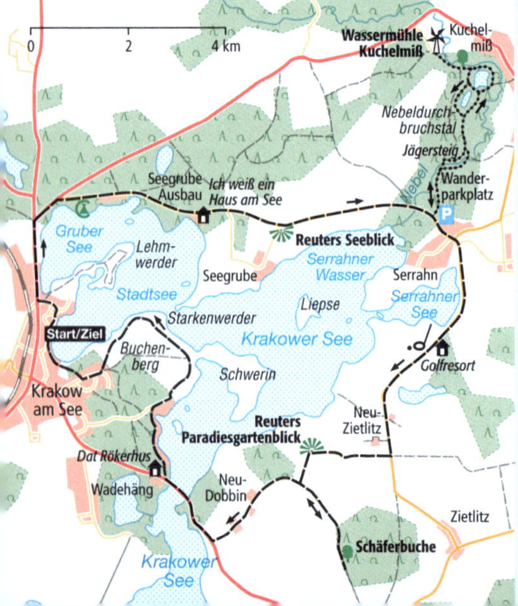

Promenaden und Seeblick

Die bestens ausgebaute und ausgeschilderte Tour beginnt an der **Seepromenade von Krakow** in Richtung Seegrube. Dabei passieren Sie auch das Spitzenrestaurant **Ich weiß ein Haus am See** (s. S. 68), etwas später **Reuters Seeblick** (mit Bank zum Verweilen), und der Weg kreuzt das Flüsschen Nebel.

Noch ein Durchbruchstal

Hier beginnt das **Nebeldurchbruchstal,** eine der schönsten landschaftlichen Gegenden der Seenplatte. Wer will, kann sein Rad abstellen und zur **Wassermühle Kuchelmiß** wandern. Der

Weg beginnt an einem **Wanderparkplatz,** wo Sie den schmaleren, unteren Weg nehmen, der Sie in ca. 5 Min. an die Nebel führt, die auf insgesamt 4 km über Stock und Stein sprudelt und dabei ein Gefälle von 14 m überwindet. Unser Weg führt an einem Teil dieser Strecke entlang. Ich gehe gerne erst links der Nebel bis zu den Karpfenteichen und umrunde sie entgegen dem Uhrzeigersinn, so kommt die parkartige Wiese eines ehemaligen Schlosses besser zur Geltung, übrigens ein feiner Picknickplatz. Hinter der mächtigen Schwarzkiefer teilt sich der Weg. Links ist der Rückweg, und rechts geht es zur **Wassermühle.** Diese wurde 1980 aufgrund ihrer ca. 100 Jahre zuvor eingebauten Francis-Turbine zum Technischen Denkmal erklärt (Besichtigung nur auf Anfrage: Förderverein Wassermühle Kuchelmiß e.V., T 038456 602 86). Auf dem Rückweg geht es über den **Jägersteig** auf die andere Seite der Nebel und zurück zu den Rädern.

Bezaubernde Morgenstimmung am Krakower See: Stille pur …

Infos

E 4/5

Start/Ziel:
Seepromenade in Krakow am See

Länge:
Radtour 24 km, Wanderung nach Kuchelmiß 7 km

Einkehr:
Golfresort Serrahn (T 038456 669 20, www.serrahn.vandervalk.de April–Okt. tgl. 12–21 Uhr, sonst eingeschränkter); Dat Rökerhus (Wadehäng 1, T 038457 504 00, www.dat-roekerhus.de, Mai–Sept. tgl. 11–19 Uhr) und in Krakow am See (s. S. 68)

Mecklenburger Baumriese

Über **Serrahn** mit seinem **Golfresort** und Neu-Zietlitz gelangen Sie zu **Reuters Paradiesgartenblick** auf den Krakower See. Schön ist kurz darauf der Abstecher (nach links) zur **Schäferbuche –** mit einem Umfang von 8,40 m die mächtigste Buche Mecklenburgs. Ihre besten Tage sind vorbei, doch lässt man den Baum ›natürlich‹ sterben, d. h. es werden keine Äste abgesägt oder Stützen angebracht. Zwar gibt es eine Umzäunung, aber dennoch Vorsicht: Buchenäste krachen plötzlich und schnell herunter.

Einkehr und Badestopp

Über den Damm geht es zurück nach Krakow mit empfehlenswertem Imbiss am urigen **Rökerhus.** Wer es eilig hat, nimmt die Hauptstraße. Ansonsten empfiehlt sich der Weg über den **Buchenberg,** auch wenn der in einigen Passagen etwas schmal und holperig ist. Dafür gibt es noch ein paar schöne Badestellen.

platz-krakower-see.de). Von April bis Sept. ist eine Kurtaxe von 1,50 €/Pers. fällig, sonst 0,50 €/Pers./Nacht.

Huldigung an das Lesen

Gutshotel Groß Breesen: Conny und Torsten Brock haben ihren Traum vom Haus voller Bücher wahr werden lassen und 2003 ein Bücherhotel eröffnet. Die Idee geht auf den Briten Richard Booth zurück, der 1961 ein komplettes walisisches Dorf zum Antiquariat machte. Das Prinzip ist denkbar einfach: Bring zwei, nimm eins. Mittlerweile haben im Gutshotel an die 500 000 Bücher ein neues Zuhause gefunden. In jedem Zimmer, jeder Ecke sind sie präsent, selbst im Restaurant und als Hochbeet im Garten. Büchernarren geben sich ein Stelldichein, so sie ein Zimmer bekommen. Es gibt Platz für 60 Gäste verteilt auf 25 helle und freundlich gestaltete Zimmer und Appartements in 3 Häusern. Doch die Nachfrage ist groß. Man kann aber auch so reinschauen, z. B. zu Lesungen im lichtdurchfluteten Frühstücksraum oder im herrlichen Garten, zu ofenfrischem Kuchen im Café oder zum Abendessen. Gegenüber liegt eine Keramikwerkstatt (www.muecket.de).

Groß Breesen 10, bei Zehna, T 038548 500, www.gutshotel.de, €€€, Café Sa/So 10–18 Uhr, Restaurant besser mit Reservierung, €–€€

Ankommen und Abschalten

Gutshaus Zietlitz: In dem östlich des Krakower Sees gelegenen Gutshaus gibt es viel Raum zum Erholen, sei es im Garten mit seinen Verweil-Ecken, im Kaminzimmer oder in der Bibliothek. Die Zimmer sind unterschiedlich groß und individuell eingerichtet, geschmackvoll und mit viel Holz. Für den spontanen oder abendlichen Durst gibt es einen Getränkeschrank. Ideal für eine Auszeit.

Serrahner Str. 2, T 038457 222 43, www.gutshaus-zietlitz.de, €€

Essen

Sterneküche

Ich weiß ein Haus am See: Wer in der DDR aufgewachsen ist, sieht es sofort: Das war mal ein Kinderferienlager! Nach der Wende wurde es zum ersten Sternerestaurant in Mecklenburg und damit das zweite überhaupt in den neuen Bundesländern. Das war 1995, und der Stern konnte bis dato (2023) jedes Jahr wieder gewonnen werden – Chapeau! Aufgebaut wurde es von einem Hobbykoch aus Krefeld, seit 2005 steht Raik Zeigner aus Plau am See (damals 22 Jahre alt!) an den Töpfen. Jeden Tag gibt es ein anderes 4-Gänge-Menü, gekocht wird klassisch französisch – für Vegetarier allerdings nicht geeignet. Alle anderen dürfen sich auf Gaumenfreuden und farbenfrohe Gerichte freuen. Ein kleines Hotel gehört ebenfalls dazu, am See versteht sich.

Paradiesweg 3, Kuchelmiß, T 038457 232 73, www.hausamsee.de, Di–Sa 18.30–23 Uhr, Reservierung empfohlen, 4-Gang-Menü €€€, Hotel €€–€€€

Brot, Blechkuchen und Pizza

Bäckerei Hornung: In der alteingesessenen Bäckerei gleich gegenüber der Touristinformation gibt es traditionell gebackene Brote und gar leckeren Blechkuchen. Diesen kann man auch gleich vor Ort im kleinen Café oder bei warmem Wetter auf der Terrasse nach hinten raus genießen. Im Sommer betreibt die Bäckerei eine viel gelobte Pizzeria auf dem knapp 2 km entfernt liegenden Campingplatz am See (www.campingplatz-krakower-see.de).

Plauer Str. 2, T 038457 504 39, Mo–Sa 8–15 Uhr, in der Saison am So und länger, €

Echt italienisch

Eiscafé Zwerg: Der Name ist so gar nicht italienisch, das Eis aber schon.

Das ist auf die Hand ebenso lecker wie im Eisbecher, außerdem gibt's guten Kuchen. Verfehlen kann man das Café kaum, denn die knallrosa Wand ist nicht zu übersehen.

Möwenweg 14, in der Saison Do–Di 13–18, sonst Sa/So 13.30–16.30 Uhr

Bewegen

Mit Paddel und Pedalen

In Krakow am See gibt es verschiedene und wechselnde Verleiher von **Booten, Rädern** und **Flößen.** Die aktuellen Kontakte erhält man bei der Touristinfo (s. u.).

Baden

Neben der Badeanstalt gibt es in und um Krakow am See viele idyllische Badestellen, z. B. die **Leipziger Badestelle,** manche mit Bootsstegen, Bänken und Spielgeräten. Dazu gibt es in der Touristinformation das Faltblatt »Geheimtipp: Badestellen«.

Infos

- **Touristinformation:** Markt 21, T 038457 222 58, www.krakow-am-see.de, Juli/Aug. Mo–Fr 9–12, 12–17.30, Sa 10–14, sonst Mo–Fr 10–12, 13–17, Sa 10–14 und Mai/Juni/Sept. auch noch Sa 10–14 Uhr. Sehr freundliches und kompetentes Personal, viel gutes Material zur Region, beispielsweise Broschüren mit Tourenvorschlägen zum Wandern und Radeln. Tipps zu den Themen Angeln oder Boote mieten etc. Im Sommer gibt es zwei witzige Führungen: »700 Schritte rund ums Rathaus« und die »Nacht- und Moorlämpchenwanderung«.
- **Anfahrt:** Bus 250 (s. S. 48), mit dem Ticket erhält man in der Info einen kostenlosen Stadt- und Umgebungsplan.
- **Parken:** bei den Supermärkten rund um den Bahnhofsplatz.

Güstrow

Güstrow hat eine saubere Wende hingelegt. Von vielen nur als Barlachstadt wahrgenommen (s. S. 74), hat es sich nach 1989 auch auf seine anderen Schönheiten besonnen und seine unter grauem Putz verborgenen Schätze freigelegt. Da sieht man Jugendstil-, Barock- oder Renaissance-Elemente, manchmal auch mehrere zusammen, weil das Haus später noch einmal neu gestaltet wurde wie in der **Kerstingstr. 12** ❶. Auffallend sind viele schöne Wetterfahnen neueren Datums mit Figuren, Jahreszahlen oder Initialen. Anlässlich des Jubiläums »30 Jahre Wende« wurden in der historischen Innenstadt Schilder aufgestellt, wie einige Häuser, Straßenfluchten und -ecken 1991 aussahen … Unglaublich, was seitdem geleistet wurde. Flanieren Sie durch die Gleviner, die Lange und die Mühlenstraße. In Letzterer liegt auch der **Derzscher Hof** 3 (Nr. 48). Hier befand sich einst eine der 58 (!) Güstrower Brauereien, heute betreiben die Güstrower Werkstätten hier ein Bistro. Gehen Sie ruhig hinein, denn die Holzdecken sind beeindruckend. Und beachten Sie beim Hinausgehen auch die Fassade gegenüber vom Derzschen Hof.

Die Mühlenstraße führt direkt auf den Marktplatz mit seinen vielen hübschen Häusern und dem rosa **Rathaus** ❷, hinter dessen Fassade sich fünf einzelne Bauten verbergen (rückwärtig gut zu sehen). Gleich um die Ecke liegt der Pferdemarkt mit dem **Borwinbrunnen** ❸ und dem Standbild des Stadtgründers in martialisch aufragender Pose.

Stadt der Türen

Nicht nur Dublin, auch Güstrow hat seine Türen. Nach 1945 kümmerte man sich nicht groß um den Erhalt al-

Güstrow

Ansehen
1 Kerstingstraße 12
2 Rathaus
3 Borwinbrunnen
4 St. Marien
5 Dom
6 Museum Schloss Güstrow
7 Norddeutsches Krippenmuseum
8 Stadtmuseum
9 Städtische Galerie Wollhalle
10 Natur- und Umweltpark

Schlafen
1 Hotel am Schlosspark
2 Altes Gasthaus am Hofsee

Essen
1 Barlachstuben
2 Restaurant Edessa
3 Derzscher Hof
4 Bistro Verdura
5 Eiscafé Hahn
6 Wiener Café

Einkaufen
1 Inselliebe
2 Himmel und Erde

Bewegen
1 Strand am Inselsee

Ausgehen
1 Schnick-Schnack
2 Barlach-Theater
3 Uwe-Johnson-Bibliothek

---

ter Bausubstanz, obwohl die Innenstadt unter Denkmalschutz stand. Immerhin brachte man die Türen in Sicherheit, wenn ein Haus zusammenbrach. Diese Initiative für Güstrows Haustüren rettete vor allem in den ersten Jahren nach der Wende viele Schätze. So entstand das **Türen-Depot.** Wer heute in Güstrow ein altes Haus erwirbt und saniert, kann sich im Depot eine Tür aussuchen. Die muss dann nur noch auf eigene Kosten restauriert werden. Zum Glück haben das viele Güstrower Bürger getan und dabei auch gleich einige außergewöhnliche Türgriffe hervorgezaubert.

Stadt des Engels

Will man Barlachs Engel sehen, steuert man automatisch auf den zentral am Markt stehenden höchsten Kirchenbau zu, wird den »Schwebenden« dort aber nicht finden. Denn es ist die Pfarrkirche **St. Marien** 4 (generell immer So/Fei 14–15, Juni–Sept. tgl. 10–17, sonst Di–Sa 10–12, 14–16 Uhr, z. T. auch kürzer). Sie ist 10 m höher als der Dom und bietet einen tollen Rundblick auf den grünen Gürtel um die Altstadt, das Flüsschen Nebel und den Inselsee. Aber nicht nur die Turmbesteigung ist lohnenswert, sondern auch die Kirche selbst. Die Mischung aus rotem Backstein, Holz und Bemalungen, das verzierte Chorgestühl, das Triumphkreuz in der Kirchenmitte, die erhaltenen Wandmalereien und die faszinierende Wendeltreppe zur Galerie hinauf geben dem Kircheninnern eine angenehm warme Wirkung. Highlight für Freunde der sakralen Kunst dürfte der reich gestaltete Flügelaltar aus dem 16. Jh. sein. Da die Türen je nach Kirchenkalender geöffnet bzw. geschlossen sind, kann man als Besucher nie den ganzen Altar sehen. Doch auf einem Pult daneben liegt ein Klappmodell, in dem man in Ruhe ›blättern‹ kann.

Dasselbe Prinzip findet man auch im **Dom** 5, nur dass der Altar hier 100 Jahre älter ist. Im Dom nun hängt auch der **Barlachsche Engel** (s. S. 74). Nicht zu übersehen ist das Wandgrab von Ulrich, Herzog zu Mecklenburg (1527–1603), wie es ein ähnliches auch im Schweriner Dom gibt. Doch dieses hier ist die Prachtausführung. In Lebensgröße kniet der Herzog vor einem Betpult, hinter ihm

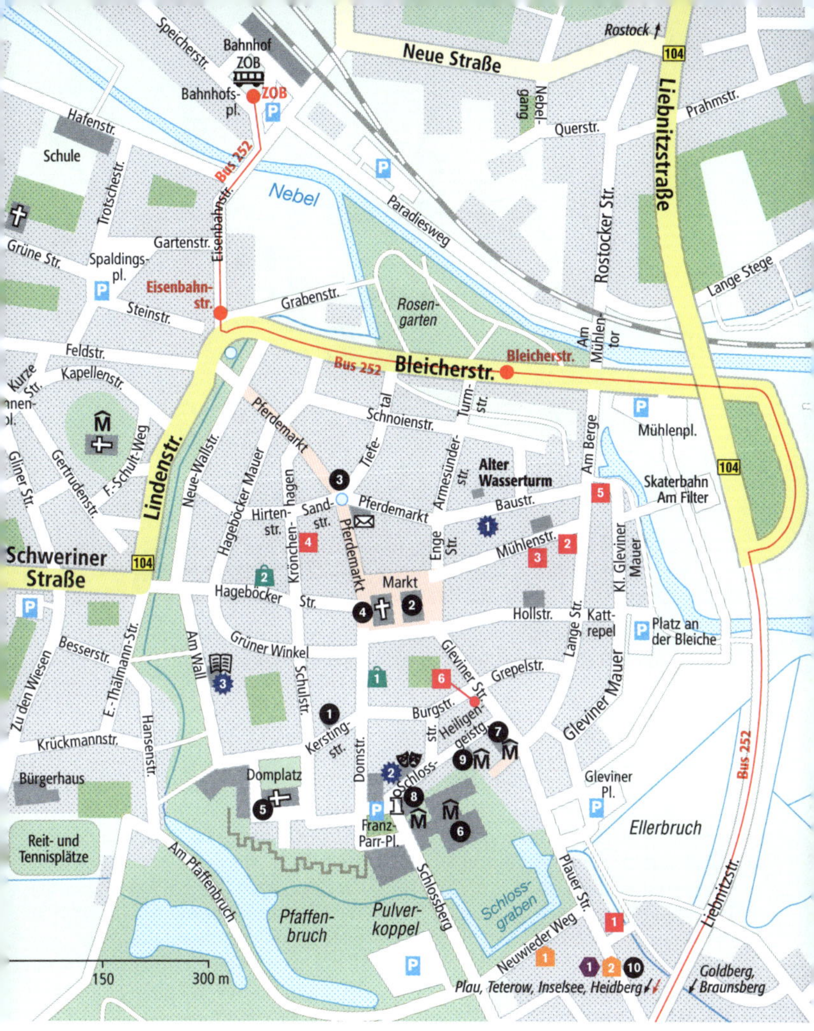

seine beiden Ehefrauen, über ihnen ihre jeweiligen Stammbäume. Geschaffen hat dieses Grabmal der Niederländer Philipp Brandin, der auch am Bau des Schlosses beteiligt war.

Philipp-Brandin-Str. 5, Eingang am Westportal, T 03843 68 24 33, www.dom-guestrow.de, Mai–Okt. Mo–Sa 10–17, So nach dem Gottesdienst bis 12, 14–16 Uhr, sonst kürzer, Fotoerlaubnis 2 €

Renaissance in MV

Ulrich war der Bruder von Johann Albrecht I. Als der Vater starb und die Brüder sich um das Erbe stritten, griff ein brandenburgischer Kurfürst schlichtend ein. Das Land wurde 1556 in Ost und West geteilt, benannt nach den jeweiligen Residenzstädten Schwerin und Güstrow. Ulrich holte sich die Brüder Paar aus Italien und schuf ein

Das Œuvre Barlachs zählt mehr als 2000 Zeichnungen, 130 Skizzenbücher und 450 Plastiken. »Der Schwebende« ist sein Meisterwerk.

repräsentatives **Schloss,** ganz im Stil der Zeit und heute das größte Bauwerk der Renaissance in Mecklenburg-Vorpommern. Da haben wir Putzquaderung von unten nach oben abnehmend, prächtige Loggien im Innenhof, eine von Simsen horizontal gegliederte Fassade u. v. m. Die Pracht setzte sich im Innern fort mit Zimmerfluchten, Kassettendecken, ungewöhnlichen Keramikfußböden und – Höhepunkt damals wie heute – dem Festsaal mit dem farbigen Hirsch- und Rehfries. Die Tiere treten halbplastisch aus dem Fries heraus. Ihre Köpfe sind mit natürlichen Geweihen bekrönt.

Güstrow blieb nur bis 1695 Residenzstadt. Die Linie versiegte, und das Schloss sah finsteren Zeiten entgegen. Aus der Vierflügel- wurde eine Dreiflügelanlage, in den napoleonischen Kriegen 1813 wurde es Sammelpunkt der Mecklenburger Heere, dann Lazarett und von 1817 bis 1945 »Landarbeitshaus«. Hier wurden sogenannte Vagabunden, geringfügige Straftäter wie Taschendiebe, ›leichte Mädchen‹ und alle, die man ›los sein wollte‹ zwangseingewiesen und zur Arbeit verpflichtet. Um möglichst viele aufnehmen zu können, wurden Decken und Wände eingezogen. Nach 1945 und einem Zwischenspiel als Altersheim sollte es wieder ein Repräsentationsbau werden, und so fanden zwischen 1972 und 1974 umfassende Rekonstruktions- und Restaurierungsarbeiten statt. Die Stuckateure müssen dabei besonders viel Spaß gehabt haben, denn sie verewigten ihren Bauleiter mit Schlips, Kragen und Zigarre zu Pferd auf einem Deckengemälde. Seit Januar 2000 wird das **Museum Schloss Güstrow** ❻ saniert, eine Wiedereröffnung ist noch nicht in Sicht. Mal sehen, ob der Bauleiter dann noch auf seinem Pferd sitzt. Vorerst zugänglich bleibt der südseitig gelegene barocke **Schlossgarten** mit wechselnder Blumenpracht (www.schloss-guestrow.de).

Museen

Weihnachten das ganze Jahr

7 Norddeutsches Krippenmuseum: Diesen sehenswerten Schatz in der ehemaligen Heiliggeistkirche verdanken wir der Passion von Mechthild Ringguth (1928–2010). Sie begann in den 1960er-Jahren Krippen zu sammeln. Dabei ging es nicht so sehr um deren kunstgeschichtlichen Wert, sondern v. a. um volkskundliche Vielfalt, zu sehen an den Krippen aus Murano-Glas, Jute (Brasilien), Trockenfrüchten (Honduras), Perlmutt (Israel) etc. So verschieden wie die Materialien sind auch die Darstellungen: Die afrikanische Maria steht neben einer Inuit-Maria, oder Josef trägt Sombrero und Poncho und Maria eine knallrote Perlenkette. Das 2007 eröffnete Museum besitzt ca. 600 Exponate aus 70 Ländern, wovon in der immer wieder wechselnden Ausstellung nie mehr als 100 gezeigt werden können. Besonders schön ist es hier in der Adventszeit, wenn eine passende Sonderausstellung gezeigt wird.
Heiligengeisthof 5, T 03843 46 67 44, www.norddeutsches-krippenmuseum.de, 1. Advent-15. Jan, Juni–Sept. tgl. 11–17, 16. Jan.–15. März Di–So 13–16, sonst Di–So 11–16 Uhr, 3 €, Fotoerlaubnis 3 €

Was in Güstrow so los war

8 Stadtmuseum: Im gleichen Gebäude wie die Güstrow-Information ist ein sehr interessant gestaltetes Museum zur Stadtgeschichte untergebracht, mit alten Karten und Modellen aus der Zeit, als Güstrow nur Stadtmauer, Schloss und Kirche war. Man kann mitverfolgen, wie die Stadt gewachsen ist, welche Ereignisse prägend waren und erfährt einiges über wichtige Güstrower Bürger wie Georg Friedrich Kersting, der mit Otto Runge und Caspar David Friedrich das Trio der norddeutschen Romantiker bildete. Zuletzt gelangt man in den DDR-Raum mit Dokumenten, Berichten und Fotos, z. B. zum Schauprozess gegen die Gymnasiasten der Brinckman-Schule (s. S. 79) oder zum Besuch vom Helmut Schmidt im Winter 1981. Gegenüber der Information befindet sich übrigens das **Barlach-Theater 2** und um die Ecke die **Städtische Galerie Wollhalle 9** mit wechselnden Ausstellungen zu zeitgenössischer Kunst.
Franz-Parr-Platz 10 u. 9, T 03843 76 91 20, www.guestrow.de, Mo–Fr 9–18, Mai–Sept. bis 19, Sa 10–14, Mai–Sept. bis 17 Uhr, kein Eintritt, dafür gerne Spende

Raubtier-WG und Aqua-Tunnel

10 Natur- und Umweltpark: Viele aus dem Umland kaufen sich gleich eine Jahreskarte, denn Wiederkommen lohnt sich! Das Areal ist unglaublich groß (200 ha) und vielfältig (über 1000 Tiere und 76 Arten) und bietet viel zum Schauen, Rätseln und Ausprobieren, was weit über den klassischen Streichelzoo hinausgeht – für Kinder und Erwachsene gleichermaßen. Da gibt es einen durch die Nebel gebauten Aquatunnel, in dem Sie die typischen Pflanzen und Tiere dieses Flüsschens sehen können, Barfuß- und Tastpfade, abenteuerliche Spielplätze, einen Plankenweg durchs Moor mit ›Moorleiche‹ und Informationen zu Irrlichtern. Absoluter Höhepunkt ist die Raubtier-WG – Wölfe und Luchse so nah wie nirgendwo sonst! Holzbrücken, Tunnel und Kletterpfade (keine Hunde, Kinderwagen und Rollstühle) führen durch, um und über das Gelände. Es gibt viele Infos zu den Tieren und kommentierte Fütterungen (Zeiten vor Ort), ja sogar ein Wolfscamp und eine Wolfshütte, wo man in unmittelbarer Nähe übernachten kann. Da die Wölfe Zugang zum Bärengehege haben, sind auch hier manch spannende Begegnungen zwischen den Tieren zu beobachten.
Verbindungschaussee 11, T 03843 246 80, www.wildpark-mv.de, April–Sept. 9–19, März/Okt. 9–18, Nov.–Febr. 9–16 Uhr, 16 €, erm. 15/8 €, geführte Tour in der Dämmerung durch die Raubtier-WG inkl. Wolfsfütterung, 2,5 Std., 20 €, erm. 13 €

TOUR
Der Einzelgänger

Zu Fuß oder per Rad zu Ernst-Barlach-Orten in Güstrow

In Wedel geboren und größtenteils in Mecklenburg aufgewachsen, blieb Ernst Barlach (1870–1938) dem Norden treu und ließ sich 1910 in Güstrow nieder. Hier fühlte sich der Einzelgänger eher zu Hause als bei den Bohemiens in Paris oder Berlin.

Barlachs bekanntestes Werk **»Der Schwebende«** zeigt die allen seinen Plastiken typischen Merkmale – eine Gewandfigur, blockhaft und ausdrucksgeladen. An einer Eisenkette schwebt sie im Seitenschiff des **Doms** **5**. Obwohl die Figur so kompakt ist (250 kg) und keine Flügel hat, wirkt sie wie ein beruhigender, allen Schmerz hinwegnehmender Engel. Unbewusst gab Barlach ihm die Gesichtszüge von Käthe Kollwitz, mit der er befreundet war. Das war 1927, auf dem Höhepunkt seines Schaffens als Bildhauer und Schriftsteller. Mit dem Erstarken der Nationalsozialisten sah er sich jedoch immer stärkeren Anfeindungen ausgesetzt. Aufträge bekam er bald keine mehr, seine Werke wurden zu ›entarteter Kunst‹ erklärt und aus öffentlichen Räumen entfernt. Wie muss er sich gefühlt haben, als er nach dem 23. August 1937 in den Dom kam und sein Engel dort nicht mehr hing?

Atelier am Heidberg

Der Weg durch die Altstadt und am Ufer des Inselsees zu Barlachs **Atelierhaus am Heidberg** ist sehr schön. Barlach selbst hat damals vermutlich nichts von dieser Schönheit wahrgenommen, sich noch einsamer gefühlt, als es bereits der Fall war. Im Jahr darauf starb er. Das Einschmelzen seines Engels 1941 musste er nicht mehr miterleben. Obwohl Barlach nur sieben Jahre am Heidberg lebte und wenige Arbeiten schuf, ist es die größte der vier Barlach-Gedenkstätten (seit 1974), 1996 durch einen gelungenen Neubau erweitert und für Wechselausstellungen genutzt.

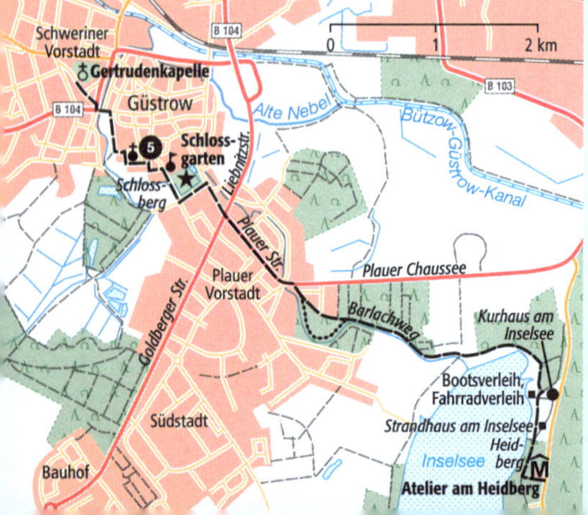

Infos

D4
Cityplan s. S. 70

Start:
nach Belieben

Dauer:
3–7 Std., je nach Verweildauer

Dom: ❺, s. S. 70

Gertrudenkapelle: Gertrudenplatz 1, T 03843 68 30 01, April–Okt. Di–So 10–17, Nov.–März Di–So 10–16 Uhr, 5 €, erm. 3 €

Atelier am Heidberg: Heidberg 15, T 03843 84 40 00, Öffnungszeiten wie oben, 8 €, erm. 6 €, www.ernst-barlach-stiftung.de; erreichbar zu Fuß, mit dem Rad oder dem Stadtbus Nr. 252

Im Atelierhaus ist ein Teil seiner plastischen Arbeiten ausgestellt. Begleitend werden die Stationen seines Lebens aufgezeigt und unter welchen Umständen seine wichtigsten Werke entstanden. In einem hübschen Veranda-Zimmer ist auch ein Dokumentarfilm zu sehen. In diesem Raum hängen Fotos aus dem einstigen Atelierhaus, u. a. eines vom Wohnraum mit diversen Barlach-Arbeiten. Die Bildunterschrift verrät, dass hier Bernhard A. Böhmer mit seiner zweiten Frau lebte.

Ménage à trois

Böhmer und seine erste Frau Marga waren 1924 nach Güstrow gezogen und hatten sich auf einem großen Grundstück am Inselsee niedergelassen. Bald lernten sie auch Barlach kennen und freundeten sich mit ihm an. Böhmer übernahm die Vermarktung der Barlachschen Werke, auch als die Ehe der Böhmers 1927 geschieden und Marga (1887–1969) Barlachs Lebensgefährtin wurde. Auf dem Grundstück am Heidberg entstand 1930/31 das Atelierhaus, in das 1933 auch Bernhard A. Böhmer mit seiner zweiten Frau einzog. Er wurde nach 1933 zu einem der wichtigsten Kunsthändler und verdiente mit der Raubkunst der Nazis ein Vermögen, erhielt aber auch beschlagnahmte Barlach-Werke für die Nachwelt. So den »Schwebenden«, von dem er einen Bronzeabguss fertigen ließ. Seine Person ist ambivalent und Barlach notierte 1931: »Alles in allem wird er wohl ebenso sehr mein guter wie mein böser Engel sein.«

Ein Ort nach Barlachs Sinn

Nach dem Krieg überließ die Stadt Marga Böhmer die **Gertrudenkapelle** als Ausstellungsraum für Barlachs Werke. Sie selbst zog unter das Dach der Kapelle, hütete den Nachlass, führte durch die Ausstellung und starb hier (1969). Die Kapelle ist ein Ort der Stille und der inneren Einkehr. Sie steht auf einer Wiese, umgeben von einem kleinen Park, darin Skulpturen ostdeutscher Bildhauer aus den 1970er-Jahren. Direkt in der Sichtachse vom Eingang eine Kopie von Barlachs »Mutter Erde«.

Übrigens: Es ist dem Einsatz des Altbundeskanzlers Helmut Schmidt zu verdanken, dass der »Nachlass Marga Böhmer Güstrow« 1995 nicht unter den Hammer des Kölner Kunstauktionshauses Lempertz kam, sondern als Ganzes für 1,5 Mio. Mark nach Güstrow zurückkehrte.

Barlachs künstlerisches Talent hatte sich schon früh gezeigt, doch der Durchbruch kam erst 1906, nach einer Russlandreise.

Schlafen

Gute Wahl

1 **Hotel am Schlosspark:** Das Hotel war ehemals ein Krankenhaus (im Erdgeschoss hängen alte Fotos) und ist optisch nicht so umwerfend. Doch es liegt sehr gut, in unmittelbarer Nähe zur Altstadt. Die Hälfte der konventionell eingerichteten Zimmer haben Blick aufs Schloss. Das Personal ist ausgesprochen freundlich, das Frühstück sehr reichhaltig (mit Pfannkuchen!), und das **Restaurant Wallenstein** wird auch von Einheimischen gerne besucht.

Neuwieder Weg, T 03843 27 79 60, www.hotel-am-schlosspark-guestrow.de, €€–€€€, Restaurant tgl. mittags u. abends, €–€€

Ländlich-individuell

2 **Altes Gasthaus am Hofsee:** Das gut 14 km östlich von Güstrow gelegene alte Gasthaus hat man zu drei sehr gemütlichen, individuell gestalteten Ferienwohnungen für 2–6 Pers. umgebaut. Lehmwände und der z. T. erhaltene alte Holzfußboden, Kamine und in einer Wohnung sogar ein Klavier geben allem noch etwas mehr Flair. Absoluter Pluspunkt ist die direkte Lage am See mit Bootssteg, wo auch Angler auf ihre Kosten kommen dürften.

Am Hofsee 7, Gremmelin, T 0491 48 07, mobil 0172 801 30 41, www.ferienhaus-am-see-meckpom.com, €€

Essen

Tradition am neuen Ort

1 **Barlachstuben:** Vor einigen Jahren zogen die Barlachstuben von der Altstadt in die Plauer Straße, wo Barlach seine erste Wohnung hatte. Die Stammkundschaft zog mit, denn es ist eines der besten Lokale für Mecklenburger Küche. Traditionelle Rezepte werden mit modernen Ideen kombiniert, wie bei der Kartoffelapfelsuppe mit Schwarzbrotcroutons oder dem selbst gemachten Himbeereis mit Birnenjoghurt. Die Karte wechselt alle paar Monate und führt explizit Gerichte für Vegetarier und Veganer. Und: Auf der Karte steht zuweilen auch Wein von Schloss Rattey (s. S. 174).

Plauer Str. 7, T 03843 68 48 81, www.barlach-stuben.de, Di–Do 17–21, Fr/Sa 11.30–15, 17.30–20.30 Uhr, €–€€

Geht immer

2 **Restaurant Edessa:** Nicht nur in der Nebensaison oder an Sonntagen, wenn andere Lokale geschlossen haben, ist dieser Grieche eine gute Wahl. Die Karte ist sehr vielfältig, es gibt auch Pizza und eine gute Auswahl an Weinen. Tavernen-Ambiente, schneller und freundlicher Service, viele Einheimische, ausgezeichnetes Preis-Leistungs-Verhältnis und seit 1992 am Ort – vieles spricht für eine Einkehr ins Edessa.

Mühlenstr. 42, T 03843 821 61, www.restaurant-edessa.de, Do–Di 17–21 Uhr, €–€€

Mit Kulisse

3 **Derzscher Hof:** In der ehemaligen Brauerei gibt es liebevoll angerichtetes Frühstück und tgl. wechselnden Mittagstisch für kleines Geld.

Mühlenstr. 48, T 03843 23 47 777, Mo–Fr 8–14/15 Uhr, €

Vegetarisch und gesund

4 **Bistro Verdura:** Das kleine süße Bistro serviert tgl. wechselnde Mittagsgerichte in Bioqualität. Die kann man vor Ort essen oder mitnehmen, ebenso wie die selbst gemachte Pasta, diverse Backwaren inkl. Torten und anderen Spezialitäten. Für Koch- und Experimentierfreudige werden Kochkurse angeboten. Gleich daneben ist die Wunderbar (auch abends).

Krönchenhagen 12, T 03843 46 67 60, www.bistro-verdura.de, Mo–Fr 11.30–14.30 Uhr, €

Softeis, Kugel und Kuchen

5 **Eiscafé Hahn:** Für Güstrower ist das Café eine feste Adresse, denn es locken selbst gemachtes (Soft-)Eis und eine ziemlich große Auswahl an Eisbechern und Torten. Nach hinten raus gibt es eine Terrasse und einige Sitzmöglichkeiten mit schönem Blick ins Grüne und auf die Nebel.

Am Berge 8, T 03843 77 65 66, www.eiscafe-hahn.de, tgl. 10–19 Uhr, im Sommer auch länger, im Winter kürzer

Kaffeehausfeeling

6 **Wiener Café:** Schon das Schaufenster mit den hängenden Kaffeekannen macht was her. Betritt man den ›Verkaufsraum‹, weiß man nicht, wo zuerst hingucken – Kuchentheke oder Stuckdecke. Die anderen Räume fallen weniger pompös aus, aber alles ist 100 % Kaffeehausstil. Die Sachertorte ist erste Sahne, der Kaffee vorzüglich.

Gleviner Str. 29, T 03843 68 67 33 Di–Sa 10–18, So/Fei 14–17 Uhr, in der Nebensaison kürzer

Einkaufen

Zum Stöbern

1 **Inselliebe:** Bücher, Deko-Artikel, Kalender, Kleidung, Postkarten – kennen Sie schon? Doch in der Inselliebe ist alles von ausgesuchter Qualität, originell und individuell. Da macht Stöbern Spaß.

Domstr. 2, T 03843 247 21 17, www.inselliebe-guestrow.de, Mo–Fr 11–18, Sa 10–16 Uhr

Nicht nur Gemüse

2 **Himmel und Erde:** In dem bezaubernden Naturkostladen bekommt man nicht nur die übliche Bioware. Hier hängen auch Termine für alternative Veranstaltun-

Das Westufer des südlich von Güstrow gelegenen Inselsees lässt sich wunderbar zu Fuß und mit dem Rad erkunden. Den schönsten Blick auf die Bootshäuser hat man von den gegenüberliegenden Ufern und den Heidbergen.

gen, es gibt Gebrauchskeramik aus der Region und ein kleines Bistro.

Hageböcker Str. 107, T 03843 77 48 35, Mo–Fr 10–18, Sa 9–12 Uhr

Bewegen

Stadtführung

Jeden Tag um 11 Uhr laden kundige Stadtführer zur Entdeckungstour ein. Meistens Fr gibt es die **Nachtwächter-Tour,** in der Weihnachtszeit mit Plätzchen und Glühwein.

Buchung über die Güstrow-Information, ab 6,50 €, Dauer 1,5 Std.

Auf, um und am See

1 **Strand von Güstrow:** Er liegt am **Inselsee** auf dem Weg zu Barlach gleich hinterm **Kur- und Strandhaus** (www.kurhaus-guestrow.de bzw. www.strandhaus-guestrow.de, beide Hotels €€, Restaurant €–€€€). Hier gibt es einen Boots- und Fahrradverleih (mobil 0171 959 88 94, Preise und Angebote müssen jeweils erfragt werden) und einen Kiosk für den schnellen Imbiss (April–Sept. 11–18 Uhr).

Ausgehen

Der Treff schlechthin

1 **Schnick-Schnack:** Das Lokal ist eine Mischung aus Bar, Restaurant und Pub über mehrere Etagen. Das Ambiente ist urig-rustikal, serviert werden kleine Imbisse und auch Steaks, die Getränkekarte ist reichhaltig, und es wird immer mal wieder Livemusik geboten.

Baustr. 35b, T 03843 773 78 87, www.schnickschnack-guestrow.de, Mo–Sa 17–24, Fr/Sa auch länger, So 19–24 Uhr

Vorhang auf

2 **Barlach-Theater:** In dem ältesten erhaltenen bürgerlichen Theatergebäude Mecklenburgs (1828), 1957 nach Barlach benannt, hat kein Geringerer als Hans Albers seine Karriere begonnen. Heute gibt es nur noch Gastspiele verschiedener Genres, aber durchaus einiger bekannter Größen.

Franz-Parr-Platz 8, T 03843 68 41 46, www.ernst-barlach-theater.de

Hochkarätige Lesungen

3 **Uwe-Johnson-Bibliothek:** Hier kann man sich sowohl mit Büchern versorgen als auch tolle Lesungen erleben, v. a. zu den Johnson-Tagen im Herbst. Auf den Pfeilern im Eingangsbereich sind die Unterschriften derer zu sehen, die schon da waren: Günther Grass, Nina Hoger, Jewgenij Jewtuschenko, Wladimir Kaminer, Martin Semmelrogge u. a.

Am Wall 2, T 03843 76 94 60, www.uwe-johnson-bibliothek.de, Mo–Fr 10–18, Mi nur bis 14 Uhr

Klassisch

Konzerte: In der Hauptsaison finden im **Dom** 5, in der **Pfarrkirche St. Marien** 4 und in der **Gertrudenkapelle** (s. S. 75) regelmäßig Konzerte statt.

Infos

- **Güstrow-Information:** Franz-Parr-Platz 10, T 03843 68 10 23, www.guestrow-tourismus.de, Mo–Fr 9–19, Sa 10–17, So 11–17 Uhr (Okt.–April verkürzt). In der sehr guten Information ist das sehenswerte **Stadtmuseum** 8 untergebracht (s. S. 73). Vor dem Haus gibt es auch eine Pedelec-Ladestation.
- **Bahn:** regelmäßige Verbindungen nach Rostock, Berlin, Schwerin und Richtung Teterow, Neubrandenburg
- **Bus:** Der ZOB ist gleich am Bahnhof, wo auch die Nr. 250 hält (s. S. 48).
- **Parken:** Ein großer Parkplatz befindet sich beim Schloss (Ecke Schlossberg/ An der Schanze).

Zugabe Heimatgefühl

Die Tragödie des Uwe Johnson

Die Werke Uwe Johnsons sind keine leichte Kost, aber ein wunderbares Stück Zeitgeschichte.

Uwe Johnson gehört neben Böll und Grass zu den großen deutsch-deutschen Schriftstellern, der seine Heimat mehrfach verlor und diesen Verlust auch durch sein Schreiben am Ende nicht mehr kompensieren konnte. 1934 bei Anklam geboren und aufgewachsen, zog die Familie nach dem Tod des Vaters 1947 in Sibirien nach Güstrow. Die Zeit in Güstrow und die dortige Landschaft bis zur Ostsee haben Uwe Johnson geprägt. Er besuchte die John-Brinckman-Schule, an der er 1950 den Schauprozess gegen Mitschüler miterlebte (sie hatten Flugblätter für freie demokratische Wahlen geklebt). Die Entwicklung der DDR zu einer Diktatur bewegte ihn 1959 zum Umzug nach Westberlin. Im selben Jahr erschien sein Debütroman »Mutmaßungen über Jakob« bei Suhrkamp. Sieben Jahre später zog er nach New York und begann die Arbeit an seinem Hauptwerk »Jahrestage«. Es ist die Geschichte der Gesine Gresspahl, die sie ihrer Tochter erzählt, »für wenn ich mal tot bin«. Auf über 2000 Seiten (!), beginnend mit dem 20. August 1967 und ein Jahr später endend, verwebt Uwe Johnson die Erinnerungen an Mecklenburg mit Zitaten und Berichten aus der »New York Times« in diesem Jahr. Zeitebenen wechseln, die Sprache ist sehr ausgefeilt, humorvoll und ironisch, und immer wieder tauchen die Ostsee und der Hudson als verbindende Elemente auf. Der erste Band erschien 1970, da lebte Johnson schon seit zwei Jahren in Sheerness an der Südostküste Englands. Der zweite und dritte Band folgten 1971 und 1973 relativ schnell. Den letzten Band jedoch schrieb er nur mit Mühe fertig, so als wüsste er, dass das Ende des Buchs auch sein eigenes bedeuten würde. 1984, ein knappes Jahr später, starb Uwe Johnson allein in seiner Wohnung, »vermutlich bedingt durch Alkoholismus und Medikamentenmissbrauch«.

Die »Jahrestage« galten wegen ihrer Komplexität als unverfilmbar, doch Margarethe von Trotta wagte sich an das Mammutprojekt: Herausgekommen ist eine Geschichte von Heimat und Heimatlosigkeit, Liebe und Verlust, Vergessenwollen und nicht -dürfen, vom Glück, das schnell vorbei sein kann, und von einem Stück deutscher Geschichte. ■

Mecklenburgische Schweiz

Bergig ist relativ — aber Hügel gibt es, darin eingebettet drei große Seen sowie prachtvolle Gutsanlagen und einige der schönsten Herrenhäuser.

Eintauchen

Seite 101

Schloss Kummerow 

Der barocke Bau fasziniert von außen wie von innen. Das ungewöhnliche Sanierungskonzept ist ein perfektes Match für eine inspirierende Fotosammlung. Ein Besuch, der noch lange in Erinnerung bleibt.

Seite 90

Wanderung um Burg Schlitz

Um zu verstehen, warum Graf Schlitz sein luxuriöses Anwesen eben hier errichtete, lohnt sich diese kleine Rundwanderung nebst unterhaltsamem Skulpturenweg und Abstecher auf den Röthelberg.

Teterower wissen, wie sie einen Hecht wiederfinden, s. S. 84.

Seite 99

Moorbauer

Die Anreise ist ungewöhnlich: Mit dem (Tretboot-)Schwan legt man an der Gastwirtschaft an. Die Stimmung hier ist herrlich entspannt.

Seite 85

Schloss Mitsuko

Japanische Kunst und Kultur in Mecklenburger Ambiente – wow!

Seite 93

Ulrichshusen

Diese beeindruckende Mischung aus Burg und Schloss ist im wahrsten Sinne des Wortes auferstanden aus Ruinen.

Seite 106

Reuter in Stavenhagen

Im alten Rathaus ist heute das Reuter-Museum untergebracht. Es ist eines der schönsten Literaturmuseen in Deutschland.

Seite 108

Kittendorf, Varchentin und Faulenrost

Auf dieser Rundfahrt mit Auto oder Rad wird der unterschiedliche Umgang mit baulichem Erbe sichtbar.

Seite 107

Ivenack

Hier können Sie unter tausendjährigen Eichen und auf einem Baumkronenpfad wandeln, sich über die deutsche Eiche aufklären lassen oder auch ganz aktuell mitverfolgen, wie ein vernachlässigtes Barockschloss vor dem Verfall gerettet wird.

Seite 95

Basedow

Diese Dorfanlage mit Schloss, Stallungen und Lennéschem Landschaftspark sucht ihresgleichen in Mecklenburg.

Richtig oder falsch? Ein Hahn als Wetterfahne kennzeichnete den Besitz derer von Hahn. Auflösung auf S. 97.

»Als unser Herrgott die Welt erschuf, fing er mit Mecklenburg an.« Fritz Reuter

erleben

Berge à la Mecklenburg

J

Ja, auch Mecklenburg hat seine Schweiz und kann einem Vergleich mit der Sächsischen, Holsteinischen oder Fränkischen Schweiz allemal standhalten, auch wenn die höchste Erhebung hier nur 124,9 m beträgt – der Hardtberg bei Pohnsdorf. Die schönste Aussicht hat man allerdings vom Röthelberg (98 m).

Die letzte Eiszeit hat hier ganze Arbeit geleistet und eine für Mecklenburger Verhältnisse reizvolle ›Bergwelt‹ geschaffen. Das stellte auch eine Riege adeliger Herren fest, die 1811 in fröhlicher Runde in der nahen Burg Schlitz beieinandersaßen. Der Schlossherr erzählte von seinen Wanderungen in der Schweiz und verglich sie mit seiner neuen Heimat in Mecklenburg, woraufhin der spätere Großherzog Georg von der »Schweiz Mecklenburgs« sprach. Damit hatte die Region ihren Namen.

In ihrem Zentrum liegen der Kummerower und der Malchiner See. Vor allem um Letzteren verteilen sich einige der schönsten Herrensitze und Landschaftsparks der Seenplatte. Die Namen von Hahn, von Maltzahn und Lenné tauchen immer wieder auf. Die gesamte Region lädt zu Radtouren, Wanderungen, Vogelbeobachtungen und Schlossentdeckungen ein. Reuterstadt Stavenhagen, Ivenack, Kittendorf und Varchentin zählen zwar nicht zum Gebiet der Mecklenburgischen Schweiz, doch sind sie von hier aus wunderbar zu erreichen.

ORIENTIERUNG

O

Internet: Allgemeine Informationen zum Naturpark Mecklenburgische Schweiz finden sich unter www.naturpark-mecklenburgische-schweiz.de. Weitaus mehr bietet die Seite des Fördervereins www.foerderverein-naturpark-msk.de, z. B. (kostenlose) Führungen. Für die Urlaubsplanung sehr hilfreich ist das Portal www.mecklenburgische-schweiz.com mit vielen Tipps zu Aktivitäten, Touren, Unterkünften, Hofläden etc.
Bahn: Teterow, Malchin und die Reuterstadt Stavenhagen sind ans Bahnnetz angeschlossen.
Bus: Alle anderen Orte sind nur mit den Bussen von Rebus (www.rebus.de) bzw. der MVVG (www.mvvg-bus.de) zu erreichen.
Schiff: Auf dem Kummerower See bietet die Blau-Weiße-Flotte verschiedene Rundfahrten zwischen Kummerow, Salem, Malchin, Neukalen und Gravelotte an (www.blauweisse-flotte.de).

Teterow

F3

Teterow ist weltbekannt, zumindest unter den Fans des Motorsports. Vor den Toren des Städtchens liegt die größte Naturgrasbahn für Motorsport in Europa. Die Rennstrecke wurde 1930 eröffnet und ist mit ihren 1877 m Länge, 22 % Steigung, engen Kurven und ›Sprungschanzen‹ bei Rennfahrern beliebt und gefürchtet. Jedes Jahr zu Pfingsten ist Teterow Treffpunkt für ca. 20 000 Motorsportfans.

Das Datum hatte sich bereits in der DDR etabliert, für die das jährliche **Bergringrennen** ein Prestigeobjekt war, seit 1972 allerdings nur für die Ostblockstaaten. Seit der Wende ist es wieder ein Internationales Rennen, seit 2008 nehmen auch Frauen teil.

Zum Mittelpunkt Mecklenburgs

Allein auf den Bergring lässt sich Teterow nicht reduzieren. In den letzten 30 Jahren hat der Ort – auch dank des langjährigen an Kunst und Kultur interessierten Bürgermeisters Reinhard Dettmann – sein graues Gewand abgeworfen. Was auf der **Ringstraße** restauriert und ins Leben zurückgeholt wurde, ist eine wahre Schau. Die Häuser erstrahlen in Lila, Grün oder Ochsenblutrot, verziert mit Sonnen und bunten Steinen, einem aus einem Baumstamm gefertigten Fisch, Wein- und Efeuranken, Rosenstöcken u. v. m. An der Ecke zur Seestraße breitet zuweilen der **Flowermarket** seine Produkte aus, und am beschaulichen **Mühlenteich** lockt die **Stadtmühle** zur rustikalen Einkehr. Durch die Fenster des alten Spritzenhauses kann man in das **Feuerwehrmuseum** spähen (Juli/Aug. Sa 14–17 Uhr, sonst auf Anfrage

Steile Kurven, Sprungschanzen und eine Grasrennbahn – hier geht's zur Sache! Teterow darf sich sogar Bergringstadt nennen.

unter 0173 481 37 57 oder 0157 54 49 43 22). Diese im Innern rundum führende Ringstraße ist typisch für mittelalterliche Stadtgründungen, ebenso wie die innerhalb der Stadt gitterförmig verlaufenden Straßen. Hier gibt es weitere schön sanierte Häuser zu entdecken. An manchen prangt noch der alte Schriftzug eines ehemaligen Geschäfts, andere wiederum haben entzückende Eckfenster. Dazwischen DDR-Lückenbauten, zu erkennen an meist gesichtslosen Fassaden mit gekacheltem Sockel.

Die meisten Geschäfte finden sich in der Straße zwischen dem **Rostocker** und dem **Malchiner Tor,** die einmal über den Marktplatz führt. In der Mitte ist eine Eisenplatte in das Pflaster eingelassen. Sie markiert den **geografischen Mittelpunkt** von Mecklenburg-Vorpommern.

Schildbürger des Nordens

Der Marktplatz ist schön weit und groß. Auf einer Ecke **Jenni's Café** mit Kuchen, Snacks, Sausebrause und Roter Grütze (Mo/Di, Do/Fr 9–17, So 11–17 Uhr, im Sommer auch Sa und länger), gegenüber das **Rathaus** mit lustigen und vielfältigen Wegweisern.

Seitlich steht ein schlichter Brunnen mit einem dicklichen Knaben, der einen kapitalen Hecht auf seinen Schultern trägt. Wer aufmerksam schaut, bemerkt die Glocke, die man ihm umgebunden hat. Bei diesem Brunnen handelt es sich um den berühmten **Teterower Hechtbrunnen** von Wilhelm Wandschneider (s. S. 153), der die bekannteste Geschichte vom unglaublichen ›Scharfsinn‹ der Teterower illustriert: Zwei Fischer hatten einen riesigen Hecht gefangen und zeigten ihn stolz vor. Weil zwei Wochen später ein großes Fest stattfinden sollte, beschlossen die Ratsherren, ihn dafür aufzuheben. Also setzte man den Hecht so lange wieder in den See. Um ihn wiederzufinden, schlangen sie eine Glocke um den Hals, und die Fischer schnitten da, wo sie ihn ins Wasser ließen, eine Kerbe ins Boot.

Einen ähnlichen Schildbürgerstreich lieferten sie ab, als sie ihre **Kirche** (sehenswerte Ausmalungen) verrückten. Diese soll mal auf dem geografischen Mittelpunkt gestanden haben. Doch die Teterower wollten sie nicht immer auf ihrem Weg von Stadt- zu Stadttor umrunden, also verschoben sie sie. Jetzt steht sie auf der schiefen Ebene hinter dem Rathaus, dazwischen eine kleine **Skulptur,** die zeigt, wie die Bürger das angestellt haben. Schöne Skulpturen unterschiedlicher Größe sind in Teterow übrigens mehrfach zu entdecken wie die schlummernde Katze oder der Balkongucker an einem der Tore. Es steckt nicht immer ein Schildbürgerstreich dahinter, sie zeigen aber wunderbar den Humor der Teterower.

FRETBÜDEL

Um regionale Produkte zu vertreiben, haben sich die **Meck-Schweizer** gegründet, eigentlich eine B2B-Plattform. Doch bieten sie auch den wöchentlichen Fretbüdel (Fressbeutel) mit regionalen Lebensmitteln für Endverbraucher und damit auch für Urlauber an. Das Angebot reicht von vegan über vegetarisch bis gemixt und liegt zwischen 20 und 52 € je nach gewählter Größe. Bis Montag 8 Uhr muss die Bestellung für den Beutel eingegangen sein, geliefert wird am Freitag in solarbetriebenen Fahrzeugen (www.fretbuedel.de und www.meck-schweizer.de).

Teterower Weitblick

Vom Schulkamp geht es über die Pentzallee auf die vom Verschönerungsverein angelegte Heidbergstraße hinaus und hinauf zu einem **Turm,** der wie ein in den

Boden gerammtes Schwert aussieht. Er wurde als Ehrenmal für die Gefallenen des Ersten Weltkriegs errichtet und 2019 renoviert. Der Aufstieg zur Aussichtsplattform lohnt sich. Unten laden Bänke und eine große Wiese zum Verweilen ein. Am Weg liegt **Uns Hüsing,** ein rustikales Gasthaus mit Biergarten. Wer will, kann von den **Heidbergen** noch zum Bergring wandern (ca. 20 Min.).

Uns Hüsing: Lärchenweg 1, T 03996 15 78 46, www.pension-in-teterow.de, Di–So 11–22 Uhr, €–€€

Historisches Idyll

Die von Schilf umgebene **Burgwallinsel** mit dem gut erhaltenen **Slawendorf** ist wie früher nur mit einem schiffbaren Untersatz zu erreichen. Auf der Insel können Sie auf einen Beobachtungsturm steigen, in der alten Burganlage herumstiefeln oder in den **Wendenkrug** einkehren. Sie werden sicher nicht die Einzigen sein.

Barkasse Regulus, Ostern–Sept. stdl. 10–18 Uhr; Wendenkrug: T 03996 17 20 28, www.burgwall-teterow.de, Frühjahr–Herbst Di–So 11–18 Uhr, €–€€

Museen

Engagiert

Stadtmuseum Teterow: Die sehenswerte Ausstellung befindet sich im Malchiner Stadttor und dem alten Polizeigebäude, betreut von einer sehr engagierten Mitarbeiterin, die unglaublich viel weiß. Schon der Bau ist sehenswert, die Ausstellung trotz kleiner Räume und verwinkelter Bauweise gut präsentiert. Fotos und Infotafeln erzählen von wichtigen Ereignissen, und Verschönerungsaktionen. In einer Schusterwerkstatt erfahren Sie, wozu die einzelnen Werkzeuge dienen. Und es gibt ordentlich Nachschlag zu den Teterower Schildbürgerstreichen. Regelmäßig wechselnde Sonderausstellungen

Im Schloss Mitsuko treffen bäuerliches Mecklenburg und japanische Kultur aufeinander.

wie die zum 100. Bergringrennen runden das Angebot ab.

Im Malchiner Tor, Südliche Ringstr. 1, T 03996 17 28 27, Di/Do/Fr 10–12, 13–17, Fr 13–17, Sa 10–16 Uhr, 2 €, erm. 1 €

Japan in Mecklenburg

Schloss Mitsuko: Der aus der Nähe von Rostock stammende Künstler Heinrich Johann Radeloff lebte lange in Japan und kehrte nach der Wende in die Heimat zurück. Gemeinsam mit Freunden, darunter Kurt Masur, suchte er nach Möglichkeiten für den deutsch-japanischen Kulturaustausch. So wurde aus dem alten **Gutshaus von Todendorf** (7 km nördl. von Teterow) das Schloss Mitsuko, benannt nach Radloffs Frau (die Lichtbringende). Im Mittelpunkt stehen japanische Kultur und zeitgenössische Kunst, liebevoll präsentiert und mit viel Enthusiasmus von den Mitar-

G

GALERIE TETEROW

Hier schlägt für mich das Herz der Mecklenburger Kunstszene. Schon zu Ostzeiten haben sich viele Künstlerinnen und Künstler in den Mecklenburger Landen niedergelassen, um ungestörter arbeiten zu können, unter ihnen auch Sylvia Henschel. Sie wollte in den unruhigen Zeiten nach der Wende einen Ort der Begegnung und fürs Netzwerken schaffen, und so wurde aus dem alten Bahnhof in Teterow eine Galerie. Hier können Sie die Kunstszene der Region entdecken, denn neben wechselnden Ausstellungen gibt es ein ständiges Angebot von Keramik, Postkarten, Bildern, Mode, Zeichnungen, Kunstdrucken und Schmuck zum Stöbern und Kaufen sowie ein kleines Café. Neben den legendären Sommerfesten, Piano- und Damenabenden richtet die Galerie auch den Mecklenburger Töpfermarkt aus (s. S. 87; Bahnhofstr. 1, T 03996 17 26 57, www.galerie-teterow.de, Di–Fr 10–13, 14–18, Sa 10–16 Uhr).

beitern erklärt. Neben Kalligrafien, Skulpturen, Textilien, wechselnden Ausstellungen und viel Volkskunst beeindruckt die Miniatur des kaiserlichen Hofstaates. Dort sehen Sie sehr gut, in welch hohem Ansehen die Teemeisterin stand und steht. Die Teilnahme an einer Teezeremonie ist nach Anmeldung möglich, neuerdings sogar in einem extra errichteten **Bambusteehaus.** Dieses steht, umringt von Kirschbäumen, in einem traditionellen japanischen Hain. Er ist der größte in Norddeutschland und er ist einzigartig! Mecklenburgische Natur verschmilzt mit japanischen Pflanzen, Findlinge werden zu Schreinen, immer wieder laden Holztafeln mit Inschriften, oder Bänke zum Innehalten ein.

Kastanienallee 23, Todendorf, www.schloss-mitsuko.org, mobil 0173 965 88 11 (Kurator Ralph Tepel), Ostern–Okt. Di–So 13–17 Uhr (besser vorher anrufen), 7 €, erm. 5 €, für das Schloss, Spenden für den Hain willkommen

Schlafen, Essen

Schön abgelegen

Gutshaus Pohnstorf: Im Gutshaus kann man sich in die gemütlichen und mit Geschmack eingerichteten Ferienwohnungen einmieten, die auch an Regentagen gemütlich sind. Im rückwärtigen Park mit großer Wiese laden Volleyballnetz, Balanceband und Boulekugeln zum Sport, Liegestühle hingegen zum Faulenzen und Lesen ein. Nebenan gibt es das schöne **Guts-Café** mit Kunstcollagen aus alten DDR-Gebrauchsgütern und etwas weiter die 2 bemerkenswerten Ferienhäuser von Mi Spirandelli, **mispi's mecklenburg.**

10 km nordöstl. von Teterow, Pohnstorf 17, T 03996 15 21 31, www.gut-pohnstorf.de, Fewo für 2–6 Pers. €€€; Guts-Café: Fr–So 11–18 Uhr, vorher besser anrufen: T 0151 61 47 35 89; mispi's: www.mispi-mecklenburg.de, Fewo für 4–9 Pers. €€–€€€, wochenweise um einiges preiswerter

Qualität im Bahnhof

Moshack: Nach dem Galeriebesuch hier einzukehren, ist eine gute Idee. Die saisonal-regionale Küche, zuweilen mit internationalem Einschlag, ist qualitativ sehr gut. Auch Vegetarier kommen nicht zu kurz. Die Einrichtung ist spartanisch-modern und trotzdem gemütlich. Im Sommer kann man draußen sitzen.

Bahnhofstr. 1, T 03996 185 23 46, www.restaurant-moshack-teterow.de, Di–Do 12–14.30, 17.30–21, Fr/Sa 12–14.30, 17.30–22 Uhr, €–€€€

Rustikal

Stadtmühle: s. S. 83

Mühlenstr. 1, T 03996 15 23 00, www.stadtmuehle-teterow.de, Di–Fr 11.30–14, 17.30–20, Sa 11.30–22 Uhr, im Winter nur mittags, €

Üppig und urig

Erbmühle: Wenn Sie Schloss Mitsuko besuchen, bringen Sie ruhig (etwas) Hunger mit! Dann können Sie nämlich in die Erbmühle einkehren, seit 1928 ein Gasthaus. Das ist ein bisschen wie im Klischee: Hugo fährt mit dem Trecker ran und dann gibt's eine ordentliche Portion. Denn eben dafür ist der Gasthof bekannt, ebenso für die freundliche Bedienung und das sehr gute Preis-Leistungs-Verhältnis.

An der Landstr. 4, Thürkow, T 039975 704 77, www.erbmuehle.de, Mo–So 11–21 Uhr, €–€€, Hotel €€

Süße Kühle am Rostocker Tor

Eisgarten Grimm: An warmen Tagen stehen die Leute hier Schlange. Softeis, Kugeleis, Eisbecher – was das Herz begehrt, alles aus eigener Herstellung!

Rostocker Str. 38, T 03996 17 26 19, www.eisgarten-grimm.de, in der Saison Mo–Fr ab 10, Sa ab 12 bis mind. 18 Uhr

Traditionslokal

Waldgaststätte Hohes Holz: Sie ist eines der beliebtesten Ausflugslokale südwestlich von Teterow, gut zu erreichen über die Kleine Peene und Hohes Holz. Bei Einheimischen stehen die herzhaften Fleisch- und Fischgerichte, der urige Innenraum und die Sonnenterrasse seit Ewigkeiten hoch im Kurs. Nur 1 km weiter westlich gelangt man zum sagenumwobenen Herthasee. Es heißt, in ihm wohne die Schwanenprinzessin, und wer sich (in der Johannisnacht) mit dem Wasser des Sees wasche, dessen Herzenswunsch gehe in Erfüllung.

Hohes Holz 2, T 03996 17 32 45, www.hohes-holz.jimdo.com, Di–Fr 17–22, Sa/So 11–22 Uhr (kann variieren), €

Infos

- **Bergringrennen:** Das legendäre Motorradrennen findet jedes Jahr zu Pfingsten statt (www.bergring-teterow.de).
- **Mecklenburger Töpfermarkt:** Mehr als 70 ausgewählte Werkstätten aus dem In- und Ausland bieten jedes Jahr im Aug. im Stadtpark am Mühlenteich ihre Waren feil. Von Gebrauchskeramik bis zu künstlerischen Unikaten ist alles dabei. Für das leibliche Wohl ist auch gesorgt (www.galerie-teterow.de).
- **Hechtfest:** An die wildeste Geschichte der Teterower Schildbürger erinnert jedes Jahr am Wochenende vor Pfingsten das traditionelle Hechtfest.
- **Tourist-Information:** Östliche Ringstr. 105, T 03996 17 20 28, www.teterow.de unter »Tourismus«, Mo–Fr 9–17, Nov.–April Fr 9–14 Uhr.

Remplin

D4

Sternenforscher

Keine 10 km westlich von Teterow an der B 104 liegt das Dorf **Remplin,** das seit Beginn des 15. Jh. zum Besitz der Hahns (s. S. 288) gehörte. 1802 erhielten sie die Grafung und durften seither das »von« im Namen führen. Zu jener Zeit führte Friedrich II. (1742–1805) die Geschicke des Hauses. Er selbst war den Wissenschaften sehr zugetan, korrespondierte mit Goethe und Herder und besaß eine mit 12 000 Bänden für seine Zeit riesige Bibliothek. Er ließ sich im Schloss von Remplin ein chemisches Labor einrichten und das Gartenhaus 1801 zu einem **Observatorium** umbauen – ein viergeschossiger Turm nebst drehbarer Kuppel sowie modernsten Instrumenten und Spiegelteleskopen. Er machte einige wichtige Entdeckungen für die damals noch in den Kinderschuhen steckende Sternenforschung, z. B. den Zentralstern im Ringnebel des Sternbildes Leier.

Theatergraf

Friedrichs Sohn und Erbe, Karl Friedrich (1782–1852), hatte allerdings eine gänzlich andere Leidenschaft: das Theater. Er hielt sich ein eigenes Ensemble mit den besten Mimen seiner Zeit und sponserte fahrende Schauspielgruppen. Doch damit nicht der gesamte Hahnsche Besitz für seine kostspieligen Unternehmungen draufging, erklärte ihn der Rest der Familie für geschäftsunfähig. Immerhin erhielt er noch eine jährliche Apanage von 6000 Talern, die er als Mäzen und Theaterdirektor in Altona, Putbus und Erfurt ausgab. Am Ende starb er vollkommen verarmt. Da war das Gut von Remplin mit seiner Sternwarte schon längst zwangsversteigert worden (1816) und befand sich im Besitz des Großherzogs von Mecklenburg-Strelitz. Er ließ das barocke Schloss prachtvoll umgestalten. Leider ist davon nicht mehr viel erhalten, denn das Schloss brannte 1940 bis auf den Nordflügel nieder.

Rettung der Sternwarte

Von der Straße sieht man die alte **Gutskapelle** aus Fachwerk, die heute als Café und für Ausstellungen genutzt wird (www.kunst-kapelle.de). Die **Kirche** scheint etwas mitgenommen und auch das **Gutstor** hat bessere Tage gesehen. Am besten parken Sie zwischen den Neubauten und folgen der schönen Lindenallee in den von Lenné angelegten **Schlosspark.** Hier steht sie, die erste **Sternwarte** Mecklenburgs, seit den 1980ern von einer Schüler-AG aus Berlin sukzessive wieder aufgebaut. 2018 feierlich wiedereröffnet, kann sie zum Tag des offenen Denkmals oder auf Anfrage besucht werden. Doch selbst

Der erhaltene Teil des Landschaftsparks mit der Sternwarte ist ein kleines Postkartenidyll. Sterne lassen sich in Mecklenburg nach wie vor gut beobachten, besonders in den sehr ländlich gelegenen Unterkünften.

wenn sie zu ist, lohnt sich ein Stopp. Sie können die gusseiserne Treppe hinaufgehen und den Blick auf den Park genießen.
Kontakt über www.sternwarte-remplin-ev.de

Malchiner See

F4

Seinen Namen hat er von der eher am Kummerower See liegenden Stadt Malchin. Der **Malchiner See** ist relativ flach und seine Ufer sind zum großen Teil verschilft. In seiner Umbebung liegen einige der schönsten Gutsanlagen und Schlösser Mecklenburgs. Es lohnt sich, den See mit ausreichend Zeit zu umrunden.

Schorssow und Burg Schlitz

F4

Nähern Sie sich **Schorssow** von Norden auf der Seestraße, so kommen Sie durch **Bristow** (mit schöner Badestelle). Die riesige und beeindruckende **Gutsanlage** hat schon bessere Zeiten gesehen, doch der ehemalige Wohlstand ist unverkennbar. Am arg versumpften Dorfteich sticht das runde **Kleinviehhaus** mit Taubenschlag hervor. Gleich gegenüber steht eine der ersten **Renaissancekirchen** (1597), deren ungewöhnliche Himmelfahrt Christi über dem Altar und das in Stein gemeißelte Testament des Werner von Hahn zur Finanzierung von Kirche und Pfarrstelle leider nur selten zu sehen sind.

Romantische Lage

Nach Bristow wirkt **Schloss Schorssow** fast schon zu perfekt. Dabei hatte es nach der Wende gar nicht gut ausgesehen. Zum Glück machten einige Enthusiasten mit ausreichend monetären Mitteln aus der heruntergekommenen Dreiflügelanlage ein beliebtes Auszeit- und Tagungshotel. Ausschlaggebend war sicherlich auch die absolut romantische Lage am **Haussee** mit schönem Landschaftspark, den man von der Terrasse des Cafés bewundern kann. Noch schöner ist es, den See zu umrunden (ca. 30 Min.). Eine Badestelle mit Liegewiese, Steg und Schwimmponton gibt es auch.
Hotel: www.schloss-schorssow.de, €€€ ohne Frühstück (22 € p. P.), dafür mit Nutzung des Spa-Bereichs; Café: tgl. 12–17 Uhr, im Winter nur Mi–So

Wie im Bilderbuch

An **Burg Schlitz** kommt niemand vorbei, allein schon, weil der Graf so schillernd und ungewöhnlich war. Eigentlich war er kein Graf, sondern Freiherr, aber er verliebte sich in Louise Caroline von Schlitz und sie sich in ihn. Ihr Vater adoptierte den Freiherrn, und der König erhob ihn in den Grafenstand. Die Ehe war damit standesgemäß (1794) und Hans von Labes nunmehr Hans Graf von Schlitz. Drei Jahre zuvor hatte er den diplomatischen Dienst quittiert, etwas Landwirtschaft studiert und das Gut Karstorf erworben. Er war ein fortschrittlicher Geist, führte neue Produktionsmethoden ein und gründete mit anderen die Mecklenburgische Landwirtschafts-Gesellschaft.

1806 begann er auf dem Buchenberg mit dem Bau des Schlosses, heute eine der schönsten klassizistischen Anlagen der Region. Hinzu kommt die eigenwillige große Parkanlage, ebenfalls von ihm entworfen. Das hügelige Gelände zieren geschlossene Waldstücke, Teiche, Alleen, Hecken und offene Landschaft. An den Wegen finden sich über 50 steinerne Denkmäler – Obelisken, Pyramidenstümpfe, Säulen oder geschichtete Natursteine.

Burg Schlitz war zu Lebzeiten des Hans Graf von Schlitz (1761–1831) ein

TOUR
Aussichten, Skulpturen und Nymphen

Wanderung um Burg Schlitz

Infos

F 4
Start/Länge:
Parkplatz am Goldenen Frieden/10 km
Einkehr:
Burg Schlitz/Zum Goldenen Frieden (s. S. 92), Hofcafé in Görzhausen (bei schönem Wetter, Sa/So/Fei ab 12 Uhr, mobil 0157 74 01 89 54, vorher anrufen)

Wenn Sie Ihren Besuch nicht auf den Nymphenbrunnen und das Schloss von außen beschränken, sondern auch verstehen möchten, was den Grafen hier so anrührte, begeben Sie sich auf diese schöne Rundtour!

Aus- und Einblicke zum Staunen

Vom **Parkplatz** geht es auf der Kopfsteinpflasterstraße in den Wald hinein und an der ersten Vierer-Kreuzung (ca. 7 Min.) links Richtung Hohen Demzin. An der folgenden Gabelung halten Sie sich rechts. Nach einer Weile treffen Sie auf einen breiten Fahrweg, dem Sie nach links folgen. Bis hierher verlief der Weg relativ unspektakulär durch Wald. Doch beim Verlassen des Waldes, gibt es den ersten Blick zum Staunen. Der Weg windet sich durch die Landschaft nach **Hohen Demzin.** Die dortige **Kirche** wird an ihrer Nordostseite von einem Baum umarmt. Wenn Sie Glück haben, können Sie im Innern das beeindruckende hölzerne Tonnengewölbe und den riesigen Bullerofen bewundern.

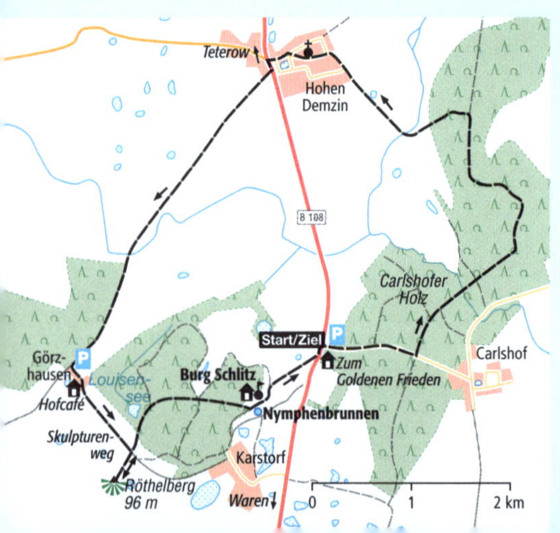

Erotische Landschaft

Weiter geht es nach **Görzhausen** (erst ein Plattenweg, dann gepflastert). In der ehemaligen Glaserei siedelte Graf Schlitz mehrere Familien an und benannte den neuen Ort nach seinem Schwiegervater. Gleich am Ortseingang liegt

Die Idee für den Skulpturenweg wurde Ende der 1990er-Jahre von den Künstlern Wilfried Duwentester und Bernd Uiberall entwickelt. Wie der Park von Burg Schlitz ist er eine Synthese aus Kunst und Natur: Die einen Kunstwerke vergehen, andere kommen hinzu.

rechts ein Riesenbleistift im Baum, hier geht es nach links (noch vor dem ersten Haus). Kurz darauf sehen Sie »Blaue Kühe« zwischen Bäumen, der **Skulpturenweg** beginnt (http://skulpturenweg-ev.de), auf ihm immer wieder Arbeiten von Wilfried Duwentester. Er empfindet den welligen Landstrich zwischen Waren, Malchin und Teterow als erotisch und betrachtet seine Skulpturen als das »Bauchpiercing der Mecklenburger Schweiz«. Wie Burg Schlitz seinen Nymphenbrunnen hat, hat das idyllische Görzhausen seinen Nymphenteich, die ins Wasser gleitende Schönheit inklusive. Hier liegt auch das **Hofcafé** mit Garten. Der Feldweg mit verschiedensten Skulpturen führt nun leicht aufwärts. Manche kontrastieren die Landschaft wie der »Rote Stuhl für Große«, andere sind witzig wie der »Spion«.

Von Schweiz zu Schweiz

An der nächsten Kreuzung geht es links zum Louisensee und rechts auf den **Röthelberg** (96 m). Diesen sollten Sie auf keinen Fall auslassen. Der Blick auf die Mecklenburger Schweiz ist unglaublich schön! Oben gibt es Picknickbänke, eine Tafel mit den umliegenden Orten und einen Wegweiser in die 832 km entfernt liegende Schweiz. Auf gleichem Weg geht es wieder abwärts zum **Louisensee.** An diesem nach rechts und immer geradeaus, erreichen Sie nach gut 20 Min. den **Nymphenbrunnen** und **Burg Schlitz,** von der eine Straße abwärts zurück zum Ausgangspunkt führt.

Alternativ zu dieser Tour können Sie in Görzhausen parken und von dort aus zur Burg Schlitz und wieder zurückwandern. Abgesehen von ein paar Schiebestellen, ist die Tour auch mit dem Rad möglich.

beliebter Treffpunkt. So soll neben dem Großherzog auch Goethe hier Erholung und Inspiration gefunden haben. Nach dem Tod des Grafen wurde das Anwesen mehrfach verkauft und gelangte 1930 in den Besitz des Generaldirektors der Deutschen Bank. Durch ihn kam der berühmte **Nymphenbrunnen** in den Park. Er war 30 Jahre zuvor von Walter Schott für das Wertheim in Berlin gefertigt worden. Die spielenden Nymphen voll purer Lebensfreude sind vollendeter Jugendstil.

Der **Park** mit Brunnen und Denkmälern ist heute öffentlich zugänglich. Das Haus selbst ist ein luxuriöses Schlosshotel, für Tagesausflügler ist das **Café Louise** zugänglich (s. S. 92). Schlossführungen sind nur mit Voranmeldung möglich. Doch auch von außen ist es mit dem von Löwen flankierten mondänen Eingang und den Glasaufbauten sehenswert.

Hotel: www.burg-schlitz.de, €€€

Essen

Gourmet-Spitzenreiter

Burg Schlitz: So richtig schick geht es zum Dinner im neogotischen Wappensaal von Burg Schlitz zu – edles Ambiente, exquisite Speisen und Weine. Am Tage kann man ins **Café-Brasserie Louise** einkehren, wo es neben köstlichen Naschereien auch kleinere auserlesene Gerichte gibt. Oder Sie probieren einen exklusiven Afternoon Tea in gediegenem Ambiente (65 € p. P. inkl. einem Glas Rieslingsekt, nur auf Vorbestellung).

Burg Schlitz 2, T 03996 127 00, www.burg-schlitz.de, Wappensaal mit Reservierung, ab 19 Uhr, €€€; Café Louise: tgl. 13–17 Uhr

Wildgerichte

Zum Goldenen Frieden: Wer nicht im gediegenen und teuren Wappensaal, aber trotzdem herzhaft essen möchte, kann im historischen Gasthaus am Parkplatz von Burg Schlitz einkehren. Die Einrichtung ist 100 % Jägerhütte mit zig Jagdtrophäen an den Wänden. Die schmackhaften Wildgerichte kommen in ausreichend großen Portionen. Es gibt auch Fisch. Sehr gutes Preis-Leistungs-Verhältnis.

Zum Goldenen Frieden 1, Burg Schlitz, T 03996 14 08 97, Mi–So 11–14, 17–21 Uhr, €–€€

Seeblick inklusive

Schloss Schorssow: Am Tag gibt es im gemütlichen **Café Rose** wunderbare Kuchen und Torten. Bei schönem Wetter kann man auch draußen in einem Strandkorb sitzen. Abends geht es ins **Restaurant Moltke,** mehrfach ausgezeichnet und benannt nach den Erbauern des Schlosses.

Am Haussee 3, Schorssow, T 039933 790, www.schloss-schorssow.de, Café Rose: Nov.–März Mi–So, sonst tgl. 12–17, Restaurant Moltke: tgl. 18–23 Uhr, Nov.–März nur Do–Sa, €€–€€€

Vollrathsruhe und Blücherhof

E4

Schwindende Pracht

Wer wissen möchte, wo das in Alt Schwerin ausgestellte Tor gerettet wurde, kann **Vollrathsruhe** besuchen. Im Dorf sieht man immer wieder Reste der alten Gutsanlage, die riesig gewesen sein muss (lange im Besitz der Maltzahns). Doch Mauern wurden eingerissen, Gebäude abgetragen oder von der LPG umfunktioniert, was im Dorf deutliche Spuren hinterlassen hat. Anstelle des abgebrannten Gutshauses errichtete der neue Besitzer Anfang des 20. Jh. einen imposanten neobarocken Prachtbau, dahinter liegt ein schöner Park mit Teich. Ferienwohnungen sind geplant. Am Ortsausgang Richtung

Schorssow befindet sich ein **Aussichtsturm** mit wunderbarer Sicht über die Mecklenburgische Schweiz und die Reste des einstiges Riesenguts. Gleich dahinter, in **Kirch Grubenhagen,** lohnt sich die kleine Wehrkirche auf einer Anhöhe.

Der Botaniker mag es üppig

Was man in Vollrathsruhe nur noch erahnen kann, ist im knapp 7 km entfernten **Blücherhof** umso besser zu sehen – eine der besterhaltenen Gutsanlagen Norddeutschlands, gekrönt von einem Märchenschloss. Um 1900 erwarb Prof. **Alexander Koenig** (1858–1940) das Areal als Sommersitz für sich und seine aus Mecklenburg stammende Frau Margarethe. Koenig war zu diesem Zeitpunkt durch seine Forschungsreisen in Nordafrika und Spitzbergen bereits anerkannter Zoologe und Botaniker. Das Museum Koenig in Bonn geht auf sein Konto, die dortige Villa Hammerschmidt auf das seines Vaters, der als Zuckerfabrikant in Russland ein beachtliches Vermögen erwarb. Geld war also vorhanden und so wurde das **Gut Blücherhof** als neobarocke Anlage komplett umgebaut. Koenig wollte es prächtig, selbst bei den Ställen. Durch ein gewaltiges Tor gelangt man auf den Gutshof, um den sich Wirtschafts- und Wohngebäude, Schnitterkaserne und Marstall gruppieren. In der Mitte steht ein niedliches Taubenhaus, das man immer mal wieder als Café zu etablieren versucht. Am Ende dann ein schmiedeeisernes Tor mit den Initialen AMK – Alexander und Margaerethe Koenig, dahinter ihr privates Refugium, ein kleines neobarockes **Schloss** mit Zwiebelturm und einem im Jugendstil gehaltenen Baldachin aus Glas über dem Eingang. Umgeben ist der Bau von einem 7 ha großen dendrologischen Garten. Der Botaniker ließ hier Bäume anpflanzen und kleinere Tiere aussetzen, die er von seinen Reisen mitbrachte. Es heißt, er habe hier sogar einen weißen Hirsch laufen lassen.

Vernachlässigt und doch schön

Nach dem Krieg wurde das Haus bis Ende 2003 als Kinderheim genutzt. Dann ging Schloss Blücherhof an die in Spanien und der Schweiz lebende deutsche Surrealistin Rosalia de Meindorfer. Der **Park** ist weiterhin zugänglich, hat in den letzten Jahrzehnten aber ganz schön gelitten (April–Okt.). Von den ca. 200 Baum- und Gehölzarten aus aller Welt, darunter Magnolie, Zypresse, Ginkgo und Korkbaum, sind weniger als die Hälfte noch erhalten. Die romantischen Teiche sind versumpft. Und dennoch hat das Arboretum Flair, vielleicht gerade weil alles so verwildert ist. Die Gebäude des Guts werden privat genutzt bzw. als **Ferienwohnungen** vermietet, sind zurzeit (2024) allerdings im Umbau. Denn es gibt Bestrebungen, die Anlage auch kulturell zu nutzen wie 2023 mit dem Blücherhof Müritz Open Air, wo u. a. Suzi Quatro und The Rubettes auftraten. Bei Redaktionsschluss stand noch nicht fest, ob es auch eine Ausgabe 2024 und so fort geben wird.

www.herberge-bluecherhof.de, €

Ulrichshusen F4

Warum nicht mal Danke sagen?

Danke dafür, dass jemand zurückkehrt, den alten Familienbesitz erwirbt, wiederaufbaut und einem Ort wieder Gesicht und Bedeutung gibt. So wie es Helmuth Freiherr von Maltzahn und seine Frau Alla in **Ulrichshusen** 1993 taten.

Vor ca. 500 Jahre hatte sich Ulrich von Maltzahn an einem kleinen Gewässer sein ›Haus‹ errichtet. Nach ihm sind Ort und See benannt. Das Haus war eine Mischung aus Schloss und Burg, damals noch komplett von einem Wassergraben umgeben. Mehrfach wechselte es in den folgenden Jahrhunderten die Besitzer,

R

DAS KLEINE RAMBOW

Das Minidorf wird meist nicht beachtet. Hier ist nur Hochsaison, wenn im Nachbarort Ulrichshusen wieder mal ein Konzert stattfindet oder jemand Prominentes in der kleinen Kirche heiratet. Doch der Pfarrer im Ruhestand, Eckart Hübner, hat ein sehr schönes Projekt aus der Taufe gehoben – den **Kapellenweg** (35 km). Er führt zu sieben Kapellen bzw. Kirchlein, die im Dreißigjährigen Krieg zerstört wurden. Landschaftlich besonders schön eingebettet ist die Ruine der Kirche **Domherrenhagen.** Für die 35 km sollten Sie zwei Tage einplanen (www.kapellenweg.de). In den Ferienwohnungen des Pfarrhauses haben schon Yehudi Menuhin und Anne-Sophie Mutter genächtigt bzw. sich auf ihr Konzert vorbereitet (www.pfarrhof-rambow.de, 3 Fewo für bis zu 10 Pers., €).

darunter immer wieder die Maltzahns. Es wurde um- und ausgebaut, doch in seiner Grundstruktur blieb der Bau erhalten, sodass das Schloss von Ulrichshusen selbst nach dem Zweiten Weltkrieg zu den besterhaltenen Renaissancebauten in Mecklenburg gehörte. Nachdem Flüchtlinge hier untergekommen waren, wurde es u. a. als Tanzsaal, Konsum und Wohnraum genutzt, bevor es sich selbst überlassen wurde. Ein Brand aus ungeklärter Ursache im Februar 1987 ließ es gänzlich zur Ruine verkommen.

Wiederkehr mit Tusch

Ohne die Wende und den enthusiastischen Mut des Ehepaars Maltzahn wäre es wohl verfallen! Sehe ich die alten Fotos und das heutige Resultat, kann ich nur in die Hände klatschen und »Bravo!« rufen (s. Fotos S. 294). Sie ließen aus der Ruine das Renaissanceschloss auferstehen und hauchten den umliegenden Gebäuden und damit der gesamten Region wieder Leben ein. Ulrichshusen ist so etwas wie das Herz der Festspiele Mecklenburg-Vorpommern. Die bereits 1994 mit Yehudi Menuhin eingeweihte **Festspielscheune** ist ihre größte Spielstätte. Auch Anne-Sophie Mutter, Igor Oistrach und viele andere renommierte Künstler haben hier schon das Publikum begeistert. An Konzerttagen herrscht in dem nicht mal 50-Seelen-Dorf viel Trubel, sonst ist es hier herrlich ruhig und idyllisch. Sie können durch den wieder erstandenen Landschaftspark wandeln und das Gebäudeensemble in Augenschein nehmen. Eine Besichtigung des Schlosses ist allerdings nur mit Führung (s. S. 95) oder als Hotelgast möglich.

Schlafen

Ruhe und Komfort

Hotel Schloss Ulrichshusen: Der alte Marstall und das Schloss wurden zum Hotel ausgebaut. Im Schloss zu wohnen, garantiert Park- und Seeblick. Im Garten und am See gibt es Liegestühle und Ruderboote für Gäste. Das ca. 3 km entfernt liegende **Gut Tressow** ist eine weitere komfortable Anlage mit Ferienwohnungen unterschiedlichster Größe, z. T. mit Kamin. Dort befindet sich ein exklusiver Wellnessbereich – der Blick aus Sauna und Ruheraum geht über die Mecklenburger Felder, wo sich auch schon mal Kraniche tummeln.
Seestr. 14, Ulrichshusen, T 039953 79 00, www.ulrichshusen.de, €€€

Essen

Schick und bodenständig

Am Burggraben: Der alte Marstall wurde im unteren Bereich zu einem Restaurant umgebaut, das alte Ambiente erhal-

ten – Fachwerk, Ziegelwände, Laternen, Holztische und -bänke. Die Gerichte sind äußerst vielfältig und schmackhaft, regional und saisonal. Die Auswahl an Weinen genau richtig. Bei schönem Wetter kann man auf der großen Terrasse mit Blick aufs Schloss Platz nehmen. Das lohnt sich auch für Tagesbesucher, die hier auf einen herzhaften Mittagsimbiss, leckeren Kuchen oder ein Eis einkehren möchten.
Seestr. 14, Ulrichshusen, Wiedereröffnung nach Sanierung voraussichtl. zur Saison 2024, Öffnungszeiten s. www.ulrichshusen.de

Infos

- **Konzerte in der Scheune:** Auf www.festspiele-mv.de finden Sie unter »Spielstätten« alle Termine in Ulrichshusen.
- **Weihnachtsmarkt:** Mittlerweile ist der Weihnachtsmarkt von Ulrichshusen zu einer Institution geworden. Schloss und Festspielscheune sind weihnachtlich geschmückt, Kunsthändler bieten ihre Waren an und für das leibliche Wohl ist natürlich auch gesorgt (www.ulrichshusen.de).
- **Krebsessen:** Die angelegten Teiche waren mal für die Krebszucht bestimmt. Um an diese zu erinnern, gibt es hin und wieder traditionelle Krebsessen in Ulrichshusen (www.ulrichshusen.de).
- **Schlossführung:** Details zur Geschichte erfahren Sie auf einer Führung – im Sommer auf Aufstellern vorm Restaurant angeschrieben, ansonsten auf Anfrage, jedoch nicht für Einzelpersonen (T 039963 79 00).

Basedow

F4

Das geschmückte Landgut

Durch **Basedow** zu fahren und nicht anzuhalten, geht nicht! Der Dorfteich mit den idyllisch darum drapierten Gebäuden und das unübersehbare **Schloss** sind einfach zu schön, um sie links liegen zu lassen. Basedow hat ein tolles Dorfensemble, ist eine sogenannte *ornamented farm* (geschmücktes Landgut). Friedrich Wilhelm Adolph Graf von Hahn (1804–59) ging es um genau die Wirkung, die das Dorf heute noch hat. Dafür engagierte er den Schinkel-Schüler Friedrich August Stüler. Der hatte keine leichte Aufgabe, denn Basedow war schon seit dem 14. Jh. der Stammsitz der Familie gewesen.

Blicken wir heute auf das Schloss, entsteht der Eindruck einer geschlossenen Anlage. Beim Umrunden werden jedoch die Vorgängerbauten aus dem 16. und 17. Jh. sichtbar, v. a. auf der Rückseite mit Feldsteinsockel und Renaissancefliesen. Selbst die Ruinen der ursprünglich von Wasser umgebenen Burg wurden in den Park integriert.

Garten à la Lenné

Das war eine Idee des Landschaftsarchitekten Lenné (s. S. 111), der zwischen

WANDELNDE ORTS-CHRONIK

In Basedow ist Christel Müller Local Hero No. 1, wenn es um die Geschichte von Schloss, Dorf und die Familie Hahn geht. Sie hat in Archiven gestöbert und mit vielen Menschen gesprochen. All diese Details interpretiert sie und stellt Zusammenhänge her. Sie kannte die Schlossbewohner und weiß, wann die letzten ausgezogen sind. Sie macht sich Gedanken über ihren Ort und den stockenden Erhalt des Schlosses. In den Führungen von Christel Müller steckt ganz viel Herzblut (www.gaestefuehrerin-mueller.de, Ostern–Ende Okt. Mo, Mi–Sa 11 u. 14 Uhr, 4 €, Treffpunkt am Schlosstor).

1835 und 1852 den 200 ha großen Landschaftspark anlegte. Dieser gilt als eine seiner wichtigsten und gelungensten Schöpfungen. Fühlen Sie sich eingeladen, darin zu wandeln oder ihn auf dem gut einstündigen Balkonweg zu umrunden (gelber Punkt). Der Weg führt auch am **Marstall** vorbei, dem großen gelben Gebäude rechter Hand von Gielow kommend. Friedrich von Hahn zählte zu den berühmtesten deutschen Züchtern von englischen Vollblütern, den Basedower Rennern. Das Gestüt wurde 1920 aufgelöst. Derzeit gibt es Überlegungen, den Marstall wieder als Reithalle oder Veranstaltungsort zu nutzen.

Basedow war mit ca. 25 000 ha die größte Gutsherrschaft in Mecklenburg. Nach 1945 ging alles verloren. Das Schloss diente nun als Wohnraum. Als es nach der Wende verkauft wurde, wohnten hier noch 14 Familien. Ein Teil des Schlosses ist saniert, der andere liegt brach. Ein Besuch ist ggf. nur im Rahmen einer Führung möglich (s. Christel Müller, S. 95).

Noch mal Hahn

Übrigens: Die idyllisch gelegene **Wasserburg Liepen** aus dem 14. Jh., nur 5 km Luftlinie von Basedow entfernt, gehörte ebenfalls zum Hahnschen Besitz. Hubertus Graf von Hahn und seine Frau Verena kauften sie 2015 zurück. Das Areal kann vorerst jedoch nur zu besonderen Anlässen besichtigt werden bzw. wenn man sich dort einmietet.

Termine auf www.wasserburg-liepen.de, Fewo für bis zu 4 Pers. €

Kein Hahn für die von Hahns

Eine der Sichtachsen vom Schloss führt zur **Kirche** von Basedow, einer der am reichsten ausgestatteten Dorfkirchen

Für den Prunk von Basedow zahlten die Leibeigenen, für den Landschaftspark wurden Dörfer geschleift – sehr schön beschrieben in der fiktiven »Klevenow-Trilogie« von Helmut Sakowski, wo die von Hahns unschwer in der adeligen Familie von Schwan wiederzuerkennen sind.

F

DIE FRAUEN VON GIELOW

Gielow (F 4) sieht von Norden kommend wie ein Ort im Mittelgebirge aus. Bei der Kirche weist ein Schild zum »Bauerngarten uns Heimatstuf«. Der ist echt niedlich, weil der Heimatverein – zum Weltfriedenstag 1994 gegründet und mittlerweile nur noch aus Frauen bestehend – die Kunst des Gärtnerns und Töpferns versteht. So finden sich zwischen liebevoll angelegten Beeten mit Kräutern, Heilpflanzen, Rosen und anderen Blumen immer wieder überraschende, auch witzige Keramiken, darunter kleine und richtig große Schnecken, Schmetterlinge, eine Igelhütte, eine Galerie der Baum-des-Jahres-Keramiken, Blüten auf Holz … und auf einem Zaun die Klatschtanten! Die alte Dorfschule wurde zu einer kleinen Heimatstube, die jeden Samstag ihre Pforten öffnet (14.30–16.30 Uhr). Da die Frauen auch die Kunst des Backens sehr gut beherrschen, gibt es meist noch Kaffeeplausch mit frischem Kuchen.

Mecklenburgs. Sehr außergewöhnlich ist die üppig bemalte und verzierte Orgel mit ihren über 1000 Pfeifen, die älteste in Mecklenburg und nur für alte Musik geeignet. An der Geschichte, dass eine Wetterfahne in Form eines Hahns auf Kirchtürmen den Hahnschen Besitz anzeige, ist übrigens nichts dran.

Mai–Okt. Di–Sa 13–16, So 14–16 Uhr; Konzerte sind im Schaukasten angeschlagen oder unter www.alter-schafstall-basedow.de

Schlafen

Aus Alt mach Neu

Farmer Hotel: Aus den ehemaligen Stallungen und Wirtschaftsgebäuden ist ein edles Hotel geworden – mit viel Marmor, Holz und klaren Linien. Service wird großgeschrieben, und die Lage in unmittelbarer Nähe zu Park und Schloss ist ideal. Zum Hotel gehört das feine **Restaurant Kranich,** gegenüber befindet sich die rustikalere Variante, das **Farmer Steak House** (auch für Tagesbesucher geöffnet).

Brauereiweg 1, 039957 29 93 90, www.farmerhotel.de, €, Restaurant Kranich Di–Sa 17–21, Farmer Steak House Nov.–April Do–Mo, sonst tgl. 11–21 Uhr

Mit Schlossblick

Rentmeisteramt: Dieses schöne gelbe Backsteinhaus auf dem Hügel gegenüber dem Schloss ist ein Stüler-Bau. Dort gibt es drei gemütlich eingerichtete Ferienwohnungen, alle mit Blick auf das Schloss. Ein guter Ort zum Längerbleiben, ebenso wie das dortige kleine Ferienhaus.

Gessiner Str. 20, mobil 0173 168 94 05, www.rentmeisteramt-basedow.de, €

Essen

Erlebnisgastronomie

Alter Schafstall: Früher wurden hier die schönsten Schafe und Böcke preisgekrönt, heute ist es für viele der erste Anlaufpunkt, auch gerne für Gruppen. In dem großräumigen Café und Restaurant gibt es Deftiges und frischen Kuchen sowie Marmeladen, Liköre und anderes aus der Region, im hinteren Teil eine kleine Ausstellung zu Land, Leuten und Landschaftsentstehung. Kinder können Tierstimmen erraten sowie etwas über die Nahrung von Fischotter und Biber erfahren. Der Schafstall wird vom Landgut e. V. betrieben, der auf seiner Website auch auf Veranstaltungen wie Schlachttage hinweist und Unterkünfte anbietet.

Wargentiner Str. 4, T 039957 299 70, www.alter-schafstall-basedow.de, April–Okt. 9–17 Uhr

Toplage

Café am Schloss: Die Lage mit der Terrasse zum Schloss ist top. Der Kaffee ist sehr gut, und auch Torten, Eis und Kuchen versüßen den Aufenthalt ungemein.
Am Schloss 8, T 039957 29 62 30, im Winter Sa/So sonst tgl. 13–17 Uhr

Einkaufen

Naturkost & Café

Dorfladen Gessin: Keine 3 km westlich von Basedow liegt das schöne Gessin mit heimeligem Dorfanger und Wegweisern zum Dorfhaus, zur Kapelle, zum Bildhauer und zum Dorfladen. Familie Kleist entschloss sich nach der Wende, den alten Schweinestall in einen bezaubernden Bioladen zu verwandeln. Mittlerweile stammt die Kundschaft aus der gesamten Mecklenburgischen Schweiz. Das geht wunderbar zusammen mit den Meck-Schweizern (s. S. 84), die ihr Domizil ebenfalls in Gessin haben. Zum Laden gehört ein Café mit einer lauschigen Holzveranda. Es gibt selbst gemachten Kuchen, köstlichen Kaffee, Eis und manchmal auch Kaltschale – ideal an heißen Tagen.
Auf dem Mittelhof 7b, Gessin, T 039957 183 05, www.dorfladen-gessin.de (auch Onlinebestellung), Mo–Fr 14–18, Sa 8–12, 15–18 Uhr

Malchin

F4

Allein durch seine Lage ist **Malchin** das Zentrum der Mecklenburgischen Schweiz, auch wenn hier knapp 1000 Menschen weniger als in Teterow leben. Umgeben von Wasser und Mooren liegt die Stadt zwischen Malchiner und Kummerower See. Durch diese geschützte Lage an einer der einst großen Handelsstraßen wurde Malchin zu einer der wichtigsten Landstädte Mecklenburgs. Hier fanden nahezu 300 Jahre lang, bis 1916, im Wechsel mit Sternberg (s. S. 50) die mecklenburgischen Landtage statt. Allerdings musste Malchin in seiner über 750-jährigen Geschichte auch einige Kämpfe und Feuersbrünste aushalten, zuletzt Ende des Zweiten Weltkriegs. Nahezu zwei Drittel der Stadt wurden in Schutt und Asche gelegt. Deshalb wird die Innenstadt – ähnlich wie in Neubrandenburg – von nicht immer gelungenen Neubauten dominiert.

Stadtblicke

Die **St.-Johannis-Kirche** ist nicht zu verfehlen und kann dank ehrenamtlichen Engagements in den warmen Monaten besucht werden (Mitte Mai–Mitte Sept. tgl. 11–17 Uhr, Führung mit Anmeldung möglich, T 03994 29 94 65). Der Ausblick vom Kirchturm ist ein guter Auftakt für den Stadtbesuch. Die Turmbesteigung (2 €) ist ein Erlebnis für sich, allerdings nichts für Menschen mit Klaustrophobie. Der erste Aufstieg erfolgt über eine steile, enge Wendeltreppe mit hohen Stufen, wobei man sich an einem Seil festhält und gleichzeitig nach oben schauen muss, ob auch keiner herunterkommt, denn zum Passieren gibt es kaum Platz. Oben im Turmaufbau mit mächtigen, alten Balken wartet zur Belohnung ein hinreißender Weitblick. Direkt unterhalb sieht man, wie sich Malchin in den Jahrhunderten verändert hat – der noch erhaltene Teil des alten **Stadtwalls** und die **Parkanlagen,** der **Fangelturm,** die beiden erhaltenen und respektablen Stadttore **Kalensches Tor** und **Steintor,** der **Hafen** zum See hin, die Neubauten etc. Satt geschaut, geht es wieder abwärts, in der Hoffnung, dass keine der zwei Glocken läutet.

Die Kirche selbst ist auch einen genaueren Blick wert. In dem gotischen

Lieblingsort

Mit dem Schwan zum Moorbauer

Sieben Jahre war es still um die etwas windschiefe Baracke am Peene-Kanal zwischen Kummerower und Malchiner See, die schon immer **Moorbauer** hieß, weil mitten im Moor. Ursprünglich eine Unterkunft für Torfstecher, wurde es in den 1960ern zum beliebten Ausflugslokal, das nur vom Wasser aus zu erreichen ist. Für Wasserwanderer kein Problem. Alle anderen müssen ihr Auto parken (zwischen Jettchenshof und Gorschendorf führt ein Feldweg zum Parkplatz) und auf ›Schwäne‹ umsteigen – bis auf einen schwarzen sind alle weiß. Wem diese Tretbootvariante nicht behagt, den holt der Moorbauer auch mit dem Boot ab. Aus dem Pop-up-Restaurant von 2019 wurde 2020 eine feste Pacht. Uta und Augustin Berghöfer setzen auf Regionalität und bereiten die Gerichte aus frischen und soweit möglich ökologischen Zutaten zu. Das Angebot reicht vom kleinen Imbiss über selbst gemachteTorten und Kuchen bis zu richtigen Mahlzeiten. Die Stimmung ist einzigartig. Das beginnt schon, wenn jemand mit seinem Schwan anlegen will und dabei Probleme hat. Sofort eilt ein Gast hinzu und hilft. Das Publikum ist bunt und alle begegnen sich ganz unvoreingenommen (📍 F4, Dorfstr. 123, Malchin, mobil 0151 20 29 77 39, www.moorbauer.com, Juni–Aug. Do–So 12–20 Uhr, €–€€, Konzerte und andere kulturelle Veranstaltungen nicht nur in diesen drei Monaten).

Backsteinbau gibt es neben der Marienkapelle mit Klappaltar so manch schönes Detail zu entdecken: das Kirchengewölbe mit Malerei, die Sockel der romanischen Taufsteine, einer mit eingravierten Gesichtern, oder die drei Heißwecken an der Kanzel.

Zunftwesen

Wem eine Turmbesteigung nicht möglich ist, der kann sein Glück im **Rathaus** gleich bei der Kirche versuchen. Das Personal der dortigen Stadtinformation kann Ihnen sagen, ob Sie mit dem Fahrstuhl in den 3. Stock fahren und über eine Eisentreppe in die kleine Rathauskuppel aufsteigen dürfen. Sie ist zwar nicht so hoch wie die Kirche, aber höher als der Rest der Stadt. Wenn gerade keine Ratssitzung ist, können Sie den **Sitzungssaal** mit den 72 Zunftwappen der im Jahr 1927 in Malchin tätigen Gewerke besichtigen. Da gibt es neben Freimaurer-Symbolik auch witzige Wappen wie das der Schlosser zu entdecken. Und staunen Sie, welche Gewerke es im kleinen Malchin alles gab!

Essen

Herrlich unspektakulär!

Peenecafé Koesters Eck: Hier herrscht eine echt nette Atmosphäre. Müde Radler und Wasserwanderer lassen es sich auf der Terrasse oder in einem der Strandkörbe bei empfehlenswertem Kaffee, leckeren Torten und Kuchen gut gehen. Ein Kaltgetränk und ein frisch zubereitetes Fischbrötchen sind natürlich auch möglich. An der Hafenkante eine Altherrenriege – einer angelt und drei schnacken. Von der anderen Seite winkt Hein von seinem Rad herüber. Herrlich unspektakulär!

Am Kanal 1, T 03994 299 36 36, www.peenecafe.de, im Sommer tgl. 11–19, sonst Mi–Fr 13–17.30, Sa/So 11–19 Uhr (variiert je nach Wetter und Saison), 16–17 Uhr immer Happy Cocktail Hour

Bewegen

Paddel-Profis

Malchiner Kanu-Club: Der Kanuclub ist eine gute Adresse für Touren auf dem Kummerower See und der Peene. Neben einem Rückholservice gibt es auch Übernachtungsmöglichkeiten (Zelt, Caravan, einfache Zimmer) und natürlich jede Menge gute Tipps.

Am Kanal 4, T 03994 23 94 68, www.malchiner-kanu-club.de, Mai–Sept. tgl. 10–18 Uhr, 2er-Kanu ab 26 €/Tag

Die Gewässer erkunden

Wasserfreizeit Bremer: Nur ein paar Schritte weiter reicht das Angebot von Paddel- und Hausbooten bis hin zu Angeltouren/-scheinen und Rädern.

Am Kanal 2, T 03994 22 36 65, www.wasserfreizeit.com, Mai–Sept. tgl. 9–18, sonst Mo–Fr 9–18, Sa 9–12 Uhr, Kajak/Kanadier für 2 Pers. ab 22 €/Tag

Seenrundfahrt

Blau-Weiße-Flotte: Die Dampfer steuern Malchin nur an, wenn vorab Bescheid gegeben wurde (s. auch S. 82).

www.blau-weisse-flotte.de

Infos

- **Stadtinformation:** Am Markt 1, T 03994 64 01 11, www.malchin.de, Mo–Do 10–12, 13–15.30, Fr 10–12 Uhr. Im Rathaus gibt's Tipps, Karten zur Region und Hilfe bei der Unterkunftssuche (auch online). Zu haben ist auch eine sehr schöne Übersichtskarte vom Kummerower See bis hinauf nach Dargun und Demmin mit Campingplätzen, Einkehrmöglichkeiten, Verleihern, Haltepunkten, Museen etc. Sollte diese nicht vorrätig sein, ist die große Übersichtskarte auf dem Weg zu Koesters Eck eine Alternative. Auch diverse Stadtführungen, Preis je nach Anzahl der Personen.

• **Bahn:** Malchin liegt an der Bahnstrecke Güstrow–Teterow–Neubrandenburg.

Schloss Kummerow  G3

Das Dorf **Kummerow** in der Mecklenburgischen Schweiz hat nichts mit den Heiden aus dem in der DDR sehr bekannten Buch von Ehm Welk zu tun, das liegt woanders. Dieses Kummerow gehörte zu den Besitzungen derer von Maltzahn, die sich hier vor knapp 300 Jahren einen prächtigen spätbarocken Bau errichten ließen. Nach 1945 ereilte das Schloss von Kummerow ein Schicksal wie viele andere Herrensitze auch: Die Sowjets besetzten es und funktionierten es in ein Quarantänelager für Flüchtlinge um. Bis zur Wende war es Konsum, Gaststätte, Wohnraum und Polytechnische Oberschule. Nach der Wende fand sich schnell ein Käufer, der es umbauen und kommerziell nutzen wollte. Die Lage am Ufer des Sees war ideal, doch das Vorhaben zu groß. Das Schloss verfiel und wäre wohl eingestürzt, hätte nicht der Kunstsammler und Immobilienkaufmann Torsten Kunert 2011 die Regie übernommen.

Spannendes Architekturkonzept

Der 2020 verstorbene **Torsten Kunert** hatte konkrete Vorstellungen von der zukünftigen Nutzung und Gestaltung des Gebäudes. Metalldächer, Betonfußböden und SprelaCart-(Resopal-)Platten wurden entfernt. Das Schloss bekam ein komplett neues originales Dach aus 30 000 handgestrichenen Biberschwänzen und 20 barocken Dachgauben! Im Innern jedoch ging es nicht darum, eine bestimmte Epoche auferstehen zu lassen, sondern historische Substanz zu erhalten. So wurde nur erneuert, wo es notwendig war, und Alt und Neu gehen heute ineinander über – ein altes Treppengeländer, in dem sichtbar einige neue Streben eingesetzt wurden, neu verputzte und alte Lehmwände, Abbruchnarben, an manchen Stellen ist die alte Strohfüllung noch zu sehen, aufgearbeitete Holzdielen und Türen, an einigen Wänden abblätternde Farbe und aufgepinselte DDR-Parolen wie »Denken ist die erste Bürgerpflicht« oder »Thälmannpioniere halten ihr blaues Halstuch in Ehren« (eigentlich war es rot).

Fotos statt Gobelins

Mit dieser ungewöhnlichen Gestaltung hat Torsten Kunert einen außergewöhnlichen Rahmen für seine **Privatsammlung zeitgenössischer Fotografie** geschaffen, eine der umfangreichsten in Deutschland. Die Ausstellung – u. a. mit Arbeiten von Andreas Mühe, Sebastião Salgado, Andreas Gursky oder Steve McCurry – wurde 2016 eröffnet. Herzstück sind die Aufnahmen aus der ehemaligen DDR, u. a. von Sybille Bergemann oder Ute und Werner Mahler. Von den Mahlers ist in der ständigen Ausstellung ein bewegendes biografisches Projekt über die Abiturklasse von Werner Mahlers Bruder zu sehen. Die Aufnahmen beginnen 1977/78 und enden vorerst 2015. Veränderungen sind sichtbar und selbst ein nicht vorhandenes Foto erzählt eine Geschichte. Auffallend sind die großformatigen Werke, für die Schloss Kummerow wie geschaffen ist. Einige dieser Fotos sind aus Zeitschriften bekannt, doch in Originalgröße (175 x 200 cm) entfalten sie eine ganz andere Wirkung. Zusätzlich wird das Schloss auch immer wieder für Konzerte und andere spannende Veranstaltungen genutzt (Informationen dazu auf der Website).

Auf der Sommerwiese

Schloss Kummerow sei jedem Mecklenburg-Urlauber ans Herz gelegt, allein schon wegen der miteinander korrespondierenden Räume, Flure, Treppen und Zimmerfluchten – den Dachboden bitte nicht vergessen. Es werden immer wieder neue Sichtachsen und Lichtstimmungen sichtbar.

So war es ursprünglich auch im **Park** der Fall. Leider hat nur ein Teil von diesem überlebt. Im Jahr nach der Eröffnung ließ Torsten Kunert auf der großen Freifläche zwischen Schloss und See eine Sommerblumenwiese anlegen – das Meer aus Mohn und Kornblumen ist ein beliebtes Fotomotiv.

2023 war das Schloss wegen Neukonzipierung der Ausstellung geschlossen, Events fanden trotzdem statt. Das Schloss und die Ausstellung sollen 2024 wiedereröffnet werden. Bei Redaktionsschluss lagen jedoch noch keine konkreten Informationen vor.

Am Schloss 10, T 039952 23 51 80, www.schloss-kummerow.de

Essen

Schönste Aussicht

Seeblick Kummerow: Von der Badestelle am Schloss führt ein kleiner Pfad ostwärts direkt zum Lokal Seeblick. Diesen kann man bei Kaffee und Kuchen, leckeren Eiskreationen, herzhafter Küche oder auch bei einem Cocktail genießen – traumhaft schön zum Sonnenuntergang. Wer es rustikaler mag, zieht weiter ostwärts zur Ohoi Strandbude mit Liegestühlen und Hängematten, Bier und Pommes.

Bungalowsiedlung 30, T 039952 23 77 66, www.seeblick-kummerow.de, Mo/Di, Do/So 11–20, Mi 11.30–17.30, Fr/Sa 11.30–22 Uhr, €–€€, Mittagstisch 12–13.30 Uhr, €

Bewegen

Baden

Am See gibt es eine schöne **Badestelle** mit Spielplatz.

Um den Kummerower See G3

Das kleine Dorf **Kummerow** ist Namensgeber für den viertgrößten See Mecklenburg-Vorpommerns. Wer einmal drum herum fährt, legt 48 km zurück. Mit dem Auto kein Ding, mit dem Rad schon anspruchsvoller, denn es geht rauf und runter, und es gibt einiges zu sehen. Einmal mit dem Boot hinüber geht natürlich auch. Doch wer sagt, dass alles auf einmal sein muss? Der **Kummerower See** bietet mit seinen Buchten und verschilften Ufern vielen Vögeln Zuflucht und Lebensraum. Vogelbeobachtung ist also das ganze Jahr über möglich. Durch die moorigen und feuchten Gebiete und die vielen kleinen Wasserarme der Peene ist die Chance einer Ottersichtung relativ hoch. Darauf deuten auch die ungewöhnlichen Otterwechsel-Schilder hin.

Grammentin G3

Grammentin liegt zwar etwas im Inland, hat jedoch eine kleine feine Kirche, einige Neusiedler in alten Klinkerbauten mit hübschen Vorgärten und Veranden und das größte Wandbild der Region, wenn nicht sogar zwei.

Street-Art upn Dörp

Günther Horn und befreundete Künstler verschönerten das Dorf, indem sie taten, was sie gut können – malen. Sie verpassten dem Gebäude der **Alten Feuerwehr** ein paar lustige Wandbilder, auf denen es immer fünf vor zwölf ist und die Löschmänner allerlei Unsinn treiben. Das schönste Fassadenbild ist ihnen am **Alten Sägewerk** gelungen. Die Kneipe

Zur Kreissäge sieht täuschend echt aus, auch weil die Maler einige echte Details integriert haben. Es lohnt sich, um das Gebäude herumzugehen und die anderen witzig-kreativen Einfälle zu entdecken wie den einsamen Poeten oder den Eckenpinkler. Die Dorfkneipe selbst wurde zwar dicht gemacht, aber jetzt gibt es wenigstens noch eine gemalte.

www.guenter-horn.com

Steilküste und Peenetal

G3

Steilküsten gibt es nicht nur am Meer, sondern auch im Binnenland – so am Kummerower See. Der häufige Westwind trieb Wellen gegen das Ostufer, wodurch in Tausenden von Jahren Material abgetragen wurde und ein **Steilufer** entstand. Die dabei freigelegten Findlinge liegen heute am Strand bzw. im See. Hinter **Gravelotte** mit herrlicher Badestelle, **Kiosk am Campingplatz** (ab 11/12 Uhr, www.campingplatz-gravelotte.de) und **Hotel** (www.hotel-gravelotte.de, €€) beginnt der sehr schöne Naturerlebnispfad durch die **Verchener Seeberge** (2,8 km). Am Ende wartet ein Aussichtsturm. Ich würde allerdings schon am gemütlichen Campingpark in **Sommersdorf** starten (www.camping-sommersdorf.de). Das sind dann zwar 7 km bis Verchen, die Strecke mit den kleinen Badebuchten zeigt aber mehr landschaftliche Vielfalt.

Verchen mit seiner Seepromenade, dem flachen Wasser und niedlichen Häuschen ist die Sommeridylle am Nordufer. Der Ort ist nur 100 Jahre jünger als Schwerin, wie die **Kirche** des Nonnenklosters beweist. Ein schö-

Auf solch einer Draisine hätten selbst Hund und Picknickkorb noch Platz. Mittlerweile gibt es auch Modelle mit Motorunterstützung.

ner Pfad durch einen Park hinter dem **Bistro Strandmuschel** führt Sie direkt dorthin.

Comic des Mittelalters

Das Innere ist hell und schlicht, ungewöhnlich sind die **Dolerienköpfe** (grotesk überzeichnete Darstellungen). Vielleicht waren sie so etwas wie die Comics des Mittelalters. Die Altarkanzel ist sichtbar erneuert worden. Manches dort funkelt bei entsprechendem Lichteinfall wie Edelsteine.

Amazonas des Nordens

Neben der Sommeridylle ist Verchen auch Startpunkt für Touren auf und in den Amazonas des Nordens. Gemeint ist das **Peenetal,** das größte geschlossene Niedermoorgebiet Mittel- und Westeuropas – ein Mosaik aus vielen Altarmen, einstigen Torfstichen, dichten Wäldern und engen Schilfgassen. Ein gut ausgeschilderter Wanderweg führt zum **Kloster Dargun** (15 km), Highlight ist jedoch eine Paddeltour auf dem Peenestrom nach Demmin (17 km, s. u.).

Viel Aussicht

Wer schnell von Verchen über die Peene auf die andere Seite möchte, muss die kleine **Motorbootfähre** nehmen (April–Okt., 10–18, tw. bis 20 Uhr, 1,60 €, Rad 2 €, mit Packtaschen 2,50 €). Hier markierte die Peene einst die Grenze zwischen Mecklenburg und Pommern. Die alte Zollstation ist heute die **Aalbude**, ein beliebtes Ausflugsziel (www.ausflugsrestaurant-aalbude.de, €€, mind. 3 Nächte). Viele setzen nur für eine Einkehr über, die Lage ist einfach zu schön. Dabei steht nur einige hundert Meter weiter ein schöner Aussichtsturm, von dem man auf den **Großen Rosin** blickt. Die mehr als 1000 ha große Wasserfläche war durch die Schiffbarmachung der Peene bis Malchin und die Moorentwässerung zur Torfgewinnung stark abgesunken. Seit einigen Jahren werden die Polder gezielt mit Wasser versorgt, um dem Moorrückgang und CO_2-Ausstoß entgegenzuwirken. Die Moorniederung ist seither wieder sichtbar und für Wasservögel – Adler eingeschlossen – besonders in den Morgen- und Abendstunden ein Paradies.

Charmant, charmant

Neukalen, die Kleinstadt mit Charme, liegt zwar nicht am Ufer des Sees, jedoch am Peenestrom, der keine 2 km weiter in diesen mündet. Sie ist ein beliebter Treffpunkt und Anlegeplatz für Wassersportler. Nach der Wende wurde die Stadt um- und neugestaltet. So gibt es viele bunte Fassaden in den rund um den Marktplatz verlaufenden Sträßchen. Details wie Treppen, farbige Briefkästen und Fensterrahmen setzen Akzente. Vielleicht entdecken Sie auch das **kleinste Haus** Neukalens in der Ringstraße.

Hexenfrei

Das etwas weiter am Westufer des Kummerower Sees liegende **Salem** wird von vielen mit dem Film »Die Hexen von Salem« in Verbindung gebracht, doch dieser Hexenprozess hat hier nie stattgefunden, sondern 1692 in Massachusetts. Warum diesen Irrtum nicht für die touristische Vermarktung nutzen? So gibt es heute einen Hexenplatz mit Trollsteinen und tollem See-Ausblick sowie einen Geisterumzug zur Vertreibung des Winters.

Salem ist außerdem mit der **Draisine** von Dargun aus zu erreichen.

www.naturpark-draisine.de, 45 €, pro Strecke 17 km

Schlafen

Das hat Klasse!

Der Fuchsbau: Ein Steg mit schaukelndem Ruderboot, ein Feldweg statt einer Straße, sternenklare Nächte, ein reetgedecktes Haus hinter Schilf, darin 2 großzügige Ferienwohnungen über 3 Etagen mit Kamin, eine mit Klavier und Galerie, große Fenster, Blick in die Natur und auf den See, eine Sauna für kalte Tage – das ist der Fuchsbau am Ostufer des Kummerower Sees zwischen Sommersdorf und Meesiger. Entspannter Urlaub zu jeder Jahreszeit.

Am Fuchsberg, Meesiger, T 030 33 77 81 78, www.derfuchsbau.de, Fewo (bis zu 8 Pers.), €€€, Vermietung ab 2 bzw. 4 Nächten, im Sommer nur wochenweise

Wohnen wie die Müllers

Rote Mühle: Das ist ein Erlebnis! Die rote Mühle liegt idyllisch auf einer kleinen Anhöhe mit Blick auf den Kummerower See und die Stadt Neukalen. Die Wohnung für max. 6–7 Pers. verteilt sich über mehrere Etagen. Die Einrichtung ist z. T. etwas barock, doch das ganze Ambiente, die Mühlendach- und Sommerterrasse und die kleinen Extras wie Grill, Wiese, aufstellbarer Pool und Trampolin gleichen das allemal aus.

Neukalen, mobil 0171 172 10 86, €

Essen

Konditorei statt Kneipe

Konditorei Komander: Viele loben den Baumkuchen der Familienkonditorei, doch es gibt auch andere süße Sachen zu probieren, z. B. Biopralinen.

Dorfstr. 7–9, Grammentin, www.ivenacker-baumkuchen.com, Di–So 10–18 Uhr

Idyllisch und praktisch

Gasthaus & Herberge Am Hafen: Die Gaststätte an der Peene mit moderner Holzerweiterung und schwimmender Terrasse zieht sofort den Blick auf sich – viel Holz, große Fenster, angenehme Farben, gemütlich. Auf der Karte stehen Fisch, Fleisch und Salate. Auch Cocktails fehlen nicht, dafür bietet sich die Terrasse geradezu an. Hat man eines der rückwärtigen kleinen Holzhäuschen gemietet, ist der Heimweg auch nicht weit. Am anderen Ufer gibt es in der **Seekiste** (Do–Di ab 14 Uhr) den besten Fisch im Ort, Freitag ist Räuchertag.

Am Hafen 1, Neukalen, T 039956 204 39, www.amhafen.com, Di 17–21.30, Mi–So 11.30–21 Uhr, €–€€; Bungalow €, Frühstück 10,50 € p.P.

Bewegen

Abenteuer Peenetal

Kanustation Verchen: Guter Startpunkt für Touren auf Peene und Kummerower See. Es gibt Paddelboote, Flöße und einen Fahrradverleih. Außerdem können geführte Touren gebucht werden.

Seestr. 7, Verchen, T 039994 74 99 37, 0174 165 29 15 (9.30–18 Uhr), www.abenteuer-peenetal.com, April/Sept. tgl. 10–16, Mai–Aug. tgl. 9.30–18 Uhr

Reuterstadt Stavenhagen G4

Alles Reuter

Wäre der wichtigste niederdeutsche Nationaldichter nicht in **Stavenhagen** geboren, würde der Ort eher abseits der touristischen Wege liegen. Viele der Neubauten wurden für den in der Nähe liegenden großen Standort der Nationalen Volksarmee in Basepohl errichtet. Die Stadt zählte damals 12 000 Einwohner, heute sind es keine 6000 mehr, ein Teil der Neubauten wurde sukzessive abgerissen. Doch Stavenhagen ist auch Reuterstadt, offiziell seit 1949. Der Dichter ist das Aushängeschild der Stadt, und so gibt es die Reuterstraße, den Reuterplatz, die Reuter-Apotheke, die Reuter-Schule, das Reuter-Hotel und die

Reutereiche. Dieser wurde allerdings übel mitgespielt: Die erste war eingegangen und die zweite hatten die Stavenhagener exponiert auf einem Hügel gepflanzt. Sah gut aus, damals! Doch heute verläuft gleich daneben die B 104 nach Neubrandenburg, dahinter ragt das Einkaufszentrum »Reutereiche« auf.

Literaturmuseum vom Feinsten

Ganz anders der exponiert auf dem Marktplatz vor dem ehemaligen Rathaus sitzende **Reuter.** In diesem Rathaus wurde der Sohn des Bürgermeisters 1810 geboren, der sich während des Studiums einer antimonarchistischen Burschenschaft anschloss. Im Zuge der Demagogenverfolgung wurde Reuter 1833 inhaftiert und zu lebenslanger Haft verurteilt. Nach sieben Jahren wurde er begnadigt und erholte sich in der Gegend um Krakow am See (s. S. 66). Richtig losgelassen haben ihn diese Jahre jedoch nie. Umso mehr stellte er sich in seinen Büchern auf die Seite des Volkes. Seine produktivsten Jahre hatte er 1856–63 in Neubrandenburg (s. S. 162), bevor er sich in Eisenach niederließ, wo er 1874 starb.

In seinem Vaterhaus hat man ein **Reuter-Museum** eingerichtet. Es zählt zu den schönsten Literaturmuseen Deutschlands. Für den Besuch sollte ruhig etwas Zeit eingeplant werden. Die Ausstellung führt sehr anschaulich durch Reuters Leben, die Höhen und Tiefen, seine alkoholischen Exzesse, seine schriftstellerische Karriere, die Hintergründe seiner Figuren. Im Erdgeschoss hängt eine Landkarte zur Verteilung des Besitzes in Mecklenburg – was für ein Flickenteppich! Und, etwas versteckt, zeigt eine schöne Grafik von Schloss Ivenack und See, wie unbewaldet und unverstellt es einst dort war.

Markt 1, tgl. 10–17 Uhr, T 039954 210 72, www.frlm-mv.de, Nov.–März Di–Sa, sonst Di–So 10–17 Uhr, 4 €, erm. 1–3 €, angemeldete Führung durch Ausstellung 1 € p. P., mindestens jedoch 25 € plus Eintrittspreis

Essen

Herzhaftes mit viel Deko

Café am Markt: Die Auswahl an Restaurants ist in Stavenhagen recht übersichtlich. Da ist das Café am Markt, unweit des Literaturmuseums, eine gute Wahl. Vorausgesetzt, es bestehen keine Widerstände gegenüber reich dekorierten Gasträumen, den Anlässen und Jahreszeiten entsprechend. Einrichtung und Küche sind gutbürgerlich – inklusive einiger typischer Mecklenburger Gerichte. Zum Kaffee gibt es empfehlenswerten Blechkuchen.

Malchiner Str. 9, T 039954 222 41, www.cafe-am-markt.m-vp.de, tgl. 10–22 Uhr, €–€€

Bewegen

Schwimmen, Baden, Toben

Waldbad Stavenhagen: Das Waldbad ist eines der beliebtesten Schwimmbäder in Mecklenburg-Vorpommern. Kein Wunder – gibt es doch ein beheiztes Becken mit Nichtschwimmer- und Schwimmer-Bereich, Wasser- und Breitrutsche, ein separates Sprungbecken mit 3-Meter-Brett, eine Liegewiese, ein Kletternetz im Wasser, Beachvolleyball, Kiosk etc., und all das zu einem annehmbaren Preis.

Stadtholz 1, T 039954 218 06, Mai–Sept. tgl. 10–20 Uhr, Tageskarte 5,50 €, erm. 4/2,50 €

Infos

- **Tourist-Information:** Sie befindet sich im Reuter-Museum und hat dieselben Öffnungszeiten, T 039954 27 98 35, www.stavenhagen.de. Hier werden auch Führungen durch Stavenhagen und auf Reuters Spuren angeboten.
- **Bahn:** Stavenhagen liegt an der Strecke Güstrow–Neubrandenburg.

Ivenack

G4

Alt, älter, am ältesten

Das sind die **Eichen von Ivenack,** erstes Nationales Naturmonument Deutschlands (von acht). Die Damen werden auch die 1000-jährigen Eichen genannt, obwohl vermutlich nur eine von ihnen so alt ist, die anderen dürften um die 800 Jahre auf dem Buckel haben. So oder so gehören sie zu den ältesten Bäumen Deutschlands. Am schnellsten sind sie vom Ivenacker Tor aus zu erreichen (Parkplatz).

Eichenallee 1, T 039957 298 16, www.wald-mv.de, April/Okt. 9.30–17, Mai–Sept. bis 18, 27.–31.12. bis 16 Uhr, 6/5 €, bis 6 J. frei

Eichen und Schweine

Zu den Ivenacker Eichen gehört auch ein **Tiergarten** für Schweine und Damwild, der schon im 18. Jh. existierte. Denn früher trieb man die Schweine in den Wald, damit sie sich an den Eicheln sattfraßen. Das und noch mehr erfahren Sie im Barockpavillon. Dieser beherbergt eine interaktive, sehr unterhaltsame Ausstellung. Neben der Frage zu den Schweinen gibt es Interessantes zur Mythologie der Bäume und dem damit verbundenen Aberglauben. Wer weiß schon, dass die Weide auch als Verhütungsmittel galt. Und vor allem warum? Wer möchte, kann herausfinden, wie es sich in einem Eichhörnchenkobel liegt. Außerdem laden Frühlingssinfonie, Sommerserenade, Herbstsonate und Winterrequiem mit den für die jeweilige Jahreszeit typischen Vögeln und Tieren zum lustigen Stimmenraten ein. Beim Pavillon gibt es ein Café und einen Imbisswagen mit Wildspezialitäten wie dem Hirschburger (nur bei gutem Wetter, s. S. 110).

Über den Bäumen

Neueste Attraktion ist seit 2017 der **Baumwipfelpfad** (620 m), der mit seiner ange-

Die dickste Eiche in Ivenack ist mit 12,40 m Umfang auch die mächtigste in Deutschland, vermutlich sogar die älteste. Anspruch auf diesen Titel erhebt allerdings auch die Femeiche im nordrhein-westfälischen Erle.

TOUR
Kleine Schlosstour

Eine vergnügliche Rundfahrt mit Auto oder Rad

Infos

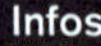
G 4/5

Start/Ziel:
Kittendorf

Länge:
38 km (Auto),
29 km (Rad, siehe Abkürzungen auf der Karte)

Baden:
am Kleinen Varchentiner See

Märchenschloss in Mecklenburg
Vorherrschender Stil der Mecklenburger Prachtbauten sind Barock, Neoklassisismus und -gotik. **Schloss Kittendorf** mit seinen rechteckigen Zinnen und Erkern ist jedoch feinster Tudorstil. Hans Friedrich Oertzen ließ es als Kopie von Schloss Babelsberg errichten und die Baudaten in eine Treppenstufe des Haupteingangs einmeißeln (1848–53). Die Inneneinrichtung war legendär: das Esszimmer ein 10 m hoher Kuppelsaal mit Glasdach, die Eingangshalle mit Kamin und großen Stuckbildern landwirtschaftlicher Symbole, eine Bibliothek mit gewundenen Holzsäulen und verglasten Bücherschränken, darin eingelassen kleine Sofas, gekrönt von einem grünen Marmorkamin und einem großen Buntglasfenster.

Lediglich die Bibliothek ist heute noch original erhalten, kann aber nur von Hotelgästen bewundert werden. Nachdem es in der DDR als Internat einer Betriebsberufsschule gedient hatte, fand sich gleich Anfang der 1990er ein tatkräftiger Käufer, der das Schloss zu einem feinen Hotel umwandelte. Der rückwärtig liegende Landschaftspark von Lenné (s. S. 111) mit seiner vierreihigen Lindenallee und der zu einem Teich aufgestauten Ostpeene kann jedoch besucht werden. Hier führen auch einige Rad- und Wanderwege hindurch. Vielleicht können Sie ja sogar einmal in den als Restaurant genutzten Kuppelsaal spähen, wo ein weißer Flügel steht – der Steinway aus dem alten Palast der Republik.

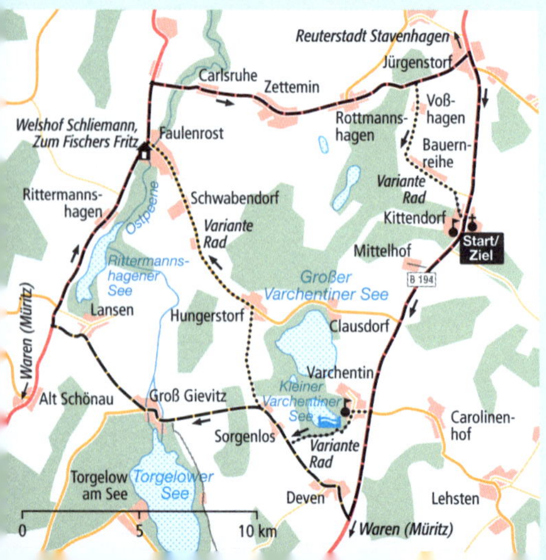

Übernachten oder nur ins Café: www.schloss-kittendorf.de, €€; Café Kittendorf (Ostern–Sept. Sa/So ab 14 Uhr)

Und noch mehr Einkehrmöglichkeiten: Welshof Schliemann (Mo–Fr 8–17, Sa 9–13, So 9–11.30 Uhr) und Zum Fischers Fritz (Fr/Sa 11–21, So 11–15, im Sommer tgl. 11–22 Uhr), beide in Faulenrost (www.welshof.de). Nach so viel Schloss empfiehlt sich ein Fischimbiss oder die Einkehr auf Sauerfleisch vom Wels, Welsfilet au four oder auch mächtige Torte. Zwischen den Lokalen fließt idyllisch die Ostpeene.

Die Axt im Walde

Kittendorf selbst ist ein eher gesichtsloses Straßendorf, abgesehen von der Kirche auf einem Feldsteinsockel. Vor 1999 sah es allerdings anders aus. Gegenüber vom Schloss stand eine seit dem 13. Jh. historisch gewachsene Gutsanlage mit zwölf Gebäuden und einem Gutshaus. Die Treuhand verfügte jedoch »Rückbau und Beräumung im Rahmen des Landesverschönerungsprogramms«. Nutzlos gewordene DDR-Bauten ließ man stattdessen stehen. Das frei gewordene Land in Kittendorf gedachte man, als parzelliertes Bauland mit Blick aufs Schloss zu verkaufen. Nur wollte niemand, und so wurde es 2015 für 35 000 € an einen privaten Investor verkauft – was 1 € pro Quadratmeter entspricht!

Ungewisse Zukunft

Dieses Schicksal dürfte dem **Schloss** von **Varchentin** erspart bleiben, weil es unter Denkmalschutz steht. Doch gut sieht es auch nicht aus. Bereits viermal wurde es nach der Wende gekauft, zuletzt 2016 von einem Verein, der sich zwei Jahre später stillschweigend wieder verabschiedete. Es ist auch kein leichtes Unterfangen, zählt es doch zu den größten Herrenhäusern Mecklenburgs, 1847 im Auftrag des Hamburger Bankiers Gottlieb Jenisch ebenfalls im Tudorstil errichtet. Auch hier bräuchte es einen Enthusiasten mit viel Geschick, Erfahrung und guten Ideen für eine Nutzung. Zum Schloss gehört ein weiterer Lenné-Park mit einer spektakulären Sichtachse vom Herrenhaus zum See.

Radler können über einen Plattenweg unterhalb des **Kleinen Varchentiner Sees** mit Badestelle über **Sorgenlos** und **Hungerstorf** nach Faulenrost weiter, Autofahrer müssen über Sorgenlos und Lansen fahren.

Eins haben wir noch

Faulenrost gehörte den von Hahns, die sich hier eine prächtige Gutsanlage mit Barockschloss hinstellten. Nach einem Brand 1969 stehen jedoch nur noch die Kavaliers- und Torhäuser, die z. T. noch als Wohnraum genutzt werden. Ihre Größe gibt eine Vorstellung von der gesamten Anlage, die durch die Infotafeln illustriert wird. Im Pfarrhaus des mittlerweile eingemeindeten Rittermannshagen lernte Reuter übrigens seine spätere Frau Luise kennen.

nehmen Steigung auch für Gehschwache eine Option ist. Für Jung und Alt gibt es manches zu entdecken. Spannend sind die Infotafeln mit Fragen und möglichen Antworten – manchmal eindeutig, manchmal witzig, manchmal kniffelig. Warum werden Eichen so alt? Warum werden die Blätter im Herbst bunt? Irgendwann sind die 40 Höhenmeter geschafft. Der Ausblick ist Belohnung und Überraschung zugleich. Wieder unten, werden in einer Galerie alle Eichenarten gezeigt: Stieleiche, Korkeiche usw. Wer bis dato dachte zu wissen, was eine deutsche Eiche ist, wird hier ziemlich sicher eines Besseren belehrt.
April/Okt. 9.30–17, Mai–Sept. 9.30–18, 27.–31.12. 9.30–16 Uhr, 11 €, erm. 9/7 €, bis 6 Jahre frei, Wiedereröffnung nach Wartungsarbeiten im Frühjahr 2024

Verwandelte Nonnen

Verlässt man den Park durch das **Klockower Tor,** kann man den Ivenacker See mit Badestelle einmal umrunden. Dabei gelangt man unweigerlich in den Park mit einem verfallenen **Teehaus** und der **Orangerie.** All das gehört zum **Schloss Ivenack.** Im 13. Jh. befand sich hier ein Nonnenkloster der Zisterzienserinnen. Die renovierte **Schlosskirche** erinnert noch daran (April–Okt. tgl. 10–18 Uhr) ebenso wie manche Legende von den 1000-jährigen Eichen, nach denen die Bäume verwandelte Nonnen sind.

Berühmter Hengst

Durch Reformation und Gütertausch gelangten Land und Gut in den Besitz der von Plessens, die um 1800 das heutige Schloss mit Landschaftsgarten, Teehaus, Orangerie und Marstall errichten ließen. Sie unterhielten hier auch eine der besten Vollblutzuchten. Legendär ist die Geschichte vom Zuchthengst Herodot, den man vor Napoleon und seinen Truppen in einer der Eichen versteckte (ist wahr!). Doch leider wieherte er, ward gefunden und trug Napoleon hernach durch so manche Schlacht. Nach dem Sieg über den Korsen holte Feldmarschall Blücher Herodot wieder nach Mecklenburg zurück. Die **Büste** am Giebel des Marstalls soll an den Hengst erinnern, und unter einer der Eichen soll er begraben sein.

Work in progress

Nach dem Krieg war das Schloss Alten- und Pflegeheim für Menschen mit einer geistigen Behinderung. Nach der Wende wurde es verkauft. Doch wie auch andernorts war das Projekt ein paar Nummern zu groß. Lange stand das Schloss leer. Durch die Fenster waren die hohen Decken mit Stuckverzierungen, das Treppenhaus und die mächtigen Kamine zu sehen. Das Dach bekam Löcher, Pflanzen eroberten das Terrain zurück. Wer wollte diese Schönheit noch wachküssen? Zumal das Ensemble als nationales Kulturgut eingestuft ist. Zum Glück fand sich 2012 ein Märchenprinz: Lars Fogh. Er hatte bereits das Gutshaus von Retzow saniert (s. S. 138). Seit dem Kauf von Ivenack hat er schon einiges bewegt: Das Dach ist gedeckt, in die Orangerie, seit 2020 ein Veranstaltungsort der Festspiele Mecklenburg-Vorpommern, soll 2024 Gastronomie einziehen. Die Sanierung lässt sich im Internet mitverfolgen (s. auch S. 294).
www.schlossivenack.de

Einkaufen

Wild vom Förster

Hofladen Landesforst Mecklenburg-Vorpommern: Wer durch Wildburger oder Wildsoljanka am Imbiss im Park von Ivenack auf den Geschmack gekommen ist, findet im kleinen Laden am Ivenacker Tor eine große Auswahl an frischem bzw. tiefgefrorenem Wildbret (je nach Jahreszeit) aus den hiesigen Wäldern.
Hofladen im Eingangsbereich am Ivenacker Tor, mobil 0152 23 23 15 04, www.wald-mv.de, April/Okt. 9.30–17, Mai–Sept. 9.30–18 Uhr

Zugabe

Die Geschichte vom »Buddelpeter«

Der Gartenkünstler Peter Joseph Lenné

Zu seinem 200. Geburtstag wurde der Gartenarchitekt Peter Joseph Lenné 1989 mit einer Briefmarke geehrt.

Wer die Mecklenburgische Seenplatte bereist, stößt immer wieder auf den Namen Lenné (1789–1866). Ein knappes halbes Jahrhundert prägte dieser in königlichen Diensten die Gartenkunst Preußens: in Sanssouci, auf der Pfaueninsel oder im Berliner Tiergarten. Sogar als Stadtplaner im schnell wachsenden Berlin tat er sich hervor. Die breiten Straßen und Grünanlagen zur Naherholung gehen ebenso auf sein Konto wie die mit Bäumen bestandenen Wasserstraßen.

Lenné war zur rechten Zeit am rechten Ort: Nach den Napoleonischen Kriegen nahm Preußen eine gewichtigere Position ein als zuvor. Die Parkanlagen in Berlin und Potsdam waren verwahrlost. Durch Königin Luise und ihre Verbindung zum englischen Königshaus war das Konzept der Landschaftsgärten nicht gänzlich unbekannt. 1816 war Lenné also der Mann der Stunde: als gelernter Gärtner mit einem Studium in Gartenbau und Architektur, Kenntnissen der Botanik exotischer Pflanzen, Referenzen von Schloss Schönbrunn und Erfahrungen im neuen englischen Stil.

»Nichts gedeiht ohne Pflege.«

Dieser war im 18. Jh. als bewusste Absage an den bisher dominierenden Barockgarten französischer Prägung entstanden. Es galt nicht mehr, die Natur in geometrisch exakte Formen zu zwängen, sondern ein begehbares Landschaftsgemälde zu schaffen. Für den ›malerischen‹ Eindruck sorgte die Technik der *clumps* (Baumgruppen) und *dots* (Bäume). Statt geometrisch angelegter Wege, Kanäle und Bassins gibt es im englischen Garten sich schlängelnde, auftauchende und wieder verschwindende Wege und Flüsse. Dabei werden immer neue Sichtachsen geschaffen, akzentuiert durch Türme, Pyramiden oder Grotten. Lenné allerdings bevorzugte die exotischen Hölzer.

In Mecklenburg-Vorpommern gehen mehr als 30 Landschaftsgärten und -parks auf Lenné zurück, u. a. Ludwigslust und Schwerin, wobei es ihm die Mecklenburgische Schweiz besonders angetan hatte, siehe Remplin, Basedow, Varchentin, Kittendorf u. a. Summa sumarum: Lenné hat so einiges an Erdreich bewegt bzw. bewegen lassen – daher sein Spitzname: Buddelpeter. ■

Die großen Seen und der Müritz-Nationalpark

Zwischen blauen Wasseraugen — und grüner Natur, lebendigen Städtchen und idyllischen Dörfern schlägt das Herz der Mecklenburgischen Seenplatte.

Seite 145

Malchow

Die einzige »Inselstadt« Deutschlands hat eine tolle Drehbrücke und spannende Museen, z. B. zu den norddeutschen Orgeln oder zur Alltagskultur in der DDR.

Seite 115

Waren 

Die lebendige Stadt mit Hafenflair, Müritzeum und hervorragender Verkehrsanbindung ist das touristische Zentrum der Seenplatte. Am größten der Seen, der Müritz, und in unmittelbarer Nähe zum Nationalpark gelegen, können Sie von hier aus abwechslungsreiche Touren unternehmen.

Ein ganz besonderer Tropfen ist der Müritz-Gin.

Eintauchen

Seite 127

Müritz-Nationalpark

Nirgendwo sonst in Deutschland findet man so viele Möglichkeiten, um Fisch- und Seeadler, Kraniche und andere Wasservögel zu beobachten. Dazu kommt ein ausgezeichnetes Netz von Rad- und Wanderwegen und viel unberührte Natur.

Seite 131

Zwischen Speck und Boek

Eine der beliebtesten Touren führt durch die Kernzone des Nationalparks, u. a. mit dem Käflingsberg, von dem das Areal weithin zu überblicken ist.

&

Seite 130

Ankershagen

Der Entdecker Trojas, Heinrich Schliemann, wuchs im Pfarrhaus dieses kleinen mecklenburgischen Dorfes auf, wo heute eine Ausstellung spannende Einblicke in Schliemanns Sein und Werden gibt.

Seite 140

Sietow-Dorf

In dem idyllischen Dorf am Ostufer der Müritz beginnt ein ungewöhnlicher, die Sinne ansprechender Wandelweg.

Seite 152

Plau am See ✪

Im größten Ort am Plauer See erwartet Sie nicht nur ein Blaues Wunder, sondern auch eine hübsche Altstadt, einige witzige Geschäfte, eine beliebte Seepromenade und manch bezaubernde Buchten – ein echtes Urlaubsjuwel.

Seite 146

Bärenwald und Tal der Eisvögel

Bären in ihrem natürlichen Habitat beobachten, Eisvögel und eine schöne Badestelle entdecken …

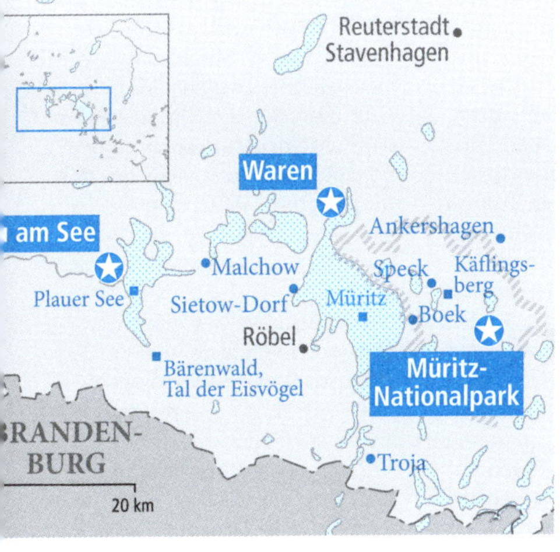

Ob Heinrich Schliemann wusste, dass es auch in Mecklenburg ein Dorf namens Troja gibt? Nur 40 km Luftlinie südwestlich von Ankershagen, wo er aufwuchs.

Baden, wandern, wasserfahren – rgends schöner als in Waren.«
Werbespruch aus den 1930er-Jahren

Blaue Riesen und grüne Wunder

M

Müritz, Kölpinsee, Fleesensee und Plauer See, dazwischen und drum herum eine Vielzahl kleiner Seen – das Blau will hier kein Ende nehmen. An den Ufern liegen die Orte Waren, Malchow, Röbel und Plau am See, die zu den attraktivsten der gesamten Region zählen. Sie alle bieten eine lebendige Innenstadt, Hafen und Seepromenade sowie manch überraschende Museen und Geschäftsideen. Die Gewässer sind bei Seglern und Wasserwanderern beliebt. Radfahrer lieben es, die Seen auf verschiedenen Touren zu umrunden, ebenso wie den einmaligen Müritz-Nationalpark zu erkunden. Wanderern bietet sich eine Vielzahl von Möglichkeiten. Die Vielfalt setzt sich bei den Restaurationen und Unterkünften fort, besonders außergewöhnlich sind die Gutshäuser in der Region, viele von ihnen ganz zauberhaft gelegen. Schon manche haben ihr Herz an diesen außergewöhnlich schönen und grünen Landstrich verloren, kommen immer wieder, haben sich Haus oder Wohnung gekauft bzw. ihren Altersruhesitz hierher verlegt. Die vier blauen Riesen sind die am stärksten von Urlaubern frequentierte Region, allerdings auch die mit dem höchsten Preisniveau in der Seenplatte.

ORIENTIERUNG

O

Internet: www.mueritz-nationalpark.de, www.wir-sind-mueritzer.de, www.der-muertitzer.de, www.mueritz-travel.de
Kurabgabe: vielerorts April–Okt. 1–2,70 €, sonst 0,50–1,80 €/Tag.
Bahn: Waren und Kratzeburg liegen an der Strecke Berlin–Rostock. Der HANS bedient mehrmals tgl. die Strecke Waren–Malchow (www.hanseatische-eisenbahn.de).
Bus: Zwischen den Orten verkehren die Busse der Mecklenburg-Vorpommern VG (www.mvvg-bus.de), die auch den DAT-Bus betreibt, eine Direktverbindung von Waren nach Neubrandenburg mit Fahrradanhänger.
Schiff: Blau-Weiße Flotte (www.blau-weisse-flotte.de) und Weiße Flotte Müritz (www.weisse-flotte-mueritz.de) bieten Fahrten auf und zwischen den Seen an (siehe Orte).
Angeln: Bei den Müritzfischern erhält man Frisch- und Räucherfisch sowie Angelscheine. Daneben vermieten sie Angelboote sowie Ferienwohnungen am Wasser. In der Saison veranstalten sie spezielle Aktionswochen, Grillabende und Krebsessen (www.mueritzfischer.de).

Waren

 F5

Wenn Teterow der geografische Mittelpunkt Mecklenburg-Vorpommerns ist, dann ist **Waren** das Zentrum der Mecklenburgischen Seenplatte. Es ist die größte Stadt mittendrin, wunderbar an der Müritz und am Eingang zum Müritz-Nationalpark gelegen.

Das Potenzial als Urlaubsregion entdeckten großstadtgeplagte Hamburger und Berliner bereits um 1900, als der Ort ans Bahnnetz angeschlossen wurde. Aus dem Ackerbürgerstädtchen wurde eine Sommerfrische. In gewisser Hinsicht wiederholt sich die Geschichte gerade, denn nachdem die Einwohnerzahlen nach der Wende sanken, steigen sie seit 2015 wieder (2022: 21 600 Einw.). Junge Leute kehren in ihre Heimat zurück, viele Ältere wählen Ort und Region als Altersruhesitz, und Städter kaufen sich hier Häuser und Appartements. So wie Mecklenburg-Vorpommern Urlaubsziel Nr. 1 in Deutschland ist, ist Waren die Nr. 1 in der Mecklenburgischen Seenplatte, der ideale Ausgangspunkt für die Erkundung der Müritzregion: Anschluss an Bahn- und Busnetz, höchste Dichte an Unterkunftsmöglichkeiten und Gastronomie, verschiedene Seen und der Nationalpark vor der Tür sowie viele Möglichkeiten zum Wandern, Radfahren, für Wassersport und Ausflüge.

Das kleine und das große Meer

In einer Legende heißt es, Fremde seien in die Region gekommen und hätten uralte Bäume gefällt, die den Bewohnern heilig waren. Daraufhin habe sich eine gewaltige Quelle aufgetan und das Land überflutet, bis sich ein kleines Meer bildete, im Slawischen *morcze* genannt, die spätere **Müritz,** mit knapp 113 km^2 der größte Binnensee Deutschlands. Mit ihren 13 km von Ost nach West und

Waren mit seinen gepflasterten Straßen, den Fachwerkhäusern und dem vielfältigen gastronomischen Angebot ist selten so leer wie auf diesem Bild.

Waren

Ansehen
1 Alter Markt/Pfarrhaus
2 St. Georgen
3 Marienkirche
4 Neuer Markt
5 Neues Rathaus/Stadtgeschichtliches Museum
6 Stadthafen
7 Kamerun und Volksbad
8 Ecktannen
9 Schaugarten am Tiefwarensee
10 Klink
11 Wisentreservat
12 Müritzeum
13 Skulpturengarten am blauen Haus

Schlafen
1 Kleines Meer
2 Hotel am Brauhaus
3 Hotel am Tiefwarensee
4 Seehotel Schloss Klink
5 Wasserturm Waren
6 Wohnungen am Kleinen Meer
7 Radlon

Essen
1 Fischers Küche
2 Altes Reusenhus
3 Moritz
4 Räucherkahn
5 Fischerhof Waren
6 Waldschänke
7 dat Tortenhus
8 Hotel und Café für Dich
9 Atelier Café

Einkaufen
1 WeinTango
2 tête à tee & cafe
3 Müritz-Hof Knust
4 Hofladen Müritzwild

Bewegen
1 Schiffsanleger
2 Fahrradhaus Hinrichs
3 Fahrradvermietung Harry Hurtig
4 Zweirad Karberg
5 Draisinentour
6 funmüritz
7 Badestelle an der Feisneck
8 Kletterwald Müritz
9 Eiszeitlehrpfad

Ausgehen
1 U-Nautic
2 Freilichtbühne am Mühlenberg

---

17 km von Nord nach Süd sowie Wellen bis 1,5 m Höhe und Windstärken von sechs bis sieben kommt sie wirklich wie ein kleines Meer daher. Doch darunter, in gut 1500 m Tiefe liegt ein unterirdisches Meer: eine jodhaltige Thermalsole, vergleichbar mit dem Toten Meer, nur unendlich viel größer. Die Kuranwendungen ähneln sich ebenfalls, sie helfen bei Erkrankungen des Stütz- und Bewegungsapparates oder bei Atemwegs- und Hauterkrankungen. Waren kann sich also gleich mit zwei Titeln schmücken: Luftkurort und Staatlich anerkanntes Seeheilbad (www.kurzentrum-waren.de). Das mit 60 °C an der Oberfläche ankommende Wasser wird überdies seit den 1980ern genutzt, um 1800 Wohnungen mit Fernwärme zu versorgen.

Kleiner Streifzug

Waren war bereits vor der Wende ein hübscher Ort mit viel Fachwerk, Gassen und Sträßchen. Die arg mitgenommene Substanz wurde nach 1989 umfassend saniert und die Lücken wurden durch relativ unauffällige Neubauten gefüllt. So blieb das Stadtbild der letzten 300 Jahre erhalten, wenn auch Waren selbst über 800 Jahre alt ist. Daran erinnert das Ensemble um den **Alten Markt** 1 mit dem ehemaligen Rat-, heute **Pfarrhaus** (u. a. auch Lesungen und Kino). Gleich dahinter erhebt sich **St. Georgen** 2, eine wuchtige und imposante Backsteinbasilika, umgeben von mittelalterlichen Gassen. Am Platz auch die

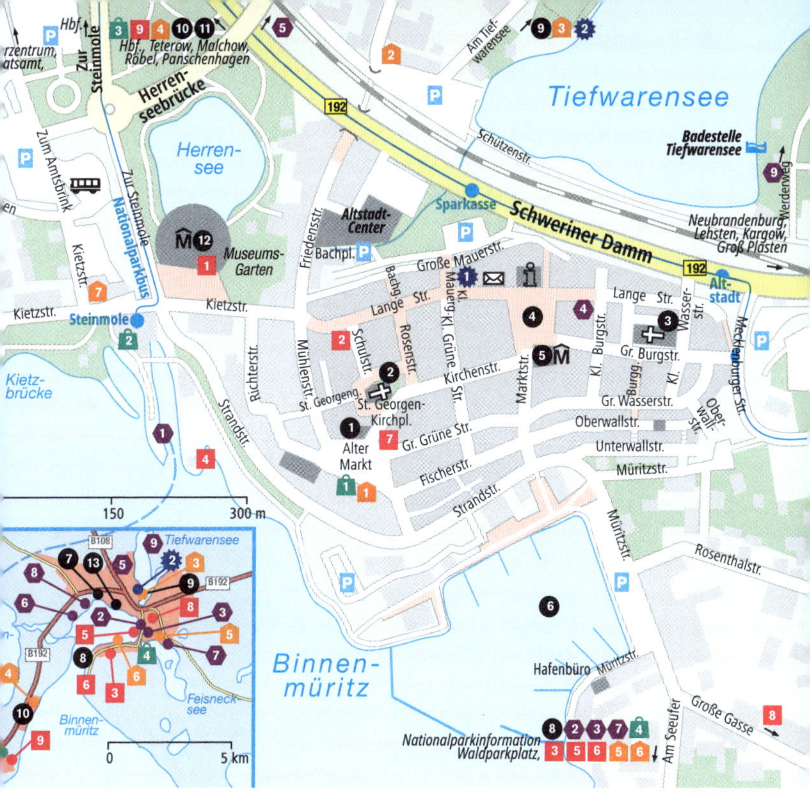

Historische Feuerwache mit ehemaligem Spritzenhaus, in dem sich heute **dat Tortenhus** 7 befindet. Der Blick fällt von hier aus auf das beliebte **Hotel** und Restaurant **Kleines Meer** 1 mit der exquisiten Weinhandlung **WeinTango** 1.

Vom Schwan zum Ausblick

Am anderen Ende der Innenstadt ragt die elegante **Marienkirche** 3 mit schlankem Turm auf. Gekrönt wird dieser von einer Wetterfahne in Form eines Schwans – ein Wahrzeichen von Waren. Der Schwan wurde erst in diesem Jahrhundert erneuert, den alten aus dem Jahr 1800 hat man an einer der Turmwände aufgehängt. Eine gute Chance, sich solch eine Wetterfahne mit ihren Nähten und Nieten mal aus der Nähe anzusehen. Dafür sind 176 Stufen zu erklimmen. Als weitere Belohnung gibt es einen fantastischen Ausblick auf Tiefwarensee, Feisneck, Binnenmüritz und die Altstadt.

www.stmarien.de, Mai–Sept. Mo–Fr 10–18, Sa/So 11–17 Uhr, 1 €

Fachwerk und Tudorgotik

Zwischen den Kirchen liegt der größte und zentrale Platz von Waren, der **Neue Markt** 4 mit Fachwerkensemble, kontrastiert bzw. aufgewertet durch einige Neuerungen. Ehrwürdig ist das **Neue Rathaus** 5 im Stil der Tudorgotik. Gegenüber prunkt eines der schönsten Fachwerkhäuser von Waren, die **Löwenapotheke,** in der sich auch die Stadtinformation befindet (s. S. 127).

Flaniermeilen

Vom Neuen Markt führt die Marktstraße direkt hinab zum **Stadthafen** ❻: wunderschön! Er war im 19. Jh. wichtiger Umschlagplatz v. a. für Korn und Holz. Die alten Speicher sind nach der Wende saniert und zu Hotels, Geschäften und Appartements umfunktioniert worden. An den Piers und Stegen schaukeln heute Boote und Jachten. Besonders im Sommer geht es hier hoch her, da wird flaniert, Eis geschleckt, und irgendwo spielt eine Band. Rechts des Stadthafens gelangen Sie über das Flanierufer an der Binnenmüritz und vorbei am **Müritzeum** ⓬ zur **Kietzpromenade** – einer beliebten Parkanlage mit Anleger für Ausflugsboote. Die Gerhart-Hauptmann-Allee mit schönen Villen führt weiter nach **Kamerun** ❼, wo sich das **Volksbad** befindet. Seinen Namen hat dieser Ortsteil von einem Afrikarückkehrer. Auf der anderen Seite der Binnenmüritz, liegt **Ecktannen** ❽, wo Sie ebenfalls hinspazieren können (s. S. 120).

Abstecher

Highlight am Tiefwarensee

Ob mit oder ohne Runde um den **Tiefwarensee** (s. Eiszeitlehrpfad S. 126) – den **Schaugarten** ❾ zu versäumen, wäre schade. Besonders das Kakteengewächshaus und der Zengarten sind wunderschön. Selbst wenn keine der Kakteen blüht, fasziniert die Vielfalt der Formen und Größen. Die vom Lebenshilfswerk Waren angelegte und betreute parkähnliche Anlage liegt idyllisch am Seeufer und verändert ihr Aussehen entsprechend den Jahreszeiten, ergänzt durch einige exotische Pflanzen. Am Rand des Gartens befindet sich das feine **Hotel am Tiefwarensee** 3, mit kleinem Garten-Café und hauseigener Konditorei.

Richard-Wossidlo-Str. 7a, T 03991 12 56 41, www.schaugarten-am-tiefwarensee.de, tgl. April–Sept. 10–17, Okt.–März 10–16 Uhr, 3 €

Weißes Schloss am Kleinen Meer

Ein wunderschöner Ausflug – auch mit Ausflugsschiff oder Bussen der Stadtlinie 11 und 12 – führt nach **Klink** ❿ mit seinem **Seehotel** 4 im Stil der Loire-Schlösser (s. S. 122). Warum nicht einfach mal vorbeischauen und in einem der Schloss- und umliegenden Lokale einkehren? Unterhalb gibt es eine schöne **Badestelle** und viele weitere, wenn Sie der Promenade in Richtung Norden folgen. Wanderfreudige gelangen über den Uferweg zurück nach **Waren** (17 km). Richtung Süden lohnt der knapp 3 km lange Abstecher nach **Sembzin** zu Design und Handwerk im **Atelier Café** 9 und dem **Müritz-Hof Knust** 3 mit seinen Frischwarenautomaten.

Mächtige Sprinter

Im **Wisentreservat** ⓫ auf dem Damerower Werder, einem großen Freigehege keine 13 km östlich von Waren am Nordufer des Kölpinsees, kann man Wisente, die mit dem Bison verwandt sind, erleben. Am Eingang des Museums geben z. B. die Silhouette eines Wisentbullen mit präpariertem Kopf und eine ›Erlebnisbox‹ eine Vorstellung davon, wie es ist, dem größten Landsäuger Europas gegenüberzustehen. Das kann man auch in echt: gute 350 m weiter und geschützt durch einen starken Zaun. Beliebt sind die Fütterungen, gut zu verfolgen von zwei Schautribünen. Das ist ein Anblick, wenn die schweren Jungs und Mädels angetrabt kommen! Die Rangordnung wird schnell sichtbar, meist gibt es noch Erklärungen des Tierpflegers. Wer würde denken, dass so ein Koloss bis zu 2 m hoch springen kann und im Sprint 60 km/h schafft? Es lohnt sich, das Gelände zu erkunden – mit See und Rotwildgehege, Kletternetzen für Groß und Klein, einem sehr aufschlussreichen

ÜBRIGENS

Die Geschichte des **Wisentgeheges** begann 1957 mit einem Staatsgeschenk aus Polen – ein Stier und eine Kuh – und der Expertise von Heinrich Dathe, dem Sielmann des Ostens. Wisente waren damals rar, heute leben rund 6000 Tiere in Europa. Die Herde vom **Damerower Werder** besteht aus über 30 Wisenten. Jedes Jahr im Mai/Juni werden an die zehn Jungtiere im Freigehege geboren, die alle einen Namen mit »Da« bekommen – als Hinweis auf ihren Herkunftsort.

Ameisenhaus, vielerlei geschnitzten Figuren von ehemaligen Förstern, Pflegern und Tieren, einem Walderlebnispfad etc.

Forstamt Nossentiner Heide, Wisentreservat Damerower Werder, Zum Werder 5b, Damerow, T 039927 75 00 (Landesforst), www.wald-mv.de, Ostern–Okt. tgl. 10–18, Nov./Dez., Febr./März Sa/So 10–16 Uhr, Schaufütterungen jew. 11, 15 Uhr, 5 €, bis 12 Jahre frei

Museen

Bunte Sammlung

❺ **Stadtgeschichtliches Museum Waren:** Als der Tourismus in Waren um 1900 Einzug hielt, begann ein Heimatverein mit dem Sammeln von Objekten rund um die Geschichte der Stadt. Unter dem Dach des zinnenbewehrten **Neuen Rathauses** hat die bunte Sammlung ihr Domizil. Da gibt es Möbel und ganze Einrichtungen aus Urgroßmutters Zeiten, Werkzeuge, Fotos und eine Sammlung sogenannter Glücksziegel, wie sie in der Region gebräuchlich waren. Interessant ist, wie viele Vereine es in Waren gab und dass sogar Frauen am Schützenfest teilnahmen – mancherorts heute noch eine Männerdomäne.

Neuer Markt 1, T 03991 17 73 51, www.stadtmuseum-waren.de, Mo–Fr 9–16, Sa/So 14–17 Uhr, statt Eintritt gerne Spende

Spektakuläre Aquarienlandschaft

⓬ **Müritzeum:** Im ›Haus der 1000 Seen‹ sind die Aquarienlandschaft über zwei Etagen sowie der gleichzeitige Blick auf und in den **Herrensee** der Knüller. Einem in der Tiefe lebenden Maränenschwarm hautnah zu begegnen oder einem Hecht ins Auge zu blicken, hat was. Neben der Welt unter Wasser widmet sich die Ausstellung auch der darüber. Die Informationen sind vielfältig und sehr gut aufbereitet, mit viel Interaktion sowohl für Kinder als auch für Erwachsene. Je nach Konzentration und Muße kann ein Besuch Stunden dauern. Spektakulär sind der Blick von der Dachterrasse und die fiktive Ballonfahrt über die Müritz.

Zur Steinmole 1, T 03991 63 36 80, www.mueritzeum.de, tgl. April–Okt. 10–19, Nov.–März 10–18 Uhr, 14 €, erm. 11/7 €

Keramiken im wilden Garten

⓭ **Skupturengarten am blauen Haus:** Steht die Pforte offen, so hat Franz Poppe seinen gut 1000 m² großen Garten am blauen Müritzwasserhaus geöffnet. Seit Langem beschäftigt ihn das Thema Umwelt, so ist sein Garten auch weitestgehend naturbelassen. Zwischen Gräsern, Bäumen und Sträuchern gibt es Erdkugeln, manche wie aufgebrochen, Eulen, Schnecken, Muscheln, Fische, Keramikbilder und -porträts. Poppes Handschrift ist auch am Brunnen des **Neuen Marktes** ❹ oder im **tête à tee & cafe** 2 zu sehen.

Gerhart-Hauptmann-Allee 5, T 03991 12 54 80, www.poppe-keramik.de, besser vorab anmelden

Schlafen

In und um Waren gibt es unzählige Unterkünfte unterschiedlichster Kategorien.

TOUR
Stille, Geschnatter und Idylle pur

Ausflug zu Fuß oder per Rad zum Müritzhof

Etwas kürzer wird's, wenn Sie am Anleger der Waldschänke starten bzw. enden (4 km weniger) oder direkt zum Warnker See gehen oder fahren.

Der Ausflug zum Müritzhof ist ein Klassiker und sowohl zu Fuß als auch mit dem Rad möglich. Der Hof liegt mitten im Nationalpark, zwischen Rederang und Warnker See, umgeben von Wiesen, Wald und Wacholderweiden. Von Frühjahr bis Herbst geben sich Adler, Kranich, Wasserralle & Co. ein Stelldichein. Mit dem entsprechenden Kartenmaterial kann der Weg beliebig variiert werden.

Empfehlung vom Dichter

In **Ecktannen** begann der Tourismus in Waren. Hier errichteten betuchte Großstädter im Wald oberhalb der Binnenmüritz ihre Sommervillen. Prominentester Gast war Fontane, der ordentlich Reklame für den Ort machte. Logisch, dass die Villenstraße nach ihm benannt ist. Sie können über die **Fontanestraße** und den **Campingplatz Ecktannen** oder auf einem herrlichen Uferweg mit mancher Badestelle die **Waldschänke** erreichen, wo eine erste Einkehr möglich ist.

Naturkonzert

Von hier aus geht es auf dem Uferweg (rotes Eichhörnchen) zum **Beobachtungsstand Schnackenburg** mit Blick auf Klink. Ab jetzt ist das blaue M der Wegweiser zum Warnker See. Wer genug Power hat, kann den im spitzen Winkel, mittig abgehenden schmalen Waldweg

Beim verdienten Sonnenbad lässt sich auch eine Wasserralle ungern stören.

zu den **Wienpietschseen** nehmen (nur zu Fuß). Ein Steg führt durch die einsam und still liegenden Seen mit Seerosen, Wasserlilien und Sumpfblutaugen. Über den Eichhörnchenweg erreichen Sie die **Pension Zur Fledermaus**, rechts ab geht es zum **Warnker See.** Der ist erst einmal nicht zu sehen, aber vor allem im August sehr gut zu hören. Es klingt, als würde sich dort eine große Reisegruppe lautstark unterhalten. Doch es sind Kormorane, Wasserrallen, Blesshühner, Reiher und andere Vögel, die im See auf Fischzug gehen. Auch Adler finden sich hier ein.

Alles selbst gemacht

Vorbei an alten Eichen und Weiden erreichen Sie nun ein Waldstück. Der kleine Wanderpfad nach rechts (Reh) führt direkt zum **Müritzhof.** Radfahrer nehmen den breiten Weg, nur etwas später. Der Müritzhof war im 19. Jh. die Ziegelei der Stadt Waren. In den 1950er-Jahren baute Kurt Kretschmann – Nestor des ostdeutschen Naturschutzes und ›Vater‹ des mittlerweile allseits bekannten Naturschutzlogos mit der Eule – hier die erste Bildungsstätte für Naturschutz weltweit auf.

Heute wird der idyllische Hof mit Café vom Lebenshilfswerk Waren betrieben, mit täglich frischem Brot und selbst gebackenem Kuchen, aber auch Schaf- und Rindfleischgerichten von Tieren aus eigener Haltung. Auf einer Wiese mit Blick übers Land stehen Tische und Stühle. In einem kleinen Lädchen werden schöne Keramik und andere Produkte angeboten. Immer dienstags um 11 Uhr gibt es Führungen zum **Spukloch,** durch eine der letzten, bis zu 12 m hohen (!) Wacholderheiden in Mecklenburg-Vorpommern.

Vom Müritzhof geht es zurück auf dem breiten Weg und dann rechts (ab hier Tulpe) nach Osten um den **Warnker See** zurück nach **Waren.**

Infos

F5

Start/Ziel: Ecke Strandpromenade/ Am Seeufer

Länge: 23 km

Variante: Abstecher ins Kesselmoor (nur zu Fuß, 2 km extra)

Einkehr: Waldschänke (s. S. 192) und Müritzhof (www.müritzhof.de, April tgl. 10.30–16, Mai–Mitte Sept. tgl. 10.30–17.30, Mitte Sept.–Okt. tgl. 10.30–16 Uhr)

Hilfe erhält man bei der Stadtinformation und auf den Müritz-Portalen (s. S. 114).

Mittendrin mit Müritzblick

1 **Kleines Meer:** Ein kleines, feines 4-Sterne-Hotel mit Sauna zwischen Müritz und Altstadt und entsprechendem Ausblick. Angenehmes Ambiente, freundliches Personal und ein beliebtes **Feinschmeckerlokal** mit Terrasse zur Müritz.

Alter Markt 7, T 03991 64 80, www.kleines-meer.de, €

Rustikal

2 **Hotel am Brauhaus:** Einfaches, beliebtes Hotel, dass v. a. für seine Brauerei und die bodenständige Küche bekannt ist.

Am Tiefwarensee 1, T 03991 12 59 33, www.am-brauhaus.de, €, tgl. 11–21 Uhr, Fr/Sa Spanferkelessen, €–€€

Feine Idylle

3 **Hotel am Tiefwarensee:** Liegt ruhig und idyllisch am See, Start mit reichhaltigem Frühstück, abends entspannen im Zengarten.

Richard-Wossidlo-Str. 7, T 03991 747 51 00, www.hotel-am-tiefwarensee.de, €; Café: Okt.–März Di/Do 13–17, sonst tgl. 13–17 Uhr, Restaurant tgl. Mai–Okt. 18–21.30, Nov.–April 18–21 Uhr, €–€€

Richtig schick mit Müritzblick

4 **Seehotel Schloss Klink:** Eines der Superhotels an der Müritz und berühmt für seinen Gesamtblick über den See.

Schlossstr. 6, Klink, T 03991 747-0, www.schlosshotel-klink.de, €€

Das hat Klasse

5 **Wasserturm Waren:** Umstanden von Bäumen und einem Weidenzaun erhebt sich der Wasserturm auf dem Nesselberg. 1897 gebaut, bis 1963 genutzt, bis in die 1990er vom Wärter bewohnt und jetzt von den ›Bewahrern‹ zu 4 individuellen Ferienwohnungen für 2–6 Personen ausgebaut. Sie haben alle Terrasse oder Balkon (ganz oben sogar umlaufend), Fußboden- oder Wandheizungen und überraschen mit ihren individuellen Lösungen für runde Räume. Es ist an alles Wichtige gedacht. Nicht vergessen: Je höher Sie wohnen, desto mehr Treppen müssen Sie steigen.

Wasserturm, Auf dem Nesselberg 1, mobil 0151 41 64 07 11, www.bewahren.org, mind. 2–4 Nächte, €–€€€

So viel Gemütlichkeit

6 **Wohnungen am Kleinen Meer:** In der alten Villenstraße von Waren gibt es auch ein schönes, modernes Holzhaus, darin 4 gemütliche Ferienwohnungen in warmen Farben für 2–6 Pers. Zur Müritz ist es nicht weit, es gibt einen Garten und jede Wohnung hat Balkon oder Terrasse. Vermietet wird auch ein Loft am Hafen unterm Dach mit super Müritzblick.

Fontanestr. 30, T 03991 63 57 00, www.fewo-amkleinenmeer.de, €–€€, Loft €€€

Nicht nur für Radfahrer

7 **Radlon:** Es ist das erste markenzertifizierte Fahrrad-Komfort-Hotel in Deutschland. Klar, dass es genug Stellplätze gibt und man hier viele Gleichgesinnte findet. Das Ambiente – eine Mischung aus klaren Formen, schlichter Eleganz und viel Licht – dürfte nicht nur Radfahrer ansprechen. Ein weiterer Pluspunkt ist die zentrale Lage.

Kietzstr. 13a, T 03991 634 77 20, April–Nov., je nach Saison mind. 2–4 Nächte, €–€€

Essen

Stylish und mit Pfiff

1 **Fischers Küche:** Für mich ist das trendige Lokal gleich am Müritzeum eines der besten in Waren. Die Zutaten für die Fisch-, Fleisch- und vegetarischen Gerichte kommen aus der Region. Zubereitet werden sie mit Pfiff in einer offenen Küche. Dazu gibt es eine Auswahl ausgesuchter Weine. Auch Warener treffen sich hier gerne, vorab reservieren ist empfohlen.

Zur Steinmole 1, T 03991 674 51 19, www.fischers-kueche.de, So–Di 11–17, Mi–Sa 11–21 Uhr, im Winter geschl., €–€€

Urig maritim

2 **Altes Reusenhus:** In dem alten Fachwerkbau über mehrere Etagen mit Kaminzimmer und Biergarten ist es urgemütlich. Viel maritimes Flair, Wandbilder, Sitzecken und frei liegendes Gebälk unterstreichen die Gemütlichkeit. Auf den Tisch kommt bodenständige Küche, und, keine Bange, hier gibt es nicht nur Fisch, sondern auch saftige Steaks, Rippenbraten und Vegetarisches. Außerdem ist es ein herrlicher Ort für einen Schnack bei Bier und Wein.

Schulstr. 7, T 03991 66 68 97, www.reusenhus.de, im Winter Mo–Sa, sonst tgl. 12.30–21 Uhr, €–€€

Regional-mediterran

3 **Moritz:** Das Restaurant im Seehotel Ecktannen, einem der ältesten Hotels der Stadt, steht für angenehme Atmosphäre, guten Service und exzellente Küche. Fisch, Fleisch und Wild werden klassisch regional oder mit mediterraner Note zubereitet.

Fontanestr. 51, T 03991 62 90, www.restaurant-moritz.de, tgl. 12–21, Fr/Sa bis 22 Uhr, €–€€, Hotel Ecktannen €€€

Imbiss mit Müritzblick

4 **Räucherkahn:** Gleich beim Müritzeum und dem Anleger an der Steinmole ist der Räucherkahn ideal für einen Imbiss zwischendurch. Auf dem Boot wird tgl. frisch geräuchert. Es gibt aber auch Backfisch, Fish 'n' Chips und Fischbrötchen. Eingepackt, auf die Hand oder direkt vor Ort mit Blick auf die Müritz und das bunte Treiben an der Steinmole. Vorsicht: Möwen!

Strandstraße, T 03991 66 46 95, www.raeucherkahn.de, März–Dez. tgl. ab 10 Uhr, €

Räucherei

5 **Fischerhof Waren:** Ein Ort der Müritzfischer – hier sitzt man umgeben von Fischernetzen in rustikalem Ambiente auf Holzmöbeln auf der Wiese oder dem Steg und lässt sich den frisch geräucherten Fisch schmecken.

Seeufer 73, T 03991 63 31 10, www.mueritzfischer.de, Juni Do–Mo 11–18, Juli/Aug. tgl. 11–18, Sept. tgl. 11–18, Okt. tgl. 11–16 Uhr, €

Ausflugsidyll

6 **Waldschänke:** In der etwas versteckt hinter Ecktannen und am Wanderweg zur Schnackenburg gelegenen Einkehr werden stets frisch zubereitete, preiswerte Gerichte serviert. Auch Kaffee und Kuchen.

Strandpromenade 4, T 03991 66 69 22, in der Saison tgl. ab 12 Uhr, €

Was für Torten!

7 **dat Tortenhus:** Das Café macht seinem Namen alle Ehre.

Kirchenstr. 16, mobil 0170 548 65 88, www.dat-tortenhus.de, Mi–Mo 13–18, im Winter bis 17 Uhr

Bestes Softeis

8 **Hotel und Café für Dich:** Für Alt-Warener ist das Café für Dich eine Institution. Seit 1988 wird im gleichnamigen Hotel Eis verkauft, natürlich auch Softeis. Die Papenbergstraße ist zwar nicht die Hafenpromenade, doch für ein

DIE PILCHERFILME DER MÜRITZ

Die Schönheit der Landschaft war der ARD 2019 eine Filmreihe wert, auf welche die Warener recht stolz sind. »Käthe und ich« erzählt Episoden aus dem Leben des Psychologen Paul und seiner Hündin Käthe, die ihm bei beruflichen und privaten Problemfällen hilft. Leichte Kost. Ein Lichtblick ist Mariele Millowitsch als resolute Pflegerin Hildegard.

gutes Eis auf die Hand kann man ruhig mal die Hauptflaniermeilen verlassen.
Papenbergstr. 51, T 03991 644 50, www.hotel-fuerdich.de, Mai–Sept. Mo–Fr ab 11, Sa/So ab 14 Uhr, Hotel €

Lohnt sich

9 **Atelier Café:** Kaffee, Kuchen und Kunstfreuden – gemütlich-stylish!
Dorfanger 7A, Sembzin, Mai–Sept. tgl. 11–18, Osterwoche/Okt. tgl. sowie Nov./März/April Sa/So 11–17 Uhr

Einkaufen

Gute Tropfen

1 **WeinTango:** Wer einen guten Wein fürs Picknick oder das Dinner zu zweit sucht, wird hier sehr gut beraten. Auch individuelle Weinverkostungen sind möglich.
Alter Markt 7, T 03991 64 82 20, www.weintango-mueritz.de, Di–Sa 10–13, 15–20 Uhr

Eigene Röstung

2 **tête à tee & cafe:** Hier können Sie schonend gerösteten Kaffee kaufen (auch online) oder ihn direkt vor Ort mit einem Stück Kuchen genießen.
Kietzstraße 17–21, www.mueritz-tee.de, tgl. 10–17.30 Uhr

Lebensmittelautomaten

3 **Müritz-Hof Knust:** Gutes vom Frischwarenautomaten – Müritzer-Freilandeier sowie Kartoffeln, Marmelade und Salami, je nach Jahreszeit ab Feld auch Erdbeeren, Schnittblumen und Kürbisse.
Dorfstr. 9, Sembzin, www.mueritzhof-knust.de

Alles Wild

4 **Hofladen Müritzwild:** Reh-, Dam-, Rot- und Schwarzwild, frisch oder vakuumverpackt, als Wurst oder Braten – im Hofladen von Müritzwild gibt es einiges zur Auswahl.
Specker Str. 9a, T 03991 66 27 87, www.mueritz-wild.de, Do/Fr 9–18 Uhr

Märkte

Auf dem **Neuen Markt** 4 findet Di/Do der Wochen- und Fr der **Frischemarkt** statt, je 9–17 Uhr. Im Sommer kommt alle 14 Tage am Sa 9–14 Uhr der **Grüne Markt** hinzu.

Bewegen

Stadtführung

Von Mai bis Sept. gibt es tgl. um 11 Uhr **Führungen durch Stadt und Geschichte** mit einem profunden Kenner der Materie. Im April nur Mo/Mi/Sa und im Okt. Mo/Mi, sonst nur Sa jew. 11 Uhr, Dauer 2 Std., 6,50 €, erm. 3,50 €. In der kalten Jahreszeit werden am Fr um 18 Uhr auch **Abendführungen** mit Heißgetränk angeboten, 1,5–2 Std., 11 €, erm. 4 €. Zu buchen über die Stadtinformation (s. S. 127)

Mit dem Schiff

Müritz-Rundfahrten (ca. 3 Std., 3 €, erm. 11,50 €, s. S. 114) und mehrmals tgl. Verbindungen von der **Steinmole** bzw. **Kietzbrücke** 1 nach Röbel, Bolter Kanal oder Rechlin, bei denen auch das Rad mitgenommen werden kann (in der Saison vorab Reservierung anfragen).

Mit dem Rad

Waren ist ein idealer Ausgangspunkt für **Radtouren.** Leihräder kosten ab 10 €/Tag und Leih-E-Bikes ab 28 €/Tag.

2 Fahrradhaus Hinrichs
Am Seeufer 73, T 03991 74 73 919, www.fahrradhaus-hinrichs.de, Mo–Fr 9–18, Sa 9–12 Uhr

3 Fahrradvermietung Harry Hurtig
Am Seeufer 24, T 03991 66 80 03, www.harryhurtig.de, tgl. 9–18 Uhr

4 Zweirad Karberg
Lange Str. 46, T 03991 66 60 80, www.zweirad-karberg.de, Mo–Fr 9–13, 14–17.30, Sa 9–12.30, Mai–Sept. auch So 9.30–11.30 Uhr

Zusammen strampeln

5 **Draisinentour:** In Waren beginnt die kürzeste der in der Seenplatte möglichen Touren. 13 km sind es bis Schwinkendorf, auch mit einer E-Draisine möglich.

Am Güterbahnhof 10, mobil 0172 326 06 94, www.draisine-mecklenburg.de, Abfahrt: 9–10/13–14 Uhr, 40 € plus 15 € für E-Draisine

Mit Brett, Paddel und Segel

6 **Wassersportzentrum funmüritz:** Das Angebot reicht von Stand-up-Paddling und Windsurfen über Segeln auf Jollen und Katamaranfahren bis hin zu Paddelbooten, vieles ist auch in Kursen erlernbar. Die Lage gleich neben dem **Campingpark Kamerun** ist top.

Zur Stillen Bucht 3, mobil 0157 76 08 08 74, www.fun-mueritz.de, Di–So 10–18 Uhr

Selbst Kapitän sein

In Waren und an der Müritz gibt es eine Vielzahl von Anbietern, die **Boote** und **Jachten** sowohl für Tagesausflüge als auch mehrwöchigen Urlaub vermieten. Bei der Stadtinformation zu erfragen (s. S. 127).

Baden

Schöne Badestellen mit Steg, Liegewiese, WC und Kiosk gibt es hinter der **Jugendherberge an der Feisneck** 7 sowie an den **Campingplätzen** von **Ecktannen** 8 und **Kamerun** 7. Beliebt ist dort auch das **Volksbad** mit Strand, Liegewiese, Beachvolleyball, Wasserrutsche und einem Nichtschwimmerbereich.

Klettervielfalt

8 **Kletterwald Müritz:** Ob sportlich oder Anfänger, mit Freunden oder Kindern, der Kletterwald bei Kamerun hat verschiedene Angebote und Parcours.

Kameruner Weg 14, T 03991 63 12 26, www.kletterwald-mueritz.de, geöffnet abhängig vom Wetter, 2 Std. 25 €, erm. 22/18 €, 3 Std. 30 €, erm. 27/23 €

Das Schöne an Häfen ist, dass es immer viel zu gucken gibt, hier ein Boot, dort vielleicht sogar eine Jacht und immer wieder Leute, die vorbeischlendern – ist in Waren auch so, nur noch schöner.

Mit dem Rad um die Müritz

Es sind ganze 86 km, die einmal um die **Müritz** herumführen, für sportliche Radler ohne Weiteres an einem Tag zu schaffen. Man kann aber auch in **Röbel** oder **Boek** übernachten bzw. dort starten oder enden, denn der Ausflugsdampfer verbindet beide Orte mit Waren (s. 1). So können Sie die Orte besichtigen, auf Aussichtstürme steigen, baden und einkehren. Aber auch **Wanderer** können einzelne Abschnitte gehen (s. S. 120). Am Westufer verläuft der Weg in Wassernähe, am Ostufer in einem Bogen durchs Inland.

Seewanderung

Der **Tiefwarensee**, ein nördlich des Zentrums gelegener Rinnensee, ist ideal für einen langen Spaziergang. Die knapp 8 km umfassende Runde wurde als **Eiszeitlehrpfad** 9 mit Infotafeln zu Landschaft und Geschichte angelegt: Jungfernbrücke, Wolfsschlucht, Friedenshain. Dank einer umfassenden Säuberung hat der See wieder klares Wasser. Es gibt viele kleine **Badestellen,** eine sogar mit Seil, mit dem man sich übers Wasser schwingen und fallen lassen kann. Am Nordufer gibt es einen Aussichtsturm mit wunderbarem Blick auf Waren sowie einer beeindruckenden Sammlung großer und kleinerer Findlinge. Ein guter Start-/Endpunkt ist das **Hotel am Brauhaus** 2 mit der gläsernen Brauerei (Mai–Okt. Mo/Do 17 Uhr Führung mit Verkostung, 7,50 €).

Ausgehen

Der Stadthafen und seine Lokale sind auch am Abend die Flaniermeile schlechthin, im Sommer mit fahrenden oder engagierten Musikern.

Kirchenkonzerte

In beiden Stadtkirchen, v. a. in **St. Georgen** 2, finden im Sommer regelmäßig Konzerte statt.

Livemusik

1 **U-Nautic:** Schon das Ambiente ist urig, man fühlt sich sofort wohl. Es gibt Fisch und Schnitzel und an den Wochenenden im Sommer Livemusik.

Lange Str. 15, T 03991 66 37 10, www.u-nautic.de, tgl. 11–21 Uhr, im Sommer länger, €–€€

Open Air

2 **Freilichtbühne am Mühlenberg:** Buntes Theaterspektakel im Sommer, jedes Jahr eine neue Müritzsaga über Liebe, Intrige, Verlust, Betrug, vor dem Hintergrund des Dreißigjährigen Krieges erzählt.

www.mueritzsaga.de, Mi–Sa 19.30, So 17 Uhr, Tickets 27–36 €, erm. 18–33 €, online bzw. bei der Information

Feiern

- **Müritz Sail:** Zu Pfingsten geht es um Wassersport rund um die Müritz, d. h. nicht nur Waren wird zum Erlebnisort. Auf dem Wasser gibt es diverse Rennen: Kutter, Optis, Kanus, Drachenboote, 420er etc. Außerdem Flottenparaden, Tauziehen auf dem Wasser, Wasserskishow u. v. m. Begleitet von einem bunten Unterhaltungsprogramm (www.mueritzsail.eu).
- **Müritzschwimmen:** Der erste Wettbewerb fand 1969 statt. Seitdem hat sich das Müritzschwimmen am 1. Aug.-Wochenende als sportlicher Höhepunkt etabliert. Dabei gilt es, die Distanz von 1950 m vom Seebad Ecktannen zum Volksbad auf der anderen Seite zu überwinden. Der 2003 von Jan Gräfe aufgestellte Streckenrekord von 21,16 Min. ist bisher ungebrochen (www.mueritzschwimmen.de).
- **Fischerfeste:** Die Müritzfischer veranstalten in der Saison Aktionswochen wie Grillabende und Krebsessen. Beliebt ist das Abfischen der Boeker Fischteiche Ende Sept./Anfang Okt., begleitet von Angelvorführungen, Fischverkauf und Showkochen (www.mueritzfischer.de).

Infos

- **Stadtinformation:** Neuer Markt 21, T 03991 74 77 90, www.waren-tourismus.de, Mai–Sept. tgl., sonst Mo–Fr 9–18, Sa 10–15 Uhr. Informations- und Kartenmaterial, Hilfe bei der Zimmersuche, eine Übersicht über Veranstaltungen und Tickets, Vorträge und Führungen.
- **Bahn:** regelmäßige Verbindungen nach Güstrow, Rostock, Neustrelitz, Berlin, Neubrandenburg und Schwerin.
- **Bus:** Verbindungen in die Orte der Region mit MVVG- und DAT-Bus (s. S. 114).

Müritz-Nationalpark

✪ G5/6

Dank eines Coups deutscher Naturschützer entstand der **Müritz-Nationalpark** noch kurz vor der Wiedervereinigung (s. S. 255), umfasst 322 m² und gliedert sich in zwei Teilbereiche. Der kleinere liegt bei den Buchenwäldern von Serrahn (s. S. 201), der größere am Ostufer der Müritz. Hier frönte die DDR-Staatsführung schon in den 1950er-Jahren ihrer Jagd- und Trophäenlust. 1969 wurden 250 km² zum Staatsjagdgebiet erklärt, andere Bereiche dienten als Truppenübungsplätze. So konnte sich die Natur relativ ungestört entwickeln, da weder Land- noch Forstwirtschaft betrieben wurde. Ein Segen, dass die Naturschützer die Politiker überzeugten, einen Nationalpark zu gründen, statt Bauland in Bestlage zu verscherbeln.

Zu Fuß und per Rad

Heute führen über 600 km Rad- und Wanderwege durch den Nationalpark. Vor allem mit dem Rad ist man hier gut unterwegs. Autos dürfen nur bis Boek oder Speck fahren. Zwischen diesen beiden Orten befindet sich die Kernzone (s. S. 131), in der nur der Nationalparkbus verkehren darf. Viele starten in Federow, wo sich das Infozentrum befindet. Besonders im Sommer sind die kleinen Orte gut frequentiert. In der Vor- und Nachsaison geht es beschaulich zu und man findet spontan noch eine Unterkunft. Ab November wird es ruhig und einsam, allerdings hat dann auch kaum noch etwas geöffnet.

N

NATIONALPARKTICKET

Damit können Sie von April bis Okt. für 9,50 €/Tag durch den Nationalpark fahren und aus- bzw. einsteigen, wo es beliebt. Für 20,50 € sind auch die Schiffe der Weißen Flotte dabei. Die Busse der Nationalparklinie haben für erschöpfte Radfahrer einen Fahrradanhänger dabei (2,50 € pro Fahrt), sind im Sommer allerdings schnell ausgelastet. Es gibt auch Mehrtages- und Gruppentickets. Wer über die Kurtaxe eine Gästekarte für Waren, Röbel, Klink oder Rechlin besitzt, darf sogar alle Busse kostenlos nutzen. Alle Infos und Fahrpläne unter www.mueritz-rundum.de.

Eiszeit und Wasserstraßen

Auch diese Landschaft wurde durch die letzte Eiszeit geformt mit Moränenzügen, Seen, Söllen und Kesselmooren. Zwischen Ankershagen und Kratzeburg liegt das Havelquellgebiet. Doch hat der Mensch massiv und sichtbar in die Landschaft eingegriffen. Als man Anfang des 19. Jh. eine schiffbare Verbindung von der Havel über die großen Seen in die Elde schuf, sank der Wasserspiegel der Müritz um durchschnittlich 1,5 m ab. Ein Großteil des Ostufers versumpfte und der große Specker See wurde zu dreien (s. S. 131).

Ob es um Adler, Kraniche oder Pflanzen geht – der Ranger weiß Bescheid.

Anderes Terrain fiel trocken wie z. B. das um den Müritzhof, wodurch Lehmabbau möglich wurde und eine Ziegelei entstand (s. S. 120). An den nunmehr sumpfigen Flachwassergebieten brüten viele Wasservögel und Kraniche machen Station.

Zeit der Kraniche

Ende August beginnt die Zeit der Kraniche und Wildgänse, die hier rasten, um sich auf den abgeernteten Feldern den Winterspeck für den Flug in den Süden anzufressen. Die letzten starten normalerweise im November, wenn Boden und Gewässer gefrieren und sie keine Nahrung mehr finden. Doch mit dem Klima ändert sich auch das Verhalten der Kraniche. Manche fliegen gar nicht erst weg. Im Müritz-Nationalpark lagerten die Kraniche bisher gerne am Rederangsee. Um sie nicht zu stören, werden die umliegenden Wege ab 16 Uhr gesperrt. Jedoch kann man mit einem Kranichticket an einer ornithologischen Führung ab Federow teilnehmen, bei der es viel Wissenswertes zu den Vögeln des Glücks gibt (s. S. 260).

Adlerland

In Mecklenburg-Vorpommern leben 80 % aller Adlerbrutpaare in Deutschland, davon um die 50 % der Seeadler, ca. 30 % der Fischadler und ganze 80 % der seltenen Schreiadler. Im Nationalpark fühlen sich Fisch- und Seeadler sehr wohl. Letzterer ist gut an seinem braunen Federkleid und dem kräftigen Schnabel zu erkennen und das ganze Jahr zu beobachten, u. a. am Warnker, Rederang- und Specker See. Auch der Fischadler geht dort jagen. Mit seinem weißen Kopf und der dunklen Augenbinde lässt er sich gut unterscheiden. Empfehlenswert und informativ sind die Adler-Safaris des Nationalparks (s. S. 136).

Von Moorfröschen und -ochsen

Der Müritz-Nationalpark hält noch einige Überraschungen mehr bereit, v. a. im Frühjahr, wenn die Natur erwacht und das große Paaren beginnt. Da ist z. B. die seltene, im Röhricht lebende Rohrdommel, deren dumpfe Balzrufe in der Dämmerung weithin zu hören sind. Das klingt wie ein brüllender Ochse in weiter Ferne, daher auch ihr volkstümlicher Name: Moorochse. Mit Glück kann man Kranichtänze beobachten oder passt den Augenblick ab (generell Ende März/Anfang April), wenn sich die Moorfrösche paaren und alles blau getupft ist.

Federow und Schwarzenhof

📍F5, G5

Auch das kleine, beschauliche **Federow** hat seinen Potsdamer Platz. Hier stehen hilfreiche Richtungsweiser wie überall im Nationalpark. Einer davon deutet zur **Hörspielkirche** – ein Konzept, dass dem Kirchlein nach der Wende das Überleben sicherte. Die besondere Akustik, das außergewöhnliche Ambiente und die Vielfalt des Programms ziehen jedes Jahr viele Besucher an.

Veranstaltungen u. a. über die Nationalparkinformation Federow, s. S. 136

Live aus dem Fischadler-Horst

Federow ist aber auch das nördliche Eingangstor zum Nationalpark. Nicht zu übersehen ist der schicke Neubau der **Nationalparkinformation** (s. S. 136) mit einem sehr guten Angebot an Wander-, Rad- und Wasserwanderkarten, Naturführern und Bestimmungsbüchern. Wer sich inspiriert fühlt, kann gleich ein Fahrrad mieten (ab 9 €/Tag) oder eine Tour buchen. Außerdem gewährt eine Kamera von Ende März bis Mitte August direkten Einblick in einen **Fischadlerhorst,** der besonders im Mai dicht umlagert ist, wenn die Küken geschlüpft sind. Wer Fisch- und Seeadler lieber in echt erleben möchte, kann eine Runde um den Hofsee drehen, wo man sie hin wieder jagen sieht.

Auf der Wiese

Schwarzenhof ist ein kleiner, eher stiller Ort, der jedoch aufgrund seiner Lage zwischen Federow und Speck ein guter Standort und Ausgangspunkt für Touren im Nationalpark ist. Im Sommer können Ausflügler an **Üdi's Rastplatz** Station machen – die große Wiese mit Picknickbänken ist nicht zu übersehen (s. S. 134).

Speck und Boek G5, G6

Ab hier geht es nur noch zu Fuß, mit dem Rad oder Nationalparkbus weiter, denn gleich hinter **Speck** beginnt die Kernzone, die sich bis **Boek** erstreckt. Lag Speck früher weit abseits, so liegt es jetzt mittendrin. Im Sommer passieren Radler und Wanderer den Ort bzw. halten im **Fuchsbau** (s. S. 134). Dann hat auch die kleine **Backsteinkirche** mit der blau strahlenden Kassettendecke geöffnet, die für Konzerte genutzt wird. Etwas weiter steht das alte Rittergut, das der Industrielle Kurt Herrmann in den 1930er-Jahren durch ein **Jagdschloss** ersetzte – Rückzugsort, wenn er mit Göring & Co. im ca. 7000 ha großen und umzäunten Wildgatter auf Trophäenfang ging. In der DDR wurde das Schloss Erholungsheim für Offiziere der NVA, heute ist es in Privatbesitz. Kurz davor rauscht eine prächtige **Sommerlinde:** 800 Jahre soll sie alt sein. Ein Wiesenweg führt zum **Hofsee.** Noch schöner ist der Weg links vom Schloss zu einem urigen Holzsteg am **Priesterbäker See.**

Auf einer Rangertour lässt sich auch das Damwild gut beobachten. Laut wird's im Herbst zur Brunftzeit.

Eine Kutschfahrt, die ist lustig

Die Kernzone endet in **Boek,** dessen Zentrum sich um ein Gutshaus erstreckt. Im Sommer unterhält die Nationalparkinformation hier eine Dependance (s. S. 136). Daneben lädt das gemütliche **Kutschercafé** zu einer Rast (s. S. 134). Eine Remise mit alten Kutschen findet sich dort ebenfalls, und wer Lust auf eine Kutschfahrt hat, kann sie im nahen **Wildpark** unternehmen (T 039823 270 88, www.wildpark-boek.de). Keine 4 km entfernt liegt **Boeker Mühle.** Die Mühlen sind Vergangenheit, dafür gibt es ergiebige **Fischteiche** (s. S. 131) und einige Ferienanlagen am Müritzufer. Am **Bolter Kanal** ist der Anleger für die Ausflugsdampfer nach Röbel, Rechlin, Klink und Waren. Der Kanal war die einzig schiffbare Verbindung zwischen der Müritz und Mirow, versandete aber, als 1930 die Müritz-Havel-Wasserstraße gebaut wurde. Die Bolter Schleuse wurde zugeschüttet. Geblieben ist die **Alte Fahrt,** ein Eins-a-Paddelrevier (s. S. 189).

Ankershagen — G5

Welch Zufall: Johann Heinrich Voß (1751–1826), Übersetzer von Homers »Ilias«, arbeitete drei Jahre als Hauslehrer auf dem Schloss von **Ankershagen. Heinrich Schliemann** (1822–90), dem die »Ilias« als Schatzkarte für die Entdeckung Trojas diente, verbrachte seine Kindheit als Sohn des Pfarrers in Ankershagen. Ein Hügelgrab im Hinterland, die Goldene Wiege genannt, sowie die »Weltgeschichte für Kinder«, aus der ihm sein Vater vorlas, sollen ihn zur Archäologie inspiriert haben.

Der große Schliemann

Zwar in Neubukow geboren, gab Schliemann lieber Ankershagen als seinen Geburtsort an, denn die Jahre dort haben ihn geprägt. Sein Vater erhielt durch geschicktes Taktieren die reiche Pfarre im Ort, musste sie wegen »unsittlichen Lebenswandels« nach einigen Jahren jedoch wieder abgeben, woraus er noch Kapital schlug. Auch sein Sohn Heinrich legte später einen solchen Geschäftssinn an den Tag. Eigentlich wollte er nach einer kaufmännischen Lehre nach Amerika auswandern, doch schon in der Nordsee erlitt er Schiffbruch. Das Ereignis richtete Schliemann komplett neu aus. Er entdeckte sein Talent für Handel und Sprachen (er beherrschte 20!) und holte ehrgeizig alles an Bildung nach, was ihm durch fehlende finanzielle Mittel in der Jugend versagt geblieben war. So las er die »Ilias« und kam auf die Idee, das legendäre Troja nach den Ortsangaben im Buch zu suchen. Die studierten und etablierten Archäologen belächelten ihn. Doch hatte Schliemann mittlerweile genügend eigenes Kapital und Kontakte, um es selbst zu versuchen. Der Erfolg gab ihm recht.

Trojanisches Pferd mit Rutsche

In Erinnerung an ihn wurde das alte Pfarrhaus von Ankershagen zum **Heinrich-Schliemann-Museum** umgewidmet. In der sehenswerten Ausstellung wird der Besucher durch Schliemanns Leben geführt, illustriert durch Zitate, Skizzen, Fotos, Kopien der Funde und interessante Details aus der Zeit, wie eine Aufstellung zu Dauer und Kosten einer Reise. Und dann ist da noch die Geschichte mit dem Schatz des Priamos. Das Museum ist nicht zu verfehlen, denn eine kleinere Version des Trojanischen Pferdes mit eingebauter Rutsche steht auf dem Gelände der alten Pfarre.

Lindenallee 1, T 039921 32 52, www.schliemann-museum.de, Mai–Okt. Di–So 10–18, Nov.–April Mi–So 10–16 Uhr, 7 €, erm. 5,50 €

Quelle und Inspiration

Hinterm Museum westwärts beginnt ein 6 km langer **Rundweg zur Havelquel-**

TOUR
In der Kernzone des Nationalparks

Mit dem Rad über Boek und Schwarzenhof wieder zurück

Infos

G 5/6

Start/Ende: Speck

Länge: 38 km

Einkehr: Fuchsbau, Fischers Land, Kutschercafé, Üdi's Rastplatz, s. S. 134

Von **Speck** aus folgen Sie der Ausschilderung Richtung Zartwitzer Hütte. Vorbei an einer mächtigen **Eiche** kommt nach nicht mal 2 km links der Abzweig zum **Käflingsberg** (Mai–Okt. 9–19 Uhr). Am einfachsten stellen Sie das Rad hier ab und legen die 800 m ›bergauf‹ zu Fuß zurück. Der **Aussichtsturm** (eigentlich ein Funkturm) ist den Aufstieg allemal wert. Bei gutem Wetter ist der Rundumblick einfach umwerfend – der Nationalpark liegt einem quasi zu Füßen.

Wieder im Sattel geht es südwärts über das Zartwitzer Kreuz hinaus und dann rechts an einer Binnendüne vorbei nach **Amalienhof.** Hier beginnen die **Boeker Fischteiche,** was auch Fisch- und Seeadler wissen, die sich hier bedienen. Ein etwas holperiger Pfad führt am Seeufer mit einem Aussichtspunkt zur **Boeker Mühle.** Wer nicht ›holpern‹ will, nimmt den oberhalb verlaufenden Radweg (gelber Vogel).

Die Müritzfischer haben hier neben ihrer üblichen Räucherei einen tollen **Fischlehrpfad** angelegt. Wer will, kann auch gleich einen Angelschein erwerben und sein Petri Heil versuchen (was bei den Fischteichen von Erfolg gekrönt sein dürfte).

Jetzt geht es wieder nach Norden. Das nächste Ziel ist **Schwarzenhof.** Auf dem Weg dorthin werden zwei über den Weg gebaute Aussichtstürme passiert. Der zweite gewährt einen schönen Blick auf die Binnenmüritz – vor knapp 200 Jahren Teil der Müritz, heute stark verschilft und flach – Vogelbeobachtungsgebiet! Von Schwarzenhof geht es zurück nach **Speck.**

le, die zwischen Mühlen-, Born- und Trinnensee entspringt. Der Ursprung der Havel liegt wohl im Bornsee, wie der Name vermuten lässt. Um ihr jedoch einen greifbaren Ursprungsort zu geben, wurde diese schöne Quellfassung mit Picknickmöglichkeiten angelegt. Auf einer Stele ist der Verlauf des Flusses abgebildet, der auf seinem Weg 334 km von der Quelle bis zur Mündung durch vier Bundesländer mäandert. Auf dem Weg zum Mühlensee (mit Badestelle) können Sie linker Hand die **Goldene Wiege** ausmachen – vorausgesetzt Korn und Mais stehen nicht zu hoch (s. S. 130). Der Rundweg kann auch in eine **Streckenwanderung nach Kratzeburg** (s. u.) umgewandelt werden.

Ein Ort und sein Name

Es war einmal ein Fischer, der hatte dem Teufel leichtfertig seine Seele verschrieben. Doch als es so weit war, bekam er fürchterliche Angst und band sich an einen schweren Anker. Er hoffte, der Teufel könne ihn nicht heben. Doch der erhob sich mit dem Fischer in die Lüfte, den Anker an der Kette hinter sich herziehend. Als sie über einen frisch gerodeten Wald (slaw.: *hagen*) flogen, stand dort eine einzelne mächtige Linde, in deren Ästen sich der Anker verfing. Der Teufel zog und zerrte und bekam ihn nicht los. Als es Morgen wurde und der Hahn krähte, musste er aufgeben. Der Fischer war gerettet und der Ort hatte seinen Namen. Die Linde aus der Legende gibt es nicht mehr, aber in der **Kirche** noch eine kleine ›Anker-Tür‹. Schauen Sie sich weiter um, werden Sie auch das lustige Teufelchen, das an naive Kunst erinnert, sowie die ungewöhnlichen zweifarbigen Fresken entdecken.

G

GLITZER, GLITZER

Nur 3 km nördlich von Ankershagen liegt das Dorf **Rumpshagen** mit einem hübschen Dorfanger, an dem ein kleines Barockschloss steht. Familie Gundlach, Besitzer von Gut und Glashütte, ließ den dort entstandenen Bruch im 18. Jh. in die Fassade einarbeiten. Das glitzert ganz wunderbar bei Sonnenschein. Viele der alten Scherben sind mittlerweile durch neue ersetzt worden. Zum Schloss gehören zwei wundervolle Ferienwohnungen, und im Dorf befindet sich ein Alpakahof (www.gutsgaertnerei-rumpshagen.com, bis 6 Pers. 239 €; www.mueritzalpaka.de).

Kratzeburg G6

Bei Ankershagen entspringt die Havel, etwas weiter südlich bei **Kratzeburg** gewinnt sie an Volumen und ist nunmehr befahrbar. Hier ist der Startpunkt für die landschaftlich vielfältige **Havelquelltour,** die nach 32 km in Wesenberg endet. Kratzeburg ist ein kleines Dorf mit **Fachwerkkirche,** das an der Bahnstrecke Rostock–Berlin sowie dem wunderschönen **Käbelicksee** mit super Badestelle und Campingplatz liegt (s. S. 134). Zwischen Kratzeburg und Ankershagen sowie um beide Orte herum verlaufen abwechslungsreiche Rad-, Wander- und Wasserwege. Beste Voraussetzungen für einen aktiven Tourismus, worauf sich Kratzeburg gut eingestellt hat: Ferienwohnungen, Lokale, Verleiher, im Sommer Filme in der **Flimmerscheune** und Konzerte in der Kirche. Im **Flatterhus Kratzeburg,** einer Nationalpark-Dependance (s. S. 136), gibt es viel Wissenswertes rund um die Fledermaus und Antworten auf Fragen wie: Saugen Fledermäuse Blut? Und wird ihnen schlecht, wenn sie so lange kopfüber hängen?

Bei Kratzeburg beginnt eine der schönsten Touren im Nationalpark: die Havelquelltour, die nach 32 km in Wesenberg endet.

Schlafen, Essen

Im Nationalpark gibt es nur wenige Hotels, dafür jedoch einige Campingplätze sowie viele Ferienwohnungen und -häuser. Auf den bekannten Portalen und Nationalparkseiten werden Sie fündig. Sehr hilfreich ist auch die Seite der Gemeinde Kratzeburg im Havelquellengebiet (s. Infos S. 136).

Einfach, ruhig und mittendrin

Pension Fledermaus: Hier können Sie die Sterne beobachten und dem Käuzchen lauschen, morgens um den Teufelsbruch joggen oder den Wienpietschseen einen Besuch abstatten. Die Pension ist schon etwas in die Jahre gekommen, doch Service, Freundlichkeit und Lage sind top. Mehr drin im Nationalpark geht nicht.

Am Teufelsbruch 1, zw. Waren u. Müritzhof, T 03991 66 32 93, www.pension-fledermaus.de, €

Ruhe und Abgeschiedenheit

Nationalparkhotel Kranichrast: Das Hotel ist ideal für Urlauber, die im Nationalpark unterwegs sein und dort auch übernachten wollen. Die Zimmer sind einfach, aber mit allem Notwendigen eingerichtet, im **Restaurant** gibt es bodenständige Wild- und Mecklenburger Küche (bis 19.30 Uhr). Das Schönste jedoch sind die Ruhe (abgesehen von ziehenden Kranichen und röhrenden Hirschen) und ein wunderbarer Sternenhimmel.

Dorfstr. 15, Kargow, T 03991 672 60, www.nationalparkhotel-kranichrast.de, €

Mehr davon

Igelruh und Schwalbenruh: Diese Ferienwohnungen (2–4 Pers.) haben einen extrem hohen Wohlfühlfaktor. Sie sind großzügig geschnitten und in warmen Farben gehalten, Fußboden und Fenster sind aus Holz, die Möblierung ebenso, außerdem Blick in den Garten mit Terrasse, ein großer Lehmofen – alles nachhaltig. Leider gibt es nur zwei davon.

Boekerstr. 5, Boek, www.schwalbenruh.de, im Sommer nur wochenweise, €€, ab 2. Tag günstiger

So schön am See

Camping 36: Familiengeführter Campingplatz mitten im Nationalpark. Im Nordosten begrenzt von einem großen Waldgebiet, im Südwesten vom Käbelicksee, der sich super als Ausgangspunkt für Bootstouren und zum Angeln eignet.

www.campingplatz-naturfreund.de, Ostern–Mitte Okt., 1 Zelt/2 Pers. ab 22 €

Mitten im Nationalpark

Müritzhof: s. S. 120

G

GIN-RARITÄT

Im Nationalpark stehen noch einige durch Verbiss entstandene Wacholderheiden. Im Zuge des Gin-Booms kam die Idee auf, diese für einen Müritz Gin zu nutzen. Gesagt, getan! Gemeinsam mit dem Müritzhof und dem Nationalpark werden die Beeren der wilden Wacholderheide im Februar geerntet. Unter Zugabe von Sanddornbeeren, Koriandersamen, Zitronenschalen, Zimtrinde und anderen Gewürzen wird danach der Müritz Gin produziert. Zu erwerben in ausgewählten Shops, z. B. in der Buchhandlung Müritz Buch, Lange Str. 13, Waren (200 ml 20 €; www.mueritzgin.de).

Waren, www.müritzhof.de, April tgl. 10.30–16, Mai–Mitte Sept. tgl. 10.30–17.30, Mitte Sept.–Okt. tgl. 10.30–16 Uhr

Geht immer

Bunte Kuh: Schon aufgrund ihrer Lage gegenüber dem Nationalpark-Service in Federow braucht diese rustikale Restauration mit schöner Terrasse keine Bange vor ausbleibenden Besuchern zu haben. Das Angebot ist sehr umfangreich: Fisch, Bratkartoffeln mit diversen Beilagen, Strammer Max, Wildschweingulasch – allerdings nicht ganz preiswert. Dafür hat die Bunte Kuh aber auch geöffnet, wenn andere noch bzw. schon geschlossen sind. Und wer früh starten will, kann sich hier noch einen zweiten Frühstückskaffee holen.

Damerower Str. 8, Federow, T 03991 67 00 38, www.diebuntekuh.com, Ostern–Okt. 9–21 Uhr, €–€€

Gemütlich am Wegesrand

Üdi's Rastplatz: Kleiner Imbiss mit Bockwurst, Kartoffelsalat und Bier oder Blechkuchen mit viel Sahne.

Schwarzenhof 10A, Kargow, Juni–Sept. 10–18 Uhr, bei gutem Wetter, €

Ausspannen

Imbiss Fuchsbau: Der Empfang ist herzlich, die Speisen preiswert und lecker, z. B. Soljanka oder Wildbratwurst.

Speck 5, Kargow, Juni–Sept. Di–So 10–18 Uhr, bei gutem Wetter, €

Immer wieder gerne

Kutschercafé: Gemütliche Rast bei Bockwurst und Kartoffelsalat bzw. Kaffee und Süßem. Außerdem regionale Produkte wie Marmelade und Liköre zum Mitnehmen.

Boeker Straße, Boek, T 039823 270 88, Mai–Sept. tgl. 11–17 Uhr, nicht verlässlich, €

An den Fischteichen

Fischers Land: An der Bolter Schleuse haben die Müritzfischer einen sehr schönen Imbiss eröffnet. Ein Holzpavillon mit

Terrasse überm Wasser, viel Platz und Spielmöglichkeiten sowie Räucheröfen und Teiche, wo man den Fischern bei der Arbeit zusehen kann.

Bolter Schleuse 4, Boeker Mühle, T 03982 32 77 54, www.mueritzfischer.de, Juni 9–16, Juli/Aug. 10–17, Sept./Okt. 10–16 Uhr, Mo immer Ruhetag, €

Der getarnte Italiener

Gaststätte Havelkrug: Der Geheimtipp hat sich herumgesprochen … Hier gibt es original italienische Pizza aus dem Holzbackofen, dazu knackige Salate und zum Abschluss Tiramisu. Das alles im gemütlichen Gastraum oder auf der herrlichen Terrasse und manchmal mit Musik und Saisonpartys.

Granzin 1, Granzin, T 039822 202 32, www.havelkrug-granzin.jimdofree.com, Mi–Fr 16–21, Sa 12–21, So 13–20 Uhr (variabel, besser vorab erfragen und reservieren), €

Einkaufen, Essen

Bester Grillfisch

Fischerei Berkholz: Sehr gemütlich – es gibt einen Holzschuppen mit Strebenfenstern und Netzen, Bäume spenden Schatten. Fischer Berkholz betreibt seit bald 30 Jahren seine Fischerei, er bietet nicht nur den üblichen Räucherfisch und Fischbrötchen, sondern auch frischen Grillfisch – köstlich! Außerdem gibt es manche Produkte eingeschweißt zum Mitnehmen und in der Weihnachtszeit einen stimmungsvollen Adventsmarkt.

Dorfstr. 34, Kratzeburg, T 039822 299 66, www.fischerei-berkholz.de, ganzjährig geöffnet, Mai–Okt. 11–18 Uhr (sonst gleitend)

Café und Hofladen

Lütte Meierie: Eigentlich ein bäuerlicher Milchbetrieb, doch im Sommer betreiben die Besitzer auch dieses kleine Café mit köstlichem Blechkuchen, gutem Kaffee, erfrischender Brause und Softeis. Die Einrichtung ist hell und freundlich, davor gibt es ein paar Sitze im Freien und nach hinten raus den Bauernhof zum Anschauen. Außerdem lokale Produkte wie Käse, Marmeladen, Wurst und natürlich Milch.

Dorfstr. 5, Kratzeburg, T 039822 202 02, www.luette-meierie.de, Mai–Aug. Mi–Mo 14–18, Sept./Okt. Mi–So 14–17 Uhr

Galerie und Biergarten

Glasmanufaktur Dalmsdorf: Nur 1 km von Kratzeburg entfernt, lohnt sich der Besuch der Galerie mit vielerlei kreativen Arbeiten wie Segelbooten, Wandbildern, Schmuck, Tellern, Perlen – alles schön bunt und aus Glas. Zuweilen spezielle Events, bei denen selbst Glas gezogen werden kann, oder ein Adventsmarkt. Am Wochenende Kaffee- und Biergarten.

Dalmsdorf 1, Dalmsdorf, T 039822 29 60 57, www.glasmanufaktur-dalmsdorf.de, Karfreitag–Okt. tgl. 11–17, Kaffeegarten Sa/So 13–18 Uhr

Bewegen

Segel am Palmbeach

Surfmühle: Segler und Surfer sind hier richtig, auch solche, die es erlernen wollen. Es können Paddelboards und -boote gemietet werden für eine Tour gen Mirow oder etwas nördlich zu einem Strand, der an eine einsame Pazifikinsel erinnert – ohne Palmen, dafür aber vielleicht mit Adlersichtung. Knapp 3 km weiter hat die Station von **Surfhecht** das gleiche Angebot (www.surf-hecht.de)

Am Müritzufer 2a, Boeker Mühle, T 039823 213 80, www.surfmuehle.de

Haveltour

Kanuhecht: Wer auf Havelquelltour gehen möchte und ein Boot braucht, ist hier richtig. Es gibt Equipment, Tourentipps, geführte Touren und einen Transportservice. Außerdem können Fahrräder und Unterkünfte von der Schlaftonne bis zum

Ferienhaus gemietet werden. In der Saison hat die Radlerrast geöffnet inkl. kleinem Lädchen mit lokalen Produkten, u. a. aus Schaf- und Alpakawolle. Immer mittwochs treffen sich Frauen zum gemeinsamen Spinnen – wer möchte, kann mitmachen.

Dalmsdorf 38, Kratzeburg, T 039822 179 88, www.kanu-hecht.de, Boot für 2 Pers. ab 30 €/ Tag, Räder ab 15 €/Tag; Unterkünfte €–€€

Infos

- **Nationalparkinformation Federow:** Damerower Str. 6, Federow, T 03991 66 88 49, www.nationalpark-service.de, Mai–Sept. tgl. 10–18, April/Okt. tgl. 10–17 Uhr. Hervorragendes Karten- und Buchmaterial sowie Tourentipps und geführte Touren zu Adler, Kranich, Vogelstimmen, Fledermaus etc. (generell 9–21 €, Kranichtouren 19 €, erm. 9 €), alle Termine auch online buchbar.
- **Weitere Informationsstellen des Nationalparks:** Schwarzenhof 15, T 03991 633 41 29; Dorfstr. 31, Kratzeburg, T 039822 296 65; Gutshaus Boek, Boeker Str. 36, T 039824 25 20, Mai–Okt. 10–17 Uhr (variabel).
- **www.mueritz-nationalpark-partner.de:** Unterkünfte, Tourenanbieter und Verleiher, die sich mit dem Nationalpark besonders verbunden fühlen. Ebenfalls nützlich: www.kratzeburg.de.
- **Bus:** s. S. 114, 127.

Südliche Müritz

Rechlin F6

Rechlin war bis Anfang des 19. Jh. ein kleines, unscheinbares Dorf, bis das preußische Kriegsministerium entschied, am Südostufer der Müritz »umfangreiche flugtechnische Anlagen« zu errichten. 1935 wurde daraus die »Erprobungsstelle der Luftwaffe«, Rechlin entsprechend ausgebaut und die Alte Fahrt (s. S. 189) durch den Mirower Kanal ersetzt. Für die leitenden Angestellten entstand sogar ein neuer Stadtteil: Rechlin Nord. Auch wenn dort viele der alten Klinkerbauten mittlerweile durch Neubauten ersetzt sind, ist immer noch zu erkennen, dass die Straßen in Form eines Tragflügels angeordnet wurden. Südlich bei Lärz entstand der Flugplatz, heute Areal der Fusion (s. S. 271) und des MüritzAirparks (www.mueritz-airpark.de). Von 1945 bis 1993 nahmen die Russen einen großen Teil des Gebiets in Beschlag.

Holzpropeller und Pilotinnen

An die Luftfahrtgeschichte des Ortes erinnert ein Verein mit dem **Luftfahrttechnischen Museum Rechlin e. V.** Die Ausstellung gibt interessante Einblicke, unterstützt durch viele Flugzeuge, manche noch mit Holzpropeller. Mithilfe einer Leiter schaut man in karge und zugige Cockpits, brrr! Erprobungsfliegen, Heinz Rühmanns Ausbildung hier, Bruchlandungen, erbeutete Flugzeuge, Pilotinnen – das sind u. a. die Themen. Hinzu kommen historische Fotos, Erinnerungen und jede Menge Technik. Wer danach eine Pause braucht, kehrt am besten ins **Hafenbistro Tante Ju** gleich um die Ecke ein.

Am Claassee 1, T 039823 204 24, www.luftfahrttechnisches-museum-rechlin.de, April–Okt. tgl. 10–17, Febr./März tgl. 10–16 Uhr, 12 €, erm. 10 €, Kinder/Jugendliche (6–16 J.) 6 €; Hafenbistro Tante Ju: www.hafenbistrotanteju.de, Mi–So 12–15, 17.30–20 Uhr

Zwischen Wredenhagen und Buchholz F7

Das Gebiet südlich der Müritz kurz vor der Grenze zu Brandenburg wird meist

So ein Hausboot ist eine Gaudi für die ganze Familie, v. a. an heißen Tagen, wenn man immer wieder von Bord ins Wasser springen kann …

links liegen gelassen. Dabei gibt es hier hübsche Orte, in denen man Ungewöhnliches entdecken kann. Da ist z. B. **Wredenhagen** mit dem schönsten Schulhof der Seenplatte. Der befindet sich in einer mittelalterlichen **Burganlage** und ist riesig. Am Eingang steht noch ein altes Torhaus aus dem 14. Jh., an der inneren Mauer gibt es einen beschrifteten Kräutergarten. Die Burg kann auch umrundet werden (365 m).

Wredenhagen ist in der Musikszene nicht unbekannt, für manche Künstlerinnen und Künstler ist es die einzige Station auf ihrer Deutschlandtournee. Tiger Lillies, Kroke oder Nigel Kennedy traten schon in der **Café Scheune** (s. S. 138) auf.

Zu den drei Linden

Über **Klieve** mit typischem Dorfkrug gelangt man ins beschauliche **Buchholz** und berührt damit bereits das Gebiet der Kleinseenplatte (s. S. 202). In der Saison gibt es Obst, Gemüse, Eier usw. im Straßenverkauf.

Buchholz liegt am Müritzsee, mit herrlichen Optionen für Touren um und in Thünen- und Nebelsee. So hat Buchholz an seiner Seepromenade auch einen Jachthafen und Badestellen sowie hübsche Unterkünfte im Ort, z. B. **MeckCottage** (www.meck-cottage.de, €).

Bollewick F6

Kein anderes Bundesland ist von der Landflucht so betroffen wie Mecklenburg-Vorpommern, vor allem junge Leute sehen keine Perspektive und ziehen weg. Mehr als 300 000 Menschen haben seit 1989 das Land verlassen, und Prognosen sagen bis 2030 weitere 200 000 voraus. Im kleinen Dorf **Bollewick** (gesprochen: Bohlewick) ist die Einwohnerzahl jedoch von 380 auf 650 gestiegen. Was ist da passiert?

Wider die Landflucht

Bis zur Wende war MeckPomm eine reine Agrarregion, die 30 % der DDR-Bevölkerung mit Produkten versorgte. Betriebe mit 5000 ha Land und Mastanlagen für 5000 Rinder oder gar 10 000 Schweine waren keine Seltenheit. In Bollewick kümmerte man sich um 650 Kühe, untergebracht in einer **Feldsteinscheune,** die ob ihrer »kolossalen Dimensionen« schon zu Zeiten ihrer Entstehung Ende des 19. Jh. als »Landwunder« gepriesen wurde: 125 mal 34 m! Was bis zur Wende nutzbringend gewesen war, wurde nun zum Fluch. Die Kühe verschwanden, der Gestank blieb, und Reisende wollten nur ganz schnell durch Bollewick hindurchfahren. Was tun? Bürgermeister Bertold Meyer hatte die zündende Idee. Er erkannte die Einmaligkeit des Baus als größte Feldsteinscheune Deutschlands, auch wenn man ihn anfangs für verrückt erklärte. Fünf lange Jahre dauerte es, bis die Gülle im Boden beseitigt war und man sich an den Ausbau machen konnte. Heute ist die Scheune mit Indoor-Marktplatz, großer Tenne, Geschäften für regionale Produkte und Kunsthandwerk, Café, uriger Schänke und gemütlichem Landhotel das Wahrzeichen von Bollewick. Regelmäßig gibt es Trödel-, Pfingst- und Ostermärkte sowie andere Veranstaltungen. Manchem Besucher mag das alles zu kommerziell sein, doch der Bau und was man daraus gemacht hat, sind beeindruckend. Bei einer Führung erfahren Sie mehr darüber.

Dudel 1, T 039931 520 09, www.diescheune.de, Mai–Okt. tgl. 10–18, Nov.–April Mo–Sa 10–17, Café Landwunder an den geöffneten Tagen 11–16 Uhr, Führungen Di 14, Fr 11 Uhr und nach Absprache, 1 Std., 4 € p. P.; Hotel: www.landhotel-zur-scheune.de, €–€€

Im Windschatten der Scheune

Der Scheunenerfolg hat auch andere Projekte bewirkt. So wagten zwei Bauern die Investition in Biogasanlagen. Diese versorgen mittlerweile nicht nur das eigene Dorf mit Ökostrom, sondern Bollewick ist nunmehr auch Bioenergiedorf. In einer Seitenstraße wurde ein vergnüglicher **Irrgarten** angelegt. Und an der Ecke Wiesenweg/Röbeler Straße steht eine Milchtankstelle, inzwischen sogar mit Milchmixgetränken. Empfehlenswert ist übrigens die Anfahrt von Süden mit dem Drei-Kirchen-Blick: Dorfkirche Bollewick sowie St. Marien und St. Nikolaus in Röbel.

Röbeler Str. 48 H, www.irrgarten-bollewick.de, April/Mai Do–So 10.17, Juni–Aug. tgl. 10–18, Sept./Okt. tgl. 10–17 Uhr, 6 €, erm. 5 €

Schlafen, Ausgehen

Gewagt und gewonnen

Schloss Retzow: Wer Ruhe und Abgeschiedenheit in besonderem Ambiente sucht, wird in Retzow fündig. Dort steht, strahlend weiß, ein klassizistischer Bau in einem englischen Landschaftspark. Der Däne Lars Fogh erwarb das von Verfall bedrohte Schloss 2012 und sanierte es originalgetreu. Das Innere ließ er in 13 Appartements umwandeln. Als Reminiszenz an seine Heimat mischen sich historischer und skandinavischer Stil: helle Dielenböden und altes Parkett, erhaltene Zimmerfluchten und gläserne Wände, Biedermeiersofa und Ikea-Küche. Schön ist, dass alle auch die Beletage mit lichtdurchflutetem Festsaal, Bibliothek, Salons und Zugang zur Terrasse nutzen können. Übrigens: Lars Fogh ist nach erfolgreicher Sanierung von Retzow weitergezogen und widmet sich jetzt Schloss Ivenack (s. S. 110).

Parkweg 7, Retzow, 5 km südwestl. von Rechlin, T 039833 27 67 86, www.schloss-retzow.de, App. für 2–6 Pers. €€–€€€

London, Paris, Wredenhagen

Café Scheune: Sie fällt sofort in den Blick und wirkt sehr gemütlich. Lilli und Hansi Witt betreiben hier ihre kleine, feine Konzertbühne, ein einladendes Café und vermieten Zimmer mit Ausblick, z. T. direkt vom Bett über die Wiesen, Kranichsichtungen nicht ausgeschlossen. Die Zimmer mit kleiner Kochnische sind individuell mit schönen Details und architektonisch begeisternden Ideen gestaltet. Kunst, Natur und Kultur – alles in einem.

Dorfstr. 1, Wredenhagen, T 039925 23 46, www.cafe-scheune.de, mind. 2 bzw. 3 Nächte, €, Café: Mi–So 14–18, Winter Fr 17–22, Sa/So 14–22 Uhr

Essen

Highlight an der B198

Wiepeldorn: Wer es nicht weiß, rauscht hier vorbei. Dabei ist das Lokal mit seinem altdeutschen Namen (Rose/Hagebutte) und der bodenständigen Küche mit mediterranem Einschlag absolut seinen Besuch

wert – in den Ferienzeiten ohne Reservierung spontan einen Platz zu bekommen, ist nahezu ausgeschlossen. Denn nicht nur, dass Biergarten und Innenraum sehr gemütlich sind, sondern auch die Burger, Salate, die Fisch-, Fleisch- und vegetarischen Gerichte lassen eigentlich keinen Gast unzufrieden von dannen ziehen.
Mirower Str. 1b, Vipperow, T 039923 71 80 23, Mo–Fr 11.30–14.30, 17–21, Sa 11.30–21 Uhr, €–€€

Infos

- **www.mueritzferien-rechlin.de, www.suedmueritz.de:** alle wichtigen Kontakte der Orte um die Südmüritz-Region (Boek, Schwarz, Lärz, Rechlin, Buchholz, Vipperow, Priborn, Melz) wie Kanu-, Jacht- und Hausbootverleiher, Restaurants, Unterkünfte, Badestellen, Feste, Konzerte etc.

Röbel

F6

Röbel ist das etwas kleinere Pendant zu Waren und liegt diesem schräg gegenüber an der Müritz. Mir gefällt die Anreise von der Seeseite her, weil so die geschützte Lage an einem Müritzarm deutlich wird und es am **Naturschutzgebiet Großer Schwerin** vorbeigeht, wo sich v. a. im Herbst viele Kraniche sammeln.

Bunt und hoch

Am **Hafen** erwartet Besucher das Müritz-typische Flair – großer Platz, einige Lädchen und Restaurants – sowie die witzige Skulpturengruppe »**Das Parisurteil von Röbel**«. Nach rechts führt ein wunderschöner **Uferspazierweg** mit Badestellen und einigen Seeblick-Lokalen, u. a. dem urgemütlichen **Fischerhof Röbel** gen Marienfelde. Je weiter nördlich Sie kommen, desto einsamer wird es, und irgendwann gelangen Sie nach **Sietow-Dorf** (s. S. 140).

Bunt wird es in Richtung **Marienkirche,** die auf einer Anhöhe am Wasser steht. Schon hier ist der Ausblick faszinierend. Atemberaubend – im doppelten Sinne des Wortes – wird es, wenn man den hochaufragenden **Turm** erklimmt (Mai–Sept. tgl. 10–18 Uhr, 1,50 €).

Die Straße führt im großen Bogen, gesäumt von hübschen Fachwerkhäusern, weiter südwärts. Es gibt so viel zu schauen, u. a. das **Giebelbild** von Werner Schinko (1929–2016), der mit 17 Jahren in Röbel strandete und zu einem der namhaftesten DDR-Illustratoren wurde. Er arbeitete v. a. für den Hinstorff Verlag (s. S. 36), eines seiner Lieblingsmotive war die (schwarze) Katze, die in vielen seiner Bilder auftaucht.

Aus zwei mach eins

Auf einer Anhöhe erhebt sich eine alte **Windmühle,** die bis 1990 Jugendherberge war und seit 2008 von einem Verein für Ausstellungen genutzt wird (Mai–Okt.). Die Mühle markiert auch die heute kaum mehr wahrnehmbare Grenze zwischen Alt- und Neustadt.

Erstere gruppiert sich um die Marienkirche herum und gehörte früher zum Bistum Mecklenburg. Die **Neustadt** hingegen ist alles um die **Nikolaikirche** herum, sie gehörte zum Bistum Brandenburg. Sie ist das Zentrum der im Rund angelegten Neustadt, wie sie typisch für das Mittelalter war. Hin und wieder ist noch etwas von der alten Stadtmauer zu entdecken. Bezeichnungen wie Mönchkirchhof und Klosterstraße beim Klosterhügel erinnern an einen Dominikaner-Konvent, von dem lediglich ein sehenswertes, eichengeschnitztes Chorgestühl (von Mönch Urban Schumann) erhalten blieb. Erst im 19. Jh. wurden die zwei Röbel zu einer Stadt vereint. Es ist sehr schön, durch die alten mit Kopfstein gepflasterten Gassen und Straßen zu spazieren und vielerlei

Fassaden, z. T. mit gewaltigen Toreinfahrten oder mit Schindeln verkleidet, und Flanierwege zu entdecken.

Ausflüge

Kirchenwunder und Slow Food

Das Gebiet südöstlich von Röbel ist ausgewiesenes Kranichgebiet. Rad- oder Wandertouren an die **Südmüritz** mit Aussichtspunkten sind äußerst lohnenswert, ebenso wie ein Stopp oder längerer Aufenthalt in **Ludorf,** wo die ungewöhnliche, weil achteckige Dorfkirche steht. Im unteren Bereich wuchtig und mit hohem Spitzdach, soll sie von einem heimgekehrten Kreuzfahrer in Anlehnung an die Grabeskirche errichtet worden sein (Mai–Sept. 10–17 Uhr, nicht verlässlich). Im Gutshaus des Dorfes befindet sich eines der wenigen Slow-Food-Restaurants in Mecklenburg-Vorpommern (s. S. 141), zu dessen Angebot auch eine historische Führung durch den Ort inklusive Besuch der Kirche gehört (So 11 Uhr).

Urlaubsidylle mit Wandelweg

Nicht der Ort oben an der B 192, sondern das malerische **Sietow-Dorf** an der Müritz lohnt einen Abstecher. Eine hübsche Kirche und die Scheune des im Ort verteilten Feriendorfs Seeromantik fallen sofort auf (www.mueritz-seeromantik.de, Zimmer und Fewo bis 6 Pers., €€). An der Scheune kann man parken und einkehren. Ein Sträßchen, gesäumt von Fischräuchereien, führt zum naturbelassenen Badestrand und hübschen Hafen. Hier legen Ausflugsschiffe an (s. S. 114).

Zu dieser Idylle kommt noch der **Sietower Wandelweg,** der am Infokiosk bei der Kirche beginnt und sich durch die Landschaft mit Wiesen, Wäldern und Feldern um den Ort schlängelt. Im Frühsommer sind die Wegränder ein Meer aus Korn- und Mohnblumen. Es

Die 300 km lange Strecke der Mecklenburger Seenrunde (s. S. 239) führt auch durch das schöne Röbel. Nur die Ruhe zum Sightseeing fehlt …

geht nicht darum, Strecke zu machen, sondern darum, die Natur zu erfahren. Christel und Manfred Jeikner, von denen die Idee stammt, haben dazu elf Stationen angelegt, die zum Rasten mit Sinneserfahrungen einladen. So kann man dem eigenen Hören neu auf die Spur kommen oder den Weitwinkelblick von Reineke Fuchs kennenlernen. Je nach Jahreszeit wird man von Adlern, Kranichen und Störchen begleitet. Die Kreativen des Wandelweges haben ihr Atelier mittlerweile in die Feldsteinscheune von Bollewick (s. S. 137) verlegt, wo man nicht nur ihre Lebensfreude versprühenden Keramiken und Textilarbeiten bewundern und kaufen, sondern auch an Workshops teilnehmen kann (mobil 0173 261 38 52, www.jeikner-atelier.de).

www.sietower-wandelweg.de

Museen

Jüdisches Leben in Mecklenburg

Alte Synagoge: Aufgegeben in den 1930er-Jahren, wurde sie lange fremdgenutzt, zuletzt als Garage, und 2000 wiederentdeckt. Sie gehört zu einem Fachwerkensemble, das 1870 von Benjamin Engel als karitative Einrichtung für die Bürger Röbels gegründet wurde. Nach seiner Familie wurde das Areal Engelscher Hof genannt und wird heute als Kino, Herberge (€) und für Veranstaltungen genutzt. In der alten Synagoge mit Sternenhimmel hat man ein Museum zur Geschichte der Synagoge und der Juden in Mecklenburg eingerichtet. Die 1,50 € sind gut investiert. Es gibt allgemeine Infos zur Synagoge wie zu den getrennten Eingängen – Männer rechts ins Erdgeschoss und Frauen links auf die Empore – und spezielle zum jüdischen Leben oder vom Ende der letzten Synagogen in Mecklenburg im Jahr 1942.

Kleine Stavenstr. 9–11, T 039931 539 44, http://engelscherhof.de, Mo–Fr 9–12 Uhr, Besuch derzeit (2024) nur auf Anfrage

»Bedeutend, kurios, lehrreich«

Heimatmuseum: Mit diesem Slogan wirbt das kleine Museum zur Geschichte Röbels. In der bunten Sammlung sind viele Entdeckungen zu machen, wie die Uhrkette, die Anna Below für den Ehemann aus ihrem Haar flocht, oder das Schmuckkästchen aus Gerstenstroh. Das ›Schüttelfass‹ zum Transport und Frischhalten des Fangs ist eine clevere Erfindung, und der Bauernthron aus Kuhhörnern ulkig. Fotografiefans dürfte das Fotoatelier imponieren, wo es nicht nur alte Kameras jeglicher Größe gibt, sondern noch jede Menge historische Aufnahmen, die im gesamten Museum die Geschichte illustrieren.

Im Haus des Gastes, Öffnungszeiten an die der Tourist-Information angepasst (s. S. 142)

Schlafen, Essen

In der Altstadt am Wasser

Kleines Meehr: Peter und Iris Scheifler haben ihren Fachwerkhof in der Röbeler Altstadt zu 6 gemütlichen Ferienwohnungen in kräftigen Farben für 2–5 Pers. ausgebaut, fast alle mit Seeblick. Und wenn man den nicht hat, gibt es ja noch die Liegewiese, eine eigene Badestelle und die Seeterrasse, die zum Grundstück dazugehören. Auch ein Ruderboot kann genutzt werden, und für Angler gibt es Tipps zu Fischgründen oder gemeinsame Fischzüge. Da Hafen, Neu- und Altstadt gleich um die Ecke liegen, kann man auch gut die Gastronomie Röbels ausprobieren.

Straße des Friedens 37, T 039931 12 96 27, www.angeln-mueritz.de, mind. 2 Nächte, in der Hochsaison 5 Nächte, €

Mit Stil und Slow Food

Gutshaus Ludorf: Stil und Erholung in der Natur sind im Romantikhotel Programm, deshalb gibt es kein TV. Im **Restaurant Morizianer,** benannt nach einem einst hier ansässigen slawischen Stamm, wird Slow Food serviert.

Rondell 7, Ludorf, T 039931 84 00, www.gutshaus-ludorf.de, €€; Mittagessen/Café: 12.30–17.30, Dinner: ab 18 Uhr, €€–€€€

Schönste Seeterrasse

Restaurant Seestern: Das Restaurant des gleichnamigen Hotels punktet mit seiner Küche und Lage – Wasserwanderer und Segler können auch von der Seeseite einkehren. Hat man dann Platz gefunden, kann man zwischen Fisch, Fleisch und Wild wählen – pfiffige Mecklenburger Küche mit Blick auf Boote, die Kirchen von Röbel und Bootshäuser gegenüber.

Müritzpromenade 12, T 039931 580 30, www.hotel-seestern-roebel.de, tgl. ab 12 Uhr, €–€€€, Hotel €

Räucherei

Fischerhof Röbel: s. S. 139

Seebadstr. 38, T 039931 594 16, Mai–Okt. tgl. 9–16 Uhr

Tradition mit Seeblick

Regattahaus: Die Gaststätte gibt's schon lange, Vereinslokal eben, von daher ist die Einrichtung auch eher einfach, die Fischgerichte dafür phänomenal gut und die Terrasse am Seglerhafen beliebt.

Müritzpromenade 20, T 039931 535 36, tgl. 11–21 Uhr, €–€€

Bester Blechkuchen

Hof-Café am Ziegenmarkt: Das kleine Café ist gar nicht zu verfehlen, freundlich und bunt. Hier gibt es den für mich besten Blechkuchen von Röbel, aber auch die Fruchttorten und Toasts sind nicht zu verachten. Zum Café in der Neustadt gehören auch ein Weltladen sowie eine Info und eine Zimmervermittlung. Die Betreiber sind äußerst umtriebig und haben so manchen Tipp auf Lager.

Kirchplatz 10, T 039931 53 97 55, www.zimmervermittlung-mueritz.de, Mi–Mo 11–17 Uhr

Bewegen

Stadtführung

Von Juni bis Sept. werden jew. Mo um 18 Uhr interessante **Stadttouren** angeboten (5 €, erm. 1 €, 2 Std.), zu buchen über die Tourist-Information (s. S. 142).

Aufs Wasser!

Bootscenter Müritz: Kleines oder großes Boot, Tages- oder Wochentörn, Katamaran oder Motorboot – hier gibt's alles.

Plauer Str. 5, T 039931 159 50, www.bootscenter-mueritz.de, Mai–Aug. Mo–Fr 9–18, Sa 9–15, Sept./Okt., März/April Mo–Fr 9–17, Sa 9–12, Nov.–Febr. Mo–Fr 9–17 Uhr, sonst nach Vereinbarung

Schwimmen, Sauna, Rutschen

MüritzTherme: Der Erlebnispalast mit Schwimm- und Planschbecken, Rutsche, Restaurant, Sauna, Fitnessbereich und Wellness-Anwendungen ist nicht nur bei schlechtem Wetter eine gute Option.

Am Gotthunskamp 14, T 039931 878 19, www.mueritztherme.com, Bad tgl. 9–21, 2 Std. 12 €, erm. 7 €, Tageskarte 20 €, erm. 11 €, Sauna tgl. 9.30–21 Uhr, Saunazuschlag 8 €, erm. 6 €

Baden

Nördlich von Röbel an der Müritzpromenade befinden sich das **Strandbad** sowie weitere kleine Badestellen.

Radfahren

Viele der Unterkünfte bieten **Mieträder** an (ab 5 €/Tag), ansonsten bei der **Tourist-Information** nach aktuellen Verleihern fragen, s. S. 142.

Infos

- **Tourist-Information:** Straße der Deutschen Einheit 7, Haus des Gastes bei der Marienkirche, T 039931 801 13, www.

Lieblingsort

Ein Ort zum Runterkommen und Längerbleiben

Der Zufall führte mich her, und ich war sofort hin und weg vom **Gutshaus Solzow.** Die eloquent-charmante Art der Familie Schubert, ihre Gäste zu begrüßen, ist gleich ein Herzöffner. Das Schöne dabei – es ist immer so! Mit viel Liebe und Geschick haben sie das Anwesen saniert und als Landhotel mit hohem Wohlfühlfaktor eröffnet. Das fängt an der Rezeption an, eine Theke wie aus einem Kaffeehaus der 1920er, dunkles Holz, Zeitungen, in der Vitrine verlockender Kuchen, in der Ecke ein Kneipentisch. So gemütlich geht es in den Zimmern – einige mit Terrasse – und Ferienwohnungen, dem Lesezimmer, dem kleinen Park mit Liegestühlen und Bänken weiter. Das gesunde und leckere Frühstück genießt man im gemütlichen Speiseraum mit Blick in den Garten. Und dazu immer die freundliche, aufmerksame und doch unaufdringliche Art von Hotelier und Mitarbeitenden. Das gefiel übrigens auch den niederländischen Hoheiten, die 2019 hier zu Gast waren (F6, Lange Str. 21, Solzow, T 039923 25 17, www.gutshaus-solzow.de, €, Café Fr–So 14–17.30 Uhr).

stadt-roebel.de, April–Juni, Sept./Okt. Mo–Fr 9–17, Sa 10–14, Juli/Aug. Mo–Fr 9–18, Sa/So 10–16, Nov.–März Mo–Fr 10–15 Uhr. Viel gutes Info- und Kartenmaterial, Tipps für Ausflüge und ein Ticketservice. Hinter dem Haus des Gastes gibt es einen kleinen Bürgergarten mit Skulpturen und Bänken zum Verweilen.

- **Bus:** Verbindungen mit dem DAT-Bus nach Waren sowie mit den Bussen der MVVG auch in die anderen Orte wie Sietow, Malchow, Plau am See (s. S. 114).
- **Schiff:** Ausflüge und Rundfahrten auf der Müritz (s. S. 114).

Zwischen den Seen

E6/F5

Zwischen **Müritz** und **Plauer See** verläuft die A 19, die sich bei Malchow zwischen Plauer und **Fleesensee** weiter Richtung Norden schiebt. Statt Aufregung und Hektik gibt es hier nur kleine Dörfer, einzeln stehende Häuser und Gehöfte, Felder, Wälder und einige Seen. Urlauber begeben sich hier am besten auf Wanderschaft oder erkunden mit dem Rad (bzw. Auto) die Gegend.

Nachhaltig und hip

Dabei ist manch schönes Gutshaus zu entdecken, denkmalgerecht und ökologisch saniert und zu einer stilistisch überraschenden Unterkunft umfunktioniert. So wie die **Gutsanlage Woldzegarten** 10 km westlich von Röbel – ein einladender Fachwerkbau und nach Corona in ein Retreat für digitale Nomaden nicht nur aus Berlin und Hamburg umgewandelt: vor dem Haus bei schönem Wetter einladende Tische und Stühle, gegenüber eine ausgebaute Scheune mit acht Ferienwohnungen, im Haupthaus ein kleiner Wellness- und Yogabereich mit Blick ins Grüne und hinter dem Haus der von Erlen umsäumte **Tangahnsee** mit Badestelle. Hier kann man durchaus länger bleiben – egal, ob mit oder ohne Arbeit.

www.sanktoberholz-retreat.de, mind. 2 Nächte, €€

Das macht Schule

Im weiter südlich gelegenen **Fincken** steht **Schloss Blücher** zum Verkauf. Im Garten davor eine Thälmannbüste, die an die einstige Schule im **Kavaliershaus** nebenan erinnert. Heute sind darin umwerfend schöne Appartements untergebracht, im Untergeschoss ein einladender Wellnessbereich mit Sauna. Das **Restaurant Klassenzimmer** mit selbst gemachten Suppen, Brot, Kuchen und Eis steht Tagesgästen offen. Auch Fincken hat seinen See mit hübscher **Badestelle** und die einzige erhaltene **Fachwerk-Rundscheune** Mecklenburgs, die heute als Gemeindezentrum dient.

www.kavaliershaus-finckenersee.de, DZ und App. für 2–6 Pers. €€€; Restaurant: Mittagstisch Do–So 12–14.30, Café Do–Di 15–17.30, Abendmenü tgl. ab 18 Uhr, bitte reservieren, €–€€€

Trödel wird Museum

An alte Zeiten erinnert auch **Friedas kleine Scheune** an der Straße nach Fünfseen, wo Katja Schülke Verschiedenes aus Großmutters Zeiten ausstellt und ungewöhnliche Sachen verkauft, z. B. Handtäschchen aus Papier. Der eigentliche Clou verbirgt sich jedoch auf dem Dachboden, denn ihre Leidenschaft sind Puppenstuben. Über 100 originelle Puppenhäuser hat sie bereits gesammelt, die sie Stück für Stück restauriert.

Malchower Chaussee 6, Darze, T 039924 73 98 93, www.friedaskleinescheune.de, Di–Sa 10–17 Uhr

›Echte‹ Tomaten

Selbstversorger sollten in **Aaron's Gartenreich** am **Kogeler See** vorbeischauen, wo Tomaten noch nach Tomaten schmecken. Aaron bewahrte die Gewächshäuser 2018 vor dem Abriss und schafft seither mit Leidenschaft und Engagement ein Naturparadies. Wer im traumhaft schönen **Gutshaus Lexow** Quartier hat, wird bei Aaron sicherlich Stammgast.

Am Eulenberg 1, Fünfseen, Kogel, mobil 0163 180 65 15, www.aaronsgartenreich.com, Ostern–Okt. Mo–Fr 8–12, Fr 15–18, Sa 9–16 Uhr, wöchentliche Kiste mit saisonalem Obst und Gemüse für Singles und Familien 18 bzw. 28 €; Gutshaus Lexow: www.gutshaus-lexow.de, Zimmer und Fewo für 2–20 Pers. €€–€€€, je nach Saison auch Café und Restaurantbetrieb

Rundumpaket mit Golfen

Nördlich der B 192 liegt **Göhren-Lebbin,** 1990 noch ein unscheinbares Dorf und heute das wohl größte Ferienresort Nordeuropas mit Robinson Club, Golfresort inkl. beheizter Abschläge, Spa World, Straßen voller Reihenferienhäuser mit Parkplatz davor, Schlosshotel, Reitställen, Wassersportzentrum etc. Die alte Tenne ist heute die Dorfpiazza mit Shopping-Area, Galerien, Touri-Info, Waschsalon und Fahrradverleih. Im **Land FleesenSee** ist für alles gesorgt.

www.fleesensee.de

Malchow

E5

Wahrzeichen einer Stadt

In **Malchow** befindet sich die schmalste Stelle zwischen Müritz und Plauer See, passierbar mittels einer **Drehbrücke,** der von Stadt und Land 2012/13 eine Komplettsanierung mit neuem Design verpasst wurde. Die umliegenden **Hafenterrassen** wurden gleich mitgemacht und so gibt es einige Logenplätze. Immerhin fahren hier jährlich an die 20 000 Boote durch – das Schauspiel, wenn die Brücke sich öffnet, lohnt sich (stdl. April–Sept. 9–20, Okt./Nov. 9–15 Uhr, sonst bei Bedarf).

So wie der gesamte Schiffsverkehr die Drehbrücke passieren muss, bewegt sich der ganze Landverkehr darüber hinweg. Westwärts geht es in die **Neustadt** (ab dem 18. Jh. entstanden). Die Kirchenstraße führt – wie der Name vermuten lässt – zur **Stadtkirche** mit interessantem Tonnengewölbe. Ungefähr auf der Hälfte steht der alte Filmpalast, seit 1999 das **DDR-Museum Malchow** (s. S. 148) – nicht zu übersehen und sehenswert! Ostwärts geht es in die Altstadt (gegründet 1235), die auf einer Insel liegt – deshalb ist Malchow, staatlich anerkannter Luftkurort, auch die einzige offizielle **Inselstadt** Deutschlands. Hier stehen die Häuser eng und bunt beieinander, in der Mitte das alte **Rathaus,** die Lange und die Kurze Straße führen als Einbahnstraße einmal rundherum. Zur anderen Seite geht es über einen Erddamm zum **Kloster Malchow,** das von der Drehbrücke aus sehr fotogen ist, besonders nachts, wenn es angestrahlt wird. Der Damm wurde erst Mitte des 19. Jh. gebaut, wodurch der Schiffsverkehr nun östlich der Altstadt verlaufen musste und aus der starren Holzbrücke eine Hub- und später die Drehbrücke wurde. Zur selben Zeit siedelte sich in Malchow die Tuchmacherei an. Diese Zeiten sind allerdings vorbei. Malchow lebt heute fast ausschließlich vom Tourismus.

Künstler im Kloster

Das **Kloster,** fast so alt wie die Altstadt, wurde Ende des 13. Jh. von Magdalenerinnen aus Röbel gegründet. Nach der Reformation wurde es zu einem Stift für adelige Damen, nicht ganz so nobel wie Dobbertin (s. S. 57), doch sieht man der Anlage noch den Wohlstand an. Schilder informieren über die jeweiligen Gebäude. Einige werden heute privat genutzt. In den Räumen um den **Klosterhof** haben sich Künstler niedergelassen, u. a. der Goldschmied und Bildhauer Michael

TOUR
Zu Bär und Eisvogel

Wanderung vom Bärenwald durch das Tal der Eisvögel nach Bad Stuer

Für Wasserratten: In Bad Stuer gibt es eine schöne große Badestelle.

Um es gleich vorwegzunehmen: Der Ort Stuer wird nicht »Stür«, sondern »Stur« ausgesprochen. Hat die **Petruskirche** in Stuer geöffnet, kann der Schnitzaltar bewundert werden, ansonsten geht es die Dorfstraße hinunter, vorbei am schönen Pfarrhof, dessen Café ins Kloster Malchow gezogen ist (s. S. 150), und dann bald links in den Bärenpfad. Wie der Name andeutet, führt dieser aussichtsreiche, von Bäumen bestandene Weg in ca. 20 Min. direkt zum **Bärenwald Müritz.**

Bärenschicksale

Eigentlich ist dieser eine Art Gnadenwald für (Braun-) Bären, die nicht artgerecht gehalten und vom international agierenden Verein Vier Pfoten gerettet wurden – Bären aus Zirkus und Zoo, aber auch Tanz- und

Infos

E6

Start/Ziel: Kirche in Stuer

Länge: 8 km bzw. 5 km, wenn Start am Parkplatz beim Bärenwald

Einkehr: Cafeteria am Bärenwald, Fischer Mütze (Ostern–Okt. tgl. 10–17 Uhr)

Bärenwald Müritz: Am Bärenwald 1, Stuer, T 039924 791 18, www.baerenwald-mueritz.de, Mitte März–Okt. 9–18 Uhr, 11 €, erm. 5–9 €, Nov.–März 10–16 Uhr, 12 €, erm. 10/6 €, zu erreichen auch mit dem Rundbus von Plau und Malchow aus, auch Themenführungen und -veranstaltungen

Kampfbären. So finden sich an Zäunen Schilder über die Bären, ihre Namen und Geschichten. Immer wieder wird auf dem weitläufigen Gelände an einzelne Bärenschicksale erinnert. Verschiedene, durch Zäune gesicherte Wege führen durch den Wald, sodass die Bären in ihrem natürlichen Habitat zu beobachten sind. Nebenbei können Sie viel über Bären erfahren. So verdeutlichen vier mit Futter gefüllte Schubkarren, was ein Bär in der jeweiligen Jahreszeit täglich frisst. Auf dem **Naturentdeckerpfad,** einem Labyrinth, weist nur die passende Antwort den richtigen Weg. In großen Holzbüchern sind Geschichten und Legenden über Bären zu lesen.

Blaue Flitzer

So erreicht man irgendwann den **Fischimbiss** (mit Teichen) von **Fischer Mütze,** wo man sich stärken kann und das Gelände in Richtung **Tal der Eisvögel** verlässt (mit der Eintrittskarte kommt man später hier auch wieder rein). An einem munter plätschernden Bächlein geht es leicht bergab, im unteren Teil weitet sich das Tal. Hier kann man tatsächlich mit etwas Glück Eisvögel beobachten, die in den seitlich aufragenden Lehmwänden ihre Bruthöhlen haben. Etwas Geduld ist schon vonnöten, aber sie sind das ganze Jahr über da und im Flug gut an ihrem strahlend blauen Federkleid zu erkennen. Sehen sie einen Fisch, stoßen sie senkrecht ins Wasser und tauchen blitzschnell wieder auf.

Kneippen gegen die Rotweinsucht?

Das Tal endet in **Bad Stuer** am Südufer des Plauer Sees mit einer wunderschönen großen **Badewiese.** Die großen Zeiten als Kneipp-Ort im 19. Jh. sind vorbei, einige prächtige Häuser erinnern jedoch noch daran, u. a. eines mit prächtigen Holzschnitzereien russischen Stils. Es gehörte dem Begründer der Kuranstalt, Gustav Bardey. Einer seiner Gäste war Fritz Reuter, der hier zweimal versuchte, von seiner Rotweinsucht zu lassen. Vergeblich. Zu DDR-Zeiten war der Ort eine Feriensommerfrische mit über 1000 Einwohnern. Heute sind es noch 250 und der Ort ist herrlich ruhig, fast ein bisschen abgelegen.

Auf der gleichen Route geht es wieder zurück zum **Bärenwald,** wo Sie den Rückweg fortsetzen können.

Empfehlenswert ist eine Führung mit dem Ehepaar Dreyer, das viel über Bad Stuer erzählen kann und genau weiß, wo Eisvögel zu sehen sind (2,5 Std., 10 €, Termine bei der Info in Plau und Malchow oder mobil unter 0170 183 77 11).

Voss (www.vosscination.de) und die farbenfreudige Malerin Karin Voelsch (www.karin-voelsch-malen-malchow.de). Gleich dort ragt die Klosterkirche mit **Orgelmuseum** (s. S. 149) und hohem Turm auf. Der Blick auf Malchow und die Seen ist den Aufstieg absolut wert (Vorsicht, die Glocken läuten alle 15 Min.). Unterhalb des Klosters liegt der **Engelsche Garten,** der sich ein Stück am Ufer des Malchower Sees entlangzieht. Küchenmeister Johann Jakob Christian Engel ließ ihn um 1800 anlegen. Bis zur Auflösung des Klosters 1918 war er nur den Klosterfräuleins vorbehalten, heute erfreuen sich Malchower und Gäste gleichermaßen an seinem Charme.

Museen

Oh nein, guck mal!

DDR-Museum Malchow: Es ist wirklich putzig, wie oft man bei einem Besuch diesen und ähnliche Ausrufe hört. Eindeutig ein ›Ossi‹, der gerade auf Erinnerungsreise ist. Es ist das einzige Museum in Norddeutschland zur DDR-Alltagsgeschichte. Und es geht wirklich um den Alltag, nicht das Politische, abgesehen von der Galerie der Nachrichtensprecher. Der Bau ist gut gewählt, ein altes Kino (1957), seit 1999 Museum. Da finden sich Wohnzimmereinrichtungen mit Anbauwand und Couchgarnitur, Schallplatten und Plakate von Schlagerstars, Kücheninterieur nebst einer Preisliste der gebräuchlichsten Lebensmittel, ein Kiosk und was es so zu kaufen gab, eine Sammlung diverser Strandutensilien bis hin zu Kofferradio und Sonnencreme, Abzeichen- und Wimpelsammlungen, viele Spielsachen etc. Wer bisher nichts mit DDR-Alltagskultur zu tun hatte, kann eine Führung (vorab) anfragen. Und noch etwas: Gehen Sie unbedingt auf die Toilette!

Kirchenstr. 25, T 039932 180 00, www.ddrmuseum-malchow.de, April/Okt. tgl. 10–16, Mai–Sept. tgl. 10–17, Febr./März, Nov./Dez. Mi–So 11–15 Uhr, 7 €, erm. 5/4 €

KLOSTERTICKET

Für alle drei auf der Klosterseite liegenden Museen Kunstgalerie im Kloster, Orgelmuseum inkl. Kirchturmbesteigung und »Kiek in« gibt es ein Klosterticket für 20 €, erm. 15/10 €.

Anfassen und Mitmachen

Museum »Kiek in un wunner di«: Es ist doch einiges Gute aus den Arbeitsbeschaffungsmaßnahmen der 1990er-Jahre hervorgegangen. In Malchow wurden bei einer ABM Frauen beauftragt, all das ›Zeug‹ durchzuschauen, was sich angesammelt hatte und daraus eine Ausstellung zum Stadtfest zusammenzustellen. Die kam so gut an, dass sie weitermachten. Zudem brachten die Leute jetzt noch mehr ›Zeug‹ vorbei. Herausgekommen ist eine Sammlung gewöhnlicher und ungewöhnlicher Sachen, alles zum Anfassen und Mitmachen, gegliedert in Bereiche wie Küche, Wohn- und Kinderzimmer oder Schulklasse, Schusterwerkstatt und Zahnarztpraxis. Alles ist so arrangiert, dass man sich eingeladen fühlt, sich in die Schulbank mit alten Fibeln und Rechengeräten zu setzen und an die Tafel zu schreiben oder am schön gedeckten Kaffeetisch auf einen Plausch Platz zu nehmen. Museumsmitarbeiterinnen erklären, was sich nicht sofort erschließt, z. B. ein Tefifon oder eine Schusterkugel.

Friedrich-Lessen-Weg 1, T 039932 126 02, www.kiekinunwunnerdi.de, April/Okt. Di–So 10–16, Mai–Sept. Di–So 10–17, Nov.–Febr. Mi–So 11–15 Uhr, 6 €, erm. 4/3 €

Maler und adelige Damen

Kunstmuseum Kloster Malchow: Die Räume oberhalb des ehemaligen Refektoriums wurden zu einer kleinen Kunstgalerie mit Werken von aus Malchow stammen-

Das ist ein Anblick! Am schönsten ist er von den Seeterrassen an der Drehbrücke von Malchow, besonders am Abend, wenn die Kirche auch noch romantisch angestrahlt wird.

den bzw. hier arbeitenden Malern. Bemerkenswert sind das vielfältige Schaffen und die großformatigen Bilder von Rudolf Gahlbeck (1895–1972) und die »Hommage an Chagall« von Friedrich-Franz Pingel (1904–94). Ebenso beeindruckend sind aber auch die alten Öfen und rekonstruierten handgedruckten Tapeten, die in jedem Zimmer anders und für manchen vielleicht gewöhnungsbedürftig sind. Doch zusammen mit der Anordnung der Räume vermitteln sie einen Eindruck von der Wohnkultur der adeligen Stiftsdamen. So hängen im Erdgeschoss Wappen der Frauen, die hier gelebt haben. Man erfährt von der Historie des Stifts bis zur letzten Vorsteherin, die lebenslanges Wohnrecht besaß und bis 1972 im Kloster lebte.

Kloster 32–34, T 039932 823 92, www.kloster-malchow.de, Mai–Sept. Di–So 10–17, April/Okt. Di–So 10–16, Nov.–März Mi–So 11–15 Uhr, 5 €, erm. 4 €, Kinder (6–14 J.) 3 €

Ein Stück Musikgeschichte

Mecklenburgisches Orgelmuseum: Die Klosterkirche sah mächtig mitgenommen aus und war wegen Baufälligkeit gesperrt, als die Stadt sie 1997 übernahm. Der damalige Kantor und heutige Museumsdirektor, Friedrich Drese, war Orgelexperte und wusste, dass Mecklenburg das Bundesland mit dem größten Bestand an Orgeln des 19. Jh. ist. Für die Idee eines Orgelmuseums fand er im damaligen Bürgermeister den richtigen Mitstreiter. So eröffnete hier nach der Sanierung der alten Klosterkirche das größte Orgelmuseum Norddeutschlands mit zehn Orgeln, die alle funktionieren und im Sommer für Konzerte genutzt werden. Es gibt sogar eine Schauorgel, wo erklärt ist, wie was wo funktioniert. Die Kirche selbst mit ihren Buntglasfenstern, gotischen Bögen, bemalten Wänden und Kerzenleuchtern ist auch sehr schön – schade, dass hier keine

Gottesdienste mehr stattfinden. Im alten Pfarrhaus gegenüber befindet sich der geschichtliche Teil der Ausstellung. Hier gibt es auch Hörbeispiele von Bach, Telemann u. a. auf zwölf Orgeln in Mecklenburg.

Kloster 26, T 039932 125 37, www.orgelmuseum-malchow.de, April/Okt. Di–So 10–16, Mai–Sept. tgl. 10–17, Nov./Dez. Mi–So 11–15 Uhr, 7 €, erm. 5/4 €

Schlafen

Mit Sauna am See

Hotel Inselhof: Die Saunatonne am Steg, wo man nach dem Saunagang gleich in den See springen kann, ist schon toll. Aber auch die modern und individuell gestalteten Zimmer hinter historischen Mauern sind bemerkenswert. Ruhig sind die Zimmer zur Seeseite oder die Appartements für 1–4 Pers. im zugehörigen **Ringelnatz** auf der anderen Seite der Insel – die meisten mit Balkon, Terrasse und Seeblick, eines sogar mit eigener Sonnen-Seeterrasse.

Lange Str. 61, T 039932 54 46 21, www.hotel-inselhof.de, € (ohne Frühstück), www.ringelnatz-malchow.de, €€

Bio und vegan

Die Arche: In diesem Vital- und Biohotel im Landhausstil steht gesunder Lebensstil im Mittelpunkt. Statt TV, Alkohol, Koffein und Nikotin gibt es Wintergarten und Kaminecke, Schwimm- und Sprudelbad mit Aqua-Fitness, Garten und Liegewiese, Sauna und Fitnesscenter und eine vollwertige vegan-vegetarische Bioküche. Vor allem Letztere setzt die Gäste in begeistertes Erstaunen. Die Zutaten kommen soweit möglich aus dem eigenen Garten und dem Umland. Es werden auch Fastenwochen und verschiedene Kurse angeboten. Die Arche ist bisher das einzige hundertprozentige Biohotel in der Mecklenburgischen Seenplatte. Sie liegt ca. 11 km südwestlich von Malchow in Nachbarschaft des Pätschsees mit Bademöglichkeit.

Lenzer Weg 1, Zislow, T 039924 70 00, www.diearche.de, €€€ inkl. Schwimmbad, Fitnessraum und HP

Essen

Zum Wiederkommen gut

Dat Fischhus: Das Restaurant ist die rustikale und etwas preiswertere Variante zum **Rosendomizil** gegenüber (www.rosendomizil.de). Der Ausblick ist zwar ein anderer, aber was die Speisen betrifft, ist man hier sehr gut aufgehoben. Natürlich gibt es v. a. Fisch – gebeizt, geräuchert und gebraten, aber auch Mecklenburger Gerichte wie gefüllten Rippenbraten und Steckrübensuppe mit Blutwurst. Sollte es im Restaurant zu voll sein, kann man sich bei der zugehörigen Fischräucherei nebenan versorgen. Unbedingt auch den selbst gemachten Kartoffelsalat probieren!

Kirchenstr. 2, T 039932 474 10, www.fischhaus-malchow.de, tgl. 11.30–22 Uhr, €–€€

Pizza, Eis und Pasta

Eiscafé & Pizzeria Al Porto: Genuss mit Seeblick beim hiesigen Italiener, der eine große Auswahl an Pizza und Pastagerichten bietet nebst selbst gemachtem leckerem Eis auf die Hand bzw. in diversen Eisbecher-Kreationen.

Kirchenstr. 1, T 039932 473 37, www.alportomalchow.de, Mai–Okt. tgl. 10–22 Uhr, sonst variabel, €

Tortenwunder

Café im Kloster Malchow: Das Café im Pfarrhof von Stuer ist Ende 2018 ins Kloster Malchow umgezogen. Alte und zukünftige Fans müssen also nicht auf die selbst gemachten Kuchen, Torten und das Eis von Manja Wulf verzichten. Statt in der gemütlichen Pfarrhausstube sitzt der Gast jetzt im Refektorium mit hippen Lampen, alten Möbeln, Kachelöfen und Kunst an den Wänden bzw. bei entsprechendem Wetter im Klosterhof. Die ansprechenden

Appartements im **Pfarrhof Stuer** sind jedoch weiterhin zu mieten.

Kloster 32–34, T 039924 75 00 75, www.cafe-malchow.de, Mai–Okt. tgl. 12–17, Nov.–April Sa/So/Fei 14–17 Uhr; www.pfarrhof-stuer.de, mind. 2 Nächte–1 Woche, €

Einkaufen

Unikate

KAA Design: Die Tuchmachertradition Malchows lebt in gewisser Hinsicht in der textilen Manufaktur und Galerie von Antje und Alexander Reschwamm weiter. Antje entwirft Stoffdesigns und Kollektionen für handgewebte und -geknüpfte Teppiche und wurde 2020 mit dem German Design Award ausgezeichnet. Auch maßgeschneiderte, vielfarbige Sonnensegel und Handtaschen, viele aus upgecycelten Boots- und Werbeplanen.

Laschendorf 29, mobil 0151 17 24 14 31, www.kaa-reschwamm.de, vorher anmelden

Bewegen

Stadtführung

Spannende **Tour** durch Malchow und seine Geschichte, zu buchen über die Tourist-Information (s. u.).

Juni–Sept., Do 10.45 Uhr, 2 Std. 6 €, erm. 5,50 €

Leihräder und Tourentipps

Fahrradverleih Köhn: Von Malchow kann man um den Plauer See fahren, ebenso zum Damerower Werder (s. S. 118) oder nach Alt Schwerin (s. S. 59).

Lange Str. 36, T 039932 819 47, www.fahrrad-koehn.de, Mo–Fr 9–18, Sa 9–12 Uhr, einfaches Rad 8 €/Tag, E-Bike 23 €/Tag, Fahrradnotdienst 0152 04 15 83 16

Mit Schiff und Rad

In der Saison starten jeden Tag Schiffe zu **Rundfahrten** über Fleesen-, Kölpinsee und Müritz nach Waren, durch das Kanal- und Seenlabyrinth der Jabelschen Seen sowie auf den Plauer See (5 Std. inkl. 2 Std. Aufenthalt in Waren, 30 €, erm. 15 €). Daneben gibt es auch **Erlebnisfahrten**, z. B. zum Damerower Werder, und die **Radlerlinie** nach Plau am See bzw. Waren für die Kombi aus Rad- und Schiffstour.

Blau-Weiße Flotte (s. S. 114) und Reederei Pickran, Kirchenstr. 2, T 039932 817 35, www.pickran.de

Wassersport

Das umfangreichste Angebot findet man etwas außerhalb im **Land FleesenSee.**

www.wassersport-fleesensee.de

Baden

Strandbad Malchow: nördl. des Stadtzentrums, mit Liegewiese, Steg, Kiosk, Sprungturm und Toiletten. Kurz davor, am Seglerhafen, gibt es im urgemütlichen **Steg Haus** mit Strandkörben auf der Terrasse herzhafte Gerichte.

www.seglerhafen-malchow.de, Restaurant tgl. 12–20 Uhr, €

Infos

- **Tourist-Information:** Kirchenstr. 11, T 039932 831 86, www.visit-malchow.de und www.inselstadt-malchow.de, Juli/Aug. Mo–Fr 10–18, Sa/So 10–16, Mai/Juni/Sept. Mo–Fr 10–18, Sa/So 10–14, Okt. Mo–Fr 10–17, Sa/So 10–14, Nov.–April Mo–Fr 10–16 Uhr.
- **Bahn:** tgl. mehrere Direktverbindungen nach Waren mit dem HANS (s. S. 114).
- **Bus:** Verbindungen mit der MVVG (s. S. 114) in die Orte der Region, z. B. Nr. 77 in Richtung Plau und Parchim; Rundbus um den Plauer See (s. S. 155).
- **Parken:** Im Stadtzentrum und auf der Insel gibt es nur wenige Parkplätze, außerdem sind die Straßen sehr schmal. Gute Möglichkeiten gibt es am Jacht-

hafen auf der Klosterseite und westlich der Altstadt gegenüber dem ZOB (Friedrich-Ebert-Straße).

Plau am See

Kaum zu glauben, dass in **Plau** noch 1965 die Kühe durch die Stadt getrieben wurden, so hübsch herausgeputzt wie es heute ist. Zum Glück wurde Plau 1945 kampflos übergeben, so ging die Sanierung der denkmalgeschützten Häuser nach der Wende relativ zügig vonstatten. Die Burg war schon nach dem Dreißigjährigen Krieg bis auf den **Turm** geschleift worden – heute ein Wahrzeichen der Stadt und **Museum** (s. S. 154). In den grünen Wallanlagen finden sich kleine Spazierwege und ein beliebter Abenteuerspielplatz.

Ein blaues Wunder erleben

Am besten gefällt mir die Ankunft von der Seeseite oder per Rad von Norden kommend. So fällt der Blick gleich auf den hübschen **Leuchtturm mit Aussichtsplattform.** Er markiert den Beginn der Elde an der Müritz-Elde-Wasserstraße, die sich von hier durch die Stadt und weiter Richtung Lübz schlängelt, bis sie in die Elbe mündet. Zu Füßen des Leuchtturms erstreckt sich eine lange Seepromenade mit Bänken, Ferienhäusern und Einkehrmöglichkeiten – eine beliebte Flaniermeile, besonders in lauen Sommernächten. Fährt gerade ein großes Schiff ein, wird die Hubbrücke geöffnet. Sie wird das **Blaue Wunder** genannt – ob nun wegen der Farbe oder weil es wie ein Wunder wirkt, wenn sich das Häuschen in die Lüfte erhebt, mag jeder selbst entscheiden. Auf jeden Fall ist sie die höchste Hubbrücke Mecklenburgs (1,60 m), bereits 1916 errichtet und seit 2000 sogar ferngesteuert.

Die Hubbrücke von Plau, das Blaue Wunder genannt, ist so etwas wie der Dreh- und Angelpunkt des Ortes und markiert den Beginn der Elde-Wasserstraße, die bei Dömitz, in die Elbe mündet.

Links die Dammstraße hinauf gelangt man zum **Klüschenberg** mit seinem vom Verschönerungsverein angelegten Park. Die Wege ziehen sich bis in den dahinter liegenden **Stadtwald** mit einigen Wanderwegen hinab. In der Dammstraße gibt es auch ein altes Kino, davor zwei **Statuen** von **Wilhelm Wandschneider** (1855–1942), von dem u. a. auch das Reuter-Denkmal in Stavenhagen und der Hechtbrunnen in Teterow stammen. In der DDR wurde er totgeschwiegen, im Museum (s. S. 154) gibt es eine kleine Ausstellung zu ihm.

»Nutze den Tag«

Von der Hubbrücke verlaufen beidseitig der Elde zwei wunderschöne Flanierwege. Der Alte Wall bietet einen freieren Blick auf die Stadt. Dabei dürfte auch ein stilvoller Neubau auffallen, **Zeislers Esszimmer,** das mit seiner modernen mecklenburgischen Küche zu den besten in Plau zählt. Egal ob auf Altem Wall oder Strandstraße, Sie gelangen zur **Hühnerleiter** mit Blick auf die Schleuse. Die Brücke verbindet beide Ufer miteinander.

Von hier führen idyllische, von Fachwerk gesäumte Straßen und Gässchen durch die Altstadt. Viele steuern die exponiert stehende **Stadtkirche** an (9–18 Uhr). Deren Turm mit Bücherstube ist einen Aufstieg wert, allerdings ist die Wendeltreppe sehr eng mit einigen hohen Stufen (1 € Spende). Im Rahmen des **Plauer Musiksommers** werden im schönen Innern mit umlaufender Galerie Konzerte aufgeführt. Am Markt steht auch das **Rathaus,** das im Winter 1985, sechs Monate vor der 750-Jahresfeier, durch einen Schwelbrand ausbrannte. Für einen Wiederaufbau hatte das Amt Schwerin kein Geld. Also wurden die Plauer selbst aktiv: Innerhalb weniger Tage sammelten sie 70 000 DDR-Mark (!) und konnten durch Beziehungen und Tauschhandel die nötigen Baumaterialien beschaffen. Nun konnte man in Schwerin nicht mehr Nein sagen. Das Rathaus wurde wiederaufgebaut, und zwar so schnell, dass die Stadtverwaltung noch vor dem Jubiläum wieder einzog. Diese Geschichte erklärt vielleicht auch den Spruch an der Turmuhr: »Nutze den Tag«.

Die Burgfrauen

Zwischen Blauem Wunder und Burgturm verläuft die **Große Burgstraße,** in der v. a. Frauen mit ungewöhnlichen Geschäftsideen präsent sind. Da ist das witzige Lädchen **Plaupause** von Heike Hartung, die mit viel Sinn für Humor Plauer Souvenirs verschiedener Art kreiert. Allein die witzigen Postkarten sind zum Schmunzeln, und selbst wenn viele gar nichts kaufen wollen, tun sie es dann doch.

Kreativ-verspielt ist die Stimmung bei Karin Rochlitz im **Café Faltenrock,** nicht nur was die Einrichtung betrifft – leicht plüschig mit vielen frechen und lustigen Sprüchen, diversen Accessoires wie Schmuck, Tassen und Karten –, Sie können auch Klamotten kaufen. Dazwischen können Sie sich von ausgefallenen Tortenkreationen verführen lassen und manchen Schlager im Hintergrund mitsummen, bei warmem Wetter auch im ebenso schönen Innenhof. Hin und wieder gibt es Lesungen oder Modenschauen.

Ähnlich gemütlich-ausgelassen geht es im **Trödelstübchen** zu, einem Antiquitätenladen, der gleichzeitig Café ist. So kann man den Stuhl, auf dem man gerade saß, gleich kaufen und mitnehmen.

Gegenüber gibt es **Keramik von Susanne Koenig** – doch nix Teller und Tassen, sondern Ofensteine, Boden- und Wandfliesen in einer riesigen Vielfalt an Farben und Formen. Sie fertigt auch historische Kacheln für Hauseingänge, Fassaden und U-Bahnstationen. Wer also vorhat, demnächst Küche, Bad oder die Ofenecke neu zu gestalten, könnte hier fündig oder zumindest inspiriert werden.

Ganz am Ende, mit Turmblick, kommt das **Plauder-Käseeck** von Uta Gebert. Hier herrscht immer gute Stimmung, es gibt einfache und ausgefallenen Käsesorten, dazu passende Tropfen und andere Köstlichkeiten zum Mitnehmen oder zum Verzehr im gemütlichen Bistro mit Innenhof (alle Adressen s. Große Burg- und Wallstraße S. 155).

Den Plauer See entdecken

Plau ist der einzige große Ort am gleichnamigen See, ansonsten grenzen nur kleine Dörfer ans Ufer. Der Rinnensee ist der drittgrößte See Mecklenburgs. Seine Buchten und Steilufer lassen sich gut auf einer Bootstour erkunden (s. u.), möglich auch in Kombination mit einer Radtour. Denn die ca. 50 km einmal herum sind nicht ganz ohne. Es gibt einige sandige Passagen und im südlichen Bereich manch steilen An-/Abstieg. Dort ist auch noch der üppige Wald zu erahnen, der einst den gesamten See umgab. Viele Bäume wurden als Bau- und Brennholz über die Elde Richtung Westen geflößt. Daher hat Plau auch seinen Namen, der sich von *plawe* ableitet, was Flößerort bedeutet.

Museen

Feder-Mandalas und Radball

Burgmuseum Plau: Der alte Burgturm mit seinem 11 m tiefen Schuldnerloch, der an der Wand umlaufenden Wendeltreppe (nur 47 Stufen), der Pendeluhr aus dem 16. Jh. und den bunten Fenstern mit Ausblick begeistert schon. Spannend wird es dann im Flachbau, der Heimatstube. Die komplette Werkstatt einer Plauer Schuster-Dynastie, voll funktionsfähige Druckmaschinen, Dr. Alban und seine Dampfmaschinen, die Nerzzucht in Appelburg, die Fischer von Plau u. v. m. Plau war mal eine der größten Industriestädte Mecklenburgs. Und Radhochburg, ein entsprechender Verein gründete sich bereits 1896. Das erklärt auch die umfangreiche Fahrradsammlung inklusive Laufrad – das erste kam nämlich aus Plau – sowie einige knallgrüne Radball-Räder aus DDR-Zeiten. Doch wer kennt Radball? Das Museum wird von einem ehrenamtlichen Verein betreut, dessen Mitglieder wissen, wie all die Dinge funktionieren, und sie auch noch reparieren können. Oft werden sie auch außerhalb zur Hilfe gerufen. Und manch ein Plauer Bürger hat ihnen besondere Schätze vermacht, wie die Federbilder von Manfred Lüpke, die aussehen wie Mandalas.

Burgplatz 2, T 038735 443 75, www.burgmuseum-plau.eu, Ostern–Okt. tgl. 10–17 Uhr, Museum 3 €, Kinder 0,50 €, Turm 2 €

Schlafen

See-Idyll

Plau Lagoons: Anna und Ralf Kramer haben direkt am Plauer Ufer, unweit des Jachthafens, eine ganz besondere Unterkunft geschaffen. Die 10 Appartements für 2–8 Pers. befinden sich in 5 Holzhäusern im skandinavischen Stil, alle mit Terrasse bzw. Balkon und Kamin. Auch bei der Einrichtung und Ausstattung legen sie Wert auf Nachhaltigkeit. Das schöne Seegrundstück mit Hängematten, Grillecken, Kanu, Pavillon und eigener Badestelle grenzt rückwärtig an einen Kanal und Wald. Summa summarum ein Ort, wo Urlauber sowohl verweilen als auch zu Entdeckungen rund um Plau aufbrechen können.

Kalkofen 93–111, mobil 0172 321 27 29, www.plau-lagoons.de, 2–8 Gäste, €–€€

Edles Feriendorf am See

BEECH Resort Plauer See: Das gut konzipierte und edel gestaltete Feriendorf – nach Besitzerwechsel im Frühjahr 2024 neu eröffnet – liegt ca. 9 km südlich von Plau und bietet Zimmer und Appartements zwischen Wald und Schilf direkt am See, die mit Kamin auch im Winter für eine besondere Atmosphäre sorgen. Im Restaurant gibt es reichhaltige Frühstücksbuffets und ausgesuchte Abendmenüs. Außerdem können Leihräder, Sonnenliegen, Sauna und Fitnessbereich genutzt werden. Der Luxus hat allerdings seinen Preis.

Dresenower Mühle 9, Ganzlin, T 038737 33 00, www.beechresort-plauer-see.com, DZ und App. mit Kamin für 2–4 Pers., €€€

Essen, Einkaufen

Eldeblick 1

Fackelgarten: In diesem angenehmen Neubau direkt an Elde und Blauem Wunder lässt es sich wunderbar verweilen, entweder auf der Terrasse oder im sachlich eingerichteten Restaurant mit großer Glasfront. Die Gerichte mit internationalem Einschlag sind schmackhaft und werden so ansprechend serviert, wie der gesamte Fackelgarten aussieht. Zum Restaurant gehört auch ein schönes **Hotel.**

Dammstraße 1, T 038735 85 30, www.fackelgarten.de, Mai–Okt. Mi–So 12–22, Küche bis 20 Uhr, sonst nur Fr–So, €€; Zimmer und App. für bis zu 4 Pers. €€

Eldeblick 2

Zeislers Esszimmer: Hell, modern und trotzdem gemütlich speisen Sie am Rand der Altstadt mit herrlichem Blick auf die Elde im Restaurant des Gastronomenpaars Zeisler. Es gibt traditionelle Küche mit internationalem Einschlag (u. a. Flusskrebse), aber auch Vegetarier kommen auf ihre Kosten.

Strandstr. 4, T 038735 49 70 00, www.zeislers.de, Fr–So 11.30–21 Uhr, €€–€€€

Vom Ofen ins Boot

Müritzfischer: Sie sind natürlich auch in Plau am Start, in der Saison mit einer Hütte am Hafen, ansonsten gleich bei der Unterquerung der Bundesstraße. Da ihre Räucherei direkt an der Elde liegt, gibt's hier sogar einen Drive-in – vom Ofen direkt ins Boot. Sie vermieten auch Ferienwohnungen.

An der Metow, T 03991 153 40, www.mueritzfischer.de, Jan.–April, Nov./Dez. Mi–Fr 9–16, Sa 8–12, Mai/Juni, Okt. tgl. 9–17, Juli–Sept. tgl. 9–18 Uhr, Fewo für 2–6 Pers. €

Große Burg- und Wallstraße

Plaupause: Große Burgstr. 13, mobil 0178 479 43 91, www.plaupause.net, Mai–Okt. Mi–So 11–18 Uhr, sonst Mi–Fr 11–18, Sa 11–16 Uhr

Trödelstübchen: Große Burgstr. 25, mobil 0151 59 17 40 31, www.troedelstuebchen-plau.de, Mi–So 13–18 Uhr

Faltenrock: Große Burgstr. 21, mobil 0173 713 80 16, Mo–Fr 13–18, Sa/So 10–18 Uhr

Susanne Koenig Keramik: Große Burgstr. 24, mobil 0172 238 74 54, www.bauterrakotta.de, Mo–Mi, Fr/Sa 11–13, 14–18 Uhr

Plauder-Käseeck: Wallstr. 2, mobil 0178 819 74 15, www.plauder-kaeseeck.de, Di/Mi 10–18, Do–Sa 10–22, außerhalb der Saison Do/Fr 10–22, Sa 10–13, 18–20 Uhr, auch Fewo für 2–4 Pers., €€, zu buchen über Airbnb

Bewegen

Stadtführung

Klassische Stadtführungen sind über die Info (s. S. 157) zu buchen.

April, Sept./Okt. jew. Sa 11, Mai–Aug. Mi 15, So 11 Uhr, 3 €, erm. 2 €, 2 Std.

Im Doppeldecker um den See

Plauer Rundbus: Der rote Bus fährt Ende Mai–Aug. mit Audiokommentar 5 x am Tag um den See. Mit dem 24-Std.-Ticket kann man überall an den 21 Stationen ein- und zusteigen. Dazu gehören u. a. das Agroneum in Alt Schwerin am Nord-

Der Leuchtturm – ein weiteres Wahrzeichen von Plau

ufer, die Einkehr Lenzer Krug am Ost- und der Bärenwald am Südufer.

www.rundbus.de, mit Kurkarte von Plau, Malchow, Zislow kostenlos (gilt erstmals 2024), sonst 16 €, erm. 10 €, Familienticket 36 € (2 Erw., 2 Kinder), Kinder unter 6 Jahren frei. Hund und Räder (bis zu 8) jew. 1 € extra

Boot, Brett und Paddel

KanuTeam: Auf dem See, v. a. aber der Elde lässt es sich wunderbar paddeln. Der alteingesessene Anbieter westlich der Schleuse an der Eldebrücke vermietet neben Kanus und Kajaks auch Paddelboards (SUP), hat Tourenempfehlungen parat und betreibt die kleine **Pension Zur Scheune** gleich um die Ecke.

Lübzer Chaussee 17B, mobil 0172 307 65 14, www.kanuteam-plauamsee.de, 2er 10 €/ Std., 35 €/Tag, Pension €

Rad und Reparatur

Fahrrad Luchs: Gute Räder bekommt man in diesem empfehlenswerten Fachgeschäft in der Altstadt, Lieferung in die Unterkunft auf Anfrage.

Steinstr. 38, mobil 0173 786 93 32, www.fahrrad-luchs.de, Mo–Fr 9–12.30, 14.30–18, Mi nur vorm., Sa 9–12 Uhr, 10 €/Tag, E-Bike 25 €/Tag

Seefahrten

Fahrt um den Plauer See mit Stopp u. a. in Bad Stuer und Lenz, Drei-Seen-Fahrt nach Malchow (beide ca. 2,5 Std., 20 €) oder Drei-Schleusen-Fahrt nach Lübz.

An der Metow, T 038735 444 49, www.fahrgastschiffahrt-wichmann.de

Baden

Beliebt sind die **Seeluster Bucht** (zum Verlieben schön und mit vielen Hotels) und der Strand **Dresenower Mühle** (beim BEECH Resort, s. S. 154) südlich von Plau sowie die zwei Badestellen im nördlichen **Heidenholz.**

Abenteuer

Kletterpark und Barfußpfad: Südlich des Klüschenbergs wunderbar im Wald kann hier ein Kletterparcours absolviert werden, der sich langsam höherschraubt. Spannend auch der Barfußpfad, wo man nicht nur Trockenes unter den Füßen hat.

Ziegeleiweg 24, T 038735 81 97 38, www.kletterpark-plau.de, April/Sept./Okt. Di–Do, Sa/So 11–16, Mai–Aug. Di–Do, Sa/So 10–18 Uhr (bei gutem Wetter), 20 €

Infos

- **Wintertheater:** Um für Gäste auch im Winter etwas Besonderes zu bieten, kam Ernst Gotzian, Hotelchef vom Klüschenberg, auf die Idee eines ungewöhnlichen Wintertheaters. Ein Klassiker der Weltliteratur wird kulinarisch in sieben Gängen interpretiert und mit Auszubildenden und Jungfacharbeitern inszeniert. Seit dem Start 1999 wächst die Fangemeinde und ist gespannt, welcher Klassiker als Nächstes (Nov.–März) aufgeführt wird. 2023/24 waren »König Artus & seine heißen Feen« das Thema. Klüschenberg 14, T 038735 492 10, www.klueschenberg.de, Hotel €.

- **Tourist-Information:** Burgplatz 2, T 038735 456 78, www.plau-am-see.de, Mai–Sept. Mo–Fr 9–18, Sa/So/Fei 10–14, Okt./April Mo–Fr 10–17, Sa/Fei 10–13, Nov.–März Mo–Fr 10–14 Uhr. Zu verfehlen ist die Info nicht – der große Bau neben dem alten Turm.
- **Parken:** Parkplätze im Zentrum sind rar und kosten 0,50 €/Std. Kostenlos parken kann man der Ecke B 103/Quetziner Straße (bei all den Supermärkten), etwa 700 m nördl.

Lübz

D6

Nicht nur Bierkenner werden bei **Lübz** sofort an das Bier denken. Umso überraschender, dass der Ort an der Elde-Müritz-Wasserstraße nicht von der Brauerei bestimmt wird, sondern eine schöne kleine Stadt mit viel Flair ist, die sich gerade herausputzt.

Mehr als ein Bier

Krumme Straßen und Sträßchen, viel Kopfsteinpflaster, altes Fachwerk, gerade und schief, ein Teil schon saniert, Holztüren schick oder vor sich hingammelnd, unten wohnen noch welche, oben sind die Scheiben kaputt, an manchen Fassaden sind schmucke Zierkacheln angebracht, und an der Hubbrücke mit Schleuse ist die Sparkasse in die **Historische Wassermühle** gezogen. Unterm Dach gibt es eine Ausstellung zur Geschichte der Mühle. Schräg gegenüber ragt der **Amtsturm** auf, einer der am besten erhaltenen Wehrtürme Deutschlands und einziger Zeuge der einstigen Eldenburg (1308). Darin ist seit den 1970er-Jahren das **Stadtmuseum** untergebracht (s. u., 4 €) – eine liebevoll zusammengestellte Sammlung zu verschiedenen Themen auf den jeweiligen Etagen, ganz oben das Kapitel Brauerei mit vielerlei Flaschen und einer umfangreichen Sammlung von Biergläsern. In knapp 1 km Entfernung ragt ein weiterer Turm auf, der **Wasserturm,** den man ebenfalls besuchen kann (s. u.). Der Ausblick in 37 m Höhe auf Stadt und Land ist einzigartig.

B

FÜHRUNG UND BIERBROT

Bierfans empfehle ich unbedingt eine Führung durch die **Lübzer Brauerei,** seit 1877 am Platz. Da gibt es einiges zur Geschichte und zu den Bieren zu erzählen. Man erfährt, dass der Treber, die Rückstände des Braumalzes, in der Viehhaltung genutzt wird, und die **Traditionsbäckerei Lau** Bierbrot daraus backt. Zum Abschluss darf dann im Turmzimmer ein bisschen verkostet und geschnackt werden (Brauerei: mobil 0173 340 14 22, www.luebzer.de, 1,5 Std., 15 €; Bäckerei: Am Markt 6, T 038731 219 67, Mo–Fr 6.30–17, Sa 6–12 Uhr).

Infos

- **Stadtinformation:** Am Markt 3, T 038731 47 18 31/39, www.luebzerland.de, Mai–Sept. Mo–Fr 9–12, 13–16, Sa/So 10–12, 13–16 Uhr, Okt.–April Mo–Fr 10–12, 13–16 Uhr. Die kleine Stadtinfo betreut auch das Stadtmuseum und hat den Schlüssel für den Wasserturm (Kaution 50 €).
- **Bus:** Verbindungen mit den Bussen der MVVG (s. S. 114) sowie VLP (www.vlp-lup.de) u. a. nach Plau und Parchim.

Neubrandenburg und Tollensesee

Vielfalt im Osten — Obwohl abgelegen, geben sich hier Hexen, Sportler, Eiskönige und Weinbauern ein Stelldichein.

Seite 161

Neubrandenburg

Ihre Schönheit verbirgt die Stadt hinter mittelalterlichen Mauern. Auch wenn viel zerstört wurde, gibt es große und kleine Schätze zu entdecken. Und dann liegt sie noch paradiesisch am Tollensesee.

Seite 173

Burg Stargard

Die Stadt wurde auf sieben Hügeln erbaut, die man auf dem Sieben-Berge-Rundweg am besten entgegen dem Uhrzeigersinn umrunden kann. So gelangt man von hinten über Streuobstwiesen zur Burg – für mich der schönste Weg.

Wer hätte es gedacht? Die Mecklenburger bauen Wein an.

Eintauchen

Seite 172

Wanderung nach Burg Stargard

Auf diesem angenehmen Spazierweg von Neubrandenburg durch das Lindebachtal ist mit Sicherheit auch schon Fritz Reuter nach Burg Stargard gewandert, nicht ohne zünftige Einkehr im Café am Wurz- und Kräutergarten der alten Wehrburg.

Seite 179

Alt Rehse

Das Dorf oberhalb des Tollensesees strahlt Idylle und Frieden aus – dabei geschahen hier unter den Nazis furchtbare Dinge. Ein Museum gibt Auskunft. Interessant und erschreckend zugleich!

Seite 181

Hohenzieritz

Sie war die Königin der Herzen. Hübsch, klug und unkonventionell eroberte sich Königin Luise die Zuneigung ihrer Untertanen. Das Zimmer auf Schloss Hohenzieritz, in dem sie nur 34-jährig starb, avancierte schnell zum Pilgerort.

Seite 177

Behmshöhe

Den schönsten Blick auf den Tollensesee genießen Sie von diesem Turm am Ostufer – Rapunzel lässt grüßen.

Seite 184

Jackle und Heidi

Für mich sind sie die Eiskönige von Mecklenburg-Vorpommern. Alle Zutaten sind regional, saisonal und mit Esprit komponiert. Endlich haben sie einen Flagstore in ihrer Heimatstadt Penzlin eröffnet.

Seite 185

Prillwitzer Idole

Was die Hitler-Tagebücher für den Stern waren, waren die Prillwitzer Idole für das Haus Mecklenburg-Strelitz.

Treffender hätte der Ort für ein Museum der Alltagsmagie und der Hexenverfolgungen nicht gewählt werden können als in der Burg von Penzlin. Denn hier fanden einige spektakuläre Hexenprozesse des Nordens statt.

Hollywood hat seinen Walk of Fame und Neubrandenburg seinen Walk of Sport.

erleben

Entdeckungen am Rande

N

Neubrandenburg ist nach Schwerin die zweitgrößte Stadt in der Mecklenburgischen Seenplatte (rd. 65 000 Einwohner) und die größte im Nordosten der Republik. Die etwas abgeschiedene Lage kurz vor den stillen Weiten Vorpommerns, ihr Image als Handels- und Industriestandort, die vielen Neubauten und schlicht Unkenntnis lassen die Stadt und damit auch die umliegende Landschaft eher abseits der touristischen Routen liegen. Dabei hat Neubrandenburg eine der aufregendsten Konzertkirchen Deutschlands sowie die größte, schönste, höchste und quasi komplett erhaltene mittelalterliche Stadtmauer im Norden. Besonders eindrucksvoll sind die imposanten Stadttore und die hübschen aufgesetzten Wiekhäuser.

Und wäre das nicht schon genug, liegt die Stadt am Nordufer des Tollensesees, der für mich zu den schönsten Seen der Seenplatte zählt und den zu umrunden eine wahre Freude ist. An seinem Ufer liegen einige idyllische Örtchen, darunter auch Alt Rehse, dessen dunkle Vergangenheit kaum bekannt ist und wo eine engagierte Unternehmerin dabei ist, dem Ort Gutes zu tun.

ORIENTIERUNG

O

Internet: Unter www.neubrandenburg.m-vp.de gibt es Infos zu Aktivitäten, Veranstaltungen, Unterkünften etc. sowie speziellen Urlaubsangeboten in Neubrandenburg und rund um den Tollensesee.
Bahn: Neubrandenburg kann von Teterow und Güstrow aus erreicht werden und liegt wie Burg Stargard an der Strecke Berlin–Neustrelitz–Stralsund.
Bus: Alle anderen Orte sind nur mit den Bussen der MVVG zu erreichen (www.mvvg-bus.de; S. 251). Diese betreibt auch den DAT-Bus, eine Direktverbindung mit Fahrradanhänger über Penzlin nach Waren.

Zur Region gehört auch das Schloss Hohenzieritz, Erinnerungsort an Luise, Königin der Herzen, die hier 1810 mit gerade mal 34 Jahren urplötzlich verstarb. Und wer hätte das gedacht? Bei Burg Stargard liegt das nördlichste Weinanbaugebiet Deutschlands!

Ein Großteil der Region lässt sich wunderbar mit dem Rad erkunden; immer wieder gibt es hübsche Alleen und Dörfer. Und wer Ruhe und Beschaulichkeit sucht, wird die Randlage zu schätzen wissen.

Neubrandenburg

H5

Wenn man über die breiten von Plattenbauten gesäumten Straßen anreist, kommt die Frage auf »Oh will ich hier wirklich anhalten?«. Aber die ›Platte‹ ist nun mal ein Teil von **Neubrandenburg.** Immerhin wurde hier der erste Fünfgeschosser vom Typ »Wohnungsbauserie 70« aus industriell vorgefertigten Platten errichtet – der Renner im Osten, wie man auf einer Reise immer wieder feststellen kann. Schließlich gab es arge Wohnungsnot, in Neubrandenburg war sie besonders groß. Ganze 85 % der Innenstadt waren beim Einzug der Russen in Flammen aufgegangen, was die Stadt nachhaltig prägte. Doch einiges blieb erhalten, vor allem die nahezu komplette mittelalterliche Stadtmauer. Zugreisende »steuern direkt darauf zu, meist ist der erste Impuls, sie einmal abzulaufen – was sich absolut lohnt! Und dann ist da noch die Lage am Tollensesee mit bewaldeten Höhen jenseits der Ufer. Um dieses im wahrsten Sinne des Wortes ›Nah‹-Erholungsgebiet kann man die Neubrandenburger ein bisschen beneiden. Kein Wunder, dass Sport hier eine wichtige Rolle spielt. Und so hat Neubrandenburg beides – den Fortschritt von damals, die Platte, und Sehenswürdigkeiten, die noch heute locken.

Zwischen See und Altstadt

Sport hat eine lange Tradition in Neubrandenburg. Kein Geringerer als **Turnvater Jahn** (1778–1852) entdeckte als hiesiger Hauslehrer (1803/04) die positiven Auswirkungen der körperlichen Ertüchtigung in der freien Natur,

Die alte Stadtmauer von Neubrandenburg mit ihren imposanten und ganz unterschiedlichen Toren lässt sich mit dem Rad gut umrunden. Innerhalb geht man besser zu Fuß, weil es sonst gar zu holperig wird.

O

VON OBEN

Wow, was für ein Blick, mitten im Brodaer Holz am Hang über dem Tollensesee, weit und friedlich! Das hatte schon Adolf Friedrich IV. festgestellt und ein Sommerhaus errichten lassen. Unter Großherzogin Marie wurde es durch einen **Tempel** im klassisch dorischen Stil ersetzt. Zwischen Säulen mit Blick auf den See nahmen die Adeligen ihren Tee ein – sehr romantisch! Tee wird nicht mehr serviert, die Romantik ist geblieben, und manche geben sich vor dieser Kulisse das Ja-Wort. Zum Glück können Sie dann auf das untere, modernere, doch ebenso schöne **Belvedere** ❶ ausweichen – eine Terrasse wie ein Balkon. Nicht weit entfernt liegt der **Strand von Broda** ❸, wo man ohne Weiteres einen ganzen Tag verbringen kann.

was dann 1810 mit der Gründung des Deutschen Bundes in der Hasenheide/ Berlin zum offiziellen Beginn der Turnbewegung wurde. Logisch, dass es einen **Jahnsportpark** und ein **Jahnstadion** gibt, erbaut 1957 auf einer trocken gelegten Moorwiese zwischen Innenstadt und See. Zeitgleich wurde ein 35 ha großer **Kulturpark** ❷ mit **Wildrosen- und Magnoliengarten** ❸, Eisdielen und **Spielplatz** ❹ angelegt. Künstler haben Skulpturen zum Klettern, Liegen oder Sitzen beigesteuert, und vom Meister der gebogenen Betonkonstruktionen, Ulrich Müther, stammt die **Stadthalle** ❺.

Der schnellste Indianer

Am Rande des Kulturforums fällt ein großer moderner und bunter Bau auf (Schwedenstr. 20). Die einstige KJS (Kinder- und Jugendsportschule) wurde zum **Sportgymnasium** ❻ und zur Eliteschule des Sports – ein Prädikat, das für jeweils vier Jahre verliehen wird und an einen Olympiastützpunkt gebunden ist. Die Hauptsportarten in Neubrandenburg sind Rudern, Leichtathletik, Kugelstoßen, Speer- und Diskuswerfen sowie seit der Wende auch Triathlon. Aus dem Neubrandenburger SC stammen Olympiasieger, Welt- und Europameister: z. B. Astrid Kumbernuss (Kugelstoßerin), Anke Behmer (Mehrkämpferin), Kathrin Krabbe (Leichtathletin) und Andreas Dittmer. Mit dreimal Olympiagold und acht Weltmeistertiteln ist Letzterer der bisher erfolgreichste Kanute aller Zeiten. In seinen aktiven Zeiten nannte man ihn den schnellsten Indianer. So wie Hollywood seinen Walk of Fame hat, gibt es im Zentrum Neubrandenburgs seit Oktober 2020 einen **Walk of Sport** ❼. Der erste Stern gehört – ganz klar – Andreas Dittmer. Zum gleichen Zeitpunkt übernahm er als Trainer die deutsche Nationalmannschaft der Kanuten. Weitere Sterne sind gefolgt und werden noch folgen. Und wer den Kanuten beim Training oder bei Wettkämpfen zuschauen möchte, sollte den **Oberbach** ❽ ansteuern.

Auf Fritz Reuters Spuren

An Reuter kommt man in Neubrandenburg nur schwer vorbei. Sieben Jahre verbrachte er hier (1856–63), glücklich und produktiv. Viermal wechselte er die Wohnung, das **Haus Stargarder Str. 35** ❾ ist noch erhalten. Lange erinnerte dort ein Reuter-Café an den Dichter, jetzt gibt es indische Küche. Gleich um die Ecke liegt der seit 2023 für immer (?) geschlossene Fürstenkeller, damals der Fürstenhof, in dem Reuter mit seinen Freunden gerne zechte, und das nicht zu selten. Hier bekam er allerdings auch viel guten Stoff geliefert, u. a. für sein »Dörchläuchting« (auch auf Hochdeutsch herrlich zu lesen). Diese Durchlaucht ist Friedrich Adolf IV., der sich gerne mit schönen Dingen umgab, doch wenn es ans Bezahlen ging, nur auf spärlich gefüllte Staatskassen zurückgreifen konnte. So kommt die berühmte Szene mit Mudder Schulten zustande – eine resolute Bäckersfrau, die dem Herzog in aller Öffentlichkeit die offene Rechnung der letzten drei Jahre präsentiert, die dieser ihr aus der Hand schlägt und weitereilt. An diese legendäre Episode der Neubrandenburger Stadtgeschichte erinnert der **Mudder-Schulten-Brunnen** ⑩ am nördlichen Zugang zur Innenstadt, schräg gegenüber ganz klassisch ein **Reuterdenkmal** ⑪.

Altstadt

Neubrandenburg hat etwas, was andere deutsche Städte nicht mehr haben – eine nahezu komplett erhaltene 2,3 km lange und 7 m hohe Stadtmauer, vier gewaltige Stadttore und 25 **Wiekhäuser.** Diese ursprünglich einfachen Bauten waren typisch für mittelalterliche Stadtbefestigungen im Nordosten Deutschlands. Sie waren in die Stadtmauer eingelassen und dienten sowohl der Beobachtung als

Die alten ›Mauerhäuschen‹ werden heute ganz unterschiedlich genutzt, hier z. B. als uriges Mauerlokal.

auch der Befestigung. Neubrandenburg zählte mehr als 50. Nach dem Dreißigjährigen Krieg wurden sie zu Wohnbuden für die Ärmsten umfunktioniert, ab 1900 aber nicht mehr benötigt. So verfielen die Wiekhäuser, das Holz faulte weg, manche stürzten ein. Zu DDR-Zeiten wollte man sie komplett einreißen, doch es gab Proteste, und Betriebe übernahmen Patenschaften. Zum Glück! Sie sind einzigartig, heute im Besitz der Stadt, und sie werden für Kunst-, Kultur- und soziale Projekte genutzt. Wer so ein Häuschen von innen sehen möchte, kann sich einmieten (s. S. 169) oder das **Versicherungsmuseum** ㉔ besuchen (s. S. 168). Bei einem kompletten Rundgang kommt man automatisch daran vorbei, so wie auch am **Fangelturm** ⑬, einst ein Gefängnis. Die Tore wurden als Wehrtore errichtet, d. h.

M

MURALES

Beim Gang durch die Stadt, z. B. entlang der inneren Stadtmauer oder in der Kleinen Wollweberstraße, fallen immer mal wieder Wandbilder ins Auge. Sie stammen von **Wilhelm Sehlke,** einem Neubrandenburger Künstler, der auf seine Art für Farbtupfer und Hingucker im Stadtbild – und auch anderswo in Mecklenburg-Vorpommern – sorgt. Besonders schön sind seine Illusionsbilder, z. B. in der **Katharinenstraße 8** ⑫ (www.wandmalerei-sehlke.de).

Neubrandenburg

Ansehen
- 1 Belvedere
- 2 Kulturpark
- 3 Wildrosen- und Magnoliengarten
- 4 Spielplatz
- 5 Stadthalle
- 6 Sportgymnasium
- 7 Walk of Sport
- 8 Oberbach
- 9 Haus Stargarder Str. 35
- 10 Mudder-Schulten-Brunnen
- 11 Reuterdenkmal
- 12 Wandbild Katharinenstr. 8
- 13 Fangelturm
- 14 Friedländer Tor
- 15 Treptower Tor
- 16 Stargarder Tor
- 17 Neues Tor
- 18 Stadtmodell
- 19 Haus der Kultur und Bildung
- 20 Marienkirche/Konzertkirche
- 21 Brigitte-Reimann-Literaturhaus
- 22 Museum für Stadt- und Regionalgeschichte
- 23 Kunstsammlung Neubrandenburg
- 24 Versicherungsmuseum

Schlafen
- 1 Badehaus
- 2 Hotel Weinert

Essen
- 1 Das Wichmanns
- 2 Mudder-Schulten-Stuben
- 3 Zur Lohmühle
- 4 Herr Grünfink
- 5 Kaffeebar 25 Grad
- 6 Turmcafé

Einkaufen
- 1 Biomarkt
- 2 Geist und Rauch

Bewegen
- 1 Anleger beim Badehaus
- 2 Augustabad
- 3 Strandbad Broda
- 4 Reitbahnsee
- 5 Jachthafen Neubrandenburg
- 6 Bootsverleih Tobias Winter

Ausgehen
- 1 Schauspielhaus Neubrandenburg
- 2 Marstall Neubrandenburg
- 3 Konsulat
- 4 Latücht

---

mit einem Außen- und Innentor sowie einem Zwischenbereich – gut zu sehen am **Friedländer Tor** 14, dem ältesten der vier und im Dreißigjährigen Krieg stark umkämpft von Tillys Truppen.

Das **Treptower Tor** 15, erbaut um 1400, ist das höchste und mit seinen Ziergiebeln das repräsentativste. Hier hat das Frühgeschichtliche Museum mit einer Ausstellung zu Rethra seinen Sitz (leider schon länger geschlossen). Im Zwischenbereich befindet sich das hübsche **Zollhaus Café** mit kleinem Stöber-Lädchen (Mo–Sa 10–17 Uhr, Mo–Fr auch Frühstück und Mittagstisch). Lionel Feininger imponierte das Tor 1925 so sehr, dass er es gemalt hat. Eine Säule markiert den Standort des Malers und zeigt, wie dieser aufs Tor schaute und es ganz in Feininger-Manier wiedergegeben hat. Dem **Stargarder Tor** 16 (1311) sieht man das Wehrhafte durch seine Verzierungen und Giebel nicht gleich an. Ungewöhnlich sind die neun Figuren mit erhobenen Armen in Richtung Innenstadt, die **Adorantinnen,** wobei nicht sicher ist, ob es wirklich Frauen sind. Sie sind ebenso wie jene am **Neuen Tor** 17 (15. Jh.) unterschiedlich groß. Bis heute wird über sie spekuliert: Grüßen, warnen oder segnen sie?

Die moderne Innenstadt

Beim Umrunden der Stadt innerhalb der Stadtmauern fällt der Kontrast zwischen der alten Stadtmauer und den meist neuen Bauten zur anderen Seite auf, von denen manche als Reihenhäuser oder Siedlung angelegt wurden. Viele entstanden in den letzten zehn Jahren, wie unschwer zu erkennen ist: Holz, Metall, Glas und Beton. Ein Blick auf das **Stadtmodell** 18 vor der Marienkirche ist sehr aufschlussreich.

Neubrandenburg hatte es 1945 arg erwischt. 85 % der Innenstadt waren zerstört. Man baute die Häuser neu auf, viele im Stil der Stalinbauten (Stargarder Straße) und der 1970er. Dazwischen immer mal Altes wie um **Schauspielhaus** 1 und **Marstall** 2, und in der Großen Wollweberstraße. Dreh- und Angelpunkt ist der Markt mit dem **Haus der Kultur und Bildung** 19 (HKB) mit seinem Turm, auch Kulturfinger genannt, beide im DDR-Stil der 1960er-Jahre. Ganz oben auf dem Turm gibt es eine Aussichtsplattform und in den beiden Etagen darunter das **Turmcafé** 6. Hier ist es immer noch ein wenig ›ostig‹, der Ausblick fantastisch, und Kaffee und Kuchen sind lecker. Ein

Die Adorantinnen, hier am Neuen Tor, geben bis heute Rätsel auf. Ihre Geste hat etwas Huldigendes, auch Segnendes. Doch über ihre wahre Bedeutung für Neubrandenburg geben die Archive bisher nichts preis.

Bild aus blau-weißen Kacheln, angefertigt nach einem Stich aus dem 16. Jh., also noch vor dem Dreißigjährigen Krieg, nimmt fast eine ganze Wand ein. Zu sehen sind die drei Wassergräben und die beiden großen Kirchen, ja, man erkennt sogar Bäume, Gärten und Brunnen. Und wie dicht die Wiekhäuser standen! Dann schaut man aus dem Fenster und erblickt so viele gesichtslose Bauten. Und mitten drin ein Highlight – die Marienkirche.

Wunder über Wunder

Jede Kirche hat ihr Wunder, die **Marienkirche** ⓴ (13. Jh.) von Neubrandenburg hat mindestens zwei. Einmal gibt es da die Geschichte vom wilden Eber, der in den umliegenden Wäldern lebte und alle in Angst und Schrecken versetzte. Also tat man sich zur Treibjagd zusammen, doch das Tier entwischte durch eine Lücke in der Kette der Treiber und rannte, durch den Lärm vollkommen kopflos geworden, in Richtung Stadt, durchs Stargarder Tor und die offen stehende Tür der Marienkirche. Alle hielten den Atem an, doch in der Kirchenmitte stoppte der Eber und sank zu Boden. Zahm geworden, ließ er sich ins Freie führen und tat seither niemandem mehr etwas zuleide. Diese Geschichte soll einen aus Süddeutschland stammenden Handwerker zu seinem Gesellenstück inspiriert haben: einen bronzenen Türklopfer in Form eines Eberkopfes, dem ein Ring durch die Nase gezogen ist, versehen mit der Inschrift: »ich heyte herman ram – ich byn tam zam eyn lam – amen« (»Ich heiße Hermann Ram. Ich bin zahm wie ein Lamm. Amen.«). Lange schmückte dieser Türklopfer das Südportal, bevor er 1945 in den Flammen stark zusammenschmolz und aus den Trümmern geborgen wurde (s. **Regionalmuseum** ㉒, S. 167).

›Alte‹ Hülle, moderner Kern

Das zweite Wunder ist der Wiederaufbau der Kirche, so zerstört wie sie war. Nur die Außenmauern und Teile des Turms standen noch. In den 1980ern begann man mit dem Wiederaufbau, ein Neubrandenburger Architekt, Josef Walter, hatte die Idee für eine **Konzertkirche.** Den Wettbewerb nach der Wende gewann jedoch der Finne Pekka Saminen. Sieht man Fotos der alten Marienkirche, kann man die Aufregung um die so gar nicht kirchliche Decke im Innern etwas verstehen. Doch letztlich sorgt sie für die Akustik, und es ist ein toller Bau geworden. Hinter einer altehrwürdigen Backsteinfassade verbirgt sich ein hochmoderner Konzertsaal – hell, klare Formen und Oberflächen, Fenster ohne Malereien, schlichte Holzbänke. Die Eröffnung der **Konzertkirche Neubrandenburg** im Juli 2001 und das 50-jährige Jubiläum der Neubrandenburger Philharmonie fielen quasi zusammen – was für ein Geschenk!

Seither gilt die Marienkirche als »Deutschlands aufregendste Konzertkirche« und als ein Klassiker der Backsteingotik. Im Turm der Kirche gibt es eine sehr informative Ausstellung dazu. Der Turm selbst mit seinem kreisförmig angelegten Treppenhaus, mit Fotos und Modellen der alten bzw. neuen Kirche ist sehenswert. Oben überrascht eine gelungene Videoprojektion zur Geschichte der Stadt und ein genial schöner Ausblick.

www.konzertkirche-nb.de, Tickets bei der Touristinfo (s. S. 173), Besichtigung nur an veranstaltungsfreien Tagen

Museen

Die Reimann konnte schreiben!

㉑ Brigitte-Reimann-Literaturhaus: Die Schriftstellerin Brigitte Reimann (1933–73) dürfte vor allem durch ihre »Tagebücher und Briefe«, aber auch ihren unvollendeten Roman »Franziska Linkerhand« manch einem bekannt sein. Ihre persönlichen Aufzeichnungen zeigen, wie sehr sie mit sich gerungen hat, leidenschaftlich und selbstreflektiert. Ihre letzten fünf Lebensjahre verbrachte sie in Neubrandenburg, da hatte sie schon Krebs. In der Villa, in der sie die Erdgeschosswohnung mit Garten bewohnte, hat man 1999 das Literaturzentrum Neubrandenburg eingerichtet – Archiv für ihren Nachlass, aber auch den von Hans Fallada (s. S. 224) und Helmut Sakowski (s. S. 216). Die Villa selbst ist ein Neubau, weil die alte bei Sanierungsarbeiten einstürzte. Nichtsdestotrotz erinnert vieles an die Schriftstellerin. Da sind einige ihrer Möbel, die inspirierende Bücherwand und der Blick in den Garten. Eine ungewöhnliche Idee sind die Vorhänge mit Zitaten aus dem Briefverkehr mit Christa Wolf – besonders schön, wenn die Sonne hindurchscheint. Im Treppenhaus hängen thematisch sortiert Fotos von ihrer Familie, Kolleginnen und Kollegen, Lebensstationen, versehen mit Zitaten. Den im Literaturhaus Arbeitenden merkt man ihre Begeisterung an. Sie erzählen gerne, geben Lesetipps und bieten eine sehr gute Bücherauswahl. Das Haus wird auch für Lesungen, Buchpremieren, Musik- und Diskussionsabende genutzt.

Gartenstr. 6, T 0395 571 91 80, www.literaturzentrum-nb.de, Di 10–12, 13–18, Mi 10–12, 13–16, jeden 1. Sa im Monat 10–16 Uhr, 3 €, erm. 2 €

Geschichte mal anders

㉒ Museum für Stadt- und Regionalgeschichte: Das alte Franziskanerkloster aus dem 13. Jh. wurde top saniert und geht nun neue Wege in Sachen Museumsdidaktik. Es gibt keine Texttafeln mehr, sondern nur noch Touchscreens, wo man das betreffende Objekt auswählen kann. Die Texte sind knapp, Zusammenhänge ergeben sich am ehesten mit dem Audioguide, sodass die ganze Ausstellung etwas Fragmentarisches hat. Im Eingangsbereich sieht man den geschmolzenen Türklopfer der Marienkirche und seine Replik (s. S. 166). Unbedingt sehenswert ist das Stadtmodell im ersten Raum vom Kreuzgang ab, wo man nach Drücken eines dicken Knopfes eine zwölfminütige Reise durch die Geschichte Neubrandenburgs unternimmt. Licht, Spots und Stimmen illustrieren und zeigen, wo ein Feuer wütete, die Eisenbahn fuhr u. a. Am Ende weiß man, dass die dunklen Häuser alte Bausubstanz sind und die hellen Häuser nach 1945 entstanden.

Stargarder Str. 2, T 0395 555 12 70, www.museum-neubrandenburg.de, Mi–So 10–17 Uhr, 6 €, Kombiticket mit Kunstsammlung 10 €, gilt einen Monat, Audioguide 2,50 €, hier gibt es auch den Schlüssel für den Fangelturm (s. o.)

Fokus auf der Moderne

23 Kunstsammlung Neubrandenburg: Die herzogliche Kunstsammlung gilt seit dem Krieg als verschollen. Also hat man Anfang der 1980er-Jahre begonnen, eine neue Sammlung aufzubauen und Kunstwerke erworben, die neue, auch ungewöhnliche Entwicklungen repräsentieren. Heute gehören Strawalde, Otto Niemeyer-Holstein und Daniel Spoerri zur ständigen Ausstellung. Letzterer hatte sich von den Prillwitzer Idolen (s. S. 185) zu einem Zyklus inspirieren lassen. Es war naheliegend, eine der Skulpturen zu erwerben (»Knabe mit Eberkopf«). Daneben gibt es immer wieder spannende Wechselausstellungen. Außerdem sind 2006 bei Bauarbeiten am Markt, wo bis 1945 das herzogliche Palais stand, Kellerräume mit Porzellan-, Keramik und Natursteinscherben sowie zerschmolzenem Metall entdeckt worden, offenbar Teil der alten Kunstsammlung. Was vorzeigbar ist, wird ausgestellt – alles untergebracht in einem wunderbar aufgemöbelten alten Fachwerkbau mit Museumshof und Café.

Große Wollweberstr. 24, T 0395 555 12 90, www.kunstsammlung-neubrandenburg.de, Mi–So 10–17 Uhr, 5 €, erm. 2,50 €, Kombiticket mit Regionalmuseum 10 €, gilt einen Monat

Klein und fein

24 Versicherungsmuseum: Kennen Sie die Mecklenburger Versicherung? Sie hat sich 1797 in Neubrandenburg gegründet, musste nach 1945 den Stammsitz nach Hannover verlegen, kehrte nach der Wende jedoch wieder zurück und der ursprünglich erste wurde zum zweiten Stammsitz. In Neubrandenburg ist die Versicherung nicht nur als Sponsor aktiv, sondern hat auch eines der Wiekhäuser zum ›kleinsten Versicherungsmuseum‹ umgestaltet. Ideal, um so ein Häuschen mal von innen zu sehen und zu erfahren, wie und warum Versicherungen entstanden. Dazu gibt es meist eine sehr anschauliche Einführung durch die Museumsmitarbeiterin und eine beeindruckende Schildersammlung. Zu sehen sind auch historisch interessante Fotos.

3. Ringstraße, Wiekhaus 25, T 0395 555 30 62, Besuch nach tel. Vereinbarung

Schlafen

Wasser und Sternenhimmel

1 Badehaus: Schon als das Badehaus 1844 eröffnete, avancierte es schnell zum Liebling bei Einheimischen und Fremden. Anfangs nur eine Badeanstalt, wurde es schnell auch Bierhalle und Imbiss, bis es nach der Wende verfiel und im Frühjahr 2000 als Hotel und Restaurant neu eröffnete. Die geschmackvoll eingerichteten Zimmer inkl. lustiger Kacheln in den Bädern und meist mit Balkon liegen zu verschiedenen Seiten. Das Frühstück ist üppig, mit Blick auf den See. Überhaupt ist der See immer präsent – morgens für ein erstes erfrischendes Bad, tagsüber zum Baden, Sonnen, Lesen, Boot fahren und nachts mit unverstelltem Sternenblick. Das zugehörige Lokal mit lauschiger Cocktailatmosphäre und gutem Essen ist bei Einheimischen und Touristen gleichermaßen beliebt.

Parkstr. 3 u. 4, T 0395 571 92 40, www.badehaus-am-see.de, €€€, Restaurant tgl. 12–22 Uhr, €–€€

Hotel und Wiekhaus

2 **Hotel Weinert:** Der Hotelneubau ist zwar etwas nüchtern und liegt außerhalb des historischen Kerns, doch immerhin in Fußentfernung, mit gemütlichen Zimmern und sehr freundlichem Personal. Zum Hotel gehört eines der historischen **Wiekhäuser,** darin eine Ferienwohnung mit viel Holz.

Ziegelbergstr. 23, T 0395 58 12 30, www.hotel-weinert.de, €, Frühstück 13,50 € extra, Wiekhaus für 2–4 Pers. €€ (mind. 3 Nächte)

Essen

Pizza, Döner, Wok & Co. sind hier natürlich auch verbreitet. In und um die Innenstadt bekommt man vielerorts einen günstigen und guten Mittagstisch (8–11 €). Abends ist das Angebot eingeschränkter, sodass es vor allem am Wochenende und in der Saison ratsam ist, einen Tisch zu reservieren.

Bunt und kreativ

1 **Das Wichmanns:** Ein engagiertes Team hat 2021 das alte Bootshaus übernommen. Bei den Neubrandenburgern bleibt es weiterhin das »blaue Haus« und sie gehen hier auch weiterhin gerne essen. Fisch steht weiterhin auf der Speisekarte, aber auch Burger, Steaks und v.a. vegetarische und vegane Gerichte. In der Küche hat man offenbar große Freude am Kreieren, wenn möglich mit regionalen Produkten. Beliebt ist auch der Sonntagsbrunch.

Schillerstr. 21, T 0395 35 17 03 36, www.wichmanns-restaurant.de, Di, Fr/Sa 9.30–20/20.30, Mi–Do 11.30–20, So (Brunch, Reservierung empfohlen) 10–14 Uhr, €–€€

Wie bei Muddern

2 **Mudder-Schulten-Stuben:** Gegenüber der alten Stadtmauer, mit Biergarten und viel Grün registriert man nicht gleich den DDR-Neubau, in dem schon lange gutbürgerliche Küche serviert wird und wo Neubrandenburger Familien gerne zu Jahrestagen und anderen Anlässen speisen. Die Karte liest sich wie vor 1989: Mecklenburger Rippenbraten, Kloppschinken, Soljanka, Ragout fin, Steak au four, Eisbein … Die Portionen sind ordentlich, einige Gerichte sind auch als kleine Portion zu haben. Sehr netter Service, das ›mecklenburgische Dirndl‹ entspringt allerdings eher der Fantasie. Früher schaute Mudder Schulten alias Ingeborg Schuhmacher von der Niederdeutschen Bühne in historischer Tracht auf einen Schnack rein, eine würdige Nachfolgerin ist noch nicht gefunden.

4. Ringstr. 425, T 0395 582 37 66, www.mudder-schulten-stuben.de, tgl. 11.30–21.30 Uhr, €–€€

Nicht nur tolles Ambiente

3 **Zur Lohmühle:** Direkt vor dem Stargarder Tor am Burgwall gelegen, ein altes Mühlenrad ziert den schönen Fachwerkbau, im Innern eine einladende, etwas feinere Gaststube und draußen ein uriger Biergarten. Je nach Saison variieren die angebotenen Speisen, Wild und Pilze, die Gans mit Füllung, Gulasch mit Kürbispüree. Am Wochenende und in der Hochsaison sollte man besser vorbestellen.

Am Stargarder Tor, T 0395 544 28 43, www.lohmuehle-gasthaus.de, Mo–Sa 11.30–14, 17–21, Fei 11.30–14 Uhr, €–€€

Zugucken

4 **Herr Grünfink:** Eine Mischung aus Bistro und Restaurant, wo im eher spartanischen Ambiente Gerichte mit mediterranem Einschlag serviert werden. Zum Mittag gibt's für kleines Geld köstliche Gerichte, am Abend darf man den Köchen am Tresen zuschauen und kann um eine weitere Zutat bitten. Die Küche ist sehr gesund mit viel Gemüse und Kernen, aber auch Fleisch, Fisch und Pommes fehlen nicht.

Fritz-Reuter-Straße 1A, T 0395 570 89 70, www.herrgrünfink.de, Mo–Fr 11.30–14, 17.30–22, im Sommer auch Sa 17.30–22 Uhr, Mittagskarte €, abends €–€€

Beste Kaffeemomente

5 **Kaffeebar 25 Grad:** Top Espressobar. Die Betreiber werben mit Vielfalt, Leidenschaft, Genuss – die stets gut besetzten Tische und Bänke sprechen für sich. Es gibt nicht nur verschiedene Sorten und Zubereitungsarten, sondern auch Frühstück, selbst gemachte Kuchen und Espresso-Cocktails!

Stargarder Str. 5, T 0395 35 17 54 50, Mo–Fr 9–19, Sa 9–18 Uhr

Welch ein Blick

6 **Turmcafé:** s. S. 165

Marktplatz 1, T 0395 37 96 13 20, Mo 8.30–12, Di–Fr 8.30–17.30, Sa 9–17.30, So 14–17.30 Uhr

Einkaufen

Regional

1 **Biomarkt:** Der gut sortierte Bioladen in der Innenstadt bietet auch viele regionale Produkte an, ggf. kann man eine Biokiste bestellen.

Friedländer Str. 1, T 0395 566 59 26, www.biomarkt-nb.de, Mo–Fr 9–18, Sa 9–14 Uhr

Bewegen

Auf Tour

Stadtführungen: Wer mehr über Neubrandenburg erfahren möchte, kann sich dem Nachtwächter anschließen (Juli/Aug. jew. Fr 21 Uhr, 10 €) bzw. eine historische Führung (März–Dez., jeden 3. Sa um 16 Uhr, 10 €) oder eine ›normale‹ Führung (Juni–Sept., Mi/Sa 11 Uhr, 8 €) buchen.

Anmeldung bei der Touristinfo S. 173

Nordic Walking

Um den See führen einige Nordic-Walking-Routen, so im **Brodaer** und **Nemerower Holz.**

Weitere Infos bei der Touristinfo S. 173

R

RAUCH UND FLÜSSIGES

Geist und Rauch 2 ist eine Institution: Allein schon der Laden ist super, die komplette Einrichtung vermutlich aus dem Gründungsjahr 1957! Weil es die letzte vollständig erhaltene Ladeneinrichtung aus den Zeiten des Wiederaufbaus ist, wurde der Laden 1995 in die Stadtdenkmal-Liste aufgenommen. Im selben Jahr übernahm Britta Wutschke das Fachgeschäft für Weine, Spirituosen und Tabakwaren. Sie hat nicht nur ausgewählte Whiskysorten im Angebot, sondern auch Zigarren, u. a. aus Cuba, Honduras oder Nicaragua, sowie einige hundert Pfeifenmodelle, für die ein eigener »Vier-Tore-Tabak« kreiert wurde. Wer einen Wein von Schloss Rattey (s. S. 174) sucht, wird hier ebenfalls fündig. Der Laden hat mittlerweile Kultstatus!

Stargarder Str. 9, T 0395 582 63 05, www.geist-und-rauch.de, Mo–Fr 10–18, Sa 10–14 Uhr

Kleine Kreuzfahrt

Von Mai bis Sept. fahren zwei Ausflugsschiffe über den **Tollensesee,** »Mudder Schulten« und »Rethra«, an manchen Tagen und ab Juni auch durch den Kanal in das Naturschutzgebiet der Lieps bis nach Prillwitz. Start ist am **Anleger beim Badehaus** 1, weitere Zu- und Ausstiegsstationen am Ost- und Westufer.

»Mudder Schulten«: T 0395 58 42 18, www.fahrgastschiff-mudderschulten.de, 18 €/1,5 Std., 19 €/2 Std., 20 €/2,5 Std., Kinder die Hälfte, Fahrrad 3 €; »Rethra«: Neubrandenburger Verkehrsbetriebe, T 0395 350 05 24, www.neu-sw.de/linienschiff, pro Station 1 €, Fahrrad 3 €

Baden und Wasserski

Es gibt gleich zwei Bäder am Tollensesee und beide sind top – mit herrlichen

Liegewiesen, Stegen, Spielplätzen sowie Volley- und Basketballplätzen. Am Ostufer liegt das **Augustabad** 2 mit dem ersten barrierefreien Badesteg in Mecklenburg-Vorpommern (mit Lift!) und dem tollen Augustacafé (Am Augustabad 8, T 0395 368 41 31, Mi–So, im Sommer tgl. 11.30–22 Uhr, €–€€), am Westufer das **Strandbad Broda** 3 und etwas weiter der FKK-Strand **Buchort.** Ein weiterer toller Badestrand mit beliebter Gaststätte befindet sich nördlich der Innenstadt am **Reitbahnsee** 4 (Reitbahnweg 34). Hauptattraktion ist eine **Wasserski-Seilbahn,** die Anfänger und Fortgeschrittene mit Wasserski oder Wakeboards auf einen 800 m langen Rundkurs befördert (www.wasserski-seilbahn.de). Alle drei Bäder haben in den letzten Jahren immer wieder die Blaue Flagge für hervorragendes Umweltmanagement erhalten.

Eben mal schnell ins Wasser springen – das geht an vielen Stellen rund um den Tollensesee, hier am Hafenanleger.

Boot, Paddel und Pedale

Verleih von Material ist an zwei Stationen:

5 Jachthafen Neubrandenburg

Augustastr. 7, mobil 0171 401 34 88, www.yachthafen-nb.de

6 Bootsverleih Tobias Winter

im Kurpark, Parkstr. 15, mobil 0173 92 79, https://bootsverleih-winter.beepworld.de: Kanus ab 12 €/Tag, Räder ab 8 €/Tag, Pedelecs ab 23 €/Tag

Ausgehen

Konzerte und Theater

Das **Schauspielhaus Neubrandenburg** 1 und die **Konzertkirche (Marienkirche** 20**)** gehören zum Theater Orchester Neubrandenburg Neustrelitz. Programm und Karten für Konzerte und Aufführungen gibt es auf der Website und/oder in der Touristinfo (s. u.).

Pfaffenstr. 18–22, T 0395 569 98 32, www.tog.de, Service Di–Fr 10–13, 13.30–17 Uhr; Konzertkirche: www.konzertkirche-nb.de

Bücher, Blues und Tanztee

2 **Marstall Neubrandenburg:** Im alten Marstall, einem beeindruckenden Gebäude mit verschiedenen Räumlichkeiten um die Ecke vom Schauspielhaus, gibt es Lesungen, Konzerte (v. a. Blues) und Tanzveranstaltungen insbesondere für ältere Semester, z. B. »Ü50« oder »Tanztee mit DJ Bobo«.

Behmenstr. 16, mobil 0179 236 62 80, www.im-marstall.de

Nachtjacken und -schwärmer

3 **Konsulat:** In der urigen Kneipe kann man in einem alten Speicher der Vierradmühle oder auf einer Terrasse an der Nachtjackenbrücke sitzen – ideal für Nachtschwärmer in der warmen Jahreszeit, hin und wieder mit Livemusik. Beliebt ist der Ort auch für seinen

TOUR
Von Burg zu Burg

Wanderung von Neubrandenburg durch das Lindebachtal nach Burg Stargard

Vom **Stargarder Tor** in Neubrandenburg geht es über den Ring und nach links über die Neustrelitzer Straße. Wir folgen der Linde am rechten Ufer flussaufwärts, über die Wilhelm-Külz-Straße hinweg und an einer Schrebergartenkolonie entlang, unterqueren eine Umgehungsstraße und gehen dann links in den Wald hinein. Schon bald ist der kleine Mühlenteich an der **Hintersten Mühle** erreicht, den wir sowohl links als auch rechts umrunden können. Die Mühle gibt es nicht mehr, sie wurde durch ein Schullandheim ersetzt.

Nach dem Teich geht es unter der Bahntrasse hindurch. Weg, Linde und Bahnstrecke verlaufen eine Weile parallel zueinander. Bevor der Weg nach links über die Linde führt, gibt es einen Abzweig nach **Fünfeichen.** Im Zweiten Weltkrieg war es ein Kriegsgefangenenlager, bis 1948 dann Internierungslager der Russen. Von Letzterem und seinen ca. 15 000 Insassen, von denen knapp ein Drittel zu Tode kam, erfuhr die Öffentlichkeit erst nach der Wende, als ehemalige Häftlinge sich trauten, darüber zu reden. Bis 1989 war das Lager auch kartografisch totgeschwiegen worden. Ein großes schwarzes Holzkreuz und ein Gräberfeld erinnern heute daran.

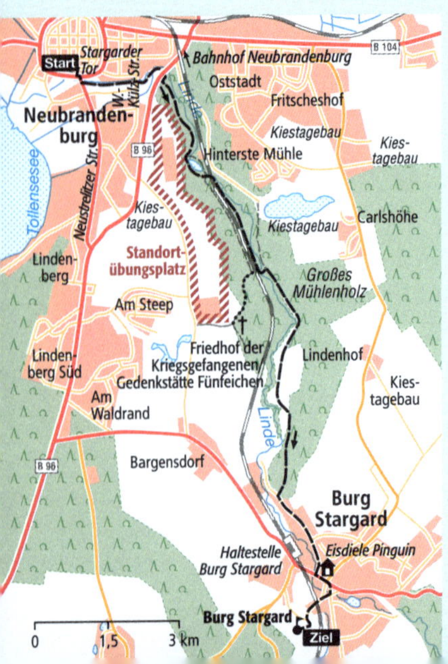

Wer den Abstecher nicht macht, folgt dem idyllischen Weg durch Wälder und leicht hügelige Felder. Nach einer Weile kommt dann auch der Turm von **Burg Stargard** in Sicht. Immer links der Linde erreichen wir den Ort. Biegen wir an der Hauptstraße dann nach links, ist da gleich die **Eisdiele** …

Mittagstisch (s. Website), so Personal vorhanden ist.

Jahnstr. 3, T 0395 555 39 28, www.konsulat-nb.de, Mo–Fr 11.30–14, Mo–Sa ab 18 Uhr, €–€€

Programmkino

4 **Latücht:** Der Latücht e. V. zeigt in seinem kleinen Kino ausgesuchte neue Filme, veranstaltet thematische Filmabende und -reihen. Programm auf der Website.

Große Krauthöfer Str. 16, T 0395 56 38 90 26, www.latuecht.de

Feiern

- **www.vznb.de:** alle Termine und Orte zu Veranstaltungen rund um Kunst, Kultur, Sport und Musik. Und hier eine Auswahl:
- **Neubrandenburger Jazzfrühling:** Im März geben sich Jazzfreunde und -musiker in Neubrandenburg ein Stelldichein. Musik der 1920er, Jazz gemischt mit Elektropop – da finden sich einige ungewöhnliche Kombinationen. Während der Coronapandemie fiel das Festival aus bzw. fand im Herbst statt, doch seit 2024 gibt es wieder den (Jazz-)Frühling (www.jazz-nb.de)!
- **Vier-Tore-Fest:** Am letzten Augustwochenende feiert sich die Stadt mit Kunsthandwerkermärkten, Musik und Shows.
- **Oktoberfest:** Das große Volksfest mit Buden, Karussells und Bands im Kulturpark ist weit über die Stadtgrenzen hinaus bekannt.
- **dokumentART:** Das Europäische Dokumentarfilmfestival im Nov. widmet sich verschiedenen Aspekten des Films und Filmemachens (www.dokumentart.org).
- **Weberglockenmarkt:** Dieser Markt zu Weihnachten mit Kunsthandwerk, Eislaufbahn und Fahrgeschäften ist nicht nur bei Neubrandenburgern sehr beliebt. Allabendlich wird die Glocke von St. Marien geläutet und erinnert an den Weber Gerling, der im Schneesturm die Orientierung verlor und durch die verschneiten Wälder irrte. Zum Glück hörte er in der Ferne die Glocken läuten und fand so den Weg nach Hause.

Infos

- **Touristinfo:** Marktplatz 1, gleich neben dem Kulturfinger, T 0395 559 51 27, www.neubrandenburg-touristinfo.de, Mo–Fr 10–16 Uhr. Buchung von Stadtführungen und Karten für Konzerte, Lesungen etc., außerdem Hilfe bei der Unterkunftssuche und Infos zum aktuellen Veranstaltungsplan.
- **Internet und Parken:** Das Portal der Stadt Neubrandenburg (www.neubrandenburg.de) hält sehr viele gut aufbereitete und aktuelle Informationen bereit. Unter »Sport & Kultur« gibt es einen interaktiven Stadtplan, z. B. für die Parkplatzsuche. Gezeigt werden dann alle Parkplätze inkl. der möglichen Gebühren – super!
- **Bahn:** stdl. Verbindungen über Neustrelitz nach Berlin sowie über Malchin, Teterow und Güstrow nach Schwerin.
- **Bus:** Der ZOB befindet sich in unmittelbarer Nähe des Bahnhofs, wo Busse der MVVG in die umliegenden Orte sowie nach Teterow und Feldberg fahren. Im Sommer verkehrt alle 2 Std. der DAT-Bus mit Fahrradanhänger zwischen Waren und Neubrandenburg (s. auch S. 160).

Burg Stargard J5

Burg Stargard wurde wie Rom auf sieben Hügeln errichtet und hat wie Rom eine Wallfahrtskirche, die einzige in Mecklenburg, die vom Papst bestätigt wurde – und das zu DDR-Zeiten, was nahezu einem Wunder gleichkommt. Sie liegt am **Sieben-Berge-Rundweg** (Ecke Garten- und Sabeler Straße), der über alle sieben Anhöhen führt und meist sehr gut ausgeschildert ist (in der

Information gibt es einen Flyer). So werden Sie einmal rund um die Stadt geführt mit tollen Aus- und Einblicken in die Stadtgeschichte. Fantastisch ist der Louisenblick vom **Klüschenberg** mit der gleichnamigen Gaststätte (s. S. 176). Highlight ist natürlich die Burg auf dem höchsten der sieben Berge (90 m).

Noch ein Superlativ

Es ist die älteste und einzige mittelalterliche **Höhenburg** in Norddeutschland. Erbaut wurde sie von den Brandenburger Markgrafen im 13. Jh., kam durch Heirat in den Besitz derer von Mecklenburg, war im Dreißigjährigen Krieg das Hauptquartier des kaiserlichen Generals Tilly, der von hier aus Neubrandenburg plattmachte, wurde unter den von Mecklenburg-Strelitz im 18. Jh. als Befestigungsanlage aufgegeben und zu DDR-Zeiten als Wohnraum, Landesjugendschule und Jugendherberge genutzt. Es gab in den über 700 Jahren jede Menge Veränderungen, wozu auch Abriss, Brandstiftung und Blitzschlag beigetragen haben. Dennoch ist die alte Anlage gut zu erkennen und wurde soweit als möglich wieder erfahrbar gemacht. Schon der Zugang über die alte Brücke in den ersten Hof, alles mit Kopfsteinpflaster, ist beeindruckend und erinnert ans Mittelalter. In der sogenannten Vorburg hat man einen mittelalterlichen Wurz- und Krautgarten angelegt. Dort befindet sich auch ein Weinberg (s. u.). Höhepunkt ist im Haupthof der 34 m hohe **Bergfried** mit sagenhaftem Rundblick, bei klarem Wetter mit Sichtweiten bis zu 30 km. Richtig hoch her geht es zu den vielen Burgfesten, wenn Gaukler, Händler, Marktfrauen, Burgfräulein und Ritter das Areal bevölkern. Wer wissen möchte, was es mit den Gebäuden auf sich hat, warum die Kapelle ›rumpelig‹ aussieht, was Redewendungen wie »auf den Hund gekommen« oder »mit Kind und Kegel« mit dem Mittelalter zu tun haben, sollte sich einer der empfehlenswerten Führungen anschließen. Auf Anfrage kann auch die Sammlung von ca. 150 mittelalterlichen Gewändern von der Magd bis zum Fürsten besichtigt werden.

Auf und um das Burggelände herum können Sie gut einen Tag verbringen. Es gibt auch einen schönen, großen Spielplatz für Kinder sowie manch einladenden Verweilplatz.

Burg 1, T 039603 253 51, www.hoehenburg-stargard.de, März–Okt. tgl. 10–17 Uhr, Museum und Turm 8 €, erm. 6/3 €, öffentliche Burgführung So/Fei 14.30 Uhr, 5 € zusätzlich, Audioguide 3 €, Gewandschneiderei über die Tourist-Information bzw. T 039603 253 51

Weinland

Der **Weinberg** auf dem Burggelände mag überraschen, doch Mecklenburg hat eine fast 800-jährige Weinbautradition, durch Zisterziensermönche ins Land gebracht. Auf diese Tradition hat man sich um die Jahrtausendwende besonnen. In Burg Stargard entdeckte man einen alten Weinberg im Teufelsbruch mit 1000 Rebstöcken und 200 weitere auf dem Burgberg. Bevorzugte Sorten sind dabei Solaris und Phoenix sowie die roten Sorten Blauer Portugieser, Rondo und Regent. Der hiesige Verein der Privatwinzer zu Burg Stargard e. V. zeigt im **Marstall** eine Ausstellung zur Geschichte des Weinbaus in Mecklenburg (neckisch ist die Korkenzieher-Sammlung) und organisiert auf Anfrage auch Führungen und Verkostungen (Kontakt über www.privatwinzer.de oder Tourist-Information, s. S. 176). Wer ein Fläschchen Burgwein erstehen möchte, wird entweder in der Information fündig, die sich auf dem Burggelände befindet, oder macht sich auf den Weg zum 27 km entfernt liegenden **Schloss Rattey.** Hier stehen 175 000 Rebstöcke auf 35 ha. Bereits 2004 wurde das Gebiet Stargarder Land in das Verzeichnis der Weinanbaugebiete aufgenommen. Es ist das nördlichste geschlossene Weinanbaugebiet in Deutschland. Vermarktet wird der Wein als Mecklenburger Landwein. Und mitt-

Tolle Kulisse für so manches Ritterspektakel! Der schönste Weg zur ältesten Höhenburg Norddeutschlands führt übrigens von hinten über die Streuobstwiesen hinauf.

lerweile gibt es sogar Sekt und auch der Trester wird destilliert (s. S. 176). Der Klimawandel mit seinen z. T. extremen Temperaturschwankungen im Frühjahr könnte zu einer Herausforderung werden, doch erst mal wurde 2023 die bisher beste Ernte eingefahren: 80 000 statt der erwarteten 65 000 Liter!

Museen

Impressionistin des Nordens

Marie-Hager-Haus: Nahe der Jugendherberge (ein riesiger Bau, 2–8-Bett-Zimmer, €) liegt ein kleines Häuschen. Es ist das ehemalige Wohn- und Arbeitshaus von Marie Hager (1872–1947), das sie sich 1921 errichten ließ. Während diverser Malkurse hatte sie sich in das Land verliebt. Oft sah man sie mit ihren Malsachen durch die Gegend streifen. Viele ihrer Werke werden dem Spätimpressionismus zugezählt. Wolken, Himmel und Jahreszeiten sind ihre Sujets, und besonders die Atmosphäre von mittelalterlichen und Hansestädten hatten es ihr angetan. Später wohnte ihre Nichte in dem Haus, welche es nach der Wende der Stadt mit der Maßgabe überließ, eine Gedenk- und Begegnungsstätte für Kunst und Künstler zu schaffen. Heute ist das Haus eines der wenigen, annähernd noch original erhaltenen Künstlerinnenwohnhäuser in Deutschland. Leider hat man den schönen Holz- durch einen unansehnlichen Metallzaun ersetzt. Die ständige Ausstellung wird regelmäßig verändert und durch Sonderausstellungen ergänzt.

Dewitzer Chaussee 17, T 039603 35 06 37, www.burg-stargard.de/kultur-und-freizeit/marie-hager-haus, Mo/Mi 10–12, 13–16, Di/Do 13–17.30, jedes 3. Wochenende im Monat Sa/So 14–17 Uhr oder nach Anmeldung

Schlafen

Einmal Burgherr/-frau sein

Burghotel Stargard: Das Hotel gleich am Eingang zum Burggelände (ehemals das Gefangenenhaus) ist ein wunderbar sanierter Fachwerkbau mit 12 unterschiedlich gestalteten Doppelzimmern. Viel Holz, warme Farben, alte und speziell angefertigte Möbel, teilweise Baldachine über den Betten, sehr freundlicher Service und ein tolles Frühstücksbuffet tragen zum Wohlfühlen bei. In der kühleren Jahreszeit bzw. am Abend und Morgen hat man das Areal schon mal quasi für sich allein.

Burg 2, T 039603 27 74 77, mobil 0171 606 33 40, www.burghotel-stargard.com, €

Im Weinland

Park Hotel Schloss Rattey: Einladende Unterkunft mit Sauna inmitten von ›Weinbergen‹. Von hier aus kann man gut Radtouren unternehmen.

Rattey, www.schlossrattey.de, €€, bei Bedarf Führung durch den Weinkeller inkl. Verkostung

Essen

Diese Eisdiele ist Kult!

Pinguineisdiele: Die Einrichtung ist noch ganz im Ost-Stil gehalten und wahrscheinlich so alt wie die Eisdiele selbst, d. h. von 1954. Es gibt Soft- (Vanille/Schoko oder Frucht/Schoko) sowie Kugeleis und Eisbecher – und es schmeckt sehr gut. Das wirklich Beeindruckende sind aber die Frauen hinterm Tresen in ihren weißen Kitteln. Wer im Osten groß geworden ist, kennt den rauen Charme, andere mögen irritiert sein: Wenn Sie an der Reihe sind, sollten Sie fix bestellen, dalli, dalli heißt es da, nachfragen und lange überlegen sind nicht erwünscht. Während man das Geld abzählt, wird einem schon das Eis entgegengestreckt – nächster Kunde.

Marktstr. 19, 039603 203 09, tgl. 11–18 Uhr

Ein bisschen Mittelalter

Café am Wurz-und Kräutergarten: Hier einzukehren lohnt sich, egal ob auf köstlichen Kaffee und selbst gebackenen Kuchen oder auf Rauchwurst, Gulasch und Schmalzstulle. Vor allem bei schönem Wetter sitzt man herrlich im Hof bzw. auf der Wiese mit Blick ins Grüne, auf den Garten und den Weinberg. Man fühlt sich ein wenig in frühere Zeiten versetzt, besonders wenn noch der mittelalterlich gewandete Burgführer vorbeikommt.

Burg 2A, T 039603 25 357, März–Okt. tgl. 10–17 Uhr

Louisenblick

Gaststätte Klüschenberg: Die einfache Gaststätte am ehemaligen Tiergarten mit ihrer deftigen, fleischlastigen Küche ist bei Einheimischen nach wie vor beliebt.

Klüschenbergstr. 16, T 039603 203 29, Mi/Do ab 17, Fr–So ab 11 Uhr, ab 11 €

Infos

- **Zurück ins Mittelalter:** Die Burg ist ideal für mittelalterliche Spektakel. Neben der Walpurgisnacht am 30. April, dem Großen Burgfest am 2. Augustwochenende und dem Altweibersommermarkt mit Winzerfest Ende September gibt es diverse Mittelaltertage im Sommer (Termine bei der Tourist-Information, s. u.)
- **Tourist-Information:** Burg 4, im Eingang zur Burg, T 039603 253 55, www.burg-stargard.de, März–Okt. tgl. 10–17 Uhr (telef. das ganze Jahr). Diverse Broschüren, Veranstaltungs- und Tourentipps sowie Hilfe bei der Unterkunftssuche, außerdem schöne Souvenirs, u. a. Wein vom Stargarder Burgberg.
- **Bahn:** Es gibt stündliche Verbindungen nach Neubrandenburg und Neustrelitz.
- **Parken:** Oben an der Burg gibt es einen großen Parkplatz (gleich beim Spielplatz), sonst kann man auch unten am Bahnhof parken.

Rund um den Tollensesee G/H5

Worum die Neubrandenburger wirklich zu beneiden sind, ist ihr See direkt vor der Haustür. Seit Jahren erhält der **Tollensesee** Bestnoten für seine Wasserqualität. Benannt ist er nach der Tollense, die den See durchfließt (10 km lang, bis zu 2,5 km breit und 32 m tief). Am Westufer und schnell zu erreichen liegt das Brodaer Holz mit dem **Brodaer Strand** (s. S. 162), am Ostufer das **Augustabad** (s. S. 171), für Radbegeisterte und Trailrunner gehört die Umrundung des Sees (37 km) zum festen Trainingsprogramm. Wanderer und Spaziergänger machen die Hälfte, gerne bis Nonnenhof oder Prillwitz bzw. Alt Rehse und fahren dann mit dem Schiff zurück (s. S. 170). Der Weg direkt um den See ist meist ein Wald- bzw. Radweg, am Ostufer mit manch sandiger Passage, am Westufer dafür etwas hügeliger und mit steileren Hängen zum Wasser hin. Immer wieder gibt es kleine oder größere Badestellen. Einen grandiosen Blick hat man von **Behmshöhe**, einem Turm gleich hinterm Augustabad, dessen 111 Stufen sich absolut lohnen (Mitte April–Mitte Nov. 9–19 Uhr)! Benannt ist er nach dem Bürgermeister Erasmus Behm, der Tilly und dessen Truppen den Zutritt zur Stadt verwehrte und dafür nach deren Einnahme getötet wurde.

Klein Nemerow und Nonnenhof H5

Klein Nemerow liegt direkt am See, hat einige bezaubernde Häuschen und das **Seehotel Heidehof,** am Straßenrand stehen Honig- und Marmeladengläser zum Verkauf und es gibt eine wunderbare Badestelle mit großer Liegewiese. Der imposante und auf den ersten Blick wie eine Ruine wirkende Feldsteinbau daneben wird für Seminare genutzt. Dahinter beginnt ein idyllischer Naturlehrpfad (ca. 4 km) zum **Naturschutzgebiet Nonnenhof** mit brütenden Seevögeln, Eisvögeln, Uferschwalben, Ottern, Fischadlern und Kranichen. Abgesehen von einer weiteren schönen Badestelle, dem Anleger für Fahrgastschiffe und einem rumpeligen Plattenweg gibt es in Nonnenhof nur Natur, Wald und im Sommer viele Mücken.

www.seehotel-heidehof.de, **€€**

Ballwitz und Zachow H5

Zwei schöne Dörfer liegen etwas weiter östlich des Tollensesees. **Ballwitz** hat 2007 sogar die Silbermedaillie im Bundeswettbewerb »Schönstes Dorf« gewonnen. Da gibt es eine ruhige Dorfstraße mit hübschen Gärten und Häuschen, einen kleinen Dorfteich mit Enten, Bänken und Schatten spendenden ehrwürdigen Bäumen. Gegenüber ein Backsteinhaus mit Keramik im Garten, wo es Töpferwaren und manchmal Hoffeste mit Musik, Theater und Lagerfeuer gibt.

Ballwitzkeramik, www.ballwitzkeramik.de,
T 039603 230 48, besser vorher anrufen

Viel Eigeninitiative

Keine 3 km südwestlich liegt **Zachow,** wo der Kulturkreis Zinnober e.V. einiges auf die Beine gestellt hat (www.zinnober-zachow.de). Schon zu Ostzeiten hatten sich die Mitglieder für das Dorf engagiert, nach der Wende konnten sie dann richtig loslegen. So haben sie die 1954 abgerissene und für den Dorfkern so typische **Schmiede** wieder aufgebaut. Weil man dafür anderswo nicht mehr benötigte Feld- und Ziegelsteine ver-

Liegt hier, auf dem Grund der Lieps, wirklich das legendäre Rethra? Die Funde, die Forscher zutage förderten, sprechen durchaus dafür.

wendete, sieht man ihr nicht an, dass sie aus dem Jahre 2000 stammt. Gleich daneben steht die **Fachwerkkirche** mit spitzem Holzturm, deren schmuckes Aussehen ebenfalls auf das Vereinskonto geht. In Kirche und Kirchhof gibt es geschickt platzierte Skulpturen, darunter auch einige ›Nackedeis‹. Sehenswert ist der spätgotische Schnitzaltar, den man durchs Fenster erspähen kann. Es muss nicht beim Spähen bleiben, denn an der Tür hängt ein Zettel, wo es den Kirchenschlüssel gibt. Vielleicht ist aber auch gerade Gottesdienst, Osterflohmarkt oder eine der Veranstaltungen des Zachower Kultursommers.

Prillwitz und die Lieps H5

Die flache **Lieps** ist offensichtlich kein Badesee. Durch einen 800 m langen Kanal ist sie vom Tollensesee getrennt. Fährt man im Sommer mit dem Fahrgastschiff hindurch, sind häufig Eisvögel und Fischadler zu sehen. Die Lieps war einst noch flacher, doch als in Neubrandenburg 1270 die Vierradmühle (s. S. 171) gebaut wurde, stieg der Wasserspiegel und überschwemmte auch Rethra, das politische und religiöse Zentrum der slawischen Redarier. So wird es zumindest vermutet. Denn es heißt, dieser legendäre Ort habe an einem großen See gelegen. Ausgrabungen im 18. Jh. brachten erste Funde zutage, im 20. Jh. stießen die Archäologen auf Reste von Tempelanlagen. Alte Legenden berichten vom Glockenläuten, dass manchmal aus dem See zu hören sei. **Prillwitz** an der Lieps gilt bisher als der wahrscheinlichste Ort für das alte Rethra (s. S. 185).

Ehemaliges Jagdschloss

Am Südufer erhebt sich ein kleines **Schloss,** im 19. Jh. errichtet von Großherzog Friedrich Wilhelm II. von

Mecklenburg-Strelitz, seit der Wende in Privatbesitz und top saniert, so wie auch das angrenzende Gutshaus. Ein Hirsch als Wetterfahne, Jagdhunde vor dem Gutshaus, eine mächtige Hirschskulptur mitten auf der Wiese und ein Wildschein am Tor verweisen auf die ursprüngliche Bestimmung des Schlosses. Zwischenzeitlich war es Restaurant und Hotel, doch das rentierte sich nicht, und so ist es aktuell nur als Ganzes zu mieten. www.jagdschloss-prillwitz.de

Natur kann auch grausam sein

Doch die seeseitig gelegene Wiese beim Anleger für die **Fahrgastschiffe** ist zugänglich. Diese dürfen die Lieps als einzige Fortbewegungsmittel mit Motor befahren. Der kleine See mit seinen Wasservögeln steht unter Naturschutz, zeigt aber auch dessen Kehrseite. Die kleine **Insel Kiezwerder** auf dem See war 2006 noch grün und bewaldet, wurde dann jedoch zum Brutgebiet für Kormorane, deren Nester andernorts zerstört worden waren. Der ätzende Kot der Vögel hat die Vegetation jedoch zerstört. Die Kormorane sind weitergezogen, die Insel ist tot.

Alt Rehse H5

Alt Rehse ist ein kleines idyllisches Dorf oberhalb des Tollensesees – mit Kopfstein gepflasterte Straßen, ein riesiger Dorf- und Spielplatz, sehr hübsche Fachwerkhäuschen, viele mit Reetdach, alles ziemlich gut in Schuss. Dazu ein Dorfkrug, der leider nur noch für Privatveranstaltungen genutzt wird, gegenüber ein Torwächterhaus aus Backstein und zwei DDR-Wohnblocks, einer davon hübsch saniert. Das alles registriert man im Vorbeifahren. Bleibt man jedoch stehen und schaut genauer hin, fallen die Inschriften auf den Holzbalken über vielen der Türen auf: »Haus Hamburg, errichtet im 3. Jahr«, »Haus Mecklenburg, errichtet im 2. Jahr«. Zu DDR-Zeiten waren diese übermalt oder mit einem Brett vernagelt, damit Fremde keine unangenehmen Fragen stellen konnten.

Übernahme durch die SS

Alt Rehse war mal ein kleines Gutsdorf, in dem sich Freiherr Ludwig von Hauff – ein Nachfahre des berühmten Märchenerzählers – 1898 ein prächtiges Haus errichten und den Park anlegen ließ. 1934 übernahm die SS und eröffnete 1935 die Führerschule der Deutschen Ärzteschaft. Das alte Dorf wurde plattgemacht und an seiner Stelle ein Musterdorf errichtet. Die Zahl an den Häusern gibt also an, in welchem Jahr nach der Machtübernahme der Nazis das Haus errichtet wurde. Rudolf Hess stand dieser Ärzteschule für Euthanasie und Vernichtung »unwerten Lebens« vor. Bis 1943 lernten ca. 12 000 Ärzte und Hebammen, wie die NS-Rassenhygiene umzusetzen sei, was allein in Deutschland und Österreich zur Ermordung von 210 000 Menschen mit einer geistigen Behinderung oder psychischen Erkrankung führte. 400 000 Männer, Frauen und Jugendliche wurden zwangssterilisiert, unzählige Menschen in medizinischen Versuchen missbraucht oder getötet.

Positive Energie

Nach dem Krieg wurde Alt Rehse wieder zu einem Dorf mit Landwirtschaft. **Schloss** und **Park** waren nacheinander Kinderwaisendorf, Institut für Lehrerfortbildung und letztlich Führungsstelle der Landstreitkräfte der NVA (Nationale Volksarmee). Nach der Wende übernahm die Bundeswehr, und als sie sich 1998 zurückzog, erhob die Kassenärztliche Vereinigung Anspruch auf das Areal, wurde jedoch abgewiesen. Stattdessen erwarb ein alternatives Wohnprojekt Park und Schloss. Dessen Aktivitäten blieben jedoch recht undurchsichtig, und der Park wucherte zu. Bis 2016 die Unternehmerin Gabriele Wahl-Multerer das Areal erwarb, richtig viel Geld in die Hand nahm, zehn Locals anstellte und loslegte, um aus dem Ort ein Refugium der Ruhe und Entspannung zu machen. Der Park wird von Jahr zu Jahr schöner. In einem alten Flachbau gibt es ein einladendes **Bistro.** Von dort blickt man auf einen ehemaligen DDR-Wohnblock, top saniert und Beweis, dass Platte auch schön sein kann. Viele der Häuser im Park wurden zu Ferienwohnungen bzw. einem Hotel ausgebaut, andere abgerissen, auf der Wiese vor dem Schloss sind die Obstbäume wieder sichtbar. Was aus den alten Bunkeranlagen werden soll, ist noch nicht klar. Auf jeden Fall hat Wahl-Multerer geschafft, was viele angesichts der Mammutaufgabe nicht für möglich gehalten hätten und hat im Corona-Jahr 2020 das **Hotel Park am See** eröffnet. Respekt! Wer den Park besuchen will, kann das allerdings nur, wenn er sich dort einmietet oder für eine Parkführung anmeldet (s. u.).

Wer mehr über die NS-Zeit erfahren möchte, kann es bei der **Erinnerungs-, Bildungs- und Begegnungsstätte Alt Rehse** versuchen. Die ehemalige Landwirtschaftliche Fachhochschule, genannt das Tollenseheim, liegt auf einer Anhöhe am Radweg nach Neubrandenburg.

Am Gutshof 34, T 03962 22 11 23, www.ebb-alt-rehse.de, Do–So 11–17 Uhr, nicht verlässlich, daher telefonische Anmeldung empfohlen, Spende statt Eintritt

Schlafen

Das hat Klasse!

Hotel Bornmühle: Seit der Wende am Platze, d. h. mitten in der welligen Landschaft zwischen Klein Nemerow und Nonnenhof. Schon früh setzte man auf Exklusivität, die 4 Sterne hat es ganz zu Recht. 2020 wurde der letzte Neubau fertiggestellt, Outdoor-Kletterwand inklusive. Nunmehr gibt es 97 Zimmer und Suiten, alle sehr stilvoll bis lässig eingerichtet, angenehm in den Farben und mit Blick ins Grüne oder Blaue. Öko wird großgeschrieben, nicht nur bei Einrichtung und Essen, sondern selbst bei der Auswahl der Räder (www.my-boo.de). Spa, Golfen, Klettern, Yoga, Meditation – hier wurde offenbar an alles gedacht, was entspannend wirkt. Und natürlich fehlt auch ein Sternekoch nicht: Torsten Räth, einer der besten in MV, verwöhnt und überrascht seine Gäste im **Räthro** mit immer wieder neuen Kreationen.

Bornmühle 35, Groß Nemerow, T 039605 600, www.bornmuehle.de, €€–€€€, auch spezielle Angebote für 2–3 Tage, Räthro: Mi–Sa 18–22 Uhr

Urig in der Blockhütte

Feriendorf Tollensesee: Wuchtig stehen die Hütten am Weg runter nach Nonnenhof. Sie wirken ein bisschen wie Trapperhütten im hohen Norden. Doch auf Komfort muss nicht verzichtet werden, denn die Ferienhäuser für bis zu 3 Pers. sind urgemütlich und komfortabel eingerichtet. Der Blick nach hinten raus ist weit und schön. Und sollte es mal regnen, kann man sich auf die überdachte Terrasse setzen. Es gibt vor Ort auch eine Sauna sowie Räder und Stand-ups zu leihen.

Am Ziegeler Berg 10–24, Groß Nemerow, mobil 0160 94 60 12 03, www.ziegelerberg.com, mind. 3–5 Nächte, €€€

»Stress aus – Leben an«

Hotel Park am See: Das ist das Motto des neuen Hotels, und dafür ist alles vorhanden. Ein riesiger Park, durch den man nicht nur spazieren, sondern eigentlich schon wandern kann. Darin eingebettet die Häuser mit den Zimmern und Ferienwohnungen. Am See eine kleine süße Badestelle mit Liegestühlen, Wassersport-Equipment, Sauna mit Seeblick und einer Yogahalle. Beim Bau wurde nur hochwertiges Material verwendet, die Einrichtung ist

stilvoll und zurückhaltend, alles ist durchdacht, ein Fitnessraum selbstredend auch vorhanden. Räder und Wassersportgeräte können ausgeliehen sowie ayurvedische Anwendungen, ein leckeres Frühstücksbuffet und Abendessen hinzugebucht werden. Hier kann man wirklich abschalten, das nötige Kleingeld vorausgesetzt. Die Anlage ist weiterhin im Entstehen.
Schlosspark 1, Alt Rehse, T 03962 225 00 42, www.park-am-see.de, Zimmer €€, Fewo €€€

Essen

Bistros am Weg

Direkt am Tollensesee gibt es im Moment nur das **Bistro am Golfclub** von Bornmühle und das **Bistro Alt Rehse.** Ersteres hat generell geöffnet, wenn gegolft wird. Das Bistro Alt Rehse (in der Saison tgl. 11–17 Uhr) liegt am Eingang zum **Hotel Park am See** in einem alten DDR-Flachbau, der schön modernisiert wurde (s. S. 180). Im Dorf gibt es neuerdings auch das **Atelier Café** mit selbst gemachten Kuchen (Alt Rehse 7, Sa/So 14–17 Uhr). Radfahrer legen hier ebenso wie am **Camping Gatsch Eck** am Westufer gerne einen Stopp ein.
www.camping-gatsch-eck.de

Hohenzieritz H5

Die Sisi der Preußen

Sie entstammte der Linie Mecklenburg-Strelitz, einem anfangs eher unbedeutenden Adelszweig, der jedoch durch die Vermählung ihrer Tante Sophie Charlotte mit King George (1761) erheblich aufgewertet und dynastisch interessant wurde. Sie wuchs bei ihrer Großmutter in Darmstadt auf, liebte die Natur und wurde als Kind ob ihres ungestümen Wesens auch Jungfer Husch genannt. Die Ehe mit dem preußischen Thronfolger Friedrich Wilhelm (III.) war arrangiert

So in die Natur zu schauen wie von diesem erhöht stehenden Rundtempel in Hohenzieritz, hätte Königin Luise von Preußen wahrscheinlich gefallen.

L

LUISE AUF DER SPUR

Wer mehr über die Königin der Herzen erfahren möchte, kann sich auf die **Königin-Luise-Route** begeben. Sie führt durch einige Orte in Mecklenburg-Vorpommern und Brandenburg, die bedeutsam im Leben der preußischen Königin waren, wie die Residenz in Neustrelitz oder die Pfaueninsel bei Berlin (www.koenigin-luise-route.de).

und am Ende doch eine Liebesheirat. Im Frühjahr 1793 trafen sie sich zum ersten Mal, Weihnachten des gleichen Jahres heirateten sie – sie 17, er sechs Jahre älter. Die Rede ist von **Königin Luise** (1776–1810), deren früher Tod zur Legendenbildung beitrug. Nicht nur, dass sie ihm in rascher Folge zehn Kinder gebar (darunter zwei weitere Könige), sondern sie stand ihm auch nach der Niederlage Preußens bei, indem sie 1807 nach Tilsit reiste, um sich mit Napoleon zu treffen. Diesem, ihrem ›Gang nach Canossa‹ hatte man es zu verdanken, dass die königliche Familie 1809 aus dem Exil nach Berlin zurückkehren konnte. Im Jahr darauf besuchte sie ihren Vater auf dessen Schloss in **Hohenzieritz,** wo sie vollkommen überraschend an einer Lungenentzündung verstarb.

Orte der Erinnerung

Das Sterbezimmer, eigentlich das Arbeitszimmer ihres Vaters, wurde von diesem zu einem Gedenkort umgestaltet und avancierte zu einem Anziehungspunkt für Verehrer der preußischen Königin. Doch das alles verschwand nach den letzten großen Kriegen, diente in der DDR als Verkaufsstelle, Kindergarten, Kulturhaus, Verwaltungsgebäude und Jugendklub. Heute ist das **Schloss** wieder prächtig anzusehen, über dem Eingang prangt das Wappen der von Mecklenburg-Strelitz, und in den Räumen residiert die Nationalparkbehörde. In einer kleinen **Ausstellung** wird an Königin Luise erinnert, v. a. an ihren Tod hier und den Leichenzug zurück nach Berlin. Auch das **Sterbezimmer** hat man nach Fotografien wieder erstehen lassen. Im Raum davor stehen zwei sogenannte Autographentafeln – zwei alte Türflügel, auf denen sich die Mitglieder des Neustrelitzer Hofs, die bis 1918 auf Schloss Hohenzieritz zu Besuch waren, verewigt haben. Auf einem Touchscreen klicken Sie einen Namen an und bekommen ein Bild der betreffenden Person mit Kurzbiografie. Im Park vor dem Schloss steht eine kleine, runde **Kirche** (Schlüssel im Schloss), in der es zwar etwas muffig riecht, die aber ganz hübsch ist und noch einige Luisen-Erinnerungsstücke bietet.

Von England nach Deuschland

Ein einziges Mal hat Karl von Mecklenburg-Strelitz seine Schwester, die Königin von England, besucht. Das war 1771 und er noch kein Herzog. Dennoch war er so begeistert von den englischen Landschaftsgärten, dass er nach seiner Rückkehr – den passenden Gärtner, Archibald Thomson, hatte er offenbar gleich mitgebracht – auch in Hohenzieritz einen solchen anlegen ließ. Dieser liegt hinter dem Schloss mit einer großen, leicht welligen Wiese, Baumgruppen, Bänken, Gedenksteinen, Tempelchen und einem Teich.

Im **Schlosspark** kann man gut eine Stunde herumgehen, die Landschaft und den Blick bis hinab auf den Tollensesee genießen. Im Frühjahr gibt es hier ein Meer von Schneeglöckchen und Buschwindröschen. Wer mehr über englische Gärten, versenkte Wege, Ha-Ha-Mauern, Clumps und Dots erfahren möchte, dem sei die Ausstellung im Kavaliershaus rechts neben dem Schloss empfohlen.

T 039824 200 20, www.mv-schloesser.de, April/Okt. Sa/So/Fei 10–16, Mai–Sept. Di–So 10–17 Uhr, Nov.–März auf Anfrage, 3 €, erm. 2 €, Schlosspark ganzjährig zugänglich, gratis

Klein und Groß Vielen ⚲ G/H5

Eigentlich ist **Klein Vielen** ein Dorf wie jedes andere, doch wenn Sie genauer hinschauen, sehen Sie vielleicht, dass es bunter ist – mit kleinen Hinguckern wie dem Briefkasten in Form eines Schulranzens, einer Frauenskulptur im Bikini, die unter einem Busch liegt, einer Hecke in Form eines Hippos mit ›eingebauten‹ Augen, Buddhas, einem bunt leuchtenden Wegweiser nach Cuba und Mallorca u. v. m. Es führt sogar ein kleiner Rundweg zum **Kapellenberg** der Jahns – nicht der Turnvater ist gemeint, sondern die Familie, die Ort und Land im 18. Jh. erwarb.

Verfall und Ordnung

Wo es Klein Vielen gibt, ist **Groß Vielen** nicht weit. Das ist mit seinem riesigen Gutsgelände (vor allem für Pferdezucht und -sport) auch wirklich größer. Im ehemaligen **Torhaus** wartet der Dauer-Flohmarkt auf Käufer, alles für 0,50 €. Schräg gegenüber steht eine **Fachwerkkirche,** die allerdings schon bessere Zeiten gesehen hat. Die Ziegelsteine an den Eingängen sind aufgeworfen, die Fenster voller Staub, an den Türangeln hängen fette Spinnenweben, die Rückwand ist von totem Geäst bedeckt – irgendwie unheimlich und wie die Kulisse für einen Gruselschocker. In herrlichem Kontrast dazu stehen die an der Friedhofsmauer ordentlich aufgereihten Gießkannen und Harken.

Penzlin ⚲ H5

Das kleine Städtchen **Penzlin** ist vor allem für seine Burg mit dem Hexenkeller und den damit verbundenen Hexenprozessen bekannt. An die 4000 gab es zwischen dem 14. und 18 Jh. in Mecklenburg, und das bei weniger als 200 000 Einwohnern! Gut 50 % der Angeklagten wurden zum Tode verurteilt, ein Drittel wurde freigesprochen, andere flüchteten, starben unter der Folter oder der Prozess erledigte sich von selbst. Die Burg von Penzlin war berühmt-berüchtigt für ihren Folterkeller und ist damit ein passender Ort für das **Kulturgeschichtliche Museum für Alltagsmagie und Hexenverfolgungen,** das sich seit 1995 diesem Thema widmet. Gleich im Eingangsbereich stehen alle 4000 Namen, alphabetisch sortiert nach Orten, Frauen wie Männer. Gruselig.

Krötenbein und Walderdbeere

Die **Burg** selbst kommt hübsch daher – klein, trutzig und aus rotem Backstein ist sie Teil der alten Stadtmauer, davor ein Kinder-Hexenspielplatz. Im Hof empfangen einen neben dem urig-gemütlichen **Burgrestaurant** einige der mit Hexen assoziierten Tiere und die sieben magischen Beete. Da gibt es glücksbringende und weissagende Pflanzen, andere für Liebeszauber oder Kräuter zur Abwehr von Hexen und allem Bösen. Die Wirkung von Knoblauch ist durch Vampirfilme hinreichend bekannt. Ebenso, dass Gänseblümchen weissagen: Er liebt mich, sie liebt mich nicht. Aber wer weiß schon, dass die kleine Walderdbeere Hexen beim Fliegen helfen soll? Oder dass eine Kröte in der Tasche, genauer: ein Bein von ihr im Spiel den Gewinn sichert?

Die **Ausstellung** in der Burg erzählt von Zauberglaube und Magie, von Bräuchen und dem Prozess gegen Benigna Schultzen, der sich über zwölf Jahre hinzog und verdeutlicht, wie mit der Beschuldigung der Hexerei Rufmord betrieben wurde. Es gibt sogar eine **Barlach-Abteilung** (wer hätte den hier vermutet?), für den Hexen und Geister durchaus ein Thema waren.

Nichts für Klaustrophobe

Wer die Möglichkeit hat, sollte eine **Führung** mitmachen, denn die Mitarbeiterinnen des Museums sind sehr kundig. Das zeigen auch die Bücherauswahl im Museumsshop und manche Texte, die für Kinder vielleicht etwas zu wissenschaftlich sind. Spannender sind da die Teufelslegenden mit entsprechenden Fensterbildern oder die **Schwarzküche** mit ihrem riesigen (Hexen-)Kessel. Hier wird zuweilen noch gekocht, u. a. zu den spektakulären Burgfesten. Und dann gibt es natürlich noch den zweigeschossigen **Folterkeller.** Zu ihm führt über zwei Ebenen eine steile und später auch enger werdende Treppe hinunter.

Museum Burg Penzlin, T 03962 21 04 94, www.burg-penzlin.de, generell Mai–Aug. tgl. 10–18, April/Sept./Okt. tgl. 10–17, Nov.–März Sa/So 13–16.30 Uhr, 5 €, erm. 3 € plus 1 € für Foto-/Videoaufnahmen

Fortschrittlicher Geist

Penzlin wird meist auf seine Burg reduziert, doch die Stadt hat auch eine schöne **Kirche,** deren gedrungener Turm von vielen für die Burg gehalten wird. Vor der Kirche erinnert eine **Stele** an **Johann Heinrich Voß** (1751–1826) – Übersetzer von Homers »Odyssee« und »Ilias«, glühender Demokrat und entschiedener Gegner der Leibeigenschaft. Ob das eine nun mit dem anderen zusammenhängt, ist nicht überliefert, aber Ferdinand von Maltzan, dessen Familie die Geschicke in dieser Region von 1414 bis 1929 bestimmte, hob als Erster im damaligen Großherzogtum Mecklenburg-Strelitz die Leibeigenschaft auf, das war im Jahr 1816. Daran erinnert ein **Obelisk** auf dem **Galgenberg.** Von hier sieht man auch den **Großen Stadtsee** mit Badestelle am Nordufer sowie Schwimminsel und Kiosk, in dessen unmittelbarer Nähe einige schöne Bürgerhäuser auffallen.

Infos

- **Burgfeste:** Zur Walpurgisnacht und dem Stadtfest im Aug. geht es in historischen Kostümen hoch her auf der Burg.
- **Information:** Turmstr. 35, gegenüber der Marienkirche und in den Räumen des Johann-Heinrich-Voß-Literaturhauses, T 03962 21 00 64, www.amt-penzliner-land.de, Mo/Di/Do 9.30–12, 13–17.30 Uhr.

E

DIE EISKÖNIGE VON MECKLENBURG

Softeis ist angesagt in Mecklenburg. Doch seit einigen Jahren gibt es **Jackle & Heidi.** In ausgesuchten Läden, Hotels oder auf Veranstaltungen kann man ihr Stiel- oder Bechereis kaufen. Und das schmeckt! Das Credo der ›Erfinder‹ Martin und Franzi lautet: nur Grundzutaten verarbeiten, wenn möglich, aus der Region, und was sie selbst machen können, machen sie auch selbst – Cookies, Eier- und Sahnelikör, Karamell. Wenn die Erdbeerzeit vorbei ist, gibt es eben auch kein Erdbeereis mehr. Produziert wird in Neubrandenburg, die Fangemeinde wächst stetig. 2020 haben Franzi und Martin in der Heimat in einem alten Bahnhofsgebäude die **Gläserne Manufaktur** eröffnet. Der Kaffee ist köstlich, der Kuchen ein Hochgenuss und ein Eisbecher vor Ort die Krönung (Bahnhofsplatz 2, Penzlin, T 0395 77 75 05 01, www.jackle-heidi.com, in der Saison Mi–So 13–17 Uhr, sonst nur für Events, s. auch Website).

Zugabe
Spannender Geschichtskrimi

Das alte Rethra und die Prillwitzer Idole

Die Götter des legendären Rethra? In diesem Fall nur eine Fälschung!

Die spektakulären Ausgrabungen in Pompeji, die seit 1748 die Welt in Atem hielten, führten auch andernorts zu einer Rückbesinnung auf alte Kulturen und die eigene Geschichte. 1768 war der Arzt und Sammler August Hempel zu Gast bei den Brüdern Sponholz, die in Neubrandenburg eine Goldschmiedewerkstatt und Pfandleihe betrieben. In einem Regal dort sah er ein paar altertümliche, etwas bizarr und archaisch aussehende Figürchen stehen. Interessiert fragte er nach und erfuhr, dass ein Vorfahre der Brüder sie einst beim Pflanzen eines Apfelbaums im Pfarrgarten von Prillwitz gefunden habe. Eben dieses Prillwitz galt schon seit Längerem als der wahrscheinlichste Ort des sagenhaften Rethra mit dem legendären Tempel des Radegast, dem obersten Gott der Redarier. Hempel erwarb 35 dieser Figuren, hinzugezogene Gelehrte identifizierten die auf den Götzen eingeritzten Zeichen als »wendische« Runen und entzifferten den Namen Rethra. Die Sensation war perfekt und die »Prillwitzer Idole« in aller Munde! Nun trat auch die herzogliche Familie auf den Plan. Prinz Carl von Mecklenburg (1741–1816) kaufte dem Arzt alle Figuren und 22 weitere ab, die sich plötzlich auch noch im Besitz der Brüder Sponholz befunden hatten. Außerdem gab er ein Buch mit Abbildungen der Idole heraus und führte diese im Original gerne seinen adeligen Besuchern vor. Zwar regte sich hier und da Zweifel an der Echtheit der Figuren. Doch erst 1850 konnte nachgewiesen werden, dass alles ein großer Schwindel gewesen war. Welch eine Blamage! Die Figuren verschwanden klammheimlich in der Versenkung. Heute gehören sie zur Sammlung des Freilichtmuseums in Mueß, werden jedoch selten ausgestellt.

Die »Prillwitzer Idole« waren in aller Munde.

Das Büchlein mit den Abbildungen von 1771 fiel dem Schweizer Objektkünstler Daniel Spoerri in die Hände, der vom Aussehen der Figuren inspiriert und von ihrer Geschichte fasziniert war. Als er sie nach der Wende endlich im Original sah, war er geradezu enttäuscht, wie klein sie waren. Doch 2005/2006 interpretierte er die Idole neu und machte aus den winzigen Figuren große Installationen. Eine davon ist in der Kunstsammlung Neubrandenburg zu sehen. ■

Neustrelitz, Kleinseen-platte, Feldberger Seenland

Lebendige Vielfalt — Seen über Seen, trubelige Schleusen und stille Kanäle, eine Residenzstadt vom Feinsten, niedliche Städtchen und urige Dörfer sowie viele kreative Ideen.

Seite 189

Neustrelitz ✪

Die barocke Stadt fasziniert auch heute noch als Gesamtkunstwerk und ist überraschend vielfältig mit ihrem Angebot an Kunst, Kultur, Kulinarik und Ausflugsmöglichkeiten.

Seite 217

Feldberger Seenland

Eine der schönsten Endmoränenlandschaften mit vielerlei Seen und Hügeln, in der sich Künstlerinnen, Töpfer, Köchinnen, Gärtner, Musiker und Kräuterbegeisterte niedergelassen haben.

Neustrelitz hat einen der besten Fanfarenzüge weltweit.

Seite 202

Kleinseenplatte ✪

Mit ihren vielen durch Kanäle verbundenen Seen, z. T. für Motorboote gesperrt, ist sie ein Paradies für Wasserwanderer. Aber auch von der Landseite lohnt sich die Entdeckung von Mirow, Wesenberg und manch anderem Dorf.

Seite 206

Alte Fahrt

Auf dem stillgelegten Kanal, der einst Müritz und Havel verband, darf heute nur noch der Ausflugsdampfer fahren. Ansonsten gibt es Paddler und viele Seerosen.

Seite 213

Schwanenhavel

Ein mäanderndes Fließ, Zweige, die sich übers Wasser neigen, Stille, ein Eisvogel, ein Otter … Schon viele Paddler sind dem Zauber der Schwanenhavel erlegen.

Seite 219

Feldberger Haussee

Feldberg an sich ist schon ein schöner Ort. Warum nicht gleich noch eine an Aussichten und Badestellen reiche Runde drehen?

Seite 228

Hullerbusch und Schmaler Luzin

Der Schmale Luzin ist ein Musterexemplar von einem Rinnensee. Gequert werden kann er nur mit einer Seilfähre. Durch den Hullerbusch, einen verzauberten Wald oberhalb, spazierte schon Hans Fallada mit seinen Kindern.

Seite 201

Buchenwald von Serrahn

Das ist mal ein Wald! Und das zu jeder Jahreszeit. Es gibt verschiedene Routen. Nicht versäumen sollten Sie die Fotoausstellung von Roman Vitt in Serrahn.

Die Wahrheit über »Kaffee türkisch« auf der Speisekarte: Kaffeepulver in die Tasse, kochendes Wasser drauf – fertig!

Um zu begreifen, dass der Himmel überall blau ist, braucht man nicht um die Welt zu reisen.« Johann Wolfgang von Goethe in einem Brief aus Feldberg

Wasserreiche Gegenden

I

In dieser Ecke der Mecklenburgischen Seenplatte nehmen die Schönheiten kein Ende. Neustrelitz ist eine überraschend bunte und lebendige Stadt, immer noch erkennbar als einstige Residenzstadt der Herzöge von Mecklenburg-Strelitz. Diese bunte Lebendigkeit findet sich in Form von kreativen Initiativen und Ideen auch in anderen Orten und Dörfern.

Vor allem aber gibt es hier Seen über Seen, verbunden durch eine Vielzahl von Kanälen, manche sind sogar für den Motorbootverkehr gesperrt. Klar, dass sich Wasserwanderer hier wie im Paradies fühlen, denn auch die Infrastruktur hat sich mit einem guten Angebot von Verleihern, Tourenanbietern und Campingplätzen darauf eingestellt. Am Wochenende und in den Ferien geht es hier ziemlich hoch her. Ebenso lohnenswert ist es, mit dem Rad die einzelnen Seen zu erkunden und über die Dörfer zu fahren, wobei einige Entdeckungen möglich sind. Dabei gilt es, auch manche Steigung zu überwinden, besonders im Feldberger Seenland, wo die Eiszeit ganze Arbeit geleistet hat und Reisende mit fantastischen Ausblicken beschenkt.

ORIENTIERUNG

O

Internet: Unter www.naturpark-feldberger-seenlandschaft.de gibt es allgemeine Infos zu Feldberg und dem Naturpark. Vielfältiger ist das Portal www.klein-seenplatte.de mit Wander- und Paddeltouren, Unterkünften, Veranstaltungskalender etc., meist mit Kontakt und Verlinkung.
Bahn: Neustrelitz ist ans Bahnnetz angeschlossen. Die HANSeatische Eisenbahn (www.hans-eisenbahn.de) bedient mehrmals tgl. die Strecke Neustrelitz–Wesenberg–Mirow. Juni–Sept. kann man eine Touristenkarte für 8 €/Tag (erm. 6 €) kaufen. Die Plus-Karte kostet 3 € mehr und inkludiert ein Fahrrad, was aufgrund der Bahngröße in Stoßzeiten problematisch sein kann.
Bus: Die Busse der MVVG fahren im gesamten Gebiet (www.mvvg-bus.de, s. auch S. 251).
Schiff: Die Schiffe der Blau-Weißen Flotte fahren in Mirow und Wesenberg (www.blau-weisse-flotte.de).
Kurabgabe: In vielen Orten der Region wird von April bis Okt. eine Kurabgabe erhoben. In der Feldberger Seenlandschaft liegt sie bei 1,50 €, in der Gemeinde Wustrow (u. a. Canow und Drosedow) bei 1,20 €.

Neustrelitz  H6

Aussteigen lohnt sich! Bleiben noch mehr, denn **Neustrelitz** hat Flair. Vorbei die grauen Zeiten, als Gebäude zerfielen und Putz bröckelte, die Sowjets ihre Truppen stationiert hatten und die Stadt provinziell schien, lediglich eine Station an der Strecke Berlin–Rostock. Der einstige Glanz der Barock- und Residenzstadt sowie das kreative Potenzial sind dank vieler Initiativen und Euros nach der Wende wieder sichtbar geworden. Heute erwartet den Besucher eine lebendige und kulturell vielseitige Stadt.

Stadtgründung einmal anders

Wäre das Schloss 1712 nicht abgebrannt, dann gäbe es Neustrelitz nicht - auch das nur wegen Adolf Friedrich II. (1658–1708). Als jüngster Spross des Herzogs zu Mecklenburg-Schwerin hatte er wenig Aussicht auf den Thron. Doch als der Vater seiner Frau, Herzog zu Mecklenburg-Güstrow, starb, erhielt er nach diversen Erbstreitigkeiten 1701 das neu gegründete Herzogtum Mecklenburg-Strelitz, benannt nach der kleinen Ackerstadt, in der er schon seit Längerem lebte. Nun war Residieren angesagt, und das Wasserschloss wurde entsprechend aufgehübscht. Leider wurde es bei einem Stadtbrand 1712 so zerstört, dass die Familie in das gut 4 km entfernte Jagdschloss Glieneke am Zierker See umziehen musste. Es sollte nur vorübergehend sein, doch nach 14 Jahren entschied Adolf Friedrich, mittlerweile der III. (1686–1752), das Jagd- zum Residenzschloss umzubauen. Unter seinen Angestellten gab es einen talentierten Hofgärtner, der

Im Hebetempel steht zwar nur eine Kopie der Statue von Canova, aber hier hat sie es schöner als das Original in der Berliner Nationalgalerie.

Neustrelitz

Ansehen

1. Rathaus
2. Stadtkirche/Stadtmodell
3. Husarenmarkt
4. Orangerie
5. Strelitzien-Skulptur
6. Seufzerallee
7. Hebetempel
8. Gedenkhalle für Königin Luise
9. Kavaliershaus
10. Plastikgalerie Schlosskirche
11. Tiergarten Neustrelitz
12. Haus Glambecker Str. 3
13. Kulturquartier Mecklenburg-Neustrelitz
14. Landeszentrum für erneuerbare Energien (Leea)
15. Slawendorf

Schlafen

1. Hotel Garni Schlossgarten
2. Alte Kachelofenfabrik
3. Am Stadthafen

Essen

1. Querbeet
2. Helgoland
3. Das Glammi
4. Bohn Aparte
5. Café Souterrain
6. Finelly's

Einkaufen

1. Königsmann
2. gans bio
3. Antiquariat

Bewegen

1. Fahrradcenter Ballin
2. Pedal-Point Neustrelitz
3. Tom Sawyer Tours
4. Baden am Glambecker See
5. Baden am Domjüchsee
6. Baden am Prälanksee

Ausgehen

1. Movie Star
2. Landestheater/Deutsche Tanzkompanie
3. Klein Trebbow

bereits den Tiergarten am Jagdschloss angelegt hatte – **Christoph Julius Löwe** (1690–1752). Ihn beförderte der Herzog kurzerhand zum Hofbaumeister – eine gute Wahl, denn das Resultat fünf Jahre später war ein repräsentativer Dreiflügelbau mit Schlossgarten in schönstem Barock. Nun stellte Adolf Friedrich fest, dass sein Residenzschloss zwar idyllisch, aber einsam gelegen war und die Stadt Strelitz mit dem dort verbliebenen Hof mächtig weit weg. Also, Kosten hin oder her, ordnete er 1733 den Bau einer neuen Stadt an, ihr Name: Neustrelitz. Mit der Anlage betraute er wieder Hofbaumeister Löwe. Herausgekommen ist eine spätbarocke Stadt, die als einzigartig gilt, mit dem Markt als Zentrum.

Um den Marktplatz

Egal, von welcher Seite Sie den Platz betreten, die weite und sternenförmige Anlage fällt sofort ins Auge. Früher ein Platz zum Paradieren und Flanieren, sprudeln heute Wassersäulen in seiner Mitte, zwischen denen Kinder an warmen Tagen Fangen spielen. Auf den Bänken sitzen Mütter, Paare oder Touristen, manche mit einem Eis von **Finelly's** 6 gleich neben dem hübschen **Rathaus** ❶. An einer Ecke prangt unübersehbar die barocke **Stadtkirche** ❷, in der es neben Gottesdiensten auch Ausstellungen und Konzerte gibt. Highlight ist jedoch der **Turm**, von dem man den besten Blick auf die Stadtanlage hat. Wer zuvor im **Kulturquartier** ⓭ war, kann wunderbar den Damals-Heute-Vergleich ziehen. Vor dem Aufstieg (1,50 €, 204 Stufen) sollte man sich erkundigen, wann die Glocken läuten. Denn diese drei Damen haben ordentlich Volumen. Vor der Kirche erinnert eine bronzene Stele mit Konterfei an Baumeister Löwe, daneben das **Modell der Stadt.**

Wie ein Stern …

… gehen acht Straßen von eben diesem Marktplatz ab. Egal, welche Straße Sie wählen, jede hat ihre Hingucker. Viele kommen von der **Strelitzer Straße,** früher die Parademeile des Herzogs und heute Hauptflanier- und Shoppingmeile. Auffällig ist der lang gestreckte gelbe Klinkerbau am unteren Ende, die einstige **Kaserne** und **Reithalle** für das Husarenregiment. Heute erinnert der Name **Husarenmarkt** ❸ daran. Von außen macht der Bau was her, im Innern befindet sich eines der üblichen Einkaufszentren. Herzogliche Tradition dagegen hat der Neustrelitzer Fanfarenzug, der zu den besten weltweit zählt, wie die Silbermedaille bei der Fanfaren-WM 2017 beweist. Man kann ihn zu Stadtfesten oder anderen Anlässen erleben.

Orangerie, Schlosspark und Tiergarten

Die **Schlossstraße** – der Name sagt es – führte vom prächtigen Marktplatz zum ebenso prächtigen Schloss. Leider steht von diesem nichts mehr. Seine Pracht kann nur noch auf Bildern bewundert werden. Die russischen Truppen brannten es 1945 nieder. Erhalten blieb die **Orangerie** ❹, in der 1822 die erste Strelitzie in deutschen Landen blühte – ein Geschenk der britischen Königin Sophie Charlotte (1744–1818), die dem Hause Mecklenburg-Strelitz entstammte. Ihre Untertanen nannten sie »Queen of Botany«, denn sie interessierte sich nicht nur für Pflanzen, sondern sie förderte und unterstützte auch die Unternehmungen von Joseph Banks, Direktor der Kew Gardens in London. Zum Dank benannte er eine aus Südafrika stammende prächtige Blume nach dem Stammhaus der Königin: *strelitzia reginae.* Sie wurde 1995 zur Blume der

Stadt – die **Strelitzien-Skulptur** ❺ im Kreisverkehr unweit der Orangerie lässt aus der Ferne an einen Kranich denken. Das hat der Künstler René Winter bewusst so gehalten, denn die Strelitzie wird auch Kranichblume genannt. Und der Kranich gehört ebenfalls zu Mecklenburg.

Die **Orangerie** wird seit einigen Jahren restauriert, um die drei Säle in den Farben Mecklenburgs – Rot, Gelb und Blau – mit pompejanischer Deckenmalerei wieder in alter Pracht erstehen zu lassen. Die für 2020 vorgesehene Wiedereröffnung hat sich vorerst nach hinten verschoben. Derzeit (2024) ist die Eröffnung eines Cafés (»Ora«) geplant. Ein Spaziergang im rückseitig gelegenen Garten mit einigen exotischen Pflanzen ist jedoch immer möglich. Darunter auch der Lebkuchenbaum, der im Herbst an seinem Geruch zu erkennen ist.

Schlosspark ohne Schloss

Wie das mit dem Zeitgeist so ist, kein Trend bleibt für immer. Und so besteht der Schlosspark von Neustrelitz ungewöhnlicherweise aus einem Barockgarten und einem Landschaftspark, durch die **Seufzerallee** ❻ – ein kleiner Weg zwischen zwei Hecken – voneinander getrennt. Der Barockgarten ist der größte seiner Art im Land, schön geometrisch

WAS LIEGT AN?

Der Journalist André Gross berichtet in seinem Blog www.strelitzius.com über allerlei Interessantes aus Neustrelitz und der Kleinseenplatte. Angefangen bei Veranstaltungstipps und -besprechungen bis hin zu Diebstählen, Fahrplänen und Geschichten ist alles dabei. Spannend, wenn Sie ein wenig in die Welt der Seenbürger einsteigen möchten.

angelegt mit opulenten Vasen und Figuren. Zwischen Schlosshügel und See erhebt sich der **Hebetempel** ❼, benannt nach der Göttin der ewigen Jugend. Die kleine **Gedenkhalle** ❽ etwas weiter erinnert an **Königin Luise** (s. S. 181) mit einer Kopie ihres Sarkophags. Das Original steht in Berlin. Toll ist der Blick vom Hebetempel zum See und rückwärtig Richtung Schlosshügel mit einer schnurgeraden Allee. Vom ehemaligen Schloss kündet nur ein einzeln stehendes Haus, eines der ehemals zwei **Kavaliershäuser** ❾. Viele Neustrelitzer kennen es noch als Entbindungsstation. Heute sitzt hier das Straßenbauamt. Auf der leeren Fläche des Hügels wird jeden Sommer die Bühne für die **Schlossgarten-Festspiele** aufgebaut (s. S. 199). In dieser Zeit ist der barocke Teil des Parks gesperrt.

Ein Herzog und sein Bauherr

Das Schloss brannte nieder, die **Schlosskirche** blieb. Zwölf schlanke Türme, hellgelber Backstein, die vier Evangelisten an der Fassade – sie wirkt fast selbst wie ein Schloss. Davor eine Bronzestatue von Georg, Großherzog zu Mecklenburg-Strelitz (1779–1860), Lieblingsbruder von Königin Luise, deren gemeinsame Tante die Königin von England war. Seit den Tagen von Adolf Friedrich II., III. und IV. war einiges passiert und das Haus Mecklenburg-Strelitz nicht mehr klein und unbedeutend, sondern Großherzogtum. Es galt, die Residenzstadt weiter zu verschönern. Barock war out, Klassizismus und Neogotik in. Dank hervorragender Verbindungen nach Berlin wurde Georg ein Schinkel-Schüler empfohlen: **Friedrich Wilhelm Buttel** (1796–1869). Mit gerade mal 25 Jahren trat er sein Amt als Hofbaumeister an, stieg rasch zum Landesbaumeister auf und prägte im 19. Jh. das Stadtbild von Neustrelitz. Der Hafen und die großen Speicherbauten sind sein Werk, ebenso wie der Kammerkanal. Er erfand die

Dachpappe und errichtete Repräsentationsbauten sowie Kirchen im Umland. Typisch für ihn war die Verwendung des gelben Backsteins.

Ganze 40 Jahre war er für den Großherzog tätig und hätte sich nach dessen Tod gerne zur Ruhe gesetzt, immerhin war er auch schon 65. Doch Nachfolger Friedrich Wilhelm II., ein notorischer Geizhals, versagte ihm die Pensionierung. Acht Jahre hielt er noch durch, dann wählte er wegen totaler Überarbeitung, schwindender Sehkraft und anderer Schicksalsschläge den Freitod. Seine Bauwerke bleiben, darunter besonders bedeutend die Schlosskirche von Neustrelitz, harmonisch auch im Innern. Eine Kirche ist sie allerdings nicht mehr. Die Stadt hat sie marode übernommen, saniert und 2001 als **Plastikgalerie Schlosskirche** ⑩ mit zweimal jährlich wechselnden Ausstellungen eröffnet.
Hertelstr. 2, T 03981 23 92 62, www.schlosskirche-neustrelitz.de, Mai–Okt. Di–So 11–17 Uhr, 5 €, erm. 2,50 €

Noch mehr Grün

Hinter der Kirche steht ein prächtiges, von Hirschskulpturen flankiertes Tor – der Eingang zum ehemaligen herzoglichen Tiergarten. Folgen Sie der Allee bis zur ersten großen T-Kreuzung und biegen dann links ab, gelangen Sie auf schönen grünen Wegen zum heutigen **Tiergarten Neustrelitz** ⑪. Hier leben vor allem heimische Tiere, und es gibt spannende Erlebnistouren für Kinder.
Am Tiergarten 14, T 03981 20 44 90, www.tiergarten-neustrelitz.de, Juni–Aug. 9–19, April/Mai, Sept./Okt. 9–18, Nov.–März 9–16 Uhr, 8,50 €, erm. 7,50/4,50 €

Stadthafen am Zierker See

Vom Schlossgarten ist es nicht weit zum **Zierker See,** der übrigens kein Badesee ist. Da gibt es so manches Café und so manchen Fischimbiss. Die Schienenspuren erinnern an das 19. Jh., als der Hafen noch wichtig für den Warenumschlag war. Die gelben Speicherbauten stammen alle aus der Buttel-Zeit (s. S. 192) und sind heute Hotels und Appartements. Ausnahme der einzelnstehende Speicher in der zweiten Reihe mit einem riesigen **Antiquariat** 3, wo sich Regal an Regal reiht (s. S. 197).

Zum Glambecker See

War das Areal südwestlich des zentralen Marktplatzes den Prachtbauten vorbehalten, so sind es auf der nordwestlichen Seite die bürgerlichen Häuser. Besonders in der Zierker und Glambecker Straße kann man alte Läden und Einrichtungen sehen – sehr schön das **Haus in der Glambecker Straße 3** ⑫ sowie das Geschäft gegenüber. Auch wenn die Glambecker Straße nicht gerade verkehrsberuhigt ist, sollte man ihr ruhig bis zum Ende folgen, denn dort ist der Glammi. So nennen die Neustrelitzer ihren herrlichen Badesee (richtig: Glambecker See), der auch gut zu umrunden ist. Absolutes Highlight ist die Badestelle unterm Wasserturm (von 1902) und dem dortigen **Terrassenlokal** 3 gleichen Namens. Ein paar hundert Meter weiter liegt der Christian-Daniel-Rauch-Platz mit einem schönen Gebäudeensemble und dem gemütlichen **Café Souterrain** 5 in einem sehenswerten Jugendstilgebäude.

Museen

Der Fall Mecklenburg

⑬ **Kulturquartier Mecklenburg-Neustrelitz:** Wenn Sie wissen möchten, wie das jetzt genau war mit den von Mecklenburg-Strelitz, der Gründung der

Stadt und wie es weiterging bis in die Neuzeit, besuchen Sie das Kulturquartier! Durch kreative Raumaufteilungen und -gestaltungen sowie mediale Ergänzungen sind die ca. 800 Exponate geschickt zu einer spannenden Zeitreise kombiniert. Gute Einblicke gewähren die Anekdoten und Geschichtchen über Hochzeiten und innerfamiliäre Verfehlungen sowie die Berichte von Zeitzeugen – u. a. einer 103-Jährigen, die sich an den großherzoglichen Hof zur Zeit des Ersten Weltkriegs erinnert. Die bemerkenswerten Bilder von Wilhelm Riefstahl zeigen, wie Neustrelitz im perfekten Barock und mit vielen Handelsbooten vor der Hafeneinfahrt einst aussah. Einziges Manko: Der Einzug der russischen Armee und ihre Präsenz bis nach der Wende bleibt (vorerst?) ausgespart.

Die Ausstellung befindet sich in der ehemaligen **Alten Post** – im Eingang noch gut erkennbar –, die um einen hellen Neubau erweitert wurde. So konnten gleich noch die **Stadtbibliothek**, das **Karbe-Wagner-Archiv**, eine in den 1950er-Jahren begonnene Privatsammlung zur Heimat- und Regionalgeschichte, und ein kleines **Café** mit herrlicher Sonnenterrasse untergebracht werden. Für Architekturfans ein kleines Schmuckstück, das einige Preise erhalten hat.

Schlossstr. 12/13, T 03981 239 09 99, www.kulturquartier-neustrelitz.de, Di/Do 10–18, Mi/Fr/Sa 14–18, Café Di–Sa 14–18 Uhr, Führungen auf Anfrage möglich

Aktueller denn je

⓮ Landeszentrum für erneuerbare Energien (Leea): Nach dem Motto »Verstehen – Erleben – Mitmachen« erfahren Sie in der Dauerausstellung viel Wissenswertes zu den natürlichen Ressourcen Wald, Wasser und Wind. Beim Thema Wind werden Sie z. B. aufgefordert, ein Segel optimal auszurichten. Für Kinder unterhaltsam dürfte die Geschichte von der Biomasse mit entsprechender Geräuschkulisse durch eine Kuh sowie die per Muskelkraft angetriebene Riesen-Carrera-Bahn sein. Pluspunkt: Für alle erneuerbaren Energien werden die Pros und Kontras gleichermaßen dargestellt. In einer Extra-Ausstellung geht es um Klimaschutz in Europa und wie die einzelnen Länder dazu stehen. Alles ist sehr spannend dargestellt und bietet viel Stoff zum Nachdenken sowie Anregung für das eigene Handeln.

Am Kiefernwald 1, https://leea-mv.de, Di–Sa und in den Ferien Mo–Sa 10–17 Uhr, 7 €, erm. 4,50 €

Bezahlt wird mit Slawentalern

⓯ Slawendorf: Der Palisadenzaun ist mächtig, dahinter ein paar hutzelige Hütten aus Holz und Lehm. Drinnen Werkstätten zum Schmieden, Körbeflechten, Kerzenziehen, Töpfern, eine Backstube, ein Wirtshaus mit Met, ein Dorfladen mit regionalen Produkten … Doch erst müssen Euro in Lehmtaler getauscht werden. Keine Bange, Rücktausch ist möglich. Dann können Sie eintauchen in das Leben der Slawen vor gut 1000 Jahren. Archäologisch bedeutsam ist der Ort nicht, es geht ums Erleben und Ausprobieren: Speckstein zum Anhänger schleifen (1–2 Taler) und sich dazu ein schickes Lederband aussuchen (1 Taler), einen Dolch schnitzen (6 Taler), ein magisches Auge filzen (3 Taler) u. v. m. Je nach Wetterlage sind die Hütten besetzt, alle Gewerke können ausprobiert werden, wofür jeweils ca. 20 Min. einzurechnen sind. Und unbedingt auch auf den Turm steigen! Am Ufer schaukelt ein ›historisches‹ Ruderboot, die Nakon (der Name eines Obodritenfürsten aus dem 10. Jh.), die bei gutem Wetter mit bis zu zehn Leuten in See sticht (ca. 30 Min., 3 Taler, erm. 2 Taler).

Franzosensteg, www.slawendorf-neustrelitz.de, April–Juni, Sept./Okt. Sa–Di 10–16, Juli/Aug. tgl. 10–17 Uhr, mit Gruppenanmeldung auch an anderen Tagen möglich, 6 €, erm.

4 €, letzter Einlass immer 1 Std. vorher; am besten zu erreichen zu Fuß oder mit dem Rad vom Hafen aus, ansonsten mit dem Auto der Ausschilderung folgen, das letzte Stück durch den Wald (Schlosskoppel) ist etwas holperig; es gibt regelmäßig Aktionstage.

Schlafen

Neben einigen Hotels gibt es über die einschlägigen Portale auch viele Ferienwohnungen und Privatunterkünfte.

Gemütlich im Biedermeierstil

1 **Hotel Garni Schlossgarten:** Schon von außen ist das Gebäude ein Hingucker. Von dem liebevoll gestalteten Hotel ist es nicht weit bis in den Schlossgarten und zu den Festspielen. Zuweilen veranstalten die theateraffinen Inhaber auch Lesungen und Gesprächsrunden. Die gemütliche Atmosphäre setzt sich im rückwärtig gelegenen Garten mit alten Bäumen fort, in den man v. a. aus den Zimmern im ersten Stock einen schönen Blick hat. Auch am Service und dem guten Frühstück gibt es nichts auszusetzen.

Tiergartenstr. 15, T 03981 24 500, €€

Grün und kreativ

2 **Alte Kachelofenfabrik:** Die aus dem 19. Jh. stammende Fabrik wurde nach der Wende zur basiskulturfabrik, das Ökohotel gibt es seit 2001. Holzlehmhäuser mit Zimmern und Appartements stehen verteilt auf dem Gelände, umgeben von Grün. Viel Holz, funktionales Design, große Fenster und der Blick ins Freie bestimmen das Ambiente. Das Beste: Gleich um die Ecke, also in der Fabrik, gibt es Ausstellungen, Kino, Kneipe und ausgezeichnete Gastronomie. Ein guter Ort zum Längerbleiben.

Sandberg 3a, T 03981 20 31 45, www.basiskulturfabrik.de, Zimmer, App. und Häuser €–€€, Preisnachlass je nach Anzahl der Übernachtungen

Fühlt euch willkommen

3 **Am Stadthafen:** Familie Sonne hat dieses Haus, gleich um die Ecke vom schönen Stadthafen und dem Zierker See, vor einigen Jahren erworben und drei gemütliche Ferienwohnungen für bis zu fünf Personen ausgebaut – viel Holz, warme Farben, kein Schischi, dafür Bücher und Spiele und gut ausgestattete Küchen –, wohnlich eben. Im Hof gibt es eine große Wiese und eine überdachte Sitzecke, wo man miteinander ins Plauschen kommen kann. Da kann man sich wie zu Hause fühlen und bleibt gerne länger.

Am Stadthafen 3, mobil 0151 40 39 35 25, www.amstadthafen.wordpress.com, €

Essen

Grün und regional

1 **Querbeet:** Das Lokal in der ehemaligen Schlossgärtnerei verwendet, wenn möglich, nur regionale Produkte und ist eine gute Alternative zur Kachelofenfabrik. Die Einrichtung ist rustikaler, aber ebenso gemütlich, die Gerichte etwas spitzfindiger – wenn z. B. Herzhaftes mit Süßem kombiniert wird – und die Chance, spontan einen Platz zu bekommen, etwas größer. Für warmes Wetter gibt es eine schöne Terrasse und die Einkehr lässt sich wunderbar mit einem Besuch des Slawendorfs oder einem Spaziergang durch die Schlosskoppel kombinieren.

Useriner Str. 9, T 03981498 04 57, https://querbeet-restaurant.de, Di–Fr 16–22, Sa/So/Fei 11–22 Uhr, €–€€

Grün und kreativ

2 **Alte Kachelofenfabrik:** Auch Gastronomie ist in die alten Gebäude der Fabrik gezogen. Auf zwei Etagen in gemütlichem Ambiente aus Holz, alten Ziegeln und etwas Glas bzw. auf der Außenterrasse mit Blätterdach können Sie

sich verwöhnen lassen. Neben dem Standardmenü und gut ausgewählten Weinen gibt es auch tgl. wechselnde Gerichte mit Zutaten aus der Region – u. a. Wild, Fisch, Wurzelgemüse. Besser reservieren, viele Einheimische.

Sandberg 3a, T 03981 23 70 96, Di–So 17–21 Uhr, €–€€

Nordseeinsel in Mecklenburg

2 **Helgoland:** Als man dem Hafen 1870 eine zweite Ausfahrt verpasste, entstand diese kleine Insel. 20 Jahre später ging die ›echte‹ Nordseeinsel Helgoland vom britischen wieder in deutschen Besitz über und man wählte voller Nationalstolz »Helgoland« als Namen, wie die Inselgaststätte bis heute heißt. Man sitzt herrlich auf einer Seeterrasse am Zierker See, sieht der Sonne beim Untergehen zu, dazu ein kühles Bier … Die Bedienung hat alle Hände voll zu tun, denn allein schon wegen der Lage ist das Lokal sehr beliebt. Die Küche ist deutsch-rustikal, Fisch und Fleisch, dazu Bratkartoffeln und Salat.

Am Stadthafen 1, T 03981 20 04 30, Do–Di 11.30–21 Uhr, €–€€

Spontaner Treff mit Aussicht

3 **Das Glammi:** Hier trifft man sich zum Baden, auf Kaffee, Kuchen und Eis oder Fisch und Steaks vom Lavagrill.

Adolf-Friedrich-Str. 11, T 03981 349 43 91, www.amglammi.eatbu.com, Mi–So 11.30–14, 17–21.30 Uhr, €–€€

Hammertorten

4 **Bohn Aparte:** Noch bevor man die Torten bestaunen und sich eine aussuchen kann, umweht einen schon köstlicher Kaffeeduft. Hier wird selbst geröstet, und man kann sich zum Show-Rösten anmelden. Die Torten sind super lecker und mit Hüftgold-Garantie. In dem ausgebauten Speicher befinden sich auch das Hotel **Alter Kornspeicher,** stilvoll in Blau-weiß und mit Holz sowie das Restaurant **WildWasser.**

Am Stadthafen 5, T 03981 262 96 49, www.alterkornspeicher.de, Café Di–So 9–18 Uhr; WildWasser: T 03981 262 96 48, April–Sept. tgl. 8–22, sonst Mo–Fr 8–14.30, 17.30–22, Sa/So 7.30–18 Uhr, €–€€; Hotel: T 03981 262 96 46, €€€

Jugendstil

5 **Café Souterrain:** Seit über 20 Jahren gibt es hier leckere selbst gemachte Torten und einen herzhaften Imbiss.

Elisabethstr. 15, T. 03981 20 55 93, www.souterrain-cafe.de, Mo–Fr 10–18, So/Fei 13–18 Uhr

Eiskalte Süße

6 **Finelly's:** Hausgemachte Eisklassiker und ausgefallene Kreationen aus natürlichen Zutaten auf die Hand oder im Eisbecher.

Markt 1, www.finellys.de, Mo–Sa 11–18, So 12–18 Uhr

Einkaufen

Exotisch

1 **Königsmann:** Von außen kommt der Laden wie ein Tabak-Lotto-Shop daher, drin erlebt man eine Überraschung. Er ist im altenglischen Stil eingerichtet, und im hinteren Raum gibt es viele, viele Flaschen. Fasziniert stellt man fest, dass es sich um Whisky aus aller Herren Länder handelt: 1150 Sorten, dazu 35 Whisky-Liköre. Die Auswahl bei Wein, Wodka, Rum und Gin ist ebenfalls riesig. Einige offene Flaschen laden zum Probieren. Inhaber Toralf Harnack kennt sich aus, was er in seinen Whisky-Tastings unter Beweis stellt (Termine im Shop). Viele Destillerien kennt er persönlich. Achtung: Den Humidor mit 145 verschiedenen Zigarrensorten übersieht man leicht, wenn man die Flaschenregale ansteuert. 2020 feierte das Königsmann bereits sein 100-jähriges Jubiläum.

Strelitzer Str. 52, T 03981 20 50 97, Mo–Fr 9–18.30, Sa 9–12 Uhr, im Sommer z. T. länger

Mit dem Herzoglichen Wäschespülhaus wollte Baumeister Buttel den Wäscherinnen des Hofs offenbar den Arbeitsalltag verschönern. Heute ist es ein einladendes Café mit Seeblick.

Gesund einkaufen

2 **gans bio:** Der Bioladen von Neustrelitz ist ein kleiner, feiner und gut sortierter Laden. Was nicht vorhanden ist, kann bestellt werden, sogar vorab – günstig für Selbstversorger, die schon vor der Abfahrt ihre Einkaufsliste durchgeben können.

Elisabethstr. 1, T 03981 23 89 22, www.gans-bio.de, Mo–Fr 9.30–18.30, Sa 9–12 Uhr

Zum Stöbern

3 **Antiquariat:** Die gesamte 2. Etage des alten Speichers am Hafen wird heute als Antiquariat genutzt. Das garantiert eine Riesenauswahl an Büchern – von Kinderliteratur über Technik bis Erotik –, außerdem Filme und sogar VHS-Kassetten! Sofas und Sessel laden zum Schmökern ein.

Am Stadthafen 17, Möbelbörse: T 03981 25 68 41, Mi 12–16, Fr 9–14 Uhr; Antiquariat: tgl. 14–18 Uhr, im Winter geschl.

Bewegen

Stadtführungen

Die Touristinformation bietet von Juni bis Sept. sehr informative **Stadtführungen** an (Sa 10.30 Uhr, ca. 90 Min., 6 €, erm. 3 €), von Juli bis Aug. auch **Abend-** bzw. **Nachtspaziergänge** mit Besteigung des Kirchturms am Markt (1,50 € extra). Auf Nachfrage kann man thematische Führungen buchen (s. S. 199).

Radtouren

Im Nationalpark-Büro (s. S. 199) gibt es gute Infoblätter zu **Radtouren um Neustrelitz.** Darauf notiert sind Angaben zu Länge,

Z

EINMAL UM DEN ZIERKER SEE

Beliebtes Nahziel für Wanderer und Radfahrer ist der Zierker See, der zu Fuß in ca. 3 Std. umrundet ist (12 km). Vom Startpunkt im Stadthafen geht es vorbei am Herzoglichen Wäschespülhaus (s. Abb. S. 197), in das man heute einkehren kann, über die Weißen Brücke, vorbei am Slawendorf, einem Badeabstecher zum Prälanksee und über die Dorfkirche von Zierke zurück zum Ausgangspunkt. Kurz vorm Prälanksee liegt der Buteberg mit schöner Aussicht und Findlingsgarten.

eventuellen Bade- und Einkehrmöglichkeiten, Dauer, Untergrund, Besichtigungstipps sowie eine kurze Beschreibung der Tour. **Radservice und-verleih:** Ab 8 €/Tag, E-Bikes ab 20 €/Tag, s. auch Hafenmeisterei S. 199.

1 Fahrradcenter Ballin

Zierke 36 (2 km vom Zentrum entfernt), T 03981 20 30 44, www.fahrradcenter-ballin.de, Mo–Fr 9–18, Sa 9–12 Uhr

2 Pedal-Point Neustrelitz

Strelitzer Chaussee 278 (1 km vom Zentrum), T 03981 44 16 38, Mo–Fr 9–12.30, 13.30–17 Uhr, im Sommer ggf. auch Sa

Mit Floß und Hausboot

3 **Tom Sawyer Tours:** Zuerst waren es Zelte auf schwimmenden Brettern. Mittlerweile sind es Flöße mit Hütten und Grill sowie komfortable Hausboote, die man für Ein- oder Mehrtagestouren mieten kann, um den Zierker See oder die umliegenden Seen zu erkunden. Da es auch Leihstationen in Diemitz, Priepert und Feldberg gibt, können Touren auch dort enden bzw. beginnen (auf Nachfrage).

Zierker Nebenstr. 19, T 03981 42 15 60, www.tomsawyer-tours.de, Woche ab 595 €, auch kürzere Touren möglich, pro Tag ab 100 €

Badevergnügen

Schöne Badestellen gibt es am **Glambecker** 4, **Domjüch-** 5 und **Prälanksee** 6. Der Zierker See ist kein Badesee!

Ausgehen

Kino und Galerie

Neben dem Mainstreamkino **Movie Star** 1 zwischen Neu- und Altstrelitz (Kühlhausberg 16) gibt es noch das Programmkino der **Alten Kachelofenfabrik** 2, das seit Jahren Auszeichnungen für seine Filmauswahl erhält. In der Fabrik gibt es auch regelmäßig wechselnde Ausstellungen, Lesungen und Talks.

Theater und Tanz

Zur Theater- und Orchester GmbH Neubrandenburg/Neustrelitz gehören in Neustrelitz das **Landestheater** und die **Deutsche Tanzkompanie** 2. Auf dem Spielplan stehen also Schauspiel, Musik- und Tanztheater gleichermaßen sowie einige Gastspiele.

Friedrich-Ludwig-Jahn-Str. 14 (Spielstätte), Karten-Service in der Strelitzer Str. 38, T 03981 20 64 00, Mo–Fr 10–13, 13.30–17 Uhr, www.theater-und-orchester.de

Hofkonzerte in Klein Trebbow

Aus einer fixen Idee in den 1980ern wurde nach der Wende Realität. Das erste der Hofkonzerte fand gleich mit 100 Gästen statt. Viele gute Konzerte folgten. **Klein Trebbow** 3 ist manchen Musikfreunden mittlerweile gut bekannt, vor allem jenen, die auf Jazz und handgemachte Musik stehen. Die Musiker, aber auch Tänzer und Autoren treten im Freien oder in der Scheune auf.

Dorfstr. 16, Klein Trebbow, T 03981 44 13 08, www.hof-konzerte.de

Feiern

• **Schlossgarten-Festspiele:** Die Operette lebt, und jedes Jahr im Juni/Juli findet in Neustrelitz das größte Operettenfestival Deutschlands statt. Dabei wird im Schlosspark mit dem Musikensemble des Landestheaters, der Tanzkompanie und Gastkünstlerinnen und -künstlern vor toller Kulisse eine Operette aufgeführt. Daneben gibt es ein Rahmenprogramm mit Bands, Gala-Abenden und Musikaufführungen speziell für Kinder, Letztere meist in einem Zirkuszelt auf dem Schlossberg. Programm und Karten über das Landestheater (s. S. 198).

Infos

• **Tourist- und Nationalparkinformation:** Strelitzer Str. 1, T 03981 453 41 05, www.neustrelitz.de, www.neustrelitz.m-vp.de, Mai–Sept. Mo–Fr 9–18, Sa 10–14, Juni–Aug. auch So 10–14, Okt.–April Mo–Fr 10–16 Uhr. Beide Büros finden Sie unter dieser Adresse. Hier buchen Sie Führungen, erhalten Kartenmaterial und viele gute Tipps, Tourenvorschläge des Nationalparks (S. 197) u. v. m.

• **Hafenmeisterei:** Am Stadthafen 11, T 03981 26 29 96, Mai–Sept. tgl. 8–20, April/Okt. tgl. 9–18 Uhr. Hier gibt es erste Informationen und einen Stadtplan sowie einen Fahrradverleih (ab 8 €, rechtzeitig buchen). Auch für Camper und Boote ist dies die richtige Anlaufstelle, denn hier sind die Duschen und WCs.

• **Verkehr:** Die Verkehrsanbindung ist sehr gut. Neustrelitz liegt an der Bahnstrecke Berlin–Rostock. Ansonsten verbinden die HANS-Züge und die Busse der MVVG (s. S. 188) die Residenzstadt mit allen Orten in der Umgebung. Der Busbahnhof befindet sich auf dem Bahnhofsvorplatz ebenso wie der Taxistand. Parken kann man am besten am Stadthafen.

Südlich von Neustrelitz

Die Domjüch — H6

Am südlichen Stadtrand von Neustrelitz liegt der Domjüchsee, an dessen Ufern sich von 1902 bis 1945 die Landesirrenanstalt befand, die **Domjüch** genannt. Danach besetzten die Russen das Gelände und übten hier bis 1993 das Rangieren von Mittelstreckenraketen. Anschließend kaufte ein Privatunternehmer das Gelände, um Einzelgrundstücke für eine individuelle Bebauung zu erschließen, zum Glück ohne Erfolg.

Die Erinnerung hat einen Ort

So erwarb es Christel Lau und gründete mit engagierten Menschen 2010 den Verein zum Erhalt der Domjüch – ehemalige Landesirrenanstalt e. V. Gut so, denn nun hat die Erinnerung einen Ort. Areal, Häuser, Park – über allem liegt etwas Surreales. Das erkannten auch die Macher der US-Fernsehserie »The Walking Dead« und der Stralsund-Krimis, die hier geeignete Drehorte fanden.

Auf einer Führung mit einem der ehrenamtlichen Mitarbeiter erfahren Sie, wie das Leben in dieser ›Anstalt‹ organisiert war, die auf Anordnung des Großherzogs entstand und 1902 eröffnet wurde. Während der Nazizeit wurden von hier 76 namentlich bekannte Personen mit psychischen Erkrankungen oder Behinderungen abtransportiert und ermordet. Auch Hans Fallada war kurzzeitig im Gebäude untergebracht und schrieb hier »Der Trinker« – eine schonungslose Bilanz der eigenen Sucht.

In den Gebäuden sind drei ständige Ausstellungen zu sehen: »Die Kunst des Erinnerns – die Geschichte der Anstalt«,

Das artbase festival von 2019 hat manchen Fassaden und Innenräumen der Domjüch einen spannenden neuen Look verpasst.

»Die Russen sind da. Die Russen sind weg« und »Wilhelm Müller«. Letzterer scheint aus gutem Hause gewesen zu sein. Er saß hier viele Jahre und hielt sich für ein Genie. Seine Bilder sind eine Mischung aus Malerei, Zeichnung und Text.

Am Domjüchsee 1, T 03982 20 61 95, www.domjuechsee.eu, zurzeit keine festen Öffnungszeiten, Termine und Kontakt über die Website

Fürstensee und Wokuhl-Dabelow H6/7

Die Orte **Fürstensee, Wokuhl** und **Dabelow** südlich von Neustrelitz sind alle gut mit dem Rad zu erreichen, liegen an klaren Badeseen und sind von Wäldern mit einigen Wandermöglichkeiten umgeben. Abwechslungsreich ist z. B. die Rundwanderung von Fürstensee um Zwirn- und Hinnensee nach **Goldenbaum** und wieder zurück nach Fürstensee (18 km). Wenn Sie Glück haben, ist das kleine **Café Kudu** in Goldenbaum gerade offen und die freundlichen Berliner Besitzer servieren ihren guten Kaffee sowie selbst gemachten Kuchen (www.cafe-kudu.de, Mi–So 10–17 Uhr). Auf dem Rückweg gibt es am Südufer des Fürstensees noch einige Bademöglichkeiten. Sehenswert ist die **Fachwerkkirche** mit ungewöhnlichen Eisenkreuzen und steinernem Fußboden.

Und immer wieder Buttel

Im nur 5 km weiter südöstlich gelegenen **Wokuhl** mit kleiner Badestelle und netten Ferienwohnungen könnten Sie im **Antikhof** (www.antikhof-wokuhl.de, Mi–Fr 10–18, Sa 10–15 Uhr) noch etwas stöbern, bevor es ins idyllische **Comthurey** zwischen Kleinem und Großem Gadowsee geht. Kurz vorm Ortsausgangsschild gegenüber dem **Haus am See** (www.ferienwohnungen-am-gadowsee.de, Fewo bis 4 Pers., mind. 4 Nächte, €) führt der 3 km lange **Schmetterlingsweg** in ca. 40 Min. nach **Dabelow**, wo es noch mal eine Kirche zu sehen gibt – farbenfroh mit Ziegelverzierungen und dem Buttel-typischen gotischen Turm, dieses Mal aus Holz.

Schlafen

Seele baumeln lassen

Seeidyll Comthurey: 3 separat gelegene Ferienhäuser am See, z. T. mit eigenem Steg und Boot, Streuobstwiesen drumherum. Ein idealer Rückzugsort mit viel Stille, Natur und ohne WLAN. Die Häuser sind gemütlich und mit den Kaminen auch für grau-kaltes Wetter ausgestattet.

Comthurey 13, Comthurey, T 038296 709 89, €

Buchenwald von Serrahn

 H6

Die Buche ist ein äußerst egoistischer Baum, denn sie bildet ein so dichtes Blätterdach, dass alle anderen Bäume durch Lichtmangel keine Chance haben – abgesehen von den jungen Buchen, die sich im Schatten recht wohl fühlen und, tut sich mal eine Lücke auf, ganz schnell nach oben schießen. So waren einst gut zwei Drittel Mitteleuropas von Buchen bedeckt, bis Homo sapiens die Bühne betrat. Heute gibt es in Deutschland weniger als 1 % Buchenwald. Um diese letzten schönen Flecken zu schützen, brachte man 2010 fünf Waldgebiete in die Nominierung für die Welterbeliste der UNESCO ein. Bereits 2011 wurden sie Bestandteil des transnationalen Weltnaturerbes »Buchenurwälder der Karpaten und Alte Buchenwälder Deutschlands« (www.weltnaturerbe-buchenwaelder.de). Der unweit von Neustrelitz gelegene **Buchenwald von Serrahn** mit 268 ha ist einer davon. Zu verdanken haben wir dies der Jagdleidenschaft des Großherzogs Georg von Mecklenburg-Strelitz, der von diesem Wald vor den Toren seiner Stadt so beeindruckt und begeistert war, dass er ein Jagdhaus erbauen und 1848 das gesamte Areal einzäunen ließ sowie alle forstwirtschaftlichen Arbeiten verbot.

Blick aus der Hängematte

Serrahn ist heute ein Teilgebiet des Müritz-Nationalparks und wird von diesem verwaltet. Auf verschiedenen Wegen kann man die urigen Wälder durchstreifen, in die keine ordnende Hand mehr eingreift. Im Frühjahr erfreuen Buschwindröschen das Herz, im Herbst leuchten die Fliegenpilze. Bäume streben dem Licht entgegen, sterben, fallen um, bleiben liegen und werden zur Heimstatt von Käfern und anderem Getier. Absolut empfehlenswert ist der **Erlebnispfad** von Zinow nach Serrahn (ca. 10 km). Unter Buchen und durch unendliche Blaubeerfelder schlängelt sich der Weg dahin, Tafeln klären über die Unterschiede zwischen verschiedenen Baumarten auf, mitten im Wald locken zwei Hängematten und gen Himmel ausgerichtete Spiegel für einen langen, verträumten oder wenigstens kurzen Blick nach oben in die Kronen.

Wunderschöne Naturfotografie

Und irgendwann erreicht man das idyllisch-stille **Serrahn** (6,5 km). Wer nicht so fit oder mit Rad, Rollstuhl oder Kinderwagen unterwegs ist, gelangt auch von **Dianenhof** hierher (4 km). Eines der wenigen Gebäude ist das **Nationalparkzentrum** mit einer gelungenen Ausstellung rund um den Buchenwald.

Beim Blick in den Serrahner Buchenhimmel kann man schon mal Zeit und Raum vergessen.

So zeigt ein Zeitraffer, wie sich ein Buchenkeimling im Frühjahr aus dem Laub erhebt, seine Hülle abwirft und sich entfaltet. Man erfährt auch, was das für Glibberpilze an den Buchenstämmen sind, die einem während der Wanderung vielleicht schon aufgefallen sind. Und: unbedingt die kleine **Fotoscheune** besuchen, wo der Naturfotograf **Roman Vitt** wechselnde Fotoausstellungen zeigt.
www.naturfotografie-roman-vitt.de

Schlafen

Weit, weit weg von allem

Ferienwohnungen im Wald: Es gibt keine fünf Häuser in Serrahn, eines davon hat der Profifotograf und Naturliebhaber Roman Vitt komplett entkernt und unterm Dach zwei wunderbare Ferienwohnungen (1–2 Pers.) ausgebaut. Wer Stille sucht, zur Ruhe kommen und Natur ganz nah erleben will, ist hier absolut richtig und kann zu Fuß und per Rad die Buchenwälder von Serrahn erkunden.
Fuchsbau und Biberburg, Serrahn 1, T 039821 17 98 48, www.fewo-im-wald.de, mind. 5 Nächte, €

Essen

Einfach schön!

Gartencafé: Steht das Schild auf dem Weg und steht das Gartentor offen, so ist das Café geöffnet. Betrieben wird es seit 2014 von Kristina Weber, die neben Kaffee und Kuchen auch Herzhaftes wie Suppen anbietet, natürlich alles selbst gemacht und durchaus mit Zutaten aus dem eigenen Garten. Man sitzt im Grünen, unter einer Pergola, auf Stühlen und Bänken unterschiedlicher Art und irgendwie atmet alles Zufriedenheit. Ein friedlicher Ort für eine Pause und Wanderrast.
Serrahn, April–Okt., T 039821 402 04, mobil 0176 20 05 56 48

Infos

- **Ausstellung und Führung:** April–Okt. 10–17 Uhr. Die Parkverwaltung des Müritz-Nationalparks bietet regelmäßig Wanderungen mit einem Ranger an. Infos unter www.mueritz-nationalpark.de.
- **Bus:** Zwischen Neustrelitz und Feldberg verkehrt die Linie 619 im 2-Std.-Takt und hält dabei in Zinow und Carpin.

Kleinseenplatte

Über 300 wunderschöne Seen, umgeben von Wald und durch Kanäle miteinander verbunden, dank der **Müritz-Havel-Wasserstraße** bzw. der **Alten Fahrt** sogar bis in die großen Seen, überproportional viele Campingplätze und Kanustationen … Bei dieser Aufzählung dürfte das Herz eines passionierten Wasserwanderers gleich höherschlagen. Hinzu kommt, dass ein Teil der Seen für den Motorbootverkehr gesperrt ist, was Paddlern wohltuende Stille verheißt. An den Ufern findet man immer wieder Bootshäuser, die teilweise auch für einen Urlaub zu mieten sind – näher am Wasser geht nicht. Größte Orte sind die Kleinstädte Mirow, Wesenberg und Rheinsberg (in Brandenburg). Ansonsten liegen idyllische Dörfer mit schnuckeligen Häusern und Gärten am Weg, woran vor allem Radfahrer auf vielen lohnenswerten Touren ihre Freude haben dürften.

Mirow G7

Am schönsten ist die Anreise auf dem Wasserweg mit all den Bootshäuschen und Badestellen längs des **Mirower Sees** und den Türmen auf der **Schlossinsel.** Auch über Land ist die Schlossinsel zu erreichen. Dazu muss man jedoch die B 198 – eine ›Abkürzung‹ zwischen A 19 und A 20 – kreuzen. Seit Jahren kämpfen die Mirower darum, sie für den Lkw-Verkehr zu sperren. Man hat zwar schon die 30-km/h-Grenze eingeführt, doch dröhnt und rumpelt es dennoch, wenn all die Laster von Montag bis Samstag vorbeirollen. 2023 wurde endlich grünes Licht für den Bau einer Umgehungsstraße gegeben – Fertigstellung 2030.

Friedrich und die Mirokesen

Auch im Hause Mecklenburg-Strelitz war es üblich, verwitweten Herzoginnen ein Haus und eine Apanage zur Verfügung zu stellen. So bekam Emilie Antonia, dritte Frau und Witwe des ersten Herzogs, für sich und ihren gerade mal drei Monate alten Sohn Karl 1708 Mirow zugesprochen. Den Herzogtitel erhielt ein Sohn aus erster Ehe. Die Mirower waren also nur eine Nebenlinie, erfreuten sich aber ihres Lebens. Ein Schloss wurde gebaut, Prinz Karl heiratete und bekam mit seiner Elisabeth Albertine viele Kinder. Es war also ordentlich was los im **Mirower Schloss,** wenn die Verhältnisse auch eher bescheiden waren. Kronprinz Friedrich (1712–86, der spätere Preußenkönig Friedrich II.) stellte das ebenfalls fest. Er residierte im nahen Rheinsberg und kam öfter zu Besuch. Ihn belustigte die wilde Schar der Mirower Nachbarn, die herumtollenden Kinder und ihre insgesamt einfachen Umgangsformen, und er nannte sie für sich »die Mirokesen«. Was muss er gestaunt haben, als eine von ihnen, Sophie Charlotte, 1762 den englischen König heiratete.

Ein Schloss verfällt

Zu diesem Zeitpunkt war der Herzogtitel bereits auf die Mirower Nebenlinie übergegangen und diese nach Neustrelitz umgezogen. Es wurde ruhig im Mirower Schloss, nur für Beisetzungen in der Familiengruft wurde es wieder ›aktiviert‹. Nach dem Krieg nahmen Flüchtlinge und Russen hier Quartier, kurz darauf wurde es zu einem Feierabendheim, allerdings mit so katastrophalen Zuständen, dass es 1979 geschlossen wurde. Das Schloss rottete vor sich hin, bis sich Stadt und Land nach der Wende zur Übernahme bereit erklärten und 2005 mit einer umfassenden Sanierung begannen. Nach neun Jahren Arbeit dann das absolut bemerkenswerte Resultat mit einer sehr unterhaltsamen **Ausstellung** zur Familiengeschichte der Mirokesen. Dabei wandeln Sie durch die Räume, die alle unter ein bestimmtes Motto gestellt sind, wie die Gewitterangst des Adolf Friedrich IV. oder die Vermählung der 17-jährigen Sophie Charlotte. Der Audioguide ist ein ausgesprochen guter Begleiter. So erfahren Sie, warum das britische Königshaus eine Prinzessin aus einem so kleinen, ja unbedeutenden Haus auswählte, oder werden auf besondere, handbestickte Tapeten aufmerksam gemacht. Planen Sie für den Rundgang 1,5 bis 2 Std. ein.

Schlossinsel 1, T 0385 58 84 18 63, www.schlossmirow.de, März Sa/So 11–16, April/Okt. Di–So 10–17, Mai–Aug. tgl. 10–18, Sept. Di–So 10–18 Uhr, 6 €, erm. 4 € (Audioguide inkl.), Besuch außerhalb der Öffnungszeiten auf Nachfrage

Den Königinnen gewidmet

Das gegenüberliegende Kavaliershaus nennt sich heute **3 Königinnen Palais,** gewidmet den drei Königinnen aus dem Hause Mecklenburg-Strelitz: Sophie Charlotte, Königin von England, Luise, Königin von Preußen, und deren Schwester Frederike, in dritter Ehe Königin von Hannover. In diesem Haus geht es auch um die Besiedlung und Landesgeschichte von Mecklenburg mit viel

Interaktion speziell für Kinder. Im Palais befindet sich neben der Information ein **Café** samt Sonnenterrasse mit Blick über den Mirower See. Zur Auswahl stehen u. a. Torten, die den drei Königinnen gewidmet sind.

Schlossinsel 2a, T 039833 26 99 55, www.3koeniginnen.de, April–Okt. tgl. 10–18, Nov.–März Mi–So 11–17 Uhr, 5 €, erm. 4 €

Tod eines Großherzogs

Die über 150 Jahre blühende Dynastie derer von Mecklenburg-Strelitz nahm in Mirow ihren Anfang und endete auch hier: mit dem Tod des letzten Großherzogs in der Nacht vom 23. auf den 24. Februar 1918. **Adolf Friedrich VI.** war gut aussehend, charmant, 35 Jahre alt, einer der reichsten Junggesellen im Kaiserreich und (noch) nicht verheiratet. Er war eng mit der englischen High-Society-Lady Daisy von Pless befreundet, pflegte Bekanntschaft mit der ungarischen Opernsängerin Mafalda Salvatini und hatte sich vor Kriegsbeginn gerne in England aufgehalten. An jenem Abend im Februar 1918 verließ er das Haus, kehrte jedoch nicht zurück. Tags darauf lag er mit zerschossener Brust im Neustrelitzer Kammerkanal, die Waffe wurde nie gefunden. Bis heute wird über seinen Tod spekuliert. Eine These lautet: Er hatte drei Frauen die Ehe versprochen und war nun in Bedrängnis. Eine andere: Er hatte für die Engländer spioniert. Eine weitere: Er wollte eine Schauspielerin heiraten, was er nicht durfte. Oder war er homosexuell und wurde erpresst? Die Gründe bleiben im Dunkeln, ebenso, ob es Mord oder Selbstmord war. Schon 1917 hatte er verfügt, auf der Schlossinsel von Mirow begraben zu werden und wie sein Grabmal auszusehen habe – eine abgebrochene Säule als Symbol für ein abgebrochenes Leben. Das von starken Bäumen umstandene **Grabmal** befindet sich unweit des Schlosses auf der **Liebesinsel.**

Familiengruft

Während der letzte Großherzog auf der Liebesinsel ruht, sind andere Mitglieder der Strelitzer Familie in der **Familiengruft** beigesetzt. Sie befindet sich in der Johanniterkirche gleich beim Schloss und wäre 1945 beinahe den Flammen zum Opfer gefallen, doch eine schwere Eisentür bot ausreichend Schutz. Durch eine Glasscheibe schaut man auf verstaubte Särge, einige noch mit Kissen und Krone auf dem Sargdeckel, bei anderen sind diese in den Kriegswirren verloren gegangen. An der Wand hängt eine Übersicht über die Särge, leider nicht ganz eindeutig. Wer es genau wissen will, wird in der Ausstellung des 3 Königinnen Palais fündig.

Friedlicher Ort

Die **Johanniterkirche** selbst ist ein eher schlichter Bau. Ungewöhnlich ist der achteckige Taufbereich, möglicherweise eine Reminiszenz an den Felsendom in Jerusalem. Kaum etwas stammt aus der ursprünglichen Kirche, die 1945 nahezu komplett ausbrannte. Nur fünf Jahre später wurde sie jedoch erneut geweiht, so wichtig war und ist sie für Mirow. Die Kirche ist der Ursprung des kleinen Fleckens, wo vielleicht einst Slawen siedelten. Der Wortstamm *mir* erinnert noch daran und bedeutet »Frieden« oder auch »friedlicher Ort«. Nachdem die Schlachten im Heiligen Land geschlagen waren, suchten Ritterorden ab dem 13./14. Jh. nach neuen Aufgaben, so auch die Johanniter. Dem Mecklenburger Landesfürst kamen sie bei der Christianisierung des slawischen Gebietes gerade recht und so schenkte er ihnen 60 Hufe Land (ca. 600 ha).

Auf der heutigen Schlossinsel errichteten sie ihre Komturei mit Wall. Geblieben ist die Johanniterkirche. Im Kirchturm findet sich in den ersten beiden Etagen eine gut gemachte Ausstellung zur Geschichte des Ordens

Mit der Sonne aufstehen und eine Runde schwimmen, ein bisschen angeln, badend und lesend den Tag vertrödeln und ihn später mit einem kühlen Getänk ausklingen lassen – so geht Urlaub im Bootshäuschen.

allgemein und speziell in Mecklenburg-Vorpommern. Über den Glockenstuhl – geläutet wird um 12 und um 18 Uhr – und das ›Antiquariat‹ mit zahlreichen Bücherkisten gelangt man auf die Aussichtsplattform mit schönem Blick über die Schlossinsel und auf die hübschen Bootshäuschen.

Schlossinsel 1, T 039833 263 57, www.johanniterkirche-mirow.de, Mai–Okt. tgl. 10–18 Uhr, Turmbesteigung mit Museum 3 €

Über die Schlossinsel hinaus

Mirow ist Treffpunkt von Wasserwanderern. Einst verband die Alte Fahrt (s. S. 206) die Müritz mit den Gewässern um Mirow und der Oberen Havel, heute ist es der Müritz-Havel-Kanal mit der **Mirower Hubschleuse.** In den 1930er-Jahren gebaut, 56 m lang und knapp 7 m breit, überwindet sie einen Höhenunterschied von 3,5 m. Zu Hochzeiten stehen die Boote Schlange, für Touristen bietet sich von oben ein sehenswertes Schauspiel. Die Schleuse liegt südlich der Schlossinsel. Noch mehr Mirow-Flair vermittelt der kleine Weg von der Schlossinsel vorbei am Park- und Wohnmobilstellpatz zur Badestelle am **Strandhotel Mirow.**

Schlafen

Von April bis Okt. wird eine Kurtaxe von 1 € pro Pers./Tag fällig.

Klassisch mit allem

Strandhotel Mirow: Das Hotel mit klassischer Einrichtung liegt gleich bei der Badestelle und ist bei Wasserwanderern beliebt. Hier kann man anlegen

TOUR
Im Seerosenparadies

Paddeltour entlang der Alten Fahrt

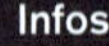

Infos

G 6

Start/Ziel: Kanustation/-basis Mirow bzw. Kanustation Granzow
Länge: hin und zurück 24 km von Mirow, 20 km von Granzow

Bevor in den Jahren 1935 und 1936 der Mirower Kanal gebaut wurde, war die Alte Fahrt die Verbindung zwischen Müritz und Kleinseenplatte. Heute ist sie für Motorboote gesperrt, ausgenommen die Ausflugsdampfer, die Vorfahrt haben, und die Anlieger. Ansonsten hat der Paddler die Stille und die Seerosen für sich. Je früher der Start, umso höher ist der Einsamkeitsfaktor.

Am Mirower See sind all die am Ufer aufgereihten Bootshäuser ein erstes Highlight. Nach der schmalen Durchfahrt ins Granzower Möschen schiebt sich rechts **Granzow** mit seinem einladenden Badestrand ins Bild. Hier können Sie auf dem Rückweg anlanden, baden und ein Eis essen. Doch erst paddeln Sie durch den **Kleinen** und **Großen Kotzower See** mit viel Schilf und Seerosen und gelangen in den **Leppinsee** mit ganzen Feldern von See- (weiß und rosa blühend) und Teichrosen (gelb blühend). Sie stehen unter Naturschutz – also daran vorbei- und nicht hindurchpaddeln. Am nördlichen Ende des Sees geht es durch einen schmalen Kanal zum **Woterfitzsee.** Links unter einem tiefen Blätterdach versteckt sich die romantische Durchfahrt zum glasklaren **Caarpsee** und nach einem letzten Kilometer durch den **Bolter Kanal** erreichen Sie die **Bolter Schleuse.** Von dieser ist allerdings nur der Name geblieben, sie wurde zugeschüttet. Wer zur Müritz will, muss sein Boot also umtragen. Die anderen parken, schlendern zum **Fischers Land Boek** (www.mueritzfischer.de) gönnen sich ein leckeres Fischbrötchen, werfen noch einen Blick auf die steinernen Reste der alten Wassermühle und machen sich dann auf den Rückweg.

und übernachten, wunderbar auf der Terrasse sitzen und speisen. Familie Stegemann hat an alles gedacht: Es gibt Zimmer oder Appartements, Platz für Zelte und Camper, außerdem vermieten sie Stand-up-Paddel, Wassertreter, Kajaks und Motorboote. Zum Hotel gehört ein **Restaurant** mit Seeblick, frischem Fisch (lecker Zander) und Wild, aber auch Mecklenburg-Klassiker, angerichtet nach dem Motto: »Das Auge isst mit«. Gute Auswahl an Desserts.

Strandstr. 20, T 039833 220 19, www.strandhotel-mirow.de, Hotel u. Fewo bis 4 Pers. € Zelt/Camper und 2 Pers. 7 €, Restaurant tgl. 11–21 Uhr, €–€€

Hoher Aktiv-Faktor

Ferienpark Mirow: Ein Ferienhaus im skandinavischen Stil mit kleinem Garten davor oder doch lieber ein Appartement? Mit Hund oder ohne, zu zweit oder in der Großfamilie mit Oma und Opa, Wellness, Paddeln, Radfahren, Baden, Grillen – hier dürfte sich für jeden etwas finden. Equipment kann vor Ort gemietet werden, und es gibt schöne Veranstaltungen. So organisiert der Ferienpark das Pilzfest im Oktober – sammeln, bestimmen, essen.

Walter-Gotsmann-Str. 2, Granzow, 4 km von Mirow, T 03833 600, www.allseasonparks.de, €

Essen

Deftig mit Aussicht

Alte Schlossbrauerei: Die alte Schlossbrauerei aus dem 18. Jh. hat nach dem Zweiten Weltkrieg dicht gemacht, kurzzeitig zog eine Molkerei ein, später ein Getränkehandel, und nach der Wende wurde daraus ein Hotel mit Restaurant, der Name blieb. Von außen kommt das Gebäude eher schlicht daher, im Innern gibt es viel Holz, geschickt kombinierte Farben und Möbel. Die Küche ist deftig – viel Fleisch und Wild, aber auch Fisch –, u. a. ein paar typisch mecklenburgische Fleischgerichte mit Backobst.

Schlossinsel 3, T 039833 203 46, www.alte-schlossbrauerei.de, Mai–Okt. tgl. 12–21 Uhr, €–€€, Hotel €€, Frühstück 16 €

Fischbrötchen & Co.

Fischereihof Mirow: Unterhalb der Bundesstraße an der Einfahrt vom Mirower See in den Kanal zur Schleuse bzw. in den Zotzensee liegt der Fischereihof – beliebter Stopp von der Wasser- und der Landseite. Hier kann man sich nach dem Durchpaddeln der Alten Fahrt oder dem gerade überstandenen Schleusen wunderbar mit Fischbrötchen, Kartoffelsalat oder Frisch- und Räucherfisch stärken.

Mühlenstr. 21, T 039833 204 23, www.fischerei-wesenberg.de, Okt.–April tgl. 9–18, Mai–Sept. 8–19 Uhr

Zu Hause

Kaffeehus Kittendorf: Christine Kittendorf zog es nach mehr als einem Jahrzehnt in der Fremde wieder zurück ins heimatliche Mecklenburg, und so eröffnete sie 2014 ihr gemütliches Wohnzimmer-Café mit Sesseln, Sofas, Tischen und Stehlampen, vieles davon aus den 1960er- und 1970er-Jahren. Der Kaffee kommt aus der Neustrelitzer Rösterei (s. S. 196), die Torten und Kuchen sind Großmutters Rezepte bzw. damit kombinierte neue Kreationen. Einheimische geben sich hier gern ein Stelldichein, und die monatlichen Veranstaltungen wie Lesungen, Konzerte und Sessions sind meist schon Wochen vorher ausverkauft.

Strelitzer Str. 28, T 039833 17 02 59, www.kaffeehus-kittendorf.de, Do–Mo 13–17 Uhr

Bewegen

Mit Boot und Paddel

Vier Kanustationen nördlich von Mirow verleihen Boote. Ein Kanadier für 2 Pers. kostet ab 35 €/Tag. Ruder- und Tretboote oder Stand-up-Boards sowie Touren sind ebenfalls im Angebot.

Kanustation Granzow: Die direkt am See gelegene Kanustation mit eigener Badestelle und Zeltplatz (8,50 €/Pers., erm. 7 €, keine Camper) sowie einigen Gruppenunterkünften in verschiedenen Häusern in der Umgebung ist ideal für Kanutouren.

Seestr. 11 (ca. 4 km nördlich von Mirow am Ostufer), T 039833 218 00, www.kanustation-granzow.de, April/Okt. 10–18, Mai–Sept. 9–19, in der Ferienzeit bei Bedarf bis 21 Uhr

Kanustation Mirow: Die Kanustation Mirow bietet eine große Auswahl an geführten Touren sowie Tourenvorschlägen, sowohl für Einzelpersonen als auch für Gruppen. Außerdem gehört ein schöner Zeltplatz dazu (2 Pers./1 Zelt ab 23 €). Auf dem benachbarten Gelände der Jugendherberge befindet sich die Kanubasis.

An der Clön 1 (3 km nördl. von Mirow am Westufer), T 039833 220 98, www.kanustation.de, Ostern–Okt. tgl. 9–13, 15–19 Uhr; Kanubasis: T 039923 71 60, www.kanubasis.de, Mai–Okt. tgl. 9–16 Uhr

Kanuverleih Paddel Paul: Hier ist man kurz vor dem Eingang zum Müritz-Nationalpark, ein Zeltplatz ist ebenfalls nicht weit weg (s. Kasten S. 250). Kanuverleih Paddel Paul bietet auch den Service eines Kanutaxis, d. h. man kann sich am Endpunkt seiner Tour abholen lassen (rechtzeitig anfragen).

In Schillersdorf direkt am Leppinsee (ca. 10 km nordöstl. von Mirow), T 039829 203 24, www.paddel-paul.de, April–Okt. tgl. 9–18 Uhr

Die Alte Fahrt ist für Motorboote gesperrt und zählt zu den Paddler-Highlights. Für die ganze Strecke braucht es allerdings schon etwas Muskelkraft, und am nächsten Tag wartet ein (kleiner) Muskelkater.

Alternative Dampfertour

Wenn das Wetter nicht passt, die Zeit zu knapp ist oder die Kondition zum Paddeln nicht reicht, dann ist so eine Dampferfahrt eine gute Alternative. Es gibt die Vier-Seen-Fahrt Richtung **Diemitzer Schleuse** (2 Std., 18 €, erm. 9 €, s. u.) oder die 16-Seen-Fahrt bis nach **Rheinsberg** mit Schleusungen und 2 Std. Landgang (8 Std., 40 €, erm. 20 €). Der Renner ist jedoch die Fünf-Seen-Fahrt ins Seerosenparadies (April–Okt. tgl. 14, Juli/Aug auch 10 Uhr, Dauer 2 Std., 20 €, erm. 10 €). Aus- und Zustieg ist in Granzow möglich.

www.blau-weisse-flotte.de

Mit dem Rad

Zweiradflitzer: Verkauf und Reparatur sowie Verleih von Rädern und Zubehör. Wenn nötig mit Rückholservice und Plattenhilfe.

Strelitzer Str. 4 in Mirow, T 039833 205 19, www.zweirad-flitzer.de, tgl. 9–18 Uhr, Fahrräder ab 7 €, E-Bikes ab 25 €/Tag

Infos

- **Tourist-Information:** Im 3 Königinnen Palais, Schlossinsel 2a, T 039833 275 67, www.mirow.m-vp.de, www.klein-seenplatte.de, April–Okt. tgl. 10–18, Nov.–März Mi–So 11–17 Uhr. U. a. gibt es eine gut sortierte Buchauswahl zur Geschichte der Region und zu den drei Königinnen.
- **Bahn:** Mit den kleinen HANS-Zügen geht es 6 x tgl. von Mirow u. a. über den Weißen See und Wesenberg nach Neustrelitz (s. S. 188).
- **Bus:** Mit der MVVG (s. S. 188) gibt es Verbindungen u. a. nach Neustrelitz und Wesenberg. Seit 2020 gibt es das Projekt »Kleinseenbus« (www.kleinseenbus.de), das Mirow u. a. mit Diemitz, Schwarz, Fleether Mühle, Blankenförde oder Granzow verbindet, kostenfrei für Gäste mit der Kurkarte Mirow-Priepert, ansonsten Tageskarte 5 €, Fahrrad/E-Bike 2,50 €.
- **Auto:** kostenpflichtige Parkplätze am Eingang zur Schlossinsel, ansonsten in Nebenstraßen und am Bahnhof.

Diemitz — G7

Verglichen mit anderen Dörfern, ist in **Diemitz** echt was los! Zum einen liegt das an der **Diemitzer Schleuse** – eine Art Knotenpunkt für Wasserwanderer mit Gastronomie und **Schleusentheater** (s. S. 210). Zum anderen ließen sich nach dem Ende der LPG (Landwirtschaftliche Produktionsgenossenschaft in der DDR) und dem Wegzug v. a. der jungen Leute einige Fremde hier nieder. Und Diemitz ist schön geworden! Die **Kirche** am Dorfanger ist meist offen, ruhig mal reinschauen. Tische und Bänke davor sind ein sicheres Zeichen für ein Konzert oder Ähnliches. Gleich dort hat auch ein **Töpfer** seine Waren an der Straße ausgestellt. Gefällt einem etwas, kann man klingeln oder im **Rigolin am See** die Dorfstraße hinunter einige Stücke erwerben (s. S. 210).

Pommes de Meck

An der Dorfstraße liegt auch die **Cider Manufaktur**. Hier werden seit 2016 die Äpfel der umliegenden Streuobstwiesen – Pommes de Meck – zu Apfelsaft und Cider verarbeitet. In der Zwischenzeit sind sogar Likör, Brand und Apfelringe hinzugekommen. Allein der Name ist super, die Idee ebenso. Jetzt haben Apfelbaumbesitzer wieder einen guten Grund, ihre Früchte zu ernten und abzuliefern, bezahlt werden sie mit Naturalien. Den Betreibern ist es eine Herzensangelegenheit, und das Dorfleben bereichert es allemal. Besucher sind herzlich gern gesehen, ab Frühjahr ist der Cider der Vorjahresernte zu haben.

Dorfstr. 6, mobil 0173 312 21 33, www.cidermanufaktur.de, einfach vorbeischauen, sie sind meist da oder vorher anrufen

Schlafen, Essen

Bullerbü in Mecklenburg

Landurlaub Diemitz: Renate Strohm hat ein kleines Paradies geschaffen. Die 8 Ferienwohnungen in einem alten Neubau (das Ganze gehörte zur VEG Broilermast Diemitz-Fleeth) sind liebevoll hergerichtet, mit Terrasse und schallisoliert, mit Blick ins Grüne und umgeben von der kleinen Wirtschaft des Biobauernhofs. Wer will, kann auf dem Hof mithelfen – nicht nur für Kinder eine schöne Erfahrung. Frühes Buchen empfiehlt sich!

Dorfstr. 28, mobil 0172 803 37 43, www.landurlaub-diemitz.com, Fewo für bis zu 4 Erw. plus Kind/-er, mind. 3 Nächte, in den Ferien nur wochenweise, €–€€

Kleines Outdoor-Paradies

BiberTours: Ob im Zelt-, Wagen- oder Floßhotel bzw. einem ›normalen‹ Zelt, hier ist Entschleunigen und v. a. Draußensein angesagt – Baden, Schwimmen, Angeln, Bogenschießen, Wandern, Lagerfeuer und Sternenhimmel … Vor allem Wasserwanderer machen bei BiberTours am Nordufer des Labussees gerne Station bzw. nehmen Quartier, um von hier aus die umliegenden Seen zu erkunden. Bekannt sind die Betreiber auch für die Ausrichtung des 1000Seen-Marathons für Paddler (s. S. 243).

Diemitz Schleuse 1, T 039827 300 11, www.bibertours.com, Outdoorhotels €, 2 Pers. u. Zelt 21 €, 2er-Kanu/Kajak 35/40 € pro Tag

Dorfkrug mit Stil

Rigolin am See: Der ehemalige Dorfkrug macht wieder etwas her. Schon von außen ist er durch seine bunten Farben, Pflanzen und kleinen Deko-Details ein Hingucker. Hier kehrt man gerne ein, bei schönem Wetter natürlich auf der Terrasse. Doch auch ein Blick ins Innere lohnt: ein offener und gemütlicher Gastraum, verstellbare Wände, Keramik und Holz von Künstlern aus der Region, an den Wänden gerahmte Schwarz-Weiß-Fotos. Die Gerichte sind französisch inspiriert, die Zutaten frisch und regional, die Karte ist übersichtlich. Zum Kaffee gibt es frischen Kuchen und unten am See noch einen kleinen Strand (auch zum Anlegen für Paddler). Wer bodenständige deutsche Küche bevorzugt, sollte gegenüber im preiswerten **Eiscafé Diemitz** auf Königsberger Klopse, Eisbein oder Kohlroulade einkehren. Im Rigolin gibt es auch regelmäßig Musik- und andere Veranstaltungen.

Dorfstr. 13, T 039827 79 94 30, www.regolinamsee.de, Juli/Aug. Do–Di 12–21, Mai/Juni Do–Mo 12–20.30, sonst Fr–So 12–20 Uhr, Jan.–März geschl., €–€€

Ausgehen

Schleusentheater und Kino

Im Juli und Aug. organisiert der **Biberhof** Kabarett-, Konzert- und Musikprogramme sowohl in- als auch outdoor. Außerdem gibt es das **Sommerkino** (s. Website).

Diemitzer Schleuse 5, www.biberferienhof.de, auch Unterkünfte (€), Gastronomie (€) und Bootsverleih etc.

Fleether Mühle und Rätzsee

G7

Highlife und Stille

Auch an der **Fleether Mühle** geht es trubelig zu – ein vergnüglicher Biergarten mit einigen Relikten aus Zeiten als Getreide- und Sägemühle bzw. als Gänse- und Broilerzucht. Die Mühle selbst ist 2001 abgebrannt.

Vor allem Paddler und Radler machen hier gerne Station, bevor oder nachdem sie ihre Boote zwischen **Vilz-** und **Rätzsee** umgetragen haben. Die **Fleether Mühle** ist ein guter Startpunkt für die berühmte **Rätzseerunde** (17 km). Da der See für den Motorbootverkehr gesperrt ist, geben sich Fisch- und Seeadler, Kormoran und Eisvogel ein Stelldichein. Adler jagen gerne am Morgen. Mit einem Fernglas sind hier einzigartige Beobachtungen möglich. Die eigentliche Runde geht vom Rätz- über den Gobenow- und Labussee und die Diemitzer Schleuse wieder zur Fleether Mühle. Wer die Stille sucht, sollte vom Rätzsee nur in die **Drosedower Bek** paddeln, ein verwunschenes Fließ zum Gobenowsee, und dann wieder umkehren (ca. 11 km). Alle anderen Seen sind ab hier für Motorboote frei gegeben.

T 039833 27 72 86, www.fleethermuehle.info, Mai–Sept. tgl. ab 11 Uhr, €, App., Zimmer und Hütten €

Bewegen

Boote, Touren und mehr

An der Fleether Mühle verleiht das engagierte Team der **Kanustation Pack und Paddel** Boote. Gute Tipps und auf Wunsch geführte Touren.

T 039 833 267 27, www.packundpaddel.de, Ostern–Sept. tgl. ab 10, Juli/Aug. 9–19 Uhr, 2er-Kanu ab 30 €/Tag, auch Fewo in der Region, mind. 3, 5 bzw. 7 Nächte, €

Canow und Seewalde G7

Ähnlich trubelig wie an der Diemitzer Schleuse geht es in **Canow** zu, dem Zugang in die weiter südlich gelegenen Rheinsberger Gewässer. Unverkennbar eine weitere Kanu-Hochburg mit Bootsverleihern und diversen gastronomischen Angeboten vom Fischbrötchen bis zum deftigen Sauerbraten. Etwa 5 km weiter nördlich bietet sich in **Seewalde** und auf der gleichnamigen Halbinsel ein ganz anderes Bild. Hier gibt es noch einige der typischen zwei- bis dreistöckigen DDR-Neubauten. Andernorts stehen sie leer, hier sind sie bewohnt. Aus unbearbeiteten Balken wurden Veranden angebaut, eine Katzenleiter führt in den ersten Stock, Hühner gackern unterm Busch, herumliegendes Spielzeug, etwas weiter ein alter, im Aufbau befindlicher Gutshof, darin ein Café und ein Hofladen.

Ganz klein

Seit den 1930ern wurde Seewalde für die heilpädagogische Arbeit genutzt, zu DDR-Zeiten wurden Erzieherinnen ausgebildet. Nach der Wende entstand hier eine kleine anthroposophische Gemeinde mit Waldorfkindergarten und -schule – die wohl kleinsten in Deutschland. In einem Projekt werden behinderte Menschen betreut, die in Werkstätten und im landwirtschaftlichen Bereich arbeiten, u. a. ernten sie Pommes de Meck für die Ciderproduktion in Diemitz (s. S. 209). Am See gibt es einen schönen Sandstrand und einen Holzspielplatz.

Schlafen

Am und auf dem Wasser

Albertinenlust: Eine Ferienwohnung und 7 Ferienhäuser, in unmittelbarer Nähe des Canower Sees und direkt darauf, alle gemütlich eingerichtet, mit viel Farbe und Holz, einige sogar mit Kaminöfen für kältere Tage. Absoluter Hit sind die Panoramafenster der beiden Bootshäuser mit Badesteg.

Am Canower See 3, Canow, mobil 0171 280 89 82, www.albertinenlust.de, Fewo/-haus für 2–4 Pers., €

Essen

Sehr beliebt

Fischereihof Canow: Am Ufer vom Labussee und der Zufahrt zur Schleuse gelegen, machen hier Wasserwanderer, Radfahrer, Einheimische und Durchreisende gerne Station. So ein herzhafter Fischimbiss geht immer, oder man versorgt sich mit Proviant fürs Picknick oder das Abendessen. Einer der schönsten Fischereihöfe der Seenplatte!

Fischersteig 13, T 039828 204 76, www.fischerei-wesenberg.de, April–Okt. tgl. 9–18, Mai/Sept. bis 19, Juni–Aug. bis 20, Nov.–Febr. Sa 9–12.30, März Mo–Fr 9–16, Sa 9–12.30 Uhr

Einkaufen

Hofladen mit Bistro

Gutshaus von Seewalde: Hier gibt es nicht nur Naturkost für den täglichen Bedarf, sondern auch Produkte aus den hiesigen Werkstätten (u. a. Holzarbeiten) sowie Bücher, Postkarten etc. Angeschlossen ist ein **Bistro** mit Sitzmöglichkeiten auf dem alten Gutshof.

Seewalde 2, T 039828 26 98 37, Mo/Mi/Do 10–16, Di/Fr 10–18, Sa 10–13 Uhr

Wesenberg G 6/7

Wesenberg hat sich nach der Wende mit viel altem Fachwerk und Kopfsteinpflaster wunderbar herausgeputzt. Die ursprüngliche Anlage der Stadt ist noch gut zu erkennen: Ring-, Garten- und Burgstraße, die ineinander übergehen und der alten Stadtbefestigung entsprechen, im Zentrum der bemerkenswert große Marktplatz. Beim Schlendern bzw. Holpern mit Rädern trifft man immer wieder auf Schilder mit dem Titel »Wesenberg und seine Veränderungen«, die auf historischen Fotos sehr schön gezeigt werden: Bäume sind verschwunden, ein Gasthaus existiert immer noch … Wesenberg ist das südliche Eingangstor zum Müritz-Nationalpark, zig Wasser-, Wander- und Radwege laufen hier zusammen.

Wesenberger Instanzen

Alle Wege führen früher oder später zur etwas erhöht liegenden **Burg.** Der Feldsteinsockel verrät, dass sie mächtig alt sein muss. Tatsächlich wurde sie um 1300 errichtet, als Wesenberg aus branden- in mecklenburgischen Besitz überging. Der Herren gab es hernach viele, ebenso Um- und Anbauten sowie Zerstörungen. Heute befindet sich im Haupthaus die Touristinformation (s. S. 215) und eine **Heimatstube** (2 €, erm. 1 €). Bemerkenswert ist die komplett eingerichtete **Schusterwerkstatt** mit einem Abriss über die Historie der Schuhe von 12 000 v. Chr. bis heute. Für Jäger spannend könnte der Jagdraum mit typischen Waffen, Hunden und Werkzeugen sein. Im Nebengebäude wird u. a. an die Eisfischerei erinnert, für die Wesenberg bekannt war und wohl noch wäre, wenn die Seen wieder zufrieren würden. Daneben gibt es beeindruckende Fotos der in den Wesenberger Gewässern gefangenen Fische.

Auf den **Fangelturm** sollten Sie unbedingt steigen, klar, wegen des Ausblicks. Es ist der älteste Burgteil, unten aus Feldstein, oben mit Ziegelsteinen gemauert, was sehr schön auf der rückwärtigen Seite der Burganlage zu sehen ist. Dort befinden sich auch ein idyllischer Wasserwanderrastplatz und der einladende **Biergarten** am Hafen mit Fischbrötchen, Wildknackern und frisch Gezapftem (April–Okt., tgl. 12–max. 22 Uhr).

Vom Fangelturm aus ist **St. Marien** ohne Weiteres auszumachen, eine Kirche, die zwischen verwinkelten Straßen im Zentrum des Ortes steht und mit ihrem fetten Feldsteinsockel selbst wie eine kleine Burg wirkt (Pfingsten–Okt. tgl. 10–17 Uhr). Man betritt sie über einen Seiteneingang, vor dem eine dicke Linde steht, die so alt sein soll wie die Kirche – also um die 700 Jahre. Das

TOUR
Zu Wasser der Hit schlechthin

Mit dem Boot durch die Schwanenhavel gleiten

Infos

G 7

Start: Kanumühle Wesenberg oder Kanuhof Wustrow
Länge: hin und zurück 18 km
Alternative: von Wesenberg aus nur durch die Schwanenhavel (3,5 km) an den Plätlinsee und zurück (8 km)

Nicht zu leugnen: Dies ist eine der beliebtesten Touren, und am Wochenende ist es hier meist sehr voll. Deshalb empfehlen sich die frühen Morgen- oder die Abendstunden. Da Schwanenhavel und Plätlinsee für den Motorbootverkehr gesperrt sind, lockt Naturgenuss pur. Kein Wunder, dass naturverbundene Paddler sich von diesem Stück Wasser magisch angezogen fühlen.

Verwunschen

Von **Wesenberg** geht es auf der **Oberen Havel-Wasserstraße** Richtung Ahrensberg. Nach ca. 1 km kommt rechts (und gleich wieder links) der nicht ganz einfach zu findende **Abzweig** in die **Schwanenhavel**. Der Name hat nichts mit Schwänen zu tun, sondern stammt aus dem Altslawischen und bedeutet in etwa »lebender Fluss«. Das 4 bis 5 m breite Fließ mäandert durch Wiesen und Erlenbruchwälder, Zweige neigen sich über das Wasser und die vorbeigleitenden Boote. Mit ausreichend Glück sind Begegnungen mit Eisvogel, Otter oder Fischadler nicht ausgeschlossen. Das Wasser ist klar, auf dem Grund blinken Steine und Muscheln. Die dichte Vegetation und umgestürzte Bäume verstärken die verwunschene Stimmung.

Ins Wasser springen

Nach gut 3 km ist die **Mündung** zum **Plätlinsee** erreicht – von Bäumen umsäumt und herrlich ruhig. Auch hier ist es möglich, Adler zu entdecken. Nach einer gepaddelten Weile und einem Knick taucht der Kirchturm von **Wustrow** auf. Warum dort nicht baden und einkehren, bevor es auf dem gleichen Weg zurückgeht?

Innere ist schlicht, schön das rot-weiß verzierte Chorgestühl. Ungewöhnlich sind die Teppiche. Im Winter spenden sie auf jeden Fall etwas Wärme. Vielleicht verdecken sie aber auch den Blutfleck, der vor langer Zeit zurückgeblieben sein soll, als zwei Männer still und heimlich Karten spielten, statt der Predigt zu lauschen, und vom Teufel an Ort und Stelle in den Abgrund gezogen wurden.

Am Weg zwischen Burg und Kirche liegt die **Villa Pusteblume** – gut zu erkennen an der blau-weißen Fassade und der Holzskulptur im Garten, die an Wesenbergs Fischerei-Vergangenheit erinnert. Die Villa beherbergt ein kleines privates **Museum** für Blechspielzeug und mechanische Musikinstrumente (Burgweg 1, T 039832 213 05, Eintritt gegen Spende, nur nach telefonischer Anmeldung 1–2 Tage im Voraus).

Tolles Projekt

Ursprünglich stand hier nur das idyllisch gelegene Jagdhaus eines vermögenden Berliners, das nach 1945 als Kinderheim diente. 2007 ersteigerten es ein Hongkong-Chinese und sein australischer Partner. Ihr Anliegen war, sich sowohl für Künstler als auch die deutsch-australischen Beziehungen zu engagieren; so entstand das Projekt **»Künstler bei Wu«**. Der weitläufige Park und die Räumlichkeiten ermöglichen es den eingeladenen Künstlerinnen und Künstlern zu arbeiten und auszustellen.

2016 wurde der **Skulpturenpark** für Besucher geöffnet. Pfade führen über das Gelände zu etwa 20 Skulpturen wie dem »Mondtor« (Oliver Tanner), den »Reitern« und »Wächtern« (Shona Nunan) oder den »Spiegeln« (Michael Kutschbach). In einem Flachbau gibt es jährlich wechselnde Ausstellungen verschiedener Kunstrichtungen, darunter auch immer Werke indigener australischer Künstler. Der Skulpturenpark liegt am **Großen Weißen See** und ist von Wesenberg wunderbar zu Fuß oder per Rad zu erreichen.

Am Weißen See 3, knapp 3 km von Wesenberg, T 039832 26 24 66, www.sculpture-park-wesenberg-bei-wu.de, Mitte Juni–Mitte Okt. Di–So 10–16 Uhr, Eintritt 10 €, Café 11–15 Uhr

Schlafen

Mit Stil und Geschmack

Park Residenz bei Wu: Erst stand dieses wundervolle Gebäude im Landhausstil nur Künstlerinnen und Künstlern zur Verfügung. Nun können sich in das B&B auch andere Personen einmieten. Die Zimmer und Appartements mit viel Holz und Licht sind eine Mischung aus angesagten Materialien, asiatischen Stilelementen und Funktionalität, jedes anders und auf seine Art gemütlich, das Ganze eingebettet in viel Grün. Skulpturenpark und Weißer See sind gleich um die Ecke.

Am Weißen See 3, T 39832 26 24 68, www.park-residence-bei-wu.de, €€€

Essen

Voll ›ostig‹

Bodinka: Vom Kachelofen über den Tresen bis zu den Gerichten fühlt man sich an die Zeit vor 1989 erinnert. Auf der Karte stehen Ragout fin, Eisbein, Steak au four oder Soljanka. Die urige Atmosphäre ist genau das Richtige nach einer Paddel-, Rad- oder Wandertour.

Kreuzstr. 1, T 039832 203 21, Mo–Sa 11–13.30, 16–22 Uhr, €

Livemusik und Badestelle

Strandrestaurant Weißer See: Zu Fuß und mit dem Rad wunderbar einfach zu erreichen ist die Badestelle am Weißen See mit dem gleichnamigen Strandrestaurant. Hier gibt es nicht nur Eis, Kaffee und Kuchen, sondern auch herzhafte Ge-

richte wie Bratkartoffeln mit Matjes oder Rindsroulade zu ziemlich fairen Preisen und im Sommer manchmal Livekonzerte.
Am Weißen See, T 039832 204 05, April–Okt. Mi–So 12–21 Uhr, €

Für Angler und Fischliebhaber

Fischereihof Wesenberg: Hier kommen Wassersportler auf ihren Touren von See zu See vorbei, aber auch ›Landeier‹ versorgen sich mit Frisch- und Räucherfisch oder Marinaden. Bei den Havelfischern bekommt man auch Angelkarten – lohnt sich in diesen Gewässern!
Fischereihof 14, Wesenberg, T 039832 202 68, www.fischerei-wesenberg.de, Nov.–März Mo–Fr 8–18, Sa 8–12.30, April–Okt. tgl. 8–18, Juni–Aug. bis 19 Uhr

Bewegen

Kanu, Einkehr und Wohnen

Kanumühle Wesenberg: Die ehemalige Wassermühle ist erster Anlaufpunkt für Wasserwanderer und idealer Ausgangspunkt für Touren in die **Schwanenhavel** und nach **Wustrow.** Hier findet man alles, was Paddler brauchen. Außerdem gibt es ein Café und Übernachtungsmöglichkeiten.
Havelmühle 1, T 039832 20 350, www.kanumuehle.de, April–Sept. 9–18 Uhr, Zelt 8 €/Pers., Zimmer, Hütten, Fewo, Bootshäuser €

Fahrrad

Fahrradservice Wesenberg: Verkauf, Reparatur sowie Verleih von Rädern (ab 12 €/Tag) und Zubehör.
Vor dem Mühlentor 1, mobil 0173 203 08 67, www.fahrradservice-wesenberg.de, April–Okt. Mo–Fr 9–13, 15–18, Sa 9–12 Uhr

Bootstour

Die **Blau-Weiße Flotte** bietet im Sommer Touren in den **Drewensee** (20 €, erm. 10 €) und Richtung **Neustrelitz** (24 €, erm. 12 €) an.
www.blau-weisse-flotte.de

Die Fischer vom Fischereihof Wesenberg setzen den Tagesfang aus den umliegenden Seen in der Fischhütte wieder aus, um ihn frisch zu halten.

Ausgehen

Filme

Altes Kino: Wesenberg hat ein kleines bezauberndes Kino, das 1936/37 erbaut wurde und das letzte seiner Art im größeren Umkreis ist. Der Eingang mit alten Schaukästen, ein klassisches Foyer und im Saal gut 100 mit rotem Samt ausgeschlagene Sitze. Gezeigt werden aktuelle Filmhits.
Bahnhofstr. 1a, mobil 0170 831 10 88, www.kinowesenberg.de, nur in der Saison

Infos

- **Touristinformation:** Burg 1, T 039832 206 21, www.klein-seenplatte.de, Okt.–April Mo–Fr 9–16, Mai/Sept. Mo–Fr 9–18,

Sa 9–15, Juni–Aug. Mo–Fr 10–18, Sa/So 9–15 Uhr. U. a. haben sie ein schönes Heft mit Tourenvorschlägen.

- **Bahn:** Mit den kleinen HANS-Zügen geht es 6 x tgl. nach Neustrelitz bzw. über den Weißen See nach Mirow (s. S. 188).
- **Bus:** Mit der MVVG (s. S. 188) gibt es in der Woche mehrmals Verbindungen nach Neustrelitz und Mirow (650) sowie über Wustrow und Priepert nach Canow (649).

Im Südosten von Wesenberg G/H7

Sind die Seen zwischen Mirow und Wesenberg bereits ein Paradies für Wassersportler, so sind jene südlich von Wesenberg ein wahres Eldorado: Kleiner Pälitzsee, Ellbogensee, Klenzsee, Großer und Kleiner Priepertsee, Drewensee oder Plätlinsee. Sie sind etwas kleiner und haben mehr Kanäle und verwunschene Durchfahrten, einladende Anlegestellen, bieten Ruhe und Erholung, viel unberührte Natur, zahlreiche Verleiher von Booten und Flößen sowie eine höhere Dichte an Zeltplätzen. Die an den Ufern liegenden Orte Wustrow, Strasen, Priepert und Ahrensberg sind auf Wasserwanderer eingestellt. Doch auch von der Landseite werden die Seen gern erkundet. In den Sommermonaten herrscht in den Orten und an den Schleusen oft viel Trubel.

Wustrow und Strasen G7

Herrlich unaufgeregt

Wer in der DDR groß geworden ist, kennt vielleicht noch den Namen Helmut Sakowski, der Drehbücher und Romane schrieb, die immer von den Umbrüchen in der mecklenburgischen Geschichte der letzten 200 Jahre handelten (»Wege übers Land«, »Daniel Druskat«). Seine Heimat war **Wustrow** – ein kleiner, ruhiger Ort mit Backsteinkirche und **Heimatstube** in der ehemaligen Dorfschule (variable Öffnungszeiten) sowie vielen ausgeschilderten Wanderwegen im Umland.

Keine 4 km weiter liegt **Strasen,** beliebt als Startpunkt für Paddler und bekannt für das immer wieder sehenswerte Spektakel an der Schleuse. Letzteres genießt man am besten von der Terrasse des Biergartens vom **Hotel zum Löwen** (www.loewenhotel.de, €). Ursprünglich eine Wassermühle aus dem 17. Jh. auf einer komplett von Wasser umgebenen kleinen Insel, ist der Ort heute beliebt, um auf einen Imbiss, ein zünftiges Bier oder Wildgerichte zu verweilen.

Priepert und Ahrensberg H7

Schon etwas bewegter

Priepert liegt genau im Bogen des **Ellbogensees** und wurde 2007 zum zweitschönsten Dorf Mecklenburg-Vorpommerns gekürt. Natürlich geben sich auch hier die Wasserwanderer ein Stelldichein, im Umland findet man hingegen viel Ruhe und unberührte Natur. Sehr schön ist die Fahrt per Rad oder Paddelboot nach **Ahrensberg,** bekannt für seine **Hausbrücke,** die einzige noch erhaltene ihrer Art im Norden Deutschlands. Die hölzerne Hauskonstruktion von 1928 führt über die Havelwasserstraße, die den Finow- und den Drewensee miteinander verbindet. Nachdem Verkehr, diverse Kollisionen mit den Brückenpfeilern und die Witterung der Holzbrücke ordentlich zugesetzt hatten, wurde sie 2013 runderneuert und ist wieder ein beliebtes

Fotomotiv – am besten vom unterhalb liegenden **Imbiss der Havelfischer** (s. Fischereihof Ahrensberg S. 217), an dem Wassersportler gerne anlegen.

Schlafen, Essen, Einkaufen, Bewegen

Stille und Idylle

Gut Pälitzhof: Knapp 10 km südlich von Wesenberg liegt auf einer Halbinsel diese kleine Ferienanlage mit 7 Bungalows in einem weitläufigen Garten. Sie sind gemütlich eingerichtet und komfortabel ausgestattet, haben 2 Schlafzimmer, große Fenster mit Seeblick, einen Kaminofen und sind herrlich ruhig. In der Saison stehen Ruderboote zur Verfügung, es gibt aber auch Platz für das eigene Boot. Bis zur Badestelle am Kleinen Pälitzsee, direkt an der ›Wasserstraße‹ zwischen Diemitz, Canow und Strasen, sind es nur 150 m.

Pälitzhof 4, Pälitzhof, www.gut-paelitzhof.de, nur wochenweise, €

W

WASSERKIOSK

Wenn Sie mit dem Boot unterwegs sind und Appetit auf Eis oder ein Räucherfischbrötchen haben, rufen Sie am besten Herrn Winkelmann an. Zu Pfingsten und Himmelfahrt sowie Juli/Aug. am So, Di und Do ist er im Dreieck Diemitzer/Strasener Schleuse/Rheinsberg mit seinem Wasserkiosk unterwegs. Auch kühle Getränke, Obst und Gemüse aus dem eigenen Garten sowie hausgemachter Klötenköm (Eierlikör) sind bei ihm zu haben. Seine Runde beginnt immer am kleinen und großen Pälitzsee. Vielleicht schippert er ja gerade bei Ihnen vorbei (mobil 0170 500 26 29).

Mit Blick auf die Holzbrücke

Fischereihof Ahrensberg: Neben Fischbrötchen und Co. auch Ferienwohnungen.

Wildhof 2, T 039832 202 30, April/Mai, Sept./Okt. tgl. 10–18, Juni–Aug. bis 19 Uhr; Fewo für bis zu 8 Pers. €

Idyllisch

Kanuhof Wustrow: Eine Obstwiese für Zelte, eine schöne Badestelle, wo man Boote einsetzen und herausnehmen kann, ein kleiner Einkaufsladen sowie viel Paddel-Know-how und Tipps zu Touren – kein Wunder, dass der Kanuhof bei Wasserwanderern äußerst beliebt ist. Von hier aus kann man vom Plätlinsee Richtung Wesenberg paddeln oder vom Klenzsee Richtung Diemitz/Mirow losziehen.

Dorfstr. 57a, Wustrow, T 039828 200 83, www.kanuhof-wustrow.de, April–Okt. tgl. 9–18, Juni–Aug. bis 19 Uhr, 3er- und 4er-Kanadier ab 35/40 €/Tag, 2er-Kajaks ab 40 €/Tag, Zeltplatz 10 €/Pers. (keine Wohnmobile)

Feldberger Seenland

J 6

Die **Feldberger Seen** sind ohne Zweifel eine der schönsten Endmoränenlandschaften, und das auf kleinstem Raum. Die letzte Eiszeit hat hier ganze Arbeit geleistet: Entstanden sind die typischen Rinnenseen sowie jede Menge durch Toteis geschaffene Sölle und Hügel.

Zansen, Schmaler und Breiter Luzin, Haus-, Dreez-, Woozen und Carwitzer See sind herrliche Badeseen mit bester Wasserqualität und Sichtweiten bis zu 10 m. Alte Buchenwälder und Kesselmoore laden zum Entdecken ein. Kraniche, Adler und Störche brüten hier. Biber und Otter fühlen sich ebenfalls mächtig wohl. Die Feldberger Seenlandschaft erhielt 1996 den Status eines Naturparks und umfasst eine Fläche von 347 km². Doch nicht nur die Landschaft allein gefällt, sondern auch die vielen kleinen Orte mit ihren Initiativen – ob Malerei, Grafik und Literatur, alte und neue Musik, Spitzenküche und Kräuterheilkunde. Hier will man sich gerne länger aufhalten.

Feldberg J6

Für den Arzt und Sozialhygieniker Rudolf Virchow (1821–1902) war **Feldberg** die »schönstgelegene Sommerfrische«. Glaubt man erst mal nicht, wenn man über den Kreisverkehr hineinfährt. Doch hat man diesen umkurvt und ist die Bahnhofstraße Richtung Haussee hinabgerollt, auf den kopfsteingepflasterten kleinen Straßen gen Kurpark oder über den Amtswerder geschlendert, hat die Eisdiele, die Schokobude und den Fischdönerladen entdeckt, ist den kleinen Zugängen zum See mit Badestellen oder Stegen und Sitzbänken gefolgt und blickt nun über den friedlichen See, ja, spätestens dann möchte man länger bleiben.

Kneipp lässt grüßen

Feldberg ist das Zentrum der Feldberger Seenlandschaft. Das hätten sich die Herren, die Mitte des 19. Jh. beschlossen, den unbedeutenden Marktflecken durch eine Wasserheilanstalt etwas aufzuwerten, nicht träumen lassen. Oder hatten sie genau das im Sinn? Um diese Zeit sorgte der Priester Sebastian Kneipp mit seinen Wasseranwendungen für viel Gesprächsstoff, warum also nicht auch in Feldberg so etwas wagen? Der ›Wasserarzt‹ Dr. August Erfurth übernahm die Leitung, vom Großherzog gab es sogar Land, und bald kamen von überallher nicht nur Kur-, sondern auch Sommergäste. Besonders für die von der Großstadt geplagten Berliner war der Ort mit seinen Seen, Wäldern und Ausflugslokalen eine beliebte Idylle. Seitdem hat Feldberg den damals eingeschlagenen Kurpfad nicht mehr verlassen, war zu DDR-Zeiten staatlich anerkannter Erholungsort und ist seit 2015 staatlich anerkannter Kneipp-Kurort – einer von zweien in Mecklenburg-Vorpommern. Der **Kurpark** aus den 1920ern wurde neu angelegt. Kneippanlagen, Bänke, ein Barfußpfad und ein Gräserlabyrinth laden zum Entspannen ein. Gleich dort befinden sich auch die Touristinformation mit einer Naturparkausstellung, und auf der vorgelagerten Terrasse gibt es die besten Törtchen weit und breit (s. S. 223).

Idylle auf dem Amtswerder

Kein Besuch in Feldberg ohne die Halbinsel **Amtswerder,** die mal komplett von Wasser umgeben gewesen sein soll und auf der Feldberg seinen Ursprung nahm. Das **Drostenhaus** (heute Ferienwohnungen, s. S. 221) steht auf dem Fundament einer alten Wehrburg. Wer nicht weiß, was ein Droste ist: der Amtsverwalter des Großherzogs. So heißt die dicke Linde auf dem zentralen Platz auch **Amtslinde;** sie ist bestimmt über 400 Jahre alt. Auf einer umlaufenden Bank lässt es sich gut verweilen. Um den Amtsplatz herum stehen einige nette Häuschen– wie auf der ganzen Insel –, viele davon auch Unterkünfte für Urlauber (s. S. 221). Das alte Spritzenhaus ist die erst 2023 modernisierte **Heimatstube** (Am Amtsplatz 36, Mai–Sept. Mi/Fr 14–16, Sa/So 10–12, 14–16 Uhr, Eintritt frei). Gegenüber sieht man ein altes Haus mit Feld- und Ziegelsteinen, an der Fassade ein buntes Schild: »Olle Böker, dit & dat, för jeden wat«. Einfach mal stöbern bzw. die angegebene Nummer wählen. Peter Pfitzner ist meist nicht weit weg. Und sollte es etwas dauern, können Sie einmal um den Amtswerder spazieren. Das lohnt sich: Es gibt Badestellen, einen Bolzplatz, Bänke für den Sonnenuntergang, schöne Blicke auf die gegenüberliegenden Boots-

TOUR
Sportlich, sportlich

Einmal um den Haussee – zu Fuß oder per Rad

Infos

J 6

Start/Ziel: Kurpark in Feldberg

Länge: gut 9 km

Hinweis: Badesachen nicht vergessen!

Wenn Sie schon mal im Kurpark und gut zu Fuß sind, können Sie auch gleich die Runde um den Haussee machen. Auch mit dem Rad ist diese Tour möglich. Der Weg ist Teil der fünf Nordic-Walking-Strecken und eines Fitnessparcours mit Wassertretbecken und Fitnessgeräten, Erklärungen inklusive.

Wenn Sie von **Feldberg** aus die kleine einladende **Badestelle am Reiherberg** (143 m) erreichen, gehen Sie unbedingt auch hinauf. Die namengebenden Reiher gibt es zwar nicht mehr, jedoch ist der Blick auf die Landschaft mit ihren Seen schlichtweg fantastisch. Nur hier oben sehen Sie auch, dass der Reiherberg kein Berg ist, sondern eine eiszeitliche Abbruchkante.

Die **Feldberger Hütte** (einst eine Glashütte) kurz darauf ist heute eine wunderbare große **Badestelle am Breiten Luzin.** Haben Sie den **Luzinkanal** überquert, können Sie der Straße nach Feldberg folgen. Länger, dafür jedoch schöner, ist der Weg links hinter der Gartenkolonie zum **Schmalen Luzin** (s. S. 228) runter. Auf dem Weg zum Ufer passieren Sie rechts am Waldrand die große **Ruderhalle.** Sie ist eine Erinnerung an die letzte ›gesamtdeutsche‹ Mannschaft bei den Olympischen Spielen 1964 in Japan, für die die ostdeutschen Ruderer hier trainierten.

Über einen schönen Uferweg mit kleinen Badestellen kommen Sie zur **Luzinfähre** (s. S. 227). Und über Treppen den Hang hinauf und geradeaus durch eine traumhafte Lindenallee (den **Fischersteig**) gelangen Sie immer der Nase nach zurück ins Zentrum von **Feldberg.**

Lieblingsort

Wie damals

Der **Feldberger Wiesenpark** ist wie ein Ort meiner Kindheit – alles summt und brummt und fiept und singt und quakt und unkt. Ein Holzsteg führt durch verschiedene Biotope, hin und wieder gibt es eine Bank, leicht nach hinten versetzt. Da kann man sich wunderbar länger aufhalten, hören und schauen. Am schönsten ist es Ende Mai/Juni, wenn Breitblättriges Knabenkraut, Sumpfdotterblume und Wiesenschaumkraut sich gegenseitig den Rang ablaufen. Dieser bewusst angelegte Museums-Naturschutz-Erholungspark erinnert an Pflanzen und Tiere, die aus der heutigen Kulturlandschaft verschwunden sind (📍 J 6, ganzjährig geöffnet, Eintritt frei).

häuser und den Kirchturm – besonders eindrucksvoll bei Morgennebel – und eine Wasserskianlage mit großer Seetribüne. Sie gehört zum hiesigen Wasserskiclub, den es schon zu DDR-Zeiten gab. Von hier stammen nicht nur viele deutsche Meister, sondern auch einige Europa- und Weltmeister. Im Sommer kann man beim Training zusehen.

Japan in Feldberg

Er wollte wissen, wie die Verbindungen bei der japanischen Holzbauweise funktionieren und begab sich auf eine Art organisierte Handwerkerreise. Das war im Jahr 2007, und seitdem hat Waldemar Keiss die Begeisterung für die japanische Kultur nicht mehr losgelassen. Wenn man ihm zuhört, spürt man diese Leidenschaft. Auch seine Frau Ramona war bald Feuer und Flamme. Gemeinsam haben sie einen **japanischen Garten** gestaltet, ein Kleinod in der Feldberger Seenlandschaft, wenn auch untypisch für Mecklenburg. In der Saison bieten sie einmal die Woche Führungen an. Dann öffnet sich das japanische Tor und Waldemar Keiss erklärt, warum eine Tür nie ganz aufgemacht wird, warum es keine geraden Wege gibt oder wie Steine und Perspektiven angeordnet werden, und immer spürt man, wie liebevoll sein Herz für japanische Gärten und die japanische Kultur schlägt. Im Garten stehen auch ein typisches Haus für Teezeremonien und eines, in dem man übernachten kann.

www.japangartenfeldberg.de, Besuch nur mit Führung möglich, Mai–Sept. jew. Mi nachmittags, Anmeldung über die Touristinformation (s. S. 223), 5,50 € p. P.

Schlafen

Liebevoll und urgemütlich

Haus Pfitzner: Familie Pfitzner hat in dem alten Gebäude mehrere verschiedene Appartements entstehen lassen, alle individuell und gemütlich eingerichtet. Auch das älteste Haus Feldbergs mit Ausgang zum See wurde zu einer Ferienwohnung umgebaut. Wunderschön ist der zum See hin gelegene, mit viel Liebe angelegte Garten mit Sitzgelegenheiten und zwei kleinen Stegen – so kann man morgens ins Wasser springen oder den Tag ausklingen lassen.

Amtsplatz 5, T 038831 215 33, www.amtswerder-haus-pfitzner.de, App. für 2–6 Pers., mind. 3 Nächte, €

Mit See und Park

Drostenhaus: In dem renovierten barocken Fachwerkbau befinden sich 9 komfortabel eingerichtete Appartements für 2–6 Pers. und einige Zimmer, auf Wunsch mit Frühstück. Das Haus steht etwas abseits in einem kleinen Park mit Liegewiese, Außensauna und Bademöglichkeit. Ein wunderbarer Ort zum Ausspannen. Wer es aktiver mag, kann auch ein Rad oder Boot mieten.

T 039831 52 89 40, www.drostenhaus.de, im Sommer nur wochenweise, €

Auch gemütlich

Haus Seenland: In dem einstigen Herrenhaus hat man 9 unterschiedliche und gemütliche Ferienwohnungen für jeweils 2 Personen geschaffen. Viel Holz und freigelegtes Fachwerk, die meisten der Appartements haben Balkon bzw. Terrasse und Blick auf den See. Wer mag, kann den Garten am See nutzen und morgens vom Steg aus ins Wasser springen. Im Kellergewölbe des Hauses befindet sich die Tapas-Bar **per see,** die auch gute Cocktails mixt. Und im rückwärtigen Garten finden gelegentlich Livekonzerte statt, wo dann auch der Grill angeschmissen wird.

Strelitzer Str. 4, T 039831 222 32, mobil 01515 320 92 76, www.haus-seenland.de, €

Toplage

Altes Zollhaus: Das Zollhaus am Erddamm zwischen dem Schmalen und dem

Breiten Luzin hat sein Aussehen einige Male geändert, zuletzt nach der Wende, als es vom Eigentümer wieder zurückgekauft und als Hotel/Restaurant wiedereröffnet wurde. Es ist wunderschön, die Lage einmalig, von den seeseitig gelegenen Zimmern im Haupthaus hat man einen super Blick auf den See. Zum Hotel gehört eine Sauna, Kanus können geliehen werden. Wasserwanderer legen an einem eigenen Steg an und ab. Von den Terrassen genießt man einen herrlichen Blick. Die Küche ist gutbürgerlich und schmackhaft, allerdings nicht ganz preiswert.

Erddamm 31, T 039831 500, www.romantik-am-see.de, €€–€€€, Restaurant April–Sept. tgl. 11.30–21.30 Uhr, €€

Essen

In Feldberg gibt es viele gute Fischlokale. Hier hat man die beste Chance, die schmackhafte Luzin-Maräne, die es nur im Breiten Luzin geben soll, zu probieren.

Bei allen beliebt

Mecklenburger Fischstübchen: Das Lokal von Petra Asmuss ist eine Institution. Einheimische gehen hier regelmäßig essen, im Sommer spontan einen Platz zu bekommen, ist fast unmöglich. Man sitzt draußen auf einer Terrasse oder im schlicht, aber gemütlich gehaltenen Gastraum. Neben Soljanka und Suppe als Vorspeisen gibt es natürlich viel Fisch – Lachs, Zander, Wels oder Rotbarsch, meist gebraten seviert. Flotter Service und lächelndes Personal.

Amtsplatz 33, T 039831 208 76, www.fischstuebchen-feldberg.de, April–Okt. Mi–Mo 11–22, Nov.–März Do–Mo 17–21 Uhr, €€; Vermietung von Ferienwohnungen/-häusern mit Ruder-, Paddel- oder Motorboot, www.ferienhaeuser-asmuss.de, Fewo mind. 3 Nächte, €

Einfach nur lecker

Fischerei Frankiw: Hier muss man gegessen haben – so man einen Platz bekommt. Entweder man sitzt in der schlichten Holzhütte oder noch besser auf der Terrasse oder der Wiese am Wasser. Der Fisch wird täglich frisch gefangen, alles ohne viel Schnickschnack. In einem eigens dafür errichteten Ofen wird auch geräuchert, wer also noch Räucherware erwerben möchte, kann das gleich mit erledigen.

Fischereihof 2, T 039831 202 05, www.fischerei-feldberg.de, Karfreitag–Okt. Di–So 12–15 u. ab 17 Uhr, besser reservieren, €€

Fisch mal anders

Fischladen: Von der Straße schaut man durch ein riesiges Fenster ins spartanisch eingerichtete Innere, das durch seine Farben und Materialien doch gemütlich und einladend wirkt. Oliver Pahlke ist Fischer und bietet regionale Fischspezialitäten an. Zum ›Fischdöner‹ (Fisch im Fladenbrot) gibt es z. B. eine köstliche Senf-Dill-Sauce.

Strelitzer Str. 2, mobil 0173 892 69 87, www.seenfischerei-feldberg.de, Do–Mo 11.30–18 Uhr

Süßes Paradies

Tortenmarie: Hier gibt es die besten Torten und Törtchen, welche in der warmen Jahreszeit auch im Openair-Terrassen-Café am Kurpark serviert werden, inkl. Softeisverkauf. Sind dort alle Plätze belegt, kann man auf das Stammcafé ausweichen.

Kurparkcafé: Strelitzer Str. 42, tgl. 14–18 Uhr; sonst Alter Landweg 37, T 039831 224 62, www.tortenmarie.de, tgl. ab 13 Uhr

Bewegen

Local Heroes

Führungen: Einige Feldberger Locals bieten interessante Führungen an. Fred Bollmann weiß nicht nur, wo Hirsche röhren und Adler brüten (www.ranger-tours.de). Britta Daedelow lädt zu Kräuterwanderungen und Pflück-Workshops ein (www.liebstoeckel.info). Die Touristinfo-Mitarbeiter kennen weitere Local Heroes.

Erlebnisfischerei

Wer lernen möchte, wie man Fische fängt, ausnimmt und zubereitet, sollte mit **Fischer Pahlke** auf Tour gehen, der einige der Seen um Feldberg bewirtschaftet (s. S. 222).

Ausprobieren

Wasserski: Wenn das Wetter und andere Umstände es erlauben, findet im Juli/Aug. jeweils Mo 17–20 Uhr »Wasserski für Jedermann« statt.

Anmeldung über die Touristinformation, s. u., bzw. unter www.best-of-wasserski.de

Mit Boot und Paddel oder Rad

Boots-Berg: Verleih von Booten und Rädern sowie geführte Touren mit dem Elektroboot u. a. über den Schmalen Luzin. Auch individuelle Touren sind möglich und man erhält gute Tourentipps. Ein weiterer Verleiher und Anbieter für Touren auf den Seen befindet sich unterhalb der Info direkt am See (www.feldberger-fahrgastschifffahrt.de).

Strelitzer Str. 36, T 039831 205 54, www.boots-berg.de, in der Saison tgl. 9–19 Uhr, Boot ca. 25 €/Tag, Rad ab 12 €/Tag

Baden

Schöne **Badestellen** sind Amtswerder, Feldberger Hütte, Lichtenberger Badestrand und die Ziegenwiese am Schmalen Luzin (FKK).

Ausgehen

Film ab

Clubkino: Auf dem Amtswerder gibt es einen Jugendklub mit Kino.

Amtsplatz 46, T 039831 203 76, www.juriclub.de, generell Mai–Okt. Fr/Mi 19.30 Uhr

Profis

Wasserski: Im Sommer findet manchmal (sonntags) die »Show der Profis« auf der Seebühne auf dem Amtswerder statt.

Termine bei der Touristinformation (s. u.) oder unter www.best-of-wasserski.de

Infos

- **Sommerkonzerte:** Seit 2004 gibt es den ruhepuls, eine coole Location mit Bar am Wasser, Loungemöbeln, Cocktails und den Sommerkonzerten »Steg in Flammen«, bei denen die Bands auf einer Bühne im Haussee spielen. Auch wenn es die Bar als solche seit 2020 nicht mehr gibt – die Sommerkonzerte finden weiterhin statt (www.ruhepuls.com, Eintritt ab 5 €).
- **Touristinformation:** Strelitzer Str. 42, im Haus des Gastes am Kurpark, T 039831 27 00, www.feldberger-seenlandschaft.de, April–Juni, Sept. Mo–Fr 9–18 Uhr. Hilfe bei der Unterkunftssuche, Tourenvorschläge. Die Information gibt auch den jährlich erscheinenden »Utröper« heraus, eine Broschüre mit Adressen und Terminen rund um die Feldberger Seen. Im Haus befindet sich eine Ausstellung zu Gewässern und typischen Bewohnern des Naturparks (www.naturpark-feldberger-seenlandschaft.de).
- **Kurtaxe:** In den Orten Carwitz, Feldberg, Fürstenhagen, Hullerbusch, Laeven, Lichtenberg, Neuhof, Rosenhof, Schlicht, Waldsee und Wittenhagen zahlt man eine Kurabgabe (April–Okt. 1,50 €, sonst 0,80 €/Tag) und erhält im Ausgleich dafür einige Ermäßigungen.
- **Bus:** 2–6 x tgl. Busverbindungen mit der MVVG (s. S. 188) u. a. nach Neustrelitz, Carwitz, Neubrandenburg und Krumbeck.
- **Parken:** Ein großer Parkplatz befindet sich am Beginn des Amtswerder.

Carwitz und der Schmale Luzin — J6

Carwitz ist Idylle in Reinkultur: Eine kopfsteingepflasterte Straße führt zu einer altehrwürdigen **Kirche** (meist geschlossen, zu Sommerkonzerten geöffnet), davor eine noch ehrwürdigere **Linde,** die schon so lange hier steht, dass sie mit der Mauer eins geworden ist. Die Straße ist gesäumt von meist hübschen Häuschen. Auf Tischen, Bänken und Mauersimsen werden Äpfel, selbst gemachte Marmeladen und Honig, im Herbst Kürbisse, Kartoffeln und Früchte angeboten, daneben steht eine Kasse des Vertrauens. Der märchenhafte **Hullerbusch** und die **Luzinfähre** liegen um die Ecke (s. S. 228). Mit der Lage zwischen Schmalem Luzin, Zansen (beide motorbootfrei), Carwitzer und Dreetzsee punktet Carwitz einmal mehr. Und weil es so schön ist, kommen nicht nur viele Besucher, sondern auch die Einwohnerzahlen sind gestiegen. Waren es 1975 noch 216, sind es nunmehr weit über 300. Den berühmtesten Neubürger bekam Carwitz jedoch schon 1933. Rudolf Ditzen (1893–1947) alias **Hans Fallada** – der Name eine Mischung aus den Märchen »Hans im Glück« und »Die Gänsemagd«, in dem das Pferd Fallada auch mit abgeschlagenem Kopf noch die Wahrheit sagt.

DIE VIELEN LEBEN DES HANS FALLADA

Peter Walther führt in seinem empfehlenswerten Buch »Hans Fallada. Die Biographie« durch die Höhen und Tiefen in Falladas Leben und zeigt, wie sich die gegensätzlichen Facetten seiner Persönlichkeit in seinen Werken widerspiegeln. Er porträtiert einen Mann, der unter Depressionen, Alkohol-, Tabletten- und Morphinsucht litt, jähzornig war und mehrere Zuchthausaufenthalte hinter sich hatte, aber auch liebevoller Familienvater, respektierter Landwirt und ein Frauenheld, diszipliniert und pedantisch war.

»Jeder stirbt für sich allein«

So lautet der Titel von Falladas letztem Roman, der vor ein paar Jahren, v. a. im englischsprachigen Raum, wieder neu entdeckt wurde. Die »Los Angeles Times« erklärte ihn zu »einer der herausragendsten literarischen Wiederentdeckungen der jüngsten Zeit«. Fallada schrieb den Roman 1946 in nur 24 (!) Tagen, als seine zweite Frau in der Entzugsklinik war. Selbst exzessiver Raucher, zeitweise auch Trinker und Morphinist, starb er ein Jahr später an Erschöpfung in Berlin. Carwitz war zu diesem Zeitpunkt für ihn unwiederbringlich verloren. Hier hatte er die wohl schönste und produktivste Zeit seines Lebens verbracht, gemeinsam mit seiner ersten Frau ›Suse‹ (eigentlich Anna) und seinen drei Kindern. Zurückgekehrt ist er dennoch. Seit 1981 befindet sich sein Grab auf dem **Carwitzer Friedhof.**

Zwischen zwei Polen

Um sich den Versuchungen der Großstadt zu entziehen, konzentriert arbeiten zu können und aus der Schusslinie der Nationalsozialisten zu kommen, suchte und fand Fallada die alte **Büdnerei** auf dem **Bohnenwerder** – eine hübsche Halbinsel, damals mit Feldern, heute mit kleiner Badestelle. Sie wurde von 1933 bis 1944 zu seinem Lebensort: Hier kam er zur Ruhe und konnte seinen Leidenschaften, dem Schreiben und der Landwirtschaft, nachgehen. Viele seiner Werke entstanden hier in Carwitz, hiesige Landschaften und Erlebtes finden sich darin wieder, allen voran »Fridolin, der freche Dachs« und »Geschichten aus der Murkelei«. Seine erste Frau hielt ihm den Rücken frei, wenn er, wie so oft, unter Zeitdruck und hoch konzentriert schrieb. Danach fiel er in ein Loch, war

Das Arbeitszimmer Falladas ist vom Schreibtisch bis hin zu den Bildern an den Wänden wieder original hergerichtet worden. Wenn er arbeitete, trank er Unmengen von Kaffee, rauchte wie ein Schlot und durfte von niemandem gestört werden.

erschöpft, konnte nicht schlafen, bekam Tobsuchtsanfälle, zerstörte, zerschlug, drohte. So auch im Sommer 1944, als er betrunken auf seine Frau schoss und in die Domjüch (s. S. 199) eingeliefert wurde, wo er das berühmte Trinkermanuskript schrieb.

Ort der Erinnerung

Das ehemalige Wohnhaus wurde später von der Hans-Fallada-Gesellschaft gekauft und 1995 als **Hans-Fallada-Museum,** eröffnet. Es ist anhand von Fotos und Erinnerungen (v. a. der beiden Söhne) den Lebensumständen von 1938 nachempfunden. Schön haben sie es gehabt! In den oberen Zimmern werden u. a. ein sehenswerter Film (29 Min.) und ein Abriss seines Lebens mit den sich im Laufe der Jahre verändernden Passfotos gezeigt. Man kann sich einfach durchs Haus und den riesigen Garten mit Obstbäumen, Bienen- und Bootshaus treiben lassen. Sehr zu empfehlen ist eine der informativen Führungen (kann vorab angefragt werden). Eine gute Alternative ist der Audioguide, gesprochen von Ulrich (Uli) Ditzen, dem ältesten Sohn Falladas. Mit diesem tauchen Sie noch tiefer in das Leben Falladas ein – wo er gerne saß, wie er arbeitete, wie viele Zigaretten er rauchte, was er mochte und was er verabscheute, die Ambivalenz zwischen freigeistigen und bürgerlichen Vorstellungen …

Zum Bohnenwerder 2, T 039831 20 33 59, www.fallada.de, Di–So/Fei April–Okt. 10–17, Nov.–März 13–16 Uhr, 8 €, erm. 6/4 €, Audioguide 2 €, Quiz mit Extra-Hörstationen für Kinder

Schlafen

Gegenüber von Fallada

Ferienhaus am Carwitzer See: In dem neuen Haus mit großzügigem Garten gibt es 5 moderne Ferienwohnungen für 2–4 Pers., alle mit Zugang zum See, Boots- und Badesteg sowie Möglichkeiten zum Grillen und Entspannen. Die Wohnungen sind modern und komfortabel eingerichtet.

Yvonne Lindhorst, Carwitzer Str. 98, mobil 0172 316 79 16, yvonne-lindhorst@t-online.de, €

Ein gewisser Charme

Hotel Hullerbusch: Die ehemalige Villa des Chocolatiers Faßbender hat schon etwas gelitten, und die zwei kapitalen Hirsche am Eingang haben so einige Gäste kommen und gehen sehen. Immerhin war das Haus erstes Regierungserholungsheim der DDR und dann Hotel des ostdeutschen Reisebüros, wo sich die ›Intelligenzija‹ traf. Heute vereint sich der Stil der 1920er-Jahre mit DDR-Charme und Moderne. Im Hotel mit großer Sonnenterrasse und Nebengebäuden gibt es 10 Zimmer und Suiten, umgeben von einem herrlichen Park, in dem man wunderbar rumlungern kann. Groß geschrieben wird Gastlichkeit und gute Küche. Die Tische sind liebevoll eingedeckt, auf der Karte steht v. a. gutbürgerliche deutsche Küche. Eine Einkehr lohnt sich, auch am Nachmittag auf Kaffee und selbst gemachten Kuchen. Übrigens, nachts ist es hier zappenduster und man kann wunderbar die Sterne sehen.

Hullerbusch 12, Carwitz, T 039831 202 43, www.hotel-hullerbusch.de, Hotel Ostern–Okt., Zimmer und App. €–€€€, Restaurant tgl. 11.30–20 Uhr, €–€€

ERSTE SCHRITTE

Kennen Sie den etwas eigensinnigen Rostocker Kriminalkommissar Sascha Bukow aus der ARD-Krimireihe Polizeiruf 110? Gespielt wurde er von **Charly Hübner,** der in Carwitz aufgewachsen ist. Seine ersten Bühnenerfahrungen sammelte er am Neustrelitzer Landestheater, bis er an die Schauspielschule Ernst Busch in Berlin ging. Neben der Schauspielerei ist Hübner auch als Drehbuchautor und als Regisseur tätig. 2017 porträtierte er im Dokumentarfilm »Wildes Herz« den Frontmann der Band »Frische Sahne Fischfilet«, die v. a. in der linken Szene Mecklenburgs angesagt ist.

Essen

Und danach ins …

Café Sommerliebe: Wenn man von Fallada kommt, ist die Sommerliebe die beste Option. Man sitzt gemütlich auf bunt zusammengewürfelten Stühlen im Garten, der Kaffee ist sehr gut, die selbst gemachten Kuchen sind ein Traum, der Service ist flott. Das wissen aber viele andere auch. Alternativen: Gegenüber im **Juhl's** geht es rustikaler zu. Sie haben gutes Soft- und selbst gemachtes Eis (www.juhl-carwitz.de, Restaurant u. Café sowie Fewo €).

Carwitzer Str. 37, T 039831 591 09, Di–So 13–18 Uhr

Beliebter Stopp

Schäferei Hullerbusch mit Hofladen: Hier geht es noch sehr ursprünglich zu. Im Hinterland auf den Wiesen weiden Pommersche Wollschafe. Rund um Hullerbusch und Carwitz sind sie knabbernd unterwegs und betreiben ›Landschaftspflege auf natürliche Art‹. Produkte aus Wolle wie Decken, Jacken, Socken, aber auch Käse, Wurst und Fleisch kann man im kleinen Hofladen erwerben. Wenn die Umstände es zulassen, gibt es auch Kaffee und herrlich frischen Kuchen oder einen herzhaften

Schäferimbiss, serviert in schöner blauer Keramik, die auch käuflich zu erwerben ist.

Hullerbusch 2, T 039831 200 06, www.schaeferei-hullerbusch.de, Ostern-Okt. Mi–So 11–17, im Sommer tgl. 11–18 Uhr

Warmherzige Gastfreundschaft

Gasthof Tenzo: Ankommen und sich wohlfühlen ist hier das Motto. Katarina Hering und Marcus Sapion begrüßen ihre Gäste mit strahlendem Lächeln und sind oft auch gleich beim Du. Bei warmem Wetter wird auf der Terrasse und im Garten gespeist, der sympathisch-unordentlich ist. Im Winter bullert drinnen ein großer Lehmofen. Das Menü richtet sich immer danach, was Garten, Obstwiese und Region so hergeben. Also blättert man nur in der Getränkekarte, manche Seiten darin mit Zeichnungen von Katharina Vogt von gegenüber (s. Ausgehen). Der Tenzo sorgt im Zenbuddhismus für einen gesunden und abwechslungsreichen Speiseplan, damit die Mönche für ihre Sesshin-Meditationen ausreichend Energie haben. Dass der Tenzo in Triepkendorf sein Handwerk versteht, beweisen die vielen Stammgäste. Und da er ein **Gasthaus** ist (übrigens die alte Schule des Ortes), gibt es auch einige tolle, unterschiedlich eingerichtete Zimmer und Appartements in Lehmbauweise – viel Holz, warme Farben, klare Linien. Eine Sauna gibt es auch, dafür kein TV. Das Frühstück mit selbst gemachter Marmelade etc. ist fast schon legendär.

Alter Schulweg 2–4, Triepkendorf (8 km westl. von Carwitz), T 039820 339 40, www.tenzo-gasthof.de, Ostern–Okt. Do–So ab 18 Uhr, 4-Gänge-Menü 60 €, Zimmer und App. für 2–5 Pers. €€€

Bewegen

Bootsmann, hol über

Luzinfähre: Wenn man das Holzschild umklappt, kommt der Fährmann – nicht sofort, denn eigentlich fährt er nur alle halbe Stunde. Also kann man derweil dem Treiben auf dem See zusehen. Da ist immer was zu beobachten.

An der Fähre 1, mobil 0170 307 01 28, www.luzinfaehre.de, tgl. Juni 10.30–17, Juli/Aug. 9–20, Sept. Do–Di 11–17, Okt. Do–Di 12–17 Uhr, Nov.–Mai nach Absprache, Zeiten wegen Wetter etc. im Internet prüfen, 3 €, Kinder u. Hunde 1 €, Räder 2,50 €

Paddeln auf dem Luzin

Auf dem **Schmalen Luzin** zu paddeln, ist ein Erlebnis. Wenn man nicht den weiten Wasserweg von Feldberg über Haussee und Seerosenkanal machen möchte, dann startet man am besten bei der **Luzinfähre.**

Siehe auch S. 228, 1er-Kajak 2 Std./15 €, Tag 20 €, 2er 2 Std./15 €, Tag 25 €

Ausgehen

Musik

Im Sommer finden in der **Carwitzer Kirche** mittwochs die »Carwitzer Sommerkonzerte« statt, Infos über die Touristinformation in Feldberg (s. S. 223). Und auch an der **Luzinfähre** treten zuweilen Bands auf – rockige Musik in urigem Ambiente.

Freitags bei Fallada

Carwitzer Lesestunde: Im Fallada-Haus wird aus den Werken und Briefen Falladas vorgelesen.

Zum Bohnenwerder 2, Mitte Mai–Mitte Sept. alle 2 Wochen jew. Fr um 20 Uhr

Kreativ und ungewöhnlich

Kulturwirtschaft: Katharina und Michael Vogt haben diesen Vierseitenhof in Triepkendorf 2002 übernommen und einen Verein gegründet, um Kunst-, Musik- und Kulturprojekten nach eigenem Gusto einen Ort zu geben – Ballett, Klangkunst, Lesungen, Ausstellungen, Neue und klassische Musik … je nachdem, was sie begeistert – ganz sicher kein Mainstream. Die Schar ihrer Stammgäste gibt ihnen

TOUR
Der Wasser-Klassiker

Hullerbusch und Schmaler Luzin

Die Wanderung zählt zu den schönsten in der Mecklenburgischen Seenplatte, Sie sollten ruhig einen ganzen Tag einplanen. Den Schmalen Luzin nicht gesehen zu haben und an seinen Ufern gewandelt zu sein, wäre sehr, sehr schade.

Tonnenschwere Folgen

Infos zur Tour
s. S. 230

Vom **Hotel Hullerbusch** geht es kurz durch den Wald und über eine etwas steile Treppe hinunter an den See. Still und klar, von Höhenzügen gerahmt, liegt er da. Wer bisher nicht wusste, was ein Rinnensee ist, hat jetzt keine Fragen mehr. Diese Seen entstanden in der letzten Eiszeit, als das Schmelzwasser unter dem Druck des gigantischen Gletschers ein steiles Relief in den Grund gegraben hat. Der Schmale Luzin ist 6,5 km lang und der Hang setzt sich 34 m unter der Wasseroberfläche fort.

Mal mit, mal ohne Muskelkraft

Mit einer der wenigen in Europa noch existierenden **Seilfähren** geht es die 200 m hinüber auf die andere Seite. Es wird aber auch öfter schon mal ein Elektromotor zu Hilfe genommen. Ist eben so eine Sache mit der Muskelkraft. Ganz, ganz früher war es mal eine Ruderbootfähre. Da gab es die **Luzinhalle** schon, die als Ausflugsgaststätte immer populärer wurde und in den 1980ern geschlossen werden musste, weil es

Auch auf dem Wasser ist der Schmale Luzin mit seinem glasklaren Wasser ein Traum!

damals schon so etwas wie ›Overtourism‹ gab. Zum Glück gibt es heute Dixi-Klos. Die Luzinhalle wurde wiedereröffnet und ist auch wieder populär – nicht nur wegen Lage, Kaffee, Wiener und Bockwurst, sondern auch weil ihre Betreiber so ein bisschen nett-kauzig sind, dort manchmal Bands spielen und man Paddelboote ausleihen kann.

Wildromantisch mit Knick-Blick

Hinter der Luzinhalle geht es nach links auf den Uferweg Richtung **Ziegenwiese** (heute FKK-Badestelle). Der Name verweist auf die einstige Hangbeweidung mit Ziegen, was schon länger her ist, wie die Größe der Bäume zeigt. Forstwirtschaft wird auch nicht mehr betrieben, denn das gesamte Areal vom Schmalen Luzin über Hullerbusch bis zum Zansen ist Naturschutzgebiet. Umgestürzte Bäume bleiben also liegen, Stämme ragen ins Wasser, Baumkronen neigen sich darüber, auf der Wasseroberfläche spielen Licht und Schatten. Zum Glück hat man schon vor Jahrzehnten den Zufluss aus der Landwirtschaft und vom Haussee gestoppt, sodass man tief schauen und vorbeiziehende Fische ohne Schwierigkeiten ausmachen kann. Nach gut 20 Min. wird die ausgewiesene FKK-Badestelle an der Ziegenwiese erreicht, wo auch Paddler gerne anlegen. Diese Stelle ist der **Schmal,** der See hier etwas über 50 m breit. Kurz darauf macht er einen **Knick mit tollem Blick.** Noch ein Stückchen weiter und die **Mühle** von **Carwitz** (privat genutzt) kommt in Sicht. Unterhalb

Infos

J 6

Start/Ziel: Hotel Hullerbusch oder alternativ in Carwitz oder an der Luzinfähre

Länge: knapp 14 km, ca. 10 km ohne die Runde durch den Wald

Einkehr: in Carwitz, an der Luzinfähre, im Hotel Hullerbusch und in der Alten Schäferei (s. S. 226)

Badestellen: an der Holländermühle in Carwitz und der Ziegenwiese

Hinweis: Bitte vorher prüfen, ob die Fähre fährt.

liegt eine schöne große Badestelle, die nach weiteren 30 Min. erreicht wird.

Von Carwitz zum Hullerbusch

Auf der Dorfstraße geht es durch Carwitz, wo man einkehren und das Fallada-Haus besuchen kann. An der Kirche vorbei und an der nächsten Gabelung wieder links Richtung Hullerbusch, ein Stück an der Straße entlang – dann rechts zum **Hauptmannsberg** (120 m), wo Picknickbänke aufgestellt sind. Der Blick ist phänomenal: auf den Schmalen und den Breiten Luzin mit kleinen Inseln sowie auf den Zansen – unverkennbar ebenfalls ein Rinnensee (4 km lang, 400–500 m breit, 41 m tief). Etwas weiter kommt der noch schönere **Zansenblick.** Der Weg ist jetzt der Naturlehrpfad durch den **Hullerbusch.** Auf den Tafeln am Wegesrand steht u. a. Interessantes über die verschiedenen Moorarten und ihren Einfluss aufs Klima. Der in Mooren vorkommende Sonnentau ist übrigens nur deswegen eine fleischfressende Pflanze, weil die verspeisten Insekten seinen Stickstoffhaushalt kompensieren. Bei der Beschreibung der Schellente – sie ist die einzige höhlenbrütende Ente und ihre Küken segeln im Frühjahr wie ein Wattebausch aus der Nisthöhle –, möchte man sofort eine sehen.

Geheimnisvoller Hullerbusch

Hullerbusch ist ein altes Wort für Holunder und im Volksglauben bekannt als Schutzbaum, Hexenbaum und Tor zur Geisterwelt. Im Hullerbusch hinter Carwitz wachsen heute hauptsächlich Buchen und Erlen, doch die Stimmung ist immer noch besonders, vor allem wenn man hinter dem **Jagenstein** (links hoch geht es zurück zum Hotel Hullerbusch) durch den Buchenwald zum **Teufelsstein** geht. Der Stein erzählt die Geschichte vom Höllenfürsten, der von einem Müller überlistet wurde und der aus Wut darüber einen Stein über den See warf und dabei mit seinen Krallen tiefe Spuren in ihn hineinritzte. Im Buchenwald mit viel Moos und beeindruckenden Findlingen kann man im Frühjahr über den Buschwindröschen Feen tanzen und im herbstlichen Nebel Baumgeister schweben sehen. Am Ende trifft man auf einen Fahrweg, der links zurückführt zum Hotel Hullerbusch. Dort oder beim **Schäfer** etwa 300 m weiter kann man einkehren.

In Wahrheit handelt es sich bei den parallel verlaufenden Rillen im 2 m langen und mehr als 1 m hohen **Teufelsstein** um Gletscherschrammen, die im harten Granitgestein sehr gut ›konserviert‹ sind.

recht, und es gesellen sich immer wieder neue hinzu. 2020 wurde die große Scheune als Spielort wieder instandgesetzt. Das Programm steht auf der Website.

Zum Brink 8, Triepkendorf, 8 km westl. von Carwitz, T 039820 300 86, www.kulturwirtschaft-info.de

Lüttenhagen und die Heiligen Hallen J6

In Serrahn war es ›Jagdleidenschaft‹ (s. S. 201), in **Lüttenhagen** schlichtweg Ergriffenheit. Der hiesige Buchenwald war mit ca. 250 Jahren im besten Alter. Die Bäume strebten gerade nach oben und bildeten mit ihren Kronen eine grüne Kuppel. Dieser Anblick berührte Großherzog Georg von Mecklenburg-Strelitz so sehr, dass er 1850 verfügte, den »Bestand für alle Zeiten zu schonen« und eine forstwirtschaftliche Nutzung zu verbieten. Ein von ihm verfasstes Gedicht, in dem es u. a. heißt »dies Gewölbe kann mir nicht ersetzen, Mailands hoher Dom. Ja, so spricht zu meinen Herzen, selbst St. Peter nicht zu Rom«, diente wohl auch als Namensgeber: die **Heiligen Hallen.** Schon 1938 wurden sie zum Naturschutzgebiet erklärt. Heute sind sie der älteste Buchenwald Deutschlands. Seit über 70 Jahren wurde dieser nicht mehr angerührt. Totholz wird nicht entfernt, lediglich Wege werden freigeschnitten bzw. -gesägt. Immer mehr Buchen beginnen abzusterben, viele der alten ›Säulen‹ stehen noch, andere sind schon umgestürzt, im Sommer ist es immer noch dunkel unter dem Blätterdach, Pilze und Moose bedecken die Stämme, einige zerfallen bereits zu Humus, Kronen sind abgeknickt oder -gebrochen, die nach oben strebenden neuen Sprösslinge erobern sich ihr Areal, zu manchen Zeiten und Wetterlagen meint man, Baum- und Waldgeister in den Schatten wahrzunehmen …

WIE KOMMT CLAUDIA SCHIFFER HIERHER?

In Ivenack können Sie die Eichen nur betrachten, in Lüttenhagen auf dem Friedhof dürfen Sie sie auch anfassen. Umarmen geht nicht, dazu sind die drei Damen einfach zu mächtig, die dickste ist 350 Jahre alt. Berühmt sind auch die im Umland vorkommenden Strelitzer Kiefern. Weil sie so hoch und sehr gerade wachsen, nennt man sie scherzhaft die »Claudia Schiffer der Kiefern«.

Ein schmaler Pfad führt durch die ca. 25 ha große **Kernzone,** vorbei an Kesselmooren, Findlingen und Moränenwällen. Sie liegt gleich bei Lüttenhagen, wo man zu einem 6 km langen **Rundweg** starten kann, allerdings nicht bei Regen und v. a. nicht bei Sturm! Guter Ausgangspunkt ist der Wanderparkplatz am **Paradiesgarten** (etwa 1 km westl. von der Kirche), ältester forstbotanischer Versuchsgarten Mecklenburgs.

Museum zum Anfassen

Das **Lütt Holthus** zwischen Paradiesgarten und Lüttenhagen ist ein sehenswertes und liebevoll gestaltetes Waldmuseum. Die Wand der Superlative verrät z. B., welcher Baum die tiefste Wurzel besitzt oder welcher der schwerste und älteste Baum Deutschland ist. So viel sei verraten: Weder ist es eine Eiche in Ivenack noch die Femeiche von Erle (s. S. 107). Für Kinder ist der Besuch eines Fuchsbaus aufregend, für Erwachsene ein witziges Interview mit Reinecke Fuchs. Die Baumapotheke verrät, welche Heilwirkungen Rinde, Blätter, Wurzeln oder Früchte unsere heimischen Bäume haben. Da die wichtigsten Bäume der Region Kiefer und Buche sind, gibt es viel Wissenswertes zu beiden: Wie wird aus Holz Teer gewonnen und kommt das Wort »Buchstabe« von Buche? Die Antwort ist ja: Die alten Germanen fertigten ihre Runen aus Buchenholz.

Forsthof 2, Lüttenhagen, T 039831 591 25, www.wald-mv.de (> Landesforst MV > Suche > Lütt Holthus), Mitte Mai–Sept. Di–Fr 10–16, Sept./Okt. Di–Fr 13–16 Uhr, sonst nach Absprache, Eintritt 2 €, erm. 1 €

Die Parks von Krumbeck, Lichtenberg und Warbende

J6

Der große Lenné (s. S. 111) hat auch in diesem Teil Mecklenburgs seine Spuren hinterlassen. Für die von Dewitz legte er 1832 auf dem Gut in **Krumbeck** einen seiner gefragten Landschaftsparks an. Es gab viel Lob und Komplimente, der Park wurde gehegt und gepflegt, bis die Familie nach 1945 enteignet und das Gutshaus gesprengt wurde. Neubauern erhielten Land und bauten sich ihre Häuser, die LPG setzte in den Park einen Rinderstall.

Zurückgeholte Landschaft

Dann kam die Wende, und die Nachkommen derer von Dewitz übernahmen den Gutsbetrieb wieder. Der noch erhaltene Flügel des Gutshauses wurde saniert und zum Wohnhaus ausgebaut. Auch den Park erweckten sie aus seinem Dornröschenschlaf. Der Rinderstall wurde abgerissen, die alten Wege und Wiesen wurden wieder freigelegt, Sichtachsen u. a. zur alten Schmiede und der Kirche herausgearbeitet. Die meisten der Neubauernhäuser stehen glücklicherweise am Parkrand. So ist es, als säumten sie die Dorfstraße. Die beeindruckende alte Lärchenallee ist bisher noch nicht ›renoviert‹, doch so kann der Besucher umso mehr nachvollziehen, welche Anstrengungen bisher unternommen wurden. Der **Park** umfasst ca. 3,5 ha und ist für Besucher offen. Um respektvolles Verhalten wird gebeten. Wer durchs Dorf kommt, sollte auch einen Blick auf den Friedhof an der Kirche werfen – interessant, was man mit alten Grabsteinen so machen kann.

Barocke Mischung

Ebenso lohnenswert ist der Besuch des kleinen **Parks** in **Warbende;** das Dorf liegt knapp 4 km hinter der mecklenburgischen Landesgrenze. Der Park ist eine gelungene Mischung aus Landschafts- und Barockgarten. Die für Letzteren so typische Symmetrie zeigen die Taxushecken, auf die der Blick schon fällt, noch bevor man durch das fotogene Tor mit abgebrochenen Feldsteinsäulen den Park betritt. Eibengewächse sollen übrigens böse Geister vertreiben. Die Blutbuche dahinter – Hammer! Es gibt keine Wege, dafür einige Bänke zum Verweilen.

Naturerfahrung

Ganz anders präsentiert sich der **Kurwald Lichtenberg** auf einer idyllischen Halbinsel am Ufer des Breiten Luzin zwischen Krumbeck und Warbende. Er entstand 2017 im Auftrag des Seehotels (s. u.). Hier ging es darum, Landschaft zu gestalten und Natur erfahrbar zu machen. Es wurden kleine Wege und eine Kneipp-Anlage angelegt, Möglichkeiten zum Verweilen geschaffen, Bäume und Findlinge in Szene gesetzt sowie Künstler hinzugezogen, die bemerkenswerte Arbeiten platzierten, z. B. die »Spiegelwölfe« und der »Seeadler«. Der ca. 4 ha große Kurwald ist vom Seehotel oder der wunderschönen Badestelle Lichtenberg aus zu erreichen (mit Kiosk).

Schlafen

Wohlfühloase

Seehotel Lichtenberg: Die Lage wusste man schon zu DDR-Zeiten zu schätzen, nur besonderen Gästen war der Aufenthalt erlaubt. Heute dürfen alle, allerdings muss dafür etwas tiefer ins Portomonaie gegriffen werden. Aber es lohnt sich! Die stilvoll eingerichteten Zimmer, Suiten und Ferienwohnungen, der direkte Zugang zum See, der wundervolle Kurpark, die Sauna im Bootshaus mit dem See als Tauchbecken und ein sehr freundlicher Service – alles trägt zum Wohlfühlen bei. Noch mal ruhiger, großzügiger und gemütlicher sind die Ferienwohnungen im dazugehörigen Landhaus oben auf dem ›Berg‹.

Forsthaus am See, T 039831 22 22, www.seehotel-lichtenberg.de, €€€

Zwischen Wittenhagen und Thomsdorf J6

Nach dem Schweriner See ist der **Breite Luzin** mit gut 58 m der tiefste See der Seenplatte. An seinem Südende geht er in den Schmalen Luzin über. 1847 baute man an dieser Stelle einen Erddamm. Ein Blick auf die Karte erklärt, welchen Vorteil das für Händler und Reisende von bzw. nach Feldberg brachte. Seither steht hier auch das **Zollhaus:** Toplage, nett anzusehen und beliebter Stopp, um einzukehren (s. S. 221).

Zurück in die Eiszeit

Etwas weiter südlich liegt **Wittenhagen** mit einer kleinen achteckigen **Kirche** (Mai–Sept. 10–17 Uhr) – an der Tür eine gut erhaltene ›Handglocke am Seil‹, ein heller Innenraum mit umlaufenden Bänken und ein scheinbar unbehauener Altarstein in der Mitte. Wer genauer hinschaut, erkennt die Gesichter und Symbole der vier Evangelisten. Am Gutshof beginnt ein lohnenswerter **Eiszeitlehrpfad** mit verständlichen Erklärungen zur Entstehung der Landschaft durch die Gletscherbewegungen. Entlang des ca. 1,5 km langen Rundwegs stehen anfangs Birnen-, dann Pflaumen- und später Apfelbäume – ein Traum zur Frühjahrsblüte! Nahezu jeder der Obstbäume ist ›beschriftet‹.

Abstecher in die Uckermark

Will man um den Carwitzer See nach Carwitz gelangen, führt ein Stück des Wegs durch die Uckermark ins schöne **Thomsdorf.** Am Seeufer gibt es eine beliebte Tauchschule (Atlantis, Infos unter www.taucher.net), und im Ort locken **Kunstkaten** und **Kunsthandwerkerhof.**

Letzterer ist im Ortszentrum nicht zu übersehen. Im idyllischen Dreiseitenhof befinden sich verschiedene Gewerke und Kunstrichtungen wie Töpferei, Plastik, Malerei, Filz- und Holzarbeiten. Schlendern und schauen, staunen und kaufen. Alles ist liebevoll gestaltet. Im Garten kann man verweilen, und seit 2020 gibt es die **Kantinenwirtschaft,** wo in gemütlichem Ambiente Süßes wie Herzhaftes auf von hier stammender Keramik serviert wird. Verteilt übers Jahr gibt es Kurse, Konzerte und die beliebten Kunsthandwerkermärkte. Dann kommt auch der Ofen vor dem Hof für Brot wie zu Großmutters Zeiten zum Einsatz.

Der **Kunstkaten** liegt an einer Nebenstraße. In einem Haus und einigen Hütten werden Arbeiten verschiedener Künstler gezeigt, u. a. von Armin Müller-Stahl. Alles ist mit viel Liebe und Witz arrangiert. Tische, Bänke und Stühle sind zwischen Hecken, Blumen und Kunstwerken platziert.

Kunsthandwerkerhof: Thomsdorf 36a, T 039889 86 241, www.kunsthandwerkerhof-thomsdorf.de, Mai/Juni, Sept./Okt. Sa/So/Fei 11–17, Juli/Aug. Do–So 11–17 Uhr; Kantinenwirtschaft: T 039889 55 17 88, mobil 0152 09 55 87 61, www.diekantinenwirtschaft.de, geöffnet wie Kunsthandwerkerhof; Kunstkaten: Thomsdorf 42, T 039889 47 35, www.thomsdorfer-kunstkaten.de, Mai–Mitte Okt. Fr–So 13–18 Uhr, auf Anfrage auch Ferienhaus für 2 Pers., €

Zugabe Street-Art

... goes Mecklenburg

Die Macher des **artbase festivals** 2019 waren auf der Suche nach einem verlassenen und ausgefallenen Ort, um Street-Art-Künstlerinnen und -Künstler einzuladen, sich mit diesem ›lost place‹ auseinanderzusetzen und dort ihre Kunstwerke entstehen zu lassen. Ihre Wahl fiel auf die Domjüch (s. auch S. 199). Gekrönt wurde das Ganze mit einem kleinen Festival. Danach überließ man die Kunstwerke der Verwitterung. Bei manchen denke ich: Schade! Doch mitnehmen geht nicht. Und das ist auch in Ordnung so. ■

Das Kleingedruckte

Natürlich ist Stand-up-Paddling auch in der Seenplatte angesagt, und Möglichkeiten gibt es viele. So entspannt geht es aber nicht immer zu, vor allem wenn auch Motorboote auf den Gewässern unterwegs sind.

Anreise

… mit der Bahn

Von Berlin und Hamburg aus gibt es Direktverbindungen nach Schwerin mit ICE und Regionalbahn. An der Bahnstrecke Berlin–Rostock liegen die Bahnhöfe Neustrelitz und Waren, wo Schnell- und Regionalzüge halten. Die ebenfalls an der Strecke liegenden Stationen Kratzeburg und Güstrow werden nur von Regionalzügen angefahren. Letztere bieten im Gegensatz zu IC und ICE den Vorteil, dass man sein Rad ohne Weiteres mitnehmen kann, ausgenommen die Stoßzeiten an den Wochenenden bei schönem Wetter und in der Hauptsaison. Dann können die Züge sehr voll sein. Fahrradkarten sind immer extra zu lösen.
Ideal ist das Deutschlandticket, ansonsten gäbe es noch, v. a. für Gruppen von bis zu fünf Personen, das Brandenburg-Berlin-Ticket (33 €, von Berlin bis Waren) und das Mecklenburg-Vorpommern-Ticket (je nach Wochentag und Anzahl der Reisenden 23–44 €). Es gilt jeweils wochentags von 9 bis 3 Uhr des Folgetages, am Wochenende bereits ab 24 Uhr. Die Tickets können online sowie an den Automaten der Deutschen Bahn erworben werden und gelten für diese wie auch für Privatbahnen, Busse und Straßenbahnen (Aufpreis am Schalter 2 €).
www.bahn.de, T 030 2970

… mit dem Bus

Eine andere Variante ist die Anreise mit dem Bus, wo ebenfalls in begrenztem Rahmen eine Fahrradmitnahme möglich ist. Allerdings gibt es derzeit (2024) lediglich von Berlin und Hamburg Direktverbindungen nach Schwerin und Rostock, wo man dann in den Zug umsteigen müsste.
www.flixbus.de, www.checkmybus.de

… mit dem Auto

Eine Anreise mit dem Auto hat den Vorteil, dass Sie die Räder und/oder das Kanu

STECKBRIEF

Lage: Touristisch gesehen erstreckt sich das Gebiet von Schwerin und den Sternberger Seen über die großen Seen im Zentrum Mecklenburgs bis hinter den Tollensesee und Neustrelitz im Osten sowie die Kleinseenplatte und Feldberger Seen im Süden. Im Norden bilden Güstrow und die Mecklenburgische Schweiz die natürliche Grenze. Geografisch gesehen reicht die Mecklenburgische Seenplatte jedoch von Ratzeburg im Holsteinischen bis nach Vorpommern im Osten sowie ins Brandenburgische im Süden. Der Landkreis Mecklenburgische Seenplatte wiederum reicht von Plau am See bis hinter Neubrandenburg und an die südliche Landesgrenze und ist mit 5470 km^2 der größte Landkreis Deutschlands.
Größe: ca. 10 553 km^2 (MV gesamt 23 211 km^2)
Einwohner: ca. 572 000 (MV gesamt 1,61 Mio.)
Bevölkerungsdichte: 54 Einw./km^2 (MV gesamt 69 Einw./km^2)
Größte Städte: Schwerin (Landeshauptstadt, 98 600), Neubrandenburg (65 000), Güstrow (29 600), Waren (21 600), Neustrelitz (20 400)

bequem mitnehmen können und vor Ort flexibler sind, vor allem wenn Sie Rundtouren unternehmen möchten. Reisende aus Süddeutschland und Österreich können lange Stunden auf der Autobahn vermeiden und mit dem Autoreisezug bis Hamburg fahren (www.autoreisezug-planer.de). Ansonsten ist, aus dem Westen kommend, die A 24 (Autobahn Hamburg–Berlin) vorbei an Schwerin und Ludwigslust die schnellste Route in die Mecklenburgische Seenplatte. Von Süden und Berlin her bietet sich die A 19 (Autobahn Berlin–Rostock) an, um zu den Seen um Waren an der Müritz zu gelangen. In die Gegend um die Feldberger Seenplatte, Neustrelitz und Neubrandenburg gelangt man am besten über die B 96. Generell bietet die Anreise über kleinere Straßen weitaus mehr landschaftliche Reize.

Bewegen und Entschleunigen

Angeln

Mit seinen gut 2000 Seen, in denen nahezu 40 verschiedene Fischarten schwimmen, zählt die Mecklenburgische Seenplatte zu einem der lukrativsten Angelreviere Deutschlands. Wer bereits passionierter Angler ist und einen Fischereischein besitzt, muss sich vor Ort nur noch eine Angelkarte für das jeweilige Gewässer besorgen, und los geht's (erhältlich in Fischereibetrieben, Angelläden, Kurverwaltungen, z. T. sogar in Hotels und auf Campingplätzen vor Ort).

Nichtangler können in Mecklenburg-Vorpommern einen Touristenfischereischein erwerben, entweder vor Ort bei den jeweiligen Touristeninformationen, im Angelladen oder bei den örtlichen Fischereibetrieben. Auf www.lallf.de oder www.fiskado.de findet man eine Liste aller Ausgabestellen in Mecklenburg-Vorpommern. Wer will, kann hier auch schon vor dem Urlaub (mind. 21 Tage) seinen Touristenfischereischein (24 €) beantragen. Er ist 28 Tage am Stück gültig, kann aber für jeweils 13 € beliebig oft im jeweiligen Jahr verlängert werden. Dazu gibt es eine Broschüre, die dem Laien alles Wichtige rund ums Thema vermittelt – vom Fischereirecht bis zur fischwaidgerechten Handhabung von Angel und gefangenem Fisch. Dieses Wissen muss man sich natürlich angeeignet haben, bevor man mit Ausrüstung und der ebenfalls notwendigen Angelkarte (s. o.) loslegen kann. Wem das zu umständlich ist, der kann beim Landesverband der Angler online ›Komplettpakete‹ kaufen oder bei den Müritzfischern geführte Angeltouren buchen.

www.lav-mv.de; www.mueritzfischer.de

Baden

Bei der Vielzahl an Seen gibt es natürlich jede Menge Badestellen. Manche sind von der Promenade aus zu erreichen, andere nur zu Fuß oder per Rad. Die größeren Badestellen verfügen über Toiletten, Gastronomie, Rettungsschwimmer, Umkleiden, Parkplatz etc. Eine gute Übersicht bietet mit seiner Badewasserkarte:

www.badewasser-mv.de

Klickt man eine Badestelle an, so gibt es vielfältige Informationen zu Wassertiefe, Sichtweite und Untergrund, aber auch zur bakteriellen bzw. Schadstoffbelastung des jeweiligen Gewässers. Außerdem findet sich auf der Website eine Liste aller barrierearmen Badestellen bzw. solcher mit behindertengerechtem Zugang in Mecklenburg. Ähnliche Listen gibt es auf:

www.mecklenburgische-seenplatte.de
unter der Rubrik »Baden«

Dort werden auch die Anhänger der Freikörperkultur fündig. FKK war und ist im Osten ›in‹, und so gibt es heute nicht nur ausgewiesene FKK-Badestellen, sondern auch entsprechende Campingplätze wie am Useriner und am Rätzsee.

www.nacktbaden.de

Golfen

Die Mecklenburgische Seenplatte mit ihrer von den Eiszeiten geformten Landschaft,

den Wäldern, Seen und weiten Flächen ohne Zersiedlung ist ideal, um Golf zu spielen oder zu lernen. Die idyllisch gelegenen 9- und 18-Loch-Plätze mit angeschlossenen Hotels sind für heimische Golfer und jene aus den angrenzenden Bundesländern ein beliebtes Ziel. Öffentliche Plätze sind WINSTONgolf bei Schwerin, das Golfresort Schloss Fleesensee und der Golfclub Schloss Teschow bei Teterow. Hier und auch im Van der Valk Golfhotel Serrahn bei Krakow am See sowie im Golfclub Mecklenburg-Strelitz e. V. können Sie Golfen lernen oder zumindest einen Schnupperkurs belegen.
www.golfverband-mv.de; www.golfen-mv.de

Radfahren

Die Mecklenburgische Seenplatte ist absolutes Radfahrerland. Es gibt jede Menge gut ausgebaute und ausgeschilderte Radwege. Manche Wegstücke können etwas sandig sein, sodass Sie Ihr Rad evtl. schieben müssen. Auch gibt es nach wie vor die idyllischen, für Radfahrer aber recht holperigen Kopfsteinpflasterstraßen. Vielerorts wurden Radwege daneben angelegt bzw. der Straßenrand etwas ›zurechtgefahren‹. Steigungen gibt es v. a. in der Mecklenburgischen Schweiz, dafür aber auch immer wieder Möglichkeiten zu einem erfrischenden Bad in einem der unzähligen Seen.

Touren: Unter www.auf-nach-mv.de finden Sie unter »Aktivitäten« Tourenvorschläge für jeden Geschmack. Doch Vorsicht bei der Planung! Eine Tagesetappe von 50 km klingt für die meisten nach nicht viel. Doch oft gibt es auch etwas zu sehen oder zu besichtigen, einen idyllischen Ort zum Verweilen, ein Museum oder eine einladende Badestelle. Es muss auch nicht immer eine Rundtour sein, denn manchmal können Sie ihr Rad auch per Fähre oder Bus transportieren, so z. B. im Gebiet der großen Seen (s. S. 112) oder in Neubrandenburg (s. S. 160). In vielen Orten findet sich ein Radverleih, der vom einfachen Rad über Mountainbike bis hin zum E-Bike alles im Angebot hat (8 €/Std. bis 30 €/Tag). So steht einer spontanen Radtour nichts im Wege. In der Hochsaison besser vorab reservieren!

MSR UND VELO CLASSICO

Die **Mecklenburger Seen Runde,** kurz **MSR,** feiert 2024 ihre zehnte Ausgabe und erfreut sich großer Beliebtheit bei vielen Radbegeisterten – egal ob jung oder alt, Amateur oder Profi, Genuss- oder Leistungsradler. Die Strecke ist 300 km lang und verläuft durch die Mecklenburgische Seenplatte zwischen Neubrandenburg, Malchow und Neustrelitz. Es gibt auch den **MSR 100** nur für Frauen und den **MSR Mini** für Kinder. Und weil die Veranstalter das Radfahren so lieben, haben sie auch noch den **Velo Classico** ins Leben gerufen, bei dem man entspannt auf ›historischen‹ Rädern und ggf. sogar in ›historischer‹ Kleidung durch die Landschaft der Seenplatte rollt.
www.mecklenburger-seen-runde.de
www.veloclassico.de

Radfernwege: Mehrere Radfernwege durchqueren die Seenplatte. Erwähnenswert sind der Mecklenburgische Seenradweg (Lüneburg–Usedom, 625 km), die Eiszeitroute Mecklenburgische Seenplatte (s. S. 256) sowie der E 7 von Berlin nach Kopenhagen (650 km).
www.bike-berlin-copenhagen.com

Komplettpakete und -angebote: Auf folgenden Websites lassen sich verschiedene Mehrtagestouren mit wechselnden und auch festen Standorten inkl. Gepäcktransport, Kartenmaterial, ggf. auch Leihrädern, buchen; die Angebote reichen von sportiv bis familientauglich:
www.mecklenburgische-seenplatte.de
www.mecklenburger-radtour.de
www.radreisen-mecklenburg.de

Auch auf der Landesseite des ADFC finden sich Angebote, v.a. für Tagestouren:
www.adfc-mv.de

Karten: Empfehlenswert sind die ADFC-Regionalkarte »Mecklenburgische Seenplatte« (1:75 000) und die Rad- und Wanderkarten des Klemmer Verlags (1:50 000). Da die Radwege kontinuierlich ausgebaut werden, sollten Sie auf die Aktualität achten bzw. vor Ort nachfragen, ob es neue Radwege gibt, was v.a. für jene Strecken interessant ist, die noch auf Bundesstraßen verlaufen. Oft erhalten Sie auch gutes Kartenmaterial und Tourenvorschläge bei den Touristeninfos bzw. den Verleihstationen.

Unterkünfte: Übernachtungsmöglichkeiten speziell für Radfahrer gibt es hier:
www.bettundbike.de

Reiten

Für Reiter und solche, die es werden wollen, hat die Mecklenburgische Seenplatte wunderbare Möglichkeiten in petto. So bieten manche Gestüte Reit- und Fahrlehrgänge an, so z. B. Redefin (s. S. 43). Aber es gibt auch Reit- und Bauernhöfe, wo Sie einen Reiturlaub buchen und sogar Ihr eigenes Pferd mitbringen können. Vielfältige Informationen zum Reitwegenetz in Mecklenburg-Vorpommern, Reiterhöfen mit Übernachtungsmöglichkeiten, Lehrgängen und Touren gibt es unter:
www.auf-nach-mv.de

INSPIRATION

Einige kleine, feine Ideen liefert die Website www.traumziel-mv.de, wo sich Tipps für kürzere und längere Touren zu Fuß, per Rad und auf dem Wasser sowie Standorte für Tierbeobachtungen finden. Nach Regionen gegliedert kann man seine Auswahl treffen und bei Bedarf im Online-Shop viel gutes Kartenmaterial bestellen.

Segeln, Surfen, SUP

Vor allem die großen Seen wie Müritz-, Schweriner, Plauer oder Kummerower See mit ihren guten Windverhältnissen, sind bei **Seglern** beliebt. In nahezu allen Häfen kann man Jollen mieten oder Jachten chartern. Einzige Voraussetzung ist der »Sportbootführerschein Binnen«. Wer will, kann diesen auch in einer der Segelschulen vor Ort in einem Segelkurs erlangen. Bei **Kite- und Windsurfern** haben die großen Seen ebenfalls einen guten Ruf. **Stand-up-Paddling** gehört mittlerweile fest zum sportlichen Repertoire in der Seenplatte. Equipment kann vor Ort geliehen werden.
www.spotnetz.de
www.seen.de

Wandern

Die Mecklenburgische Seenplatte ist wohl die einzige Urlaubsregion Deutschlands, wo das Wandern von Rad- und Wassersport etwas in den Schatten gestellt wird. Trotzdem kommen Wanderinnen und Wanderer hier nicht zu kurz und können die verschiedenen Ecken der Seenplatte auf meist gut markierten Wanderwegen erkunden. Vor allem der Müritz-Nationalpark und die vier Naturparks sind sehr gute Wandergebiete. Ersteren können Sie in neun Etappen auf dem 175 km langen Nationalparkweg erkunden, wobei Sie überall an der Strecke ein- und aussteigen können. Infos auf:
www.auf-nach-mv.de

Viele schöne Tourenvorschläge mit Angeboten für geführte und sehr informative Themenwanderungen finden sich in der (Online-)Broschüre von
www.mecklenburgische-seenplatte.de

Pilgerfreunde können sich an dem Kapellenweg bei Ulrichshusen (s. S. 94) und dem 240 km langen Pilgerweg Mecklenburgische Seenplatte versuchen:
www.pilgerweg-mecklenburgische-seenplatte.de

Auch die Eiszeitroute kann man als Ganzes oder zumindest in Teilen wandern (s. S. 256).

Karten-/Informationsmaterial: Empfehlenswert sind die Wander- und Radkarten des Klemmer Verlags (1 : 50 000) sowie der Rother Wanderführer und die Kompasskarten zur Mecklenburgischen Seenplatte (1 : 60 000). Auch bei den Touristinformationen vor Ort bekommt man viele gute Tipps.

Wasserwandern

So allgegenwärtig wie das Wasser in der Mecklenburgischen Seenplatte ist, sollten Sie wenigstens einmal auch auf ihm gewesen sein – per Paddel- oder Hausboot oder wenigstens mit dem Ausflugsdampfer. Besonders beliebt sind die Kleinseenplatte, der Müritz-Nationalpark und die Feldberger Seenlandschaft. Darüber hinaus ist die Mecklenburgische Seenplatte das größte zusammenhängende Seengebiet Mitteleuropas, in dem sich Tages- wie Wochentouren anbieten. Ganz Ambitionierte können von Schwerin über die Müritz-Elde-Wasserstraße nach Plau am See, von dort weiter zur Müritz und durch die Alte Fahrt über Mirow bis in die Kleinseenplatte und weiter bis Wesenberg und Neustrelitz, ja, sogar bis Rheinsberg paddeln. Als absolute Toptouren gelten u. a. die »Alte Fahrt« (s. S. 206) und die »Schwanenhavel« (s. S. 213).

Immer wieder gibt es Abschnitte und Seen, die für den Motorbootverkehr gesperrt sind. Am ehesten sind also **Kajaks** und **Kanus** geeignet, um überall hinzugelangen. Der Tourismusverband Mecklenburgische Seenplatte hat eine informative Broschüre mit 14 ausführlich beschriebenen Touren zusammengestellt. Auf der Website gibt es eine Kanukarte mit Anbieterverzeichnis sowie einigen Angeboten:
www.mecklenburgische-seenplatte.de
An allen für Aktive wichtigen Orten gibt es **Kanustationen,** wo das nötige Equipment gemietet und ggf. auch ein Rückholtransport gebucht werden kann (April–Okt.). Für Wochenenden und in der Hochsaison sollte dies besser schon vorab organisiert werden. Die Kosten für ein Kanu liegen bei 10–15 €/Std. bzw. ab 25 €/Tag. Im Preis sollten Schwimmwesten, Paddel, wasserdichter Packsack oder Gepäcktonne enthalten sein. An vielen **Schleusen** und Wehren gibt es für Paddler auch Umtragestellen, entweder per Muskelkraft oder mittels einer sogenannten Bootsschleppe – eine Art Eisenkarre, die auf Schienen aus dem Wasser heraus, dann neben der Schleusenkammer her und auf der anderen Seite wieder ins Wasser führt. Die meisten Schleusen haben im Sommer tgl. 7–20, sonst 8–16 Uhr geöffnet und sind für Sportbootfahrer kostenlos. Eine kleine Spende für das Schleusenpersonal ist willkommen. Alle aktuellen Informationen mit Öffnungszeiten der Schleusen:
www.elwis.de
Floß und **Hausboot** liegen voll im Trend. Mit ein wenig Komfortverzicht können Sie zu zweit oder mit der ganzen Familie an Bord mal hierhin und mal dahin schippern, Anker werfen und ins Wasser springen, die Angel ins Wasser halten und den Tag an einem lauschigen Liegeplatz mit Blick auf die untergehende Sonne ausklingen las-

RESPEKT UND VERANTWORTUNG

Kanus haben Vorfahrt vor motorisierten Sportbooten (auch Hausbooten), jedoch hat die Berufsschifffahrt grundsätzlich Vorfahrt, und auf Schwimmer ist absolute Rücksicht zu nehmen. Leider sind infolge des verantwortungslosen Verhaltens von Anglern, Motorbootfahrern und Wasserwanderern einige Reviere gesperrt. Deshalb ist es wichtig, nicht in Seerosenteppiche und Schilfgürtel einzufahren, keinen Müll liegen zu lassen oder die Ufervegetation zu beschädigen. Tierbeobachtung ja, jedoch in respektvollem Abstand und ohne Vögel vor sich herzutreiben.

V

VORSICHT, WELLE!

Ob nun Floß, Haus- oder Paddelboot, bei großen und flachen Seen ist Vorsicht geboten. Sie dürfen nicht einfach so überquert werden, da sich bei entsprechendem Wind kurze, harte und damit gefährliche Wellen aufbauen können (auf der Müritz auch schon mal bis zu 1,5 m hoch). Also eher in Ufernähe paddeln bzw. am Ufer entlangsteuern oder warten, bis das Wetter besser ist.

sen. Und wenn es regnet, ist es unter dem Vorderdeck schön trocken. Für Boote und Flöße mit bis zu 15 PS ist kein Bootsführerschein erforderlich, stattdessen gibt es eine umfassende Einweisung (3 Std.). Einzige Herausforderung sind anfänglich evtl. die Schleusen. Vermietet werden unterschiedliche Bootstypen, tage- und wochenweise. Ganz preiswert ist es allerdings nicht. In Abhängigkeit von der Dauer des Törns und der Größe des Boots reichen die Preise von 100 € pro Tag bis über 1000 € pro Woche. **Karten und Literatur:** Zu empfehlen sind die Karten »Mecklenburgische Kleinseenplatte« sowie »Müritz und Plauer See« (beide 1:50 000) aus dem Klemmer Verlag. Bewährt haben sich außerdem die Führer aus dem Kettler Verlag, die neben guten Tourenbeschreibungen und Karten zusätzliche Informationen zum Thema Unterschiede zwischen Kanadier und Kanu inkl. Paddelkunde, Schifffahrtszeichen, Ausrüstung und Knoten oder Checklisten bieten.
www.thomas-kettler-verlag.de

Events

KunstOffen

Seit 1994 öffnen Künstlerinnen und Künstler immer zu Pfingsten ihre Ateliers, Galerien und Werkstätten – gut zu erkennen an einem gelben Schirm oder einer blau-weißen Fahne. Da lässt sich dann von Malerei und Fotografie, Schmuck und Keramik bis hin zu Plastik und Textilien alles bewundern – anregende Gespräche, spontane Besitzerwechsel und Selbstversuche nicht ausgeschlossen.
www.auf-nach-mv.de/kunstoffen

MitsommerRemise

Die Nacht der nordischen Guts- und Herrenhäuser – eine Initiative des Rostockers Robert Uhde – findet stets am Wochenende um die Sommersonnenwende statt. In den mittlerweile über 80 teilnehmenden Gutshäusern und Schlössern gibt es Konzerte, Lesungen, Ausstellungen und auch Kulinarisches. Am Samstag öffnen eher die mecklenburgischen Häuser, am Sonntag die vorpommerschen. Das Kombiticket kostet 22 €, das Tagesticket 14 €. Oder Sie mieten sich gleich in eines der teilnehmenden Häuser ein.
www.mittsommer-remise.de

Offene Gärten

Das Event erfreut sich unter Pflanzenliebhabern großer Beliebtheit. Meist am ersten Wochenende im Juni, quasi zur schönsten Blütezeit, öffnen große und kleine, Blumen-, Küchen- und auch Japanische Gärten ihre Pforten und laden zum Staunen, Fachsimpeln, Verweilen und Probieren von Selbstgebackenem. Bunte Gießkannen weisen den Weg, oder man informiert sich vorab auf der Website. Hier gibt es auch die Rubrik »Grüne Termine« mit übers Jahr verteilten Veranstaltungen. Einige der Gärten bieten auch Ferienwohnungen an.
www.offene-gaerten-in-mv.de

Festspiele Mecklenburg-Vorpommern

Mit über 180 meist klassischen Konzerten und an die 100 000 Besuchern sind die Festspiele eines der großen Musikevents Deutschlands und auch Europas. Das Besondere sind zum einen die über 80

verschiedenen Festspielorte wie Schlösser, Burgen, Kirchen und Industriebauten, aber auch Reithallen und Scheunen. Zum anderen sind es so hochkarätige Künstler wie Daniel Hope, Martha Argerich, Anne-Sophie Mutter oder Yehudi Menuhin, die hier schon aufgetreten sind. Die Festspiele finden von Juni bis September statt. Mittlerweile gibt es aber auch die Advents- und Neujahrskonzerte in der Festspielscheune von Ulrichshusen, dem Herzen des Festivals (s. S. 94).
www.festspiele-mv.de

1000Seen Marathon

Immer Ende September findet der von BiberTours (s. S. 210) ins Leben gerufene 1000Seen Marathon statt – quasi als Abschluss der Paddelsaison. Man kann zwischen 21 und 42 km wählen, Start ist auf dem Vilzsee. Da es ein Massenstart ist, ein wahres Spektakel. Sportsgeist, Austausch und entspanntes Miteinander sind der Spirit dieser mittlerweile größten Freizeit-Kanusportveranstaltung Deutschlands.
1000seen-marathon.com

Kunst heute

Ähnlich wie bei KunstOffen haben Sie während einer Woche im Herbst die Möglichkeit, Ateliers und ihre Künstler zu besuchen und einen Blick hinter die Kulissen zu werfen. Den Machern geht es dabei vor allem darum, den aktuellen Stand der Bildenden Kunst abzubilden.
www.kunstheute-mv.de

Informationsquellen

In allen größeren Orten gibt es eine Touristinformation (Mo–Fr, in der Saison auch Sa/So/Fei) mit gutem Informationsmaterial, Gastgeberverzeichnis, zahlreichen Tipps und engagierten Mitarbeiterinnen. Außerdem findet sich auch im kleinsten Dorf meist eine Tafel mit Informationen zu Geschichte, Legenden oder möglichen Rundwegen.

Im Internet

www.mecklenburgische-seenplatte.de/ www.auf-nach-mv.de: Beide Portale sind ideal, um in die Seenplatte einzusteigen. Mit vielen Tipps zu Unterkünften, Aktivitäten, Terminen, Sehenswertem, dazu die entsprechenden Links. Außerdem gibt es Vorschläge und Verlinkungen zu Touren mit Rad, Paddelboot oder zu Fuß.

www.mecklenburg-vorpommern.de: Das Portal des Landes bietet viel Wissenswertes über die Region. Über verschiedene Rubriken sind Infos zu Architektur, Freizeitmöglichkeiten, Natur, Gastronomie mit vielen weiterführenden Links zu finden. Eine gute Seite zum Stöbern.

www.mueritz.de: Die Seite deckt die gesamte Region von den großen Seen bis hin zur Feldberger Ecke ab. Tipps zu Veranstaltungen, Übernachtungen und Verleihern.

www.mvtermine.de: Alle aktuellen Termine nach Thema, Tag und Region.

www.kultur-mv.de: Wer stöbern möchte, was es in Mecklenburg-Vorpommern so an Kunst, Kultur, Film, Ausstellungen etc. gibt, schaut am besten hier.

www.gartenroute-mv.de: Wer sich für Gärten und Parks interessiert, findet hier eine sehr gute Übersicht mit Infos, ggf. Terminen, Verlinkungen und Reiseangeboten wie z. B. »Von Schloss zu Schloss«.

Internetzugang

Mittlerweile ist WLAN fast in jeder Unterkunft inklusive, wenn es manchmal auch nur in der Lobby verfügbar ist. Auch Cafés und Bars bieten diesen Service mit an. Andere Lokale wiederum haben sich ganz bewusst dagegen entschieden, weil es schließlich um den störungsarmen Genuss von Speisen und Getränken geht. In den ländlichen Gebieten kann der Empfang zuweilen etwas wackelig sein, doch ein Stückchen weiter geht es meist schon wieder besser.

Kinder

Mit den vielen Möglichkeiten im und auf dem Wasser sowie weiteren sportlichen Aktivitäten wie Radfahren, Wandern, Reiten ist man in der Mecklenburgischen Seenplatte mit Kindern bestens aufgehoben. Bei Familien besonders beliebt ist die Fahrt mit einer Draisine (s. S. 59). Weniger eigene Kraft ist auf der Sommerrodelbahn in Malchow gefragt, aber man könnte danach ja noch im Affenwald herumtoben.
www.sommerrodelbahn-malchow.de
Für Wissensdurstige gibt es eine große Auswahl an Museen, die sehr anschaulich vor allem über die Flora und Fauna vor Ort berichten und ausdrücklich zum Anfassen und Ausprobieren einladen, z. B. Karower Meiler (s. S. 59), Lütt Holthus (s. S. 231) oder das Müritzeum in Waren (s. S. 119). Spannend und ungewöhnlich sind der Bärenwald bei Bad Stuer (s. S. 146), das Wisentgehege am Damerower Werder (s. S. 118) und der Wildpark bei Güstrow mit den Wölfen (s. S. 73). Hier wie auch bei den Tierbeobachtungen in den Naturparks und dem Müritz-Nationalpark werden regelmäßig kindgerechte Führungen angeboten. Lohnenswert für jede Altersklasse ist das Landeszentrum für erneuerbare Energien in Neustrelitz (s. S. 194). Abenteuerlich ist der Besuch der Burgen Penzlin (s. S. 183) und Burg Stargard (s. S. 174) mit ihrem mittelalterlichen Flair und gelegentlichem Ritterspektakel. Auf Zeitreise geht es in Groß Raden (s. S. 52) und im Slawendorf bei Neustrelitz (s. S. 194). Hier gibt es viele Mitmachaktionen wie Filzen, Töpfern, Knüppelbrot backen, Kerzen ziehen oder im ›Einbaum‹ fahren. Bei Regenwetter sind neben den genannten Museen auch die Schlösser in Schwerin, Ludwigslust und Güstrow, die MüritzTherme mit Wasserrutsche in Röbel (s. S. 142) oder der Besuch eines Schwimmbads eine gute Alternative.
www.schwimmbadcheck.de

Klima und Reisezeit

In der Mecklenburgischen Seenplatte herrscht gemäßigtes Klima vor, d. h. die Sommertemperaturen liegen höher und die Wintertemperaturen niedriger als an der Ostsee. Der meiste Niederschlag fällt eigentlich in den Sommermonaten, was durch die heißen Sommer der letzten Jahre zunehmend an Gültigkeit verliert. Jedoch ist die Durchschnittsmenge konstant geblieben, denn der Niederschlag kommt auch als Morgentau herunter und statt des konstanten Landregens gibt es mehr Schauer. Außerdem kommt es vermehrt zu Gewittern, nicht mehr nur im Sommer.

Die Mecklenburgische Seenplatte ist zu jeder Jahreszeit schön. Beste Reisezeit ist von Ostern bis Oktober. Im Frühjahr kann man das Erwachen der Natur genießen, durch frisches Maiengrün wandern und radeln, sich im Gelb der Rapsfelder sonnen. Mitte Juni, mit Beginn der Ferien, beginnt die Hochsaison und dauert bis in den September, dem Ende der Schulferien. Hauptreisemonate sind Juli und

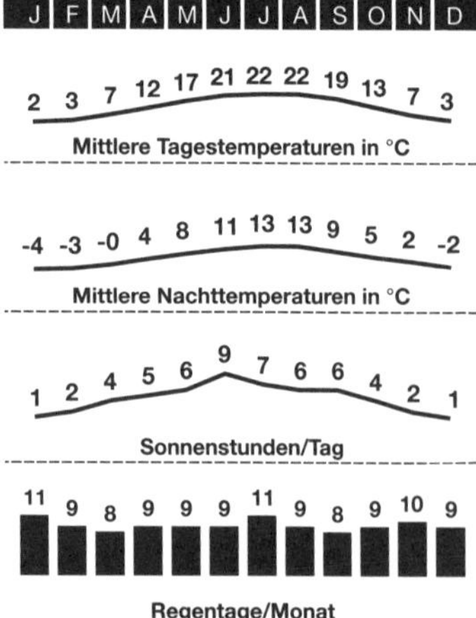

So ist das Wetter in Schwerin.

August, in denen spontan nicht so leicht eine Unterkunft zu finden ist. Im Herbst locken neben den sportlichen Aktivitäten vor allem die Kraniche, die sich zum Abflug gen Süden sammeln. Aber auch Pilze sammeln ist angesagt. Im Winter wird es ruhig in der Seenplatte, ideal für Stille und einsame Wanderungen – ausgenommen die Zeit zwischen Weihnachten und Neujahr, dann ist kurz noch mal Hochsaison.

Lese- und Filmtipps

Zum Lesen

www.hinstorff.de, Wer sich für Mecklenburg, seine Geschichte, seine Autorinnen und Autoren oder in der Region angesiedelte Geschichten interessiert, wird beim Hinstorff Verlag fündig (s. S. 36).

Geschichten aus der Murkelei, Hans Fallada: Sei es nun die »Geschichte vom verkehrten Tag« oder »vom Brüderchen«, es gibt immer etwas zu lachen, zu schmunzeln, auch zu seufzen – und das für Klein und Groß gleichermaßen. Gerade in dieser Geschichtensammlung für seine eigenen Kinder wird die gewandte, auch verspielte Sprache Falladas deutlich, der mit wenigen Worten so viel Atmosphäre zu erzeugen vermag.

Machandel, Regina Scheer: Kaum jemand kennt das Märchen vom Machandelboom, das zur Grimm'schen Sammlung gehört, doch selten mit abgedruckt wird, weil es zum einen in Plattdeutsch, zum anderen weitaus grausamer als andere Märchen ist. Regina Scheer diente der Stoff als Titel und Inspiration für ihren Roman über ein Stück deutsche Geschichte mit ihren Brüchen von den 1930ern bis ins neue Jahrtausend. Für mich einer der besten Wenderomane, nicht nur, weil der fiktive Ort Machandel im schönen Mecklenburg liegt.

Zum Schauen

Wir können auch anders (1993): Detlev Buck erzählt von zwei westdeutschen Brüdern, die nach der Wende das Haus ihrer Großmutter in Mecklenburg erben. Voller Vorfreude auf das große Erbe und versehen mit einer Straßenkarte, wo die Route ganz genau eingezeichnet ist, machen sie sich auf den Weg. Nur: Beide können nicht lesen, weder die Karte noch irgendwelche Straßenschilder. Das Roadmovie beginnt: Ein entlaufener Sowjetarmist mit Kalaschnikow kreuzt ihren Weg, und die beiden Brüder entwickeln eine unerwartet kriminelle Energie. Wer den Film noch nicht kennt – unbedingt gucken!

Novemberkind (2008): Der Debütfilm von Christian Schwochow ist von besonderer Intensität. Erzählt wird die Geschichte der jungen Inga, die in Malchow bei ihren Großeltern groß wurde, denn ihre Mutter ertrank in der Ostsee, als Inga noch ein Kleinkind war. Doch ihre Welt gerät ins Wanken, als der Literaturdozent Robert aus Stuttgart auftaucht und offenbar wird, dass ihre Mutter in den Westen gegangen ist – und alle außer ihr haben es gewusst. Inga macht sich mit Robert auf den Weg, um ihre Mutter zu finden … Ein berührender Film über die Folgen einer Flucht.

N

NOTRUFNUMMERN

Polizei: T 110
Feuerwehr: T 112
ADAC-Pannenhilfe: T 089 20 20 40 00
Sperrung von Handys, Bank- und Kreditkarten: T 116 116
Ärztlicher Notdienst: T 116 117

Reisen mit Handicap

Das Angebot für Reisende mit Handicap ist im Laufe der Jahre um einiges gewachsen. So gibt es zunehmend mehr

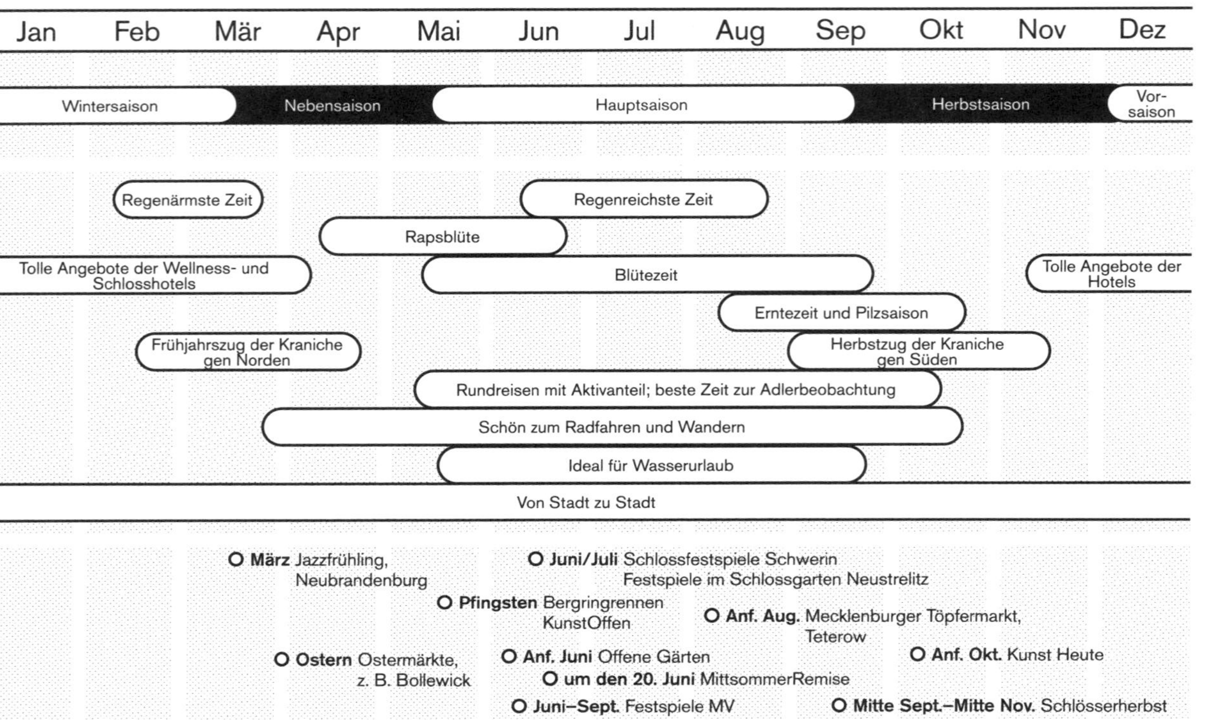
Jan
Feb
Mär
Apr
Mai
Jun
Jul
Aug
Sep
Okt
Nov
Dez
Wintersaison
Nebensaison
Hauptsaison
Herbstsaison
Vor-saison
Regenärmste Zeit
Regenreichste Zeit
Rapsblüte
Tolle Angebote der Wellness- und Schlosshotels
Blütezeit
Tolle Angebote der Hotels
Erntezeit und Pilzsaison
Frühjahrszug der Kraniche gen Norden
Herbstzug der Kraniche gen Süden
Rundreisen mit Aktivanteil; beste Zeit zur Adlerbeobachtung
Schön zum Radfahren und Wandern
Ideal für Wasserurlaub
Von Stadt zu Stadt
O **März** Jazzfrühling, Neubrandenburg
O **Juni/Juli** Schlossfestspiele Schwerin
Festspiele im Schlossgarten Neustrelitz
O **Pfingsten** Bergringrennen KunstOffen
O **Anf. Aug.** Mecklenburger Töpfermarkt, Teterow
O **Ostern** Ostermärkte, z. B. Bollewick
O **Anf. Juni** Offene Gärten
O **um den 20. Juni** MittsommerRemise
O **Anf. Okt.** Kunst Heute
O **Juni–Sept.** Festspiele MV
O **Mitte Sept.–Mitte Nov.** Schlösserherbst

barrierefreie Zufahrten zu Restaurants, Bars, Museen, sanitären Anlagen und Badestränden (s. auch unter »Baden« S. 238). Angaben zur Badewasserqualität und dort dann auch eine jährlich aktualisierte Liste der Badestellen mit barrierearmen Angeboten finden Sie hier:
www.regierung-mv.de (Suchbegriff: Barrierearme Badestellen)

Eine gute Orientierung bietet die Broschüre »Urlaub für Alle – Reisetipps für Menschen mit Behinderung für einen Urlaub zwischen Ostsee und Seenplatte«, online unter:
www.auf-nach-mv.de/barrierefrei

Angebote zu Unterkünften sowie Tipps zum Besuch einzelner Regionen und Städte gibt es hier:
www.mecklenburgische-seenplatte.de/barrierefreier-tourismus

Der Verein Birkenzweig in der Feldberger Seenlandschaft bietet »Unterstützung für Familien mit körperlich eingeschränkten und/oder geistig behinderten Kindern, Senioren mit Mobilitätseinschränkungen, blinde und sehbehinderte Gäste«. Er hilft bei der Suche nach passgerechten Unterkünften, ggf. mit einem Betreuerteam.
www.birkenzweig-urlaub.org

Reiseplanung

Stippvisite

Wer nur ein Wochenende oder eine Woche Zeit hat, dem empfehle ich die Gegend um die vier ›blauen Riesen‹ – Müritz, Kölpinsee, Fleesensee und Plauer See. Sie sind zusammen mit dem Müritz-Nationalpark das ›Herz‹ der Seenplatte. Als Standort bieten sich die Orte Waren, Plau am See oder auch Malchow mit ihren schönen Seepromenaden und der guten Verkehrsanbindung an. So gelangen Sie ohne Weiteres in den Nationalpark, um z. B. auf Kranichtour zu gehen, aber auch nach Neustrelitz, Wesenberg und Mirow. In Waren können Sie um den Tiefwarensee wandern und das Müritzeum besuchen, zu einer Radtour oder Wanderung entlang der Seeufer aufbrechen. Wer es etwas ruhiger mag und mit dem eigenen Auto unterwegs ist, kann natürlich in einer der vielen ländlichen Unterkünfte rund um die großen Seen logieren.

Weniger touristisch

Natürlich sind die Städte um die großen Seen Touristenhochburgen – doch alle mit Flair und Urlaub-am-See-Atmosphäre. Etwas mehr ›Normalität‹ gibt es in den ehemaligen Residenzstädten Schwerin, Neustrelitz und Güstrow – sie liegen an Seen und bieten viel Kultur sowie sehr gute Verkehrsanbindungen. Das Umland lädt wie überall in der Seenplatte zum Wandern, Radfahren und Touren auf dem Wasser ein. Alle Gebiete der Seenplatte sind touristisch erschlossen. Bisher am wenigsten frequentiert ist das Gebiet zwischen Ludwigslust, Plau am See und Sternberg sowie um Neubrandenburg.

Am schönsten ...

... ist es, mit Muße zu reisen, sich treiben zu lassen und zu bleiben, wo es einem gefällt. Das geht natürlich nur mit ausreichend Zeit, dem nötigen Kleingeld und außerhalb der Hochsaison, wo die Chancen bisher ganz gut standen, spontan noch eine Unterkunft zu finden.

Alternativ buchen Sie je nach Geschmack eine Unterkunft für eine, zwei oder drei Wochen und erkunden von dort aus nach und nach die Gegend.

Übernachten

Preise und Buchung

Das Preisniveau in der Mecklenburgischen Seenplatte liegt eher im mittleren bis höheren Segment, variierend in Abhängigkeit von Lage und Saison. Für die Ferienzeiten sowie zu Ostern und Pfingsten empfiehlt sich eine frühzeitige Buchung. Sonst kann

PREISE IN DIESEM BUCH

Schlafen

€ bis 90 Euro
€€ 90 bis 130 Euro
€€€ über 130 Euro

Mindestpreis für ein Doppelzimmer mit Frühstück, bei den Ferienwohnungen können Zusatzkosten für Endreinigung etc. hinzukommen.

Essen

€ bis 20 Euro
€€ 20 bis 30 Euro
€€€ über 30 Euro

Preise für ein Hauptgericht; Küchenschluss ist meist schon 20 Uhr, auch wenn die Restauration länger geöffnet hat.

es schon mal sein, dass sich nichts Passendes mehr findet oder Sie so viel zahlen wie andere, jedoch bei der Ausstattung und/oder der Lage Abstriche machen müssen. Das gilt insbesondere für Ferienwohnungen. In der Hochsaison werden vor allem Letztere und Privatzimmer nur wochenweise bzw. ab einem Mindestaufenthalt von drei oder mehr Tagen vermietet. Andere Unterkünfte wiederum bieten ab der zweiten Nacht einen deutlichen Preisnachlass an. Bei Übernachtungen in Hotels und Schlössern ist das Frühstück zuweilen nicht inkludiert, sondern muss extra gezahlt werden. Je nach Sternekategorie liegt der Preis dafür zwischen 10 und 22 €. Haustiere sind meist erlaubt, müssen jedoch extra bezahlt werden bzw. der Preis für die Endreinigung bei Ferienwohnungen fällt höher aus. Im Winter können die Preise für Unterkünfte bis zu 30 % niedriger sein als in der Hochsaison. Generell ist Urlaub das ganze Jahr über möglich. Einige Hotels, Gutshäuser und Campingplätze gehen jedoch von November bis Ostern in den Winterschlaf.

Die Touristinformationen vor Ort sind bei der Unterkunftssuche behilflich.

www.mvp.de, mit barrierefreien Unterkünften
www.mecklenburgische-seenplatte.de

Gutshäuser und Schlösser

Mecklenburg-Vorpommern ist das Land der Burgen, Gutshäuser und Schlösser, von denen es weit über 2000 gibt. Bisher wurden an die 300 dieser Anwesen für eine touristische Nutzung aus- und umgebaut. Jedes Anwesen hat seinen eigenen Stil. Viele verfügen über ein angeschlossenes (Sterne-)Restaurant und üppige Frühstücksbuffets. Wellnessangebote können hinzugebucht werden, es gibt Liegewiesen und für ›Auslauf‹ ist auch gesorgt. Denn immer liegen die Häuser eingebettet in eine größere oder kleinere Parklandschaft, einige sogar mit direktem Zugang zum See. Die Preisgestaltung ist dabei sehr divers. In manchem Schloss oder Gutshaus ist ein Doppelzimmer schon ab 100 € zu haben, in anderen müssen Sie über 200 € berappen – und das ohne Frühstück. Bei den Ortskapiteln wird auf diese besonderen Unterkünfte hingewiesen. Fündig werden Sie auch hier:

www.mein-urlaub-im-schloss.de
www.plmv.de

KURTAXE

Orte mit Kur- und Erholungsstatus wie Feldberg, Krakow oder Plau am See erheben eine Kurtaxe, die über den Vermieter gezahlt wird. Die Höhe dieser Abgabe legt jede Gemeinde selbst fest. Mit 2,70 € liegt sie in Waren momentan am höchsten (April–Okt., ansonsten 1,50 € und unter 16 Jahren frei). Im Gegenzug erhält der Gast Ermäßigungen für bestimmte Museen, Lokale und Einrichtungen oder kann einige Buslinien kostenlos nutzen.

Ferienwohnungen und -häuser

Die Dichte an Ferienwohnungen und -häusern in Mecklenburg-Vorpommern ist hoch. Denn diese Art der Unterkunft gewährt Reisenden die größte Freiheit, evtl. gibt es einen Garten oder Balkon, der frisch erstandene oder geangelte Fisch kann direkt zubereitet werden … Die Preise reichen je nach Lage, Ausstattung und Saison von 300/400 € bis über 2000 € pro Woche:

www.traum-ferienwohnungen.de
www.airbnb.de, www.bestfewo.de
www.fewo-direkt.de
www.1001-ferienhaus.de
www.mueritz-travel.de

AUF SCHLÖSSERTOUR

Wer gerne mal etwas mehr Schlossatmosphäre schnuppern und sich dabei auch noch bewegen möchte, dem sei die Website www.von-schloss-zu-schloss.de empfohlen. Dort werden Touren zu Fuß und per Fahrrad mit Gepäcktransfer oder per Auto angeboten, zum Teil mit Frühstück, Abendessen oder Picknick. Wenn Sie kein passendes Angebot finden, werden auf Anfrage auch Pakete zusammengestellt.

Am und auf dem Wasser

Im ›Land der 1000 Seen‹ gibt es jede Menge Möglichkeiten, am und auf dem Wasser zu wohnen. Eine Möglichkeit ist das Hausboot oder Floß. Viele ziehen es jedoch vor, in einem **Bootshaus** direkt am See zu nächtigen – am besten noch mit eigener Terrasse, gerne mit Strandkorb, Steg und evtl. sogar noch einem Ruderboot. Vielfältige Angebote, die vom exklusiven Bootshaus in Alleinlage bis zur einfachen reetgedeckten Hütte mit Boiler und WC reichen, finden Sie hier:

www.bootshaeuser.de, teilweise mit Belegungskalender
www.bootshausurlaub.de, unter »Angebote«

Jugendherbergen, Heuhotels und Bauernhöfe

Wer in größerer Zahl unterwegs ist oder es etwas uriger, einfacher und preiswerter mag, kann auch in einer der knapp zehn Jugendherbergen der Seenplatte unterkommen (gültiger Jugendherbergsausweis erforderlich, auch vor Ort zu erwerben). Diese haben in Ausstattung und Komfort deutlich zugelegt. Neben Doppelzimmern gibt es oft auch einen Fahrrad- und Bootsverleih.

www.jugendherbergen-mv.de

Eine sehr preiswerte und abenteuerliche Variante vor allem mit Kindern sind die Heuhotels. Leider gibt es davon noch nicht so viele, doch auch manch Bauernhof bietet diese Form der Übernachtung an:

www.heu-hotel.de

Online-Broschüren zu Landurlaub, Reiten und Hofläden gibt es hier:

www.landurlaub.m-vp.de

Neben tollen Ferienwohnungen gibt es hier Kontakt bzw. Links zu den jeweiligen Vermietern:

www.landsichten.de

Wohnmobil, Camping, Glamping

Gecampt wurde schon immer in der Seenplatte, nur ist es heute weitaus komfortabler, als es noch zu Ostzeiten war, und es gibt auch einige FKK-Plätze. Ihnen allen gemeinsam ist, dass sie wunderbar gelegen sind, oft direkt am See. In der Ausstattung können sie sehr unterschiedlich sein. Ein Kiosk, Lokal und Brötchenservice sind meist vor Ort, oft auch ein Verleihservice für Räder und Boote sowie Spiel- und Sportplätze. Der Preis für ein Zelt und zwei Personen reicht von 18/20 € in der Nebensaison bis über 30 € in der Hauptsaison.

Auf folgender Website lassen sich die Campingplätze der Seenplatte, auf einer Karte anklicken und Sie erhalten alle Infos inkl. Verlinkung zur Homepage:

www.mecklenburgische-seenplatte.de/camping

C

CAMPING MIT SUPER STANDARD

Einige Zeltplätze in der Kleinseenplatte firmieren unter dem Namen **Haveltourist** und erhalten regelmäßig Auszeichnungen. Sie liegen an wunderschönen Seen, sind sehr gut ausgestattet, einige sogar mit Boots- und Fahrradverleih, Wellnessangeboten und Sauna, der **Campingpark Havelberge** am Woblitzsee (nördl. von Wesenberg) sogar mit einem Hochseilgarten. Neben Zelt- und Camperstellplätzen gibt es auch Camper, Hütten und Ferienhäuser zu mieten. Die meisten Plätze liegen um Wesenberg herum: Campingpark am Weißen See, am Useriner See (mit FKK-Camping), am Großen Labussee (alle nördl. von Wesenberg) sowie am Drewensee und am Großen Pälitzsee (südl.). Der Platz am Leppinsee liegt ca. 10 km nördl. von Mirow (www.haveltourist.de, Buchung T 03981 247 90).

Noch schöner ist die Karte vom Campingland Mecklenburg-Vorpommern, wo Sie Größe, Anteil von Wald und Wiese, Ausstattung, Öffnungszeiten etc. und Preise sehen können:
www.bvcd-mv.de

Immer beliebter wird das sogenannte Glamping – eine Mischung aus Camping und Glamour. Für die Seenplatte heißt das, eine feste Unterkunft in Form eines Wohnwagens, Bungalows, einer hölzernen Schlaftonne oder auch eines luxuriös ausgestatteten Zeltes (Holzfußboden, Teppich, Öfchen, Bett teilweise mit Baldachin …) zu haben, manchmal mit fließend Wasser und/oder sanitären Anlagen, und ansonsten die Infrastruktur des Platzes zu nutzen.
www.glamping.info

Der Umwelt zuliebe – nachhaltig reisen

Nachhaltig und ›slow‹ zu reisen, ist ein Thema, das immer mehr an Gewicht gewinnt und in unser Bewusstsein dringt. Hier ein paar Tipps:

www.ecocamping.de: Auch Campingplätze können sich um ein Eco-Label bewerben. Die Initiative für ökologisches Campen achtet dabei auf Kriterien wie Wasser und Strom sparen, umweltverträgliche Energieerzeugung, Belastung von Böden und Gewässern, Information und Einbindung der Gäste, Verwendung von Reinigungsmitteln etc. Auf der Website erfahren Sie mehr über diese Initiative und auch, welche Campingplätze bereits zertifiziert wurden.

www.waldaktie.de: Die Waldaktie ist eine Initiative des Landes Mecklenburg-Vorpommern, um Einheimischen und Urlaubern die Möglichkeit zu geben, ihren Beitrag zur Verbesserung der CO_2-Bilanz zu leisten. Wer mitmacht, erwirbt für 10 € symbolisch eine Waldaktie, wovon dann 10 m^2 Wald aufgeforstet werden. Die Fläche entspricht ungefähr dem CO_2-Ausstoß einer vierköpfigen Familie, die zwei Wochen Urlaub in Mecklenburg-Vorpommern macht. Die Initiative startete 2007 in der Nähe von Neustrelitz mit dem ersten Klimawald. Mittlerweile wurden über 85 000 Waldaktien von engagierten Bürgern und Urlaubern erworben, 18 weitere Klimawälder sind hinzugekommen, und Thüringen sowie Schleswig-Holstein haben die Idee ebenfalls aufgegriffen.

www.auf-nach-mv.de/einkauf-im-hofladen: Auf einer Karte von Mecklenburg-Vorpommern sehen Sie, ob und wo es in der Nähe des eigenen Urlaubsortes einen Hofladen gibt, in dem Sie einkaufen können. Das ist dann Genuss von Biolebensmitteln und Unterstützung der regionalen Wirtschaft in einem.

Verkehrsmittel vor Ort

Die Mecklenburgische Seenplatte ist relativ dünn besiedelt, und in entlegenere Orte, an einsame Seeufer und Kanäle gelangen Sie ohne eigenes Fahrzeug nicht so ohne Weiteres. Mit einem Fahrrad ist man da schon flexibler, ebenso natürlich mit einem Auto, bei Letzterem sind jedoch auch die Umweltbilanz und Parkplatzsuche, dazu noch Parkgebühren ein Thema. Ideal wäre ein eigenes Auto mit Kanu und Fahrrad, um so jederzeit umzusteigen und auch per Muskelkraft zu einer (Rund-)Tour aufzubrechen.

Mietwagen

Derzeit verfügen Sixt und Europcar über Anmietstationen in Schwerin, Güstrow, Waren und Neubrandenburg, Sixt auch in Neustrelitz. Avis ist lediglich in Schwerin und Waren, Hertz in Schwerin und Güstrow vertreten.

www.sixt.de
www.europcar.de
www.avis.de
www.hertz.de

Fündig werden Sie auch auf bekannten Mietwagen-Portalen wie

www.mietwagen-check.de
www.billiger-mietwagen.de

Bahn

Am besten sind die Orte Neustrelitz, Kratzeburg, Waren, Güstrow und Schwerin zu erreichen. Zu allen anderen Orten gelangen Sie von dort aus mit Privatbahnen bzw. dem Bus (s. u.). So verkehren auf den Strecken Malchow–Waren und Neustrelitz–Wesenberg–Mirow die Minizüge der HANSeatischen Eisenbahn GmbH:

www.hanseatische-eisenbahn.de

Mit den Zügen der Ostdeutschen Eisenbahn erreichen Sie vor allem die Orte um Schwerin. In allen Zügen ist eine Fahrradmitnahme möglich, jedoch kann es am Wochenende in der Saison und in den kleinen Zügen der Privatbahnen sehr eng werden.

www.odeg.de

Nahezu alle Verbindungen, sei es mit Bahn, Privatzug oder Bus, finden Sie unter:

www.bahn.de

Bus

Das Busnetz ist relativ gut ausgebaut, wobei einige Orte nur zweimal am Tag und am Wochenende gar nicht angefahren werden. Dennoch ist der Bus eine gute Alternative. Auf manchen Strecken kommt in den touristischen Hochzeiten sogar ein Fahrradanhänger zum Einsatz.

Auf der Seite der Verkehrsgesellschaft Mecklenburg-Vorpommern finden Sie alle regionalen Busunternehmen. Einige von ihnen wie die Mecklenburg-Vorpommersche Verkehrsgesellschaft (MVVG) bieten von April bis Oktober Mehrtagestickets in der östlichen Seenplatte. Ihr Streckennetz reicht von Malchow im Westen bis in die Feldberger Seenlandschaft im Osten. Das Ticket kann in allen Verkehrsmitteln an zwei bzw. drei aufeinanderfolgenden Tagen genutzt werden (17 bzw. 22 €, jew. ab 9 Uhr).

www.vmv-mbh.de, www.mvvg-bus.de

Weitere Informationen zum Streckennetz und zu den Zeiten gibt es bei der MVVG oder hier:

www.mecklenburgische-seenplatte.de/mehrtagesticket

Ähnlich gut geeignet ist das Nationalparkticket (s. S. 127).

Fähren und Ausflugsdampfer

Besonders präsent sind die Weiße Flotte in Schwerin und Waren und die Blau-Weiße Flotte, die verschiedene Fahrten auf den großen Seen zwischen Pau und Waren und der Kleinseenplatte bis nach Wesenberg und Neustrelitz, aber auch in Kummerow und Malchin anbietet – von der kleinen Seerosentour bis hin zur ausgedehnten Tagestour.

www.blau-weisse-flotte.de, www.weisse-flotte-mueritz.de, www.weisseflotteschwerin.de

Das

Magazin

Ist das dahinten ein Schrei-, Fisch- oder Seeadler? Solche Aussichten haben Sie nicht nur am Carwitzer See.

Naturschönheiten

Es ist die Landschaft — mit ihrem Wechselspiel aus Wald, Wasser und Wiesen, die Reisende in der Mecklenburgischen Seenplatte so begeistert. Und das alles kommt nicht brettflach daher, sondern ist wunderbar hügelig und wird von Alleen durchzogen.

Die Mecklenburgische Seenplatte wird gemeinhin das Land der 1000 Seen genannt, obwohl es hier weit über 2000 gibt, wenn man nur jene über 10 000 m² Größe zählt. ›Land der 1000 Seen‹ klingt aber poetischer und wohl auch werbewirksamer. Die größte zusammenhängende, mit Kanälen verbundene und befahrbare Seenplatte Mitteleuropas verdankt ihre Entstehung der letzten Eiszeit. Heute sind 20 % der Region – die sich aus 20 % Wald, 10 % Wasser und 60 % Landwirtschaft zusammensetzt – im Müritz-Nationalpark und den Naturparks geschützt. Ein kleiner Streifzug durch die Schönheiten der Seenplatte …

Wanderer des Nordens

Eiszeit, Gletscherbewegungen – es ist kaum vorstellbar, welche Kräfte da wirkten. Die letzte große Eiszeit in unseren Breiten war die Weichseleiszeit, benannt nach dem Vordringen der Gletscher bis in die Region der heutigen Weichsel. Sie begann vor 115 000 und endete vor rund 11 000 Jahren. In dieser Zeit breiteten sich die Gletscher von Skandinavien über die Ostsee bis weit ins heutige Deutschland hinein aus, wobei die südlichste Vereisungsgrenze auf der Höhe von Dresden und Erfurt lag und dort immer noch einen mehrere 100 m hohen Eispanzer hatte (in Skandinavien 3000 m!). Ein Gletscher steht nicht still, sondern wandert. Dabei drückt er mit seinem Gewicht in den Untergrund, formt diesen um und nimmt auch das entstandene Gesteinsmaterial mit. Wird es dann wärmer, und der Gletscher zieht sich schmelzend zurück, so werden all die darunter und am Rand aufgeschobenen Hügel (End- und Seitenmoränen), platt geschobenen Ebenen (Grundmoräne) sowie die mit Wasser vollgelaufenen flachen Mulden (Grundmoränensee) und Rinnen (Rinnensee) sichtbar, ebenso wie die überall herumliegenden Gesteinsbrocken. In der Mecklenburgischen Seenplatte gibt es jede Menge davon. Sie werden Findlinge oder auch Wanderer des Nordens genannt. Mancherorts hat man Findlingsgärten angelegt und die Steine mit Namen, Herkunftsregion und Alter versehen – tonnenschwere Brocken, die mit dem Eis 2000 km gen Süden geschleppt und dann liegen gelassen wurden, an manchen sind noch die vom Gletscher

Herbstzeit ist Wanderzeit – und diese Wanderung in den Wäldern um Goldenbaum ist Entschleunigung pur!

verursachten Schrammen zu sehen wie z. B. am Teufelsstein im Hullerbusch (s. S. 230). Anderes, kleineres ›Geschiebe‹ wurde von den Äckern geklaubt, damit man sie bewirtschaften konnte. Viele dieser Steine wurden für den Bau von Scheunen, Häusern und Kirchen oder deren Sockel sowie für die Mecklenburg-typischen Kopfsteinpflasterstraßen verwendet.

Von Söllen und blauen Augen

Doch nicht nur Steine ließ der Gletscher zurück, sondern auch Toteis – gewaltige Eisblöcke, die vom Gletscher getrennt wurden und in den aufgeweichten Untergrund einsanken. Bedeckt von dem Geschiebe tauten sie erst viel später und langsamer. Zurück blieben Hohlformen, sogenannte Sölle (Sing.: Soll), die sich mit Grund- und Niederschlagswasser füllten. Könnte man von oben auf die Mecklenburgische Landschaft schauen, so würde man in Hunderte blaue Augen blicken, meist von Büschen oder Bäumen umstanden. In DDR-Zeiten versuchte man, diese Sölle für eine großflächige Landwirtschaft einzuebnen, doch sie schälten sich immer wieder aus der Landschaft heraus. Und das ist gut so, denn sie sind nicht nur Wasserspeicher und beliebte Nistplätze u. a. für Kraniche, sondern verstärken auch die Taubildung, was in den zunehmend niederschlagsärmeren Jahren durchaus von Bedeutung ist.

Das Tafelsilber der deutschen Wiedervereinigung

Als die Mauer fiel, begann die Zeit des Auf- und Umbruchs. Den Umweltaktivisten aus der Bürgerbewegung der DDR lagen die schützenswerten Gebiete am Herzen. So gründete sich in Waren die Bürgerinitiative Müritz-Nationalpark mit dem Ziel, die nun ›frei werdenden‹ Staatsjagdgebiete und Truppenübungsplätze in Naturschutzgebiete umzuwandeln. Sie entwickelten ein erstes Konzept für einen Nationalpark an der Müritz. Gleichgesinnte vom Darß, auf Rügen und

G

GEOROUTE

Wanderer des Nordens, Rinnenseen, Sölle, Grund- und Endmoränen – all diese Phänomene veranschaulicht der Geopark Mecklenburgische Eiszeitlandschaft auf der 666 km langen **Eiszeitroute** durch Mecklenburgische Seenplatte und Schweiz in Findlingsgärten, Aktionszentren und auf verschiedenen Veranstaltungen. Die als Runde angelegte Tour bietet viele Varianten für Radfahrer und Wanderer. Infos unter: www.eiszeit route.com.

in Sachsen gesellten sich hinzu und innerhalb von nur neun Monaten schafften sie es, das »Nationalparkprogramm der DDR« zu verabschieden – entgegen aller Widerstände, dafür mit viel Engagement, Uneigennützigkeit und Teamgeist sowie Unterstützung einiger westlicher Juristen und dank einiger glücklicher Umstände. Als letzte Ergänzung wurde das Nationalparkprogramm kurz vor knapp im Einigungsvertrag verankert, und es ist damit vermutlich die letzte bis heute gültige DDR-Verordnung. Sie bildete den Grundstein für Großschutzgebiete, Naturschutzparks und Biosphärenreservate im wiedervereinigten Deutschland – »das Tafelsilber der deutschen Einheit«, wie es der damalige Umweltminister Klaus Töpfer formulierte.

In Bezug auf nationale Naturlandschaften in Deutschland nimmt Mecklenburg-Vorpommern mit heute drei Nationalparken, drei Biosphärenreservaten und sieben Naturparken eine absolute Spitzenstellung ein – in der Mecklenburgischen Seenplatte liegen der Müritz-Nationalpark sowie die Naturparks Feldberger Seenlandschaft, Mecklenburgische Schweiz und Kummerower See, Nossentiner/Schwinzer Heide und Sternberger Seenland. Unter www.natur-mv.de erhält man eine entsprechende Übersicht, den jeweiligen Veranstaltungskalender mit Führungen, Vorträgen etc. eingeschlossen.

Grüne Tunnel in Gefahr

Auch die Deutsche Alleenstraße entstand nach der Wende und besteht offiziell seit 1993, markiert durch braune Schilder (www.alleenstrasse.com). Von Rügen führt sie über Demmin und den Kummerower See, Malchin und Malchow, Röbel und Wesenberg hinüber ins benachbarte Brandenburg und über zwei Varianten bis ins südliche Konstanz am Bodensee – Länge 2900 km, davon ca. 100 in Mecklenburg-Vorpommern. Aber die Region hat noch viel mehr Alleen abseits dieser offiziellen Route zu bieten, und es kommen bestimmt noch einmal gut 2000 km zusammen. Charakteristisch sind dabei die oben zusammentreffenden Kronen der Bäume, sodass man wie durch einen grünen Tunnel fährt.

Eigentlich war es eine Mode, die aus den Schlossgärten Frankreichs stammt und den flanierenden Herrschaften Schatten spendete. Daher auch das Wort Allee, abgeleitet vom französischen Wort »aller« für »gehen«. Doch schnell erkannte man auch den praktischen Nutzen außerhalb der herrschaftlichen Parkanlagen. Die Alleen boten Schutz vor Sonne, Sturm, Schnee und Regen. Im Winter und in der Dunkelheit halfen sie bei der Orien-

DIE GRÖSSTEN UND TIEFSTEN SEEN

Müritz (116,8 km²/31 m)
Schweriner See (64 km²/51 m)
Plauer See (38,7 km²/24 m)
Kummerower See (32,6 km²/26 m)
Kölpinsee (20,7 km²/18 m)
Breiter Luzin (2,45 km²/58 m)

Baden, schwimmen, ins Wasser springen, mit dem Boot über den See gleiten oder durch schattige Alleen radeln – die Naturschönheiten der Seenplatte lassen sich auf vielerlei Art entdecken.

tierung. Auch in militärischer Hinsicht waren sie durchaus hilfreich, verdeckten sie doch so manche Truppenbewegung. So wurden vor allem im 18. Jh. Alleen angepflanzt – bevorzugt Linden, Kastanien, Eichen und nach 1900 auch Obstbäume, die Mensch und Tier zusätzlich mit Nahrung versorgten. Allerdings werden heutzutage vielerorts die Früchte nicht mehr geerntet, nicht zuletzt aufgrund der hohen Schadstoffbelastung. Auch deswegen ist es wichtig, dass die Alleen erhalten bleiben, denn ein Baum produziert täglich Sauerstoff für etwa zehn Menschen und kann bis zu einer Tonne Staub im Jahr aus der Luft herausfiltern. Schön aussehen tut's außerdem.

Doch es gibt einige Schwierigkeiten. Die meisten Alleenbäume sind mit 200 Jahren absolut überaltert. Normalerweise, so heißt es, werden sie um die 100 Jahre alt. Viele von ihnen sind krank, einige durch Umweltgifte angegriffen oder Unfälle beschädigt. Mancherorts reichen die Straßen bis an den Baum heran und schädigen die Wurzeln. Fällen und neu pflanzen ist eine Möglichkeit. Doch so einfach ist das nicht, denn Neupflanzungen müssen einen Mindestabstand von 4,5 m zur Straße haben. Soll dieser Abstand eingehalten werden, muss oft Privatland hinzugekauft werden, denn die Straße gehört der Kommune. Dann müssen die Bäumchen natürlich erst mal wachsen, was auch dauert und nicht ganz risikolos ist. Überdies ist ungewiss, ob die Baumkronen es noch schaffen, sich über eine mehr als 10 m große Distanz zu berühren. Deshalb sieht es so aus, als ob die grünen Tunnel langsam aus dem Landschaftsbild Mecklenburgs verschwänden und stattdessen durch zwei getrennte Baumreihen ersetzt würden. Doch zum Glück gibt es Initiativen wie die des BUND, wo Interessierte eine Alleenpatenschaft übernehmen bzw. für den Alleenschutz spenden können (www.bund.net/themen/naturschutz/alleenschutz). ■

Mekka für Ornithologen

Kranich oder Wildgans? Am ehesten lässt sich der Unterschied am Flugverhalten ausmachen. Wildgänse schlagen kontinuierlich mit ihren Flügeln. Kraniche hingegen nutzen auch den Auftrieb und lassen sich vom Wind nach oben tragen.

Adler, Kranich, Storch — Sie sind die Helden der Lüfte in der Mecklenburgischen Seenplatte. Nirgendwo sonst in Deutschland gibt es so große Bestände wie hier und damit solch hervorragende Beobachtungsmöglichkeiten.

Es ist der Gründung der Nationalparks (Müritz und Vorpommersche Boddenlandschaft) zu verdanken, dass die bis dahin eher selten in Mecklenburg-Vorpommern vorkommenden Kraniche hier vermehrt Station machen und sich die Adlerbestände erholt haben. Für Vogelkundler ist die Seenplatte ein wahres Paradies. Immer wieder finden sich vor allem am Wasser Beobachtungsstände, um Storch und Adler, Kranich und Kormoran oder auch die seltene Wasserralle zu beobachten und zu studieren. Hat man die Chance, mit einem Ranger auf Tour zu gehen, gibt es viel zu erfahren und zu entdecken. Beste Zeit ist immer die Dämmerung, und ein Fernglas ist natürlich von Vorteil. An dieser Stelle schon mal einiges Wissenswerte.

Die Könige

Der Adler ziert das Wappen manch eines Herrscherhauses, denn mit seinen Attributen identifizierten sich die Könige gern – einsam, majestätisch, stark und kämpferisch, hoch oben und den Überblick bewahrend –, und es gab nie allzu viele von ihnen. Und so ist die Freude immer groß, wenn man eines der seltenen Exemplare zu Gesicht bekommt.

Mecklenburg-Vorpommern ist das adlerreichste Bundesland, hier überlebten sie und von hier breiteten sie sich nach der Wende auch wieder aus. Waren es bei den Seeadlern 1990 noch ca. 100 Brutpaare, so sind es heute an die 400 – das entspricht ungefähr der Hälfte der in Deutschland brütenden Seeadlerpaare. Sie leben das ganze Jahr hier und brüten in Horsten auf Bäumen im Wald, deren Standorte jedoch geheim gehalten werden, um sie nicht zu stören. Die Horste der im Winter gen Afrika ziehenden Fischadler hingegen sind sehr gut zu sehen. Da sie ihr Nest von oben anfliegen, bevorzugen sie einzeln stehende Bäume, gerne Kiefern, oder noch besser Strommasten. Ihr Bestand hat sich von 70 Brutpaaren im Jahr 1990 auf mittlerweile über 200 erhöht.

Leider gibt es auch Umwelteinflüsse, die die Lebensdauer von Adlern generell beeinflussen. Eine Studie besagt, dass lediglich 20 % der Tiere eines natürlichen Todes sterben. Häufigste Todesursachen sind eine Bleivergiftung (30 %!) und eine Kollision mit der Bahn (18,3 %). Entweder hocken die Adler also aasfressend an bzw. auf den Gleisen und werden vom Zug mitgerissen, oder beim Aas handelt es sich um angeschossene Tiere voller Bleimunition. Deren Splitter gelangen in den Magen der Adler, sie zersetzen sich, und das Blei gelangt in die Blutbahn. Dem könnte abgeholfen werden, indem bleifreie Munition verwendet wird, was aktuell gerade diskutiert wird. Auch Windkraftanlagen sind eine tödliche Gefahr, denn Adler nehmen diese nicht als solche wahr und weichen ihnen demzufolge auch nicht aus.

Vögel des Glücks

Der Ein- und Auszug der Kraniche ist ein Schauspiel, dass im Frühjahr und vor allem im Herbst Einheimische und Touristen gleichermaßen fasziniert. Ihr Trompeten ist weithin zu hören, wenn sie in V-Formation zu ihren abendlichen Rastplätzen fliegen, erschreckt von ihren Futterplätzen aufstieben oder sich zum Abflug Gruppe für Gruppe in die Höhe schwingen. Welch ein Anblick, wenn sie plötzlich im Frühnebel auftauchen, ihre Hälse nach vorne recken und sich dann erheben! Oder wenn sie einander umkreisen, sich verneigen, kurz auffliegen und ihre Tänze im Duett ausführen. Mit über 2 m Flügelspannweite gehört der Kranich zu den größten Vögeln Deutschlands. Es gibt ihn übrigens überall auf der Erde, ausgenommen in der Antarktis und in Südamerika. Markante Merkmale sind der rote Fleck am Kopf und

GUTE SICHT

G

Adler sind besonders gut um den Warnker, den Rederang- und den Specker See im Müritz-Nationalpark zu sehen. Im Nationalparkzentrum von Federow kann man dank einer installierten Kamera auch am Geschehen in einem Fischadlerhorst teilnehmen. **Kraniche** sind überall in Mecklenburg-Vorpommern zu beobachten, besonders gut in der Nähe von Seeufern und Flachwassergebieten wie z. B. in der Mecklenburgischen Schweiz und der Lewitz. Im Müritz-Nationalpark werden in der Morgen- und Abenddämmerung geführte Touren angeboten. Auf jeden Fall sollten Sie gedeckte Kleidung tragen und sich still verhalten. Dazu gehört auch das Ausschalten des Klicktons beim Fotografieren. Aufgrund der zunehmenden Trockenheit in den vergangenen Jahren sind momentan allerdings weniger Kraniche in Mecklenburg unterwegs als in den Jahren zuvor.

Der Schreiadler steht in Deutschland auf der Roten Liste. 80 % der Population brüten im Osten Mecklenburg-Vorpommerns.

die Schmuckfedern – sie waren einst sehr begehrt für Damenhüte, daher gut bezahlt und Grund für den frühen Tod vieler Kraniche.

Im Frühjahr streben sie relativ zielstrebig in ihre Brutgebiete. Jene, die noch weiter nordwärts fliegen, kommen früher und werden in Schweden »Vögel des Glücks« genannt, denn mit ihnen endet der Winter und kommt der Frühling. Der Kranich steht auch für Wachsamkeit, denn er hat nur einen leichten Schlaf. Er schläft im Stehen, idealerweise in 30 cm tiefem Wasser. So ist er vor Füchsen sicher. Aber auch von Adlern droht Gefahr. Wittern sie diese, so recken alle Kraniche ihre Köpfe nach oben, und dem Angreifer steht ein Spitzen-Heer entgegen. Oft stoßen sie dann auch einen Knurrlaut aus. Sieht man Kraniche auf den Feldern, steigt aus dem Auto oder vom Rad und nähert sich ihnen, sind sie in Nullkommanichts aufgestoben und davongeflogen. Hoch fliegende Kraniche sollen übrigens gutes Wetter ankündigen. Kreist ein Schwarm über einem Haus, so soll sich dort bald Nachwuchs einstellen, tun sie es hingegen mit Geschrei – so ein alter Aberglaube in Mecklenburg –, gibt es dort bald eine Braut.

Glücksbringer

Im Kreuzworträtsel wird häufig nach dem »volkstümlichen Namen für Storch« gefragt: Adebar ist zusammengesetzt aus dem germanischen *auda* (Glück) und *bera* (tragen, gebären) und bedeutet Glücksbringer. Und tatsächlich kann sich glücklich schätzen, wer ein Storchennest auf dem Haus hat, denn ein Adebar lässt sich niemals an Orten nieder, wo sich unterirdische Wasserläufe kreuzen und der Blitz einschlagen könnte. Besonders im Südosten der Seenplatte lassen sich immer wieder bewohnte Storchennester in den Ortschaften entdecken. Wer die alten Traditionen und die damit verbundenen Bräuche noch kennt, ist jedes Frühjahr gespannt, ob die Störche wiederkommen und ihren Stammplatz in Besitz nehmen. Ist das der Fall, so gilt: »Die Welt ist noch in Ordnung.« Seinen Namen verdankt der Klapperstorch übrigens der Tatsache, dass er während der Paarungs- und Nistzeit viel mit dem Schnabel klappert. Sind die Jungen dann geschlüpft, verhält er sich eher ruhig, sodass man sich nicht sicher sein kann, ob der Storch dort oben im Nest echt oder doch nur eine Attrappe ist. ■

Zu Tisch in der Seenplatte

Einfach, schmackhaft, gut — Schon immer eine ländliche und lange Zeit auch arme Region, verwendete man, was Acker, Wald und Seen so hergaben. Der kulinarische Kurs wurde nach der Wende beibehalten, allerdings mit einigen bemerkenswerten Entwicklungen und Neuerungen.

Natürlich steht Fisch in der Seenplatte mit ganz oben auf der Speisekarte, neuerdings meistens gebraten. Auch Wildgerichte sind keine Seltenheit. Denn in den waldreichen Gegenden der Mecklenburger Seenplatte haben die ehemaligen ostdeutschen ›Spitzenpolitiker‹ mit ihrer Jagdleidenschaft für große und durch die Jagd kaum zu kontrollierende Wildbestände gesorgt. Das geschossene Wild wird übrigens nicht nur an Restaurants verkauft, sondern auch an Einzelpersonen, z. B. vom Forstamt bei den Ivenacker Eichen. Im Herbst lässt man sich gerne noch die Pilze aus den Wäldern dazu schmecken.

Mecklenburger mögen die süß-saure Geschmacksrichtung, die typisch für einige Hauptgerichte ist, allen voran der traditionelle **Mecklenburger Rippenbraten.** Dabei handelt es sich um einen Braten aus Schweinebauch, gefüllt mit Äpfeln und Backpflaumen oder Rosinen, Zimt und Rum. Andere bekannte Fleischgerichte sind **Gestowte Wruken** (Schweinebauch mit Kohlrüben) und **Sauerfleisch** (lange eingekochtes Schweinefleisch, am Ende der Sülze nicht unähnlich), das kalt und mit Bratkartoffeln serviert wird. Als Nachtisch beliebt sind **Rode Grütt** (Rote Grütze), die auch in anderen Regionen bekannt ist, **Kompott** und die **Mecklenburger Götterspeise.** Diese besteht aus zerriebenem und mit Rum oder Weinbrand getränktem Schwarzbrot, zuweilen noch mit Zucker bestreut, das mit Sauerkirschen und Schlagsahne geschichtet und gut gekühlt serviert wird. Köstlich und vor allem an heißen Tagen sehr zu empfehlen, ist die **Kaltschale,** eine Art Obstsuppe, die meist mit Sago angedickt wird. Leider findet man viele dieser urtypischen Gerichte immer seltener auf den Speisekarten.

Tradition und Moderne

In der Seenplatte gibt es jede Menge Dorfkrüge, Gasthäuser zur Linde oder zum Fährmann, deren Küchenschluss übrigens meist schon 20/20.30 Uhr ist. Dort kommt man mit großer Wahrscheinlichkeit in den Genuss guter bodenständiger Mecklenburger Küche. Manchmal verbirgt sich hinter der schlichten Fassade eines Land- oder Fachwerkhauses auch mal ein Italiener oder sogar ein Spitzenrestaurant. Mecklenburg-Vorpommern schmückt sich nach Sachsen mit den meisten Sterne-

Irgendwo am Weg gibt es immer ein schönes Café mit süßen Kreationen oder eine Fischräucherei für das Brötchen zwischendurch, in Plau am See sogar als Drive-in für Wasserwanderer.

Acht Sternerestaurants in der Mecklenburgischen Seenplatte sind eine stolze Zahl.

restaurants in den neuen Bundesländern, acht davon in der Mecklenburgischen Seenplatte (www.guide.michelin.com). Sie alle verwenden regionale Zutaten und kombinieren Altbekanntes mit Neuem. Den ersten Michelin-Stern erhielt das Restaurant Ich weiß ein Haus am See in Krakow am See, der bis heute verteidigt werden konnte (s. S. 68).

Fischbrötchen versus Currywurst

Döner, Currywurst und Fast Food werden Sie in der Seenplatte nur selten bis gar nicht finden. Natürlich gibt es Pizza und Pasta, Chinaküche und einige Vietnamesen. Doch gegen **Fischbrötchen** und **Räucherfisch,** das Fast Food des Mecklenburgers, kommen sie einfach nicht an. Wenn möglich, sollte man sie wenigstens einmal probiert haben – vorausgesetzt, man mag Fisch. Der Möglichkeiten sind viele, denn Fischräuchereien gibt es überall in der Seenplatte, manche sogar als Drive-in für Wasserwanderer wie in Plau am See. Wenn man Glück hat, werden die goldgelben Fische gerade aus dem Räucherofen geholt. Diese dann noch warm in einem Brötchen auf die Hand – das kann zum täglichen Urlaubsimbiss werden. Klar, dass Räucherfisch auch ein beliebtes Mitbringsel ist, hält er sich doch, je nach Sorte, für drei bis vier Tage. Typisch sind Maräne, Schleie oder Aal. Auch Flunder, Forelle, Butterfisch, Heilbutt, Stremellachs, Makrele oder Schillerlocken liegen in den Fischtheken, wobei nicht alle aus heimischen Gewässern stammen.

Kennen Sie Tüften?

So nennt der Mecklenburger liebevoll, was allgemein als **Kartoffel** bekannt ist. Und diese gehört traditionell zu einem guten Mecklenburger Gericht dazu, neuerdings gerne als **Bratkartoffeln.** Die einst typischen Stampf- und Pellkartoffeln sind dagegen selten geworden. Wie beliebt die Tüften sind, zeigen Events wie die Tüffelwochen in der Lewitz (s. S. 37) oder der Kartoffelmarkt in Alt Schwerin. Und natürlich gibt es auch einige spezifisch mecklenburgische Kartoffelgerichte: **Buttermilchkartoffeln** sind Salzkartoffeln mit einer Soße aus Buttermilch, Speck und Gewürzen, zu denen häufig auch (Grütz-)Wurst gegessen wird. Oder **Tüften un Plum** – eine Kartoffelsuppe mit Pflaumen und Speck. Überhaupt isst man gerne Suppen in Mecklenburg und bringt dabei das Süße mit dem Deftigen zusammen.

Relikte aus der DDR

Wer aus dem Westen der Republik stammt, wird auf den Speisekarten zuweilen auch Gerichte finden, von denen er noch nie etwas gehört hat, die er aber trotzdem mal probieren sollte. **Soljanka** ist eine russische, scharf-säuerliche Suppe mit Kraut und kleinen Stückchen von Wurst und Gewürzgurken. **Würzfleisch** ist dem Ragout fin ähnlich, und hinter **Steak au four** verbirgt sich ein Schweinesteak, das mit Würzfleisch bedeckt und mit Käse überbacken ist – mächtig und sättigend. Beim **Schwedeneisbecher** wiederum gehen Vanilleeis, Apfelmus und Eierlikör eine gelungene Kombination ein.

Hopp, hopp, rin in Kopp

Auch im Norden trinkt man gerne **Bier,** und in der Seenplatte sind gleich zwei Traditionsbrauereien ansässig, Dargun und Lübz, wobei vor allem Letztere einige neue und erfrischende Geschmacksrichtungen auf den Markt gebracht hat. Doch wer weiß schon, dass in Mecklenburg auch **Wein** angebaut wird? Das Stargarder Land ist seit 2005 offizielle Weinbauregion und damit das nördlichste geschlossene Weinanbaugebiet in Deutschland. Vermarktet wird der Wein als Mecklenburger Landwein, wobei hier vor allem **Schloss Rattey** seine Fans hat (s. S. 174). Allerdings ist die Zukunft der Weinbauregion durch die Klimaveränderungen und die damit einhergehenden krassen Temperaturschwankungen eher ungewiss.

So wie der Wein sind auch Produkte aus dem herben **Sanddorn** ein schönes Mitbringsel (s. S. 42, 45). Im Winter besonders lecker ist heißer Sanddornsaft, egal ob mit oder ohne Schuss. Wen nach etwas Stärkerem gelüstet, dem sei **Grog** empfohlen. Früher mal das Getränk der Seefahrer, ist er heute ein super Einheizer nach einer anstrengenden Winterwanderung.

Bio, frisch und vollautomatisch

Das Thema **Bio** spielt in der Seenplatte eine große Rolle, und immer mehr Lokale arbeiten ausschließlich mit Produkten aus der Region oder zaubern kulinarische Köstlichkeiten aus dem heimischen Garten, so z. B. der Gasthof Tenzo bei Carwitz (s. S. 227). Die Arche bei Zislow ist übrigens die erste Vollwertpension der Seenplatte (s. S. 150).

Selbstversorger haben die Möglichkeit, bei lokalen Fischerei- und Biohöfen sowie dem »Grünmarkt« frische und regionale Produkte einzukaufen. Termine finden sich u. a. im Veranstaltungskalender von www.der-mueritzer.de. Bei den Touristinformationen bzw. auf www.landurlaub.m-vp.de gibt es außerdem eine empfehlenswerte Karte mit Hofläden und -cafés, die bei der Tourenplanung gute Hinweise liefern kann. Einige Biohöfe haben sogenannte **Milchtankstellen** an ihren Höfen bzw. in Supermärkten aufgestellt. Hier kann man melkfrische Rohmilch zapfen – die nicht nur anders aussieht, sondern auch anders schmeckt (alle Adressen auf www.auf-nach-mv.de/milchtankstellen). Und aus den **Frischwarenautomaten,** die in einigen Hofzufahrten stehen, kann man sich rund um die Uhr mit Käse, Fleisch, Gemüse etc. aus der Region versorgen. Dank eines schonenden Liftsystems kommen mancherorts selbst Eier heil aus dem Automaten. ■

S

SELBST MACHEN WIE DAMALS

Wer durch seinen Urlaub in der Mecklenburgischen Seenplatte Gefallen an der hiesigen Küche findet und gerne einige der traditionellen Rezepte ausprobieren möchte, dem sei das »Mecklenburgische Kochbuch. Ein Rathgeber für Alle, welche der Kochkunst beflissen sind, speciell für Mecklenburgische Hausfrauen und Solche, die es werden wollen« von Frieda Ritzerow empfohlen, am besten als Reprint aus dem Erscheinungsjahr 1868. Sie selbst hatte zwölf Jahre in den führenden Hotels Mecklenburgs gearbeitet, bevor sie 1864 ihren Mann kennenlernte und heiratete. Neben der Sammlung »selbst erprobter Rezepte« gibt sie auch noch einige praktische Anweisungen. Wer weiß, welcher Schatz da für uns Heutige zu heben ist.

Richtig Schleusen leicht gemacht

Mit 40 000 Sportbooten pro Jahr ist die Diemitzer Schleuse bundesweit die Spitzenreiterin.

Wer zum ersten Mal in eine Schleuse einfährt — ist mächtig aufgeregt. Vor allem, wenn man mit seinem schmalen Paddelboot zwischen den großen Pötten steckt, noch sucht, wo man sich festhalten kann und das Wasser bereits zu steigen oder zu fallen beginnt …

Unbedingt tun

1. Immer erst hinein- oder hinausfahren, wenn kein Signal mehr auf Rot steht bzw. man vom Schleusenwärter dazu aufgefordert wird.
2. Erst die großen Schiffe und Motorboote (mit Fender zum Schutz vor der Schleusenwand und auch für die anderen) vorlassen, dann die Boote ohne Motoren. In der Schleuse Motoren aus.
3. Haus- und größere Boote bzw. Schiffe liegen am Rand, die kleineren meist dazwischen.
4. Für die Boote am Rand gibt es Leitern oder vertikale Stangen, an denen man sich während des Schleusens festhalten kann, egal, ob es hinauf- oder hinuntergeht – auf kleinen Booten per Hand, größere mit einer locker laufenden Leine.
5. Die Leinen können oftmals auch um die Poller auf dem Schleusenrand gelegt werden, die man beim Absinken langsam nachlässt und beim Aufsteigen aufschießt.
6. Boote, die nicht am Rand liegen, können sich an anderen Booten etwas festhalten und lassen sich vom Wasser einfach mit hoch- bzw. hinunternehmen.
7. Auch wenn es stressig wird, bleiben Sie ruhig und freundlich!

Unbedingt vermeiden

1. Nie die Leine festknoten, sonst kann das Boot nicht mit dem Wasser sinken bzw. steigen – Unfallgefahr!
2. Die Leine nie ganz stramm halten, sondern so, dass sie immer noch etwas Spiel hat.
3. Leinen nach dem Schleusen nicht ins Wasser fallen lassen, da diese sich in den zum Hinausfahren startenden Motoren verfangen können.
4. Kleine Boote nicht im Bereich des vorderen Schleusentors positionieren, denn besonders beim Hinaufschleusen kann das einströmende Wasser dort ganz schön brodeln. ■

GUT ZU WISSEN

Am Wochenende und in der Hochsaison kann es an stark frequentierten Schleusen (z. B. Diemitz und Mirow) zu mehrstündigen Wartezeiten kommen. Zeit vertreiben lässt sich in den Wirtschaften vor Ort oder beim Schauspiel des Schleusens – besonders spektakulär und bunt, wenn sich nur Kanus in der Schleusenkammer befinden.

Lachen deiht good

Von wegen maulfaul und bierernst — Die Mecklenburger können ganz schön einen wegschnacken und haben eine Menge humoriger und liebevoller Sprachschöpfungen auf Lager. Plattdeutsch ist zwar nicht mehr so präsent, aber weg vom Fenster ist es noch lange nicht.

Der Mecklenburger sagt nicht »Mecklenburg« mit kurzem »e« und »ck«, sondern »Meeklenburg«. Hier lässt man sich mehr Zeit beim Sprechen, zieht vor allem die Worte mit »e« gern in die Länge, wodurch die Aussprache breiter wird und die Menschen vielleicht auch etwas behäbiger daherkommen. Das heißt aber nicht, dass sie keinen Humor hätten, nur kommt der hier etwas trockener, ja, auch feiner rüber. Denn: »Lachen deiht good (Lachen tut gut)!« Und wortkarg sind die Mecklenburger in der Regel auch nicht. Es braucht nur etwas Zeit. Doch wenn es dann so weit ist, gibt es viele schöne Geschichten und Geschichtchen, oftmals mit einem Augenzwinkern. Kurt Tucholsky hat dieses Phänomen sehr schön beschrieben: »Das Plattdeutsche kann alles sein: zart und grob, humorvoll und herzlich, klar und nüchtern, und vor allem, wenn man will, herrlich besoffen.« *Up platt* reden vor allem die Älteren und Bewohner im ländlichen Raum. Jüngere können es meist (noch) verstehen. Für Fremde mag es manchmal etwas derb klingen, doch oft gilt: Je gröber die Ausdrucksweise, desto liebevoller ist es gemeint. »Schitting« heißt eigentlich »Hosenscheißerchen«, ist für den Mecklenburger aber ein Kosewort.

K

KOSTPROBEN

Mecklenburger Platt ist nicht unbedingt sofort verständlich, aber Hören ist manchmal einfacher als Lesen. Um also den Humor eines Fritz Reuter kennenzulernen, sind die »Abendteuer des Entspekter Bräsig. bürtig aus Mecklenborg-Schwerin« bestens geeignet. Bräsig ist eine von Reuters Lieblingsfiguren, mit der er die Obrigkeit liebevoll auf die Schippe nimmt. Und wer dem witzigsten Autor des Niederdeutschen lauschen möchte, dem sei die Doppel-CD »Mötst di nich argern: Das große Rudolf Tarnow Hörbuch« ans Herz gelegt. Mit dabei auch einige Geschichten mit der Lieblingsfigur Köster Klickermann.

Ein Dialekt wird salonfähig

In allen größeren Orten Mecklenburgs werden Sie eine Fritz-Reuter-Straße oder einen Fritz-Reuter-Platz finden, denn schließlich ist **Fritz Reuter** (1810–74) der Nationaldichter Mecklenburgs. Er schrieb nicht nur auf Platt, sondern das Land und seine Menschen waren auch immer sein Sujet. Die ignoranten und absolutistisch regierenden Landesherren

Mit dem Sprachforscher des Niederdeutschen, Richard Wossidlo, bekommt das Wort Zettelwirtschaft einen ganz neuen Klang: An die 2 Millionen Zettel hat er mit plattdeutschen Begriffen beschrieben.

nahm er dabei aufs Korn, den einfachen Bürgern, Tagelöhnern und Leibeigenen schenkte er seine Sympathie. Dass Reuter ein begnadeter Erzähler war, war auch Hoffmann von Fallersleben aufgefallen. Er ermunterte ihn, seine Beobachtungen zu Papier zu bringen. Schnell wechselte Reuter dabei vom Hoch- ins Niederdeutsche und von Zeitungsartikeln zu einem ersten Buch. 1853 erschien »Läuschen un Rimels« – »Gedichte und Reime«, wobei Gedichte es nicht ganz trifft. Denn »Läuschen« meint eher eine Art pointierte Anekdote. Und dieses pointierte Erzählen zieht sich durch Reuters gesamtes Werk, wo sich Humor mit einer bemerkenswerten Beobachtungsgabe paart.

Der Verleger Carl Hinstorff aus Parchim (s. S. 36) übernahm 1856 die Herausgabe aller Reuter-Werke, wovon beide enorm profitierten. Der Autor wurde schnell auch außerhalb Mecklenburgs positiv wahrgenommen und bekannt, die Auflagen stiegen, und die niederdeutsche Sprache wurde salonfähig. Reuter erhielt höhere Honorare und konnte sich ganz aufs Schreiben konzentrieren. Nach seinem Tod gab Hinstorff eine Volksausgabe mit Reuters Werken mit einer Auflage von über 1 Mio. (!) heraus. Der Verlag besteht bis heute und ist zuallererst ein Mecklenburger Verlag, so wie Reuter als *der* Mecklenburger Dichter gilt.

Der Liebling

Sprachwitz und Erzählfreude finden sich auch bei **John Brinckmann** (1814–1870) – John übrigens nicht englisch ausgesprochen, sondern wieder typisch ›meeklenburgisch‹ mit »J« und einem langen »o«. Er war Namensgeber für einige Straßen, Plätze und Schulen vor allem an der Ostsee. Doch fragen Sie einen Mecklenburger, welcher denn sein ganz persönlicher Lieblingsautor sei, so werden Sie fast immer zur Antwort erhalten: **Rudolf Tarnow!** Seine Reime und Geschichten – allen voran jene um Köster Klickermann – gehören zu den witzigsten der gesamten niederdeutschen Literatur. In einer Beschreibung heißt es sehr treffend: »Wir wissen, dass irgendwann die Pointe kommt. Aber der Autor zögert sie geschickt hinaus, nimmt komische Umwege. Wir ahnen sogar, wie es ausgehen könnte und werden dann doch überrascht. Und selbst wenn wir den Knalleffekt schon kennen – beim nächsten Mal ist er genauso schön.«

Mit seinem Gedicht »Mötst di nich argern« hat er ein typisch mecklenburgisches Lebensmotto beschrieben: »Kort is dien Läben, Un lang büst du dod, Minsch, blot nich argern, Ne lachen deiht good!« (»Kurz ist Dein Leben, und lang bist Du tot. Mensch, bloß nicht ärgern, nee, Lachen tut gut!«)

Zettelwirtschaft

Eher wissenschaftlich hat sich **Richard Wossidlo** (1859–1939) der niederdeutschen Sprache in Mecklenburg genähert. Er exzerpierte nicht nur Wörter und Redewendungen aus den Werken Reuters und Brinckmanns, sondern er betrieb bis an sein Lebensende und unter Einsatz des eigenen Vermögens intensive Feldforschung. Dabei hat er wohl jeden Ort Mecklenburgs bereist und in Gesprächen mit der Landbevölkerung Volksüberlieferungen, Legenden, Bräuche, Volksglauben, Liedgut, Sprüche etc. gesammelt, aber auch Notizen zu Gewerken, Botanik und Landwirtschaft gemacht. Herausgekommen ist eine umfangreiche Zettelsammlung, Grundlage u. a. für das »Mecklenburgische Wörterbuch«. Die über 2 Mio. Dokumente, also vor allem Zettel, befinden sich heute im Wossidlo-Archiv in Rostock. Ein Schatz, der noch lange nicht komplett gehoben und einmalig in der niederdeutschen Landschaft ist. ■

WÖRTER UND SÄTZE

W

Konversationshilfe

Gundach	Guten Tag
Tschüss un schönen Dach og.	Tschüss und einen schönen Tag noch.
Wo geiht sei dat?	Wie geht es Ihnen?
Mi geiht dat gaut.	Mir geht es gut
Sabbelmoors	Schwätzer
Strommoehl	Windkraftanlage
duun	betrunken
kommodig	gemütlich
plietsch	aufgeweckt
nie nich	niemals
leif hemm	liebhaben
rümkarjolen	durch die Gegend fahren

Schöne Wörter

Dörp	Dorf
Buddel	Flasche
Dröhnbüdel	Prahler, Angeber
Gröölkist	Radio
Hulbessen	Staubsauger
Möhl	Durcheinander, Unordnung
Mutting un Vatting	liebevoll für Mutter und Vater
Plietschphone	Smartphone

Echt mecklenburgische Sprüche

He is kläuker as ne Imm', kann bloß kenen Honnig schiet'n.	Er ist schlauer als eine Biene, kann bloß keinen Honig sch…
Wat soll ick mich upprägen över dat, wat morgen gar nich kümmt?	Was soll ich mich über das aufregen, was morgen gar nicht kommt?

Nicht nur für Freunde der elektronischen Taktmusik

Viel buntes Volk — und eine Region im Ausnahmezustand. Für Außenstehende ist das Fusion-Festival nur wieder eine dieser Technopartys. Doch es ist weitaus mehr als das: Die Veranstalter nennen es »Ferienkommunismus«.

Es war die Zeit von Techno und Goapartys, irgendwo draußen auf dem Land oder am Meer, und am besten gleich für ein paar Tage. Besonders kreativ waren die Leute der U-Site, immer auf der Suche nach neuen »Untergrund-Plätzen« (U-Site eben). Ihnen war jedoch nicht nur die elektronische Taktmusik allein wichtig. Sie hatten ebenso Freude daran, verschiedene Menschen, Musikstile und Kunstarten wie Installation, Performance, Theater oder Kino zusammenzubringen. 1997 entdeckten sie den ehemaligen Militärflughafen Lärz, nach der Wende von den Russen verlassen und seither im Dämmerschlaf. Tolle Location!

Noch im gleichen Jahr fand hier eine Party mit nicht einmal 1000 Leuten statt. Kurz darauf gründeten sie den Kulturkosmos e. V. und entwickelten das Konzept des Ferienkommunismus – ein Festival von Leuten für Leute. Seither startet jedes Jahr die Фузион (Fusion-) Rakete. 2003 konnte das Gelände mit seinen zwölf Hangars gkauft werden. Die Partynomaden wurden sesshaft und aus dem Geheimtipp ein Megaevent mit jährlich 70 000 Besuchern (seit 2013).

Paralleluniversum Fusion

Ende Juni ist Fusion-Zeit, und Fusionautinnen und Fusionauten aus aller Welt (wirklich!) machen sich auf den Weg nach Mecklenburg, manche zum ersten, andere schon zum 20. Mal. Aus den Zügen in Neustrelitz und Mirow quellen jede Menge junge Leute mit Rucksack, Zelt und Isomatte, steigen in Charterbusse um, reihen sich in die Einlassschlange zum Fusion-Gelände ein, bauen ihre Zelte auf – und ab geht's ins Getümmel. Wieder andere nähern sich mit dem Rad oder reisen mit dem Auto, besser noch mit dem Kleinbus an (Tendenz fallend).

Ab Mittwoch füllt sich das Fusion-Gelände, von Donnerstag bis Sonntag steppt der Bär mit zahlreichen Acts auf, in und um die Hangars – brandneu und noch nie gehört bzw. gesehen, verrückte Installationen, Theater und Talks oder Filme: schon mal »Panzerkreuzer Potemkin« auf Beats und mit Sphärenklängen erlebt? Man kann sich treiben lassen, entdecken und staunen, Leute kennenlernen und natürlich tanzen, tanzen, tanzen. Wenn sich ab Sonntag die

Menge wieder zerstreut, sehen alle zwar etwas abgekämpft, aber auch glücklich und zufrieden aus. Das Festival-Bändchen an ihren Handgelenken weist sie nun überall als Fusionauten aus, eine eingeschworene Gemeinschaft.

»… die Freiheit, sein zu können, wie sie sein wollen.«

Humaner Hedonismus

Und das sind sie in gewisser Hinsicht auch, denn was sie vereint, ist »die Freiheit, sein zu können, wie sie sein wollen«. Nur selten habe ich grimmige Gesichter gesehen oder böse Worte gehört. Was sich einprägt, sind strahlende Menschen, die sich freuen. Der häufigste Kommentar: »Geile Stimmung.« Eben genau das, was die Macher als »Ferienkommunismus« definiert haben, dass es ein Festival »von Leuten für Leute« sein soll, bei dem alle ihr Bestes geben. Das kann auch ein kleiner fahrbarer Kiosk mit »Waren des täglichen Bedarfs« sein, dass mit Hand angelegt wird, wo Hilfe nötig ist, dass Künstler auf ihre Gagen verzichten und natürlich die gemeinsame Freude. Auch wenn das Ehrenamtliche im Laufe der Jahre etwas auf der Strecke geblieben ist, so versuchen die Organisatoren doch, die Besucher am Festival zu beteiligen. Jeder darf sich einbringen, für die anderen. Dazu gehört auch die aktive Aufforderung, aufeinander zu achten. »Nur durch gemeinsame Verantwortung, kann sich Awareness für alle entwickeln.« Wie jeder damit umgeht, ist eine individuelle Entscheidung und eine Übung in Demokratie.

Die Fusion ist nicht nur musikalisch, sondern auch visuell ein Erlebnis, bei Tag und bei Nacht.

Pragmatisch, flexibel und reflektiert

Die immer wieder beschworene ›Awareness‹ wird auch beim Thema Müll deutlich. Im Eintrittspreis enthalten sind zehn Euro Müllabgabe. Alle bekommen einen Müllbeutel, wenn sie das Fusion-Gelände betreten. Beim Verlassen der Party, geben sie ihn gefüllt wieder ab und bekommen ihre zehn Euro zurück. Schade nur, dass immer noch genug liegen bleibt, vor allem Zelte. Sie sind einfach zu billig in jedem Discounter zu haben.

Das (politische) Bewusstsein der Fusion-Macher geht aber noch viel weiter. So haben sie während des Festivals zusätzliche Räume geschaffen wie das »conTent«, wo es in Talks um Themen wie NSU, Kohleausstieg, Flüchtlinge in Europa oder Klimaschutz geht. Und frei nach dem Motto »Talk less, say more« wird auf der Fusion beispielsweise kein Fleisch verkauft. Ganz bewusst verzichten die Macher auf Werbung und Kommerz, ebenso auf PR im Vorfeld. Doch als der Polizeipräsident von Neubrandenburg 2019 aus nicht nachvollziehbaren Gründen 1000 Polizisten auf dem Festivalgelände patrouillieren lassen wollte, wurden sie doch öffentlich und hatten innerhalb weniger Tage über 130 000 Unterschriften zusammen. Die »anlasslose Bestreifung« konnte verhindert werden.

Die Tickets sind heiß begehrt, auch wenn sie mittlerweile 220 € kosten. Um Geschäftemacherei zu vermeiden, werden sie verlost und sind personalisiert.

Auf der Suche nach Themenvielfalt? So bunt wie die Pfeile sind auch die Veranstaltungen.

Eine Region profitiert

Klar, am Anfang gab es viel Skepsis: Was waren das für komische Leute, die hier für ungewohnte Aufregung sorgten, während des Festivals die Supermärkte stürmten und das Handynetz lahmlegten, die Strände der umliegenden Seen bevölkerten und auch schon mal nackt mit einer Bierflasche in der Hand im Wasser standen und ein Pläuschchen hielten? Doch mittlerweile hat sich die Meinung vieler Einheimischer gewandelt, denn der Kulturkosmos e. V. ist nicht nur zum Arbeitgeber für Menschen aus der Region geworden, sondern hat auch Wirtschaft und Tourismus mit angekurbelt. So manch einer der Festivalgäste reist früher an, bleibt länger oder kommt für einen Urlaub wieder, Einheimische bieten einen Shuttle-Service vom und zum Festivalgelände an, es gibt mobile Verkaufsstände, die Supermärkte machen den Umsatz des Jahres. Nicht nur die unmittelbare Region profitiert von der Fusion, sondern die Einnahmen und Gelder aus nicht in Anspruch genommenen Gagen werden in die nächste Fusion investiert und an soziokulturelle Projekte in den neuen Bundesländern gespendet.

Chapeau!

Was für ein Engagement! Die Fusionistas versuchen, was herkömmliche Systeme nicht schaffen. Sie setzen auf ein Mit- statt ein Gegeneinander, wollen einbeziehen statt ausgrenzen, zum Nachdenken und Mitmachen anregen. Dabei gehen sie neue, doch nicht unmögliche Wege.

2020 wurde das Festival recht schnell abgesagt. 2021 gab es (immer noch pandemiebedingt) drei ›kleinere Ausgaben‹ und seit 2022 findet die Fusion wieder an vier Tagen Ende Juni statt. Und auch eine kurzzeitig drohende Insolvenz konnte abgewendet werden. Das Beeindruckende an den Leuten vom Kulturkosmos e. V. ist, dass sie nicht stehen bleiben, sondern immer wieder schauen, wie man das Festival entspannter gestalten, die Besucher mehr miteinbeziehen und auch zur Awareness bewegen kann. So haben sie 2024 die Besucherzahl von 70 000 auf 65 000 reduziert und um den CO_2-Abdruck zu verringern, müssen Festivalbesucher mit Auto, Kleinbus oder Wohnmobil je nach Fahrzeuggröße eine Extra-Gebühr zahlen. ■

›Spargellandschaften‹

Pro und Contra — Vorbei sind die Zeiten, in denen sich Windmühlen harmonisch in die Landschaft einfügten und man anhand der Flügelstellung erkennen konnte, ob der Müller gerade Pause macht. Stattdessen gibt es nun Windkraftanlagen, weiß und hoch aufragend, welche die Landschaft ›verspargeln‹ und an denen sich die Geister zunehmend scheiden.

Am Anfang waren viele Feuer und Flamme: Windkraftanlagen, saubere Energie – in Zeiten des Klimawandels genau das Richtige. Doch seit 2013 regte sich zunehmend Widerstand und der Ausbau der Windkraft in ganz Deutschland wurde rückläufig. Den stärksten Einbruch gab es 2019 mit lediglich 34 neuen Anlagen (andere Quellen sagen 29). In MV klagte man in diesem Jahr gegen jede achte Anlage, sodass 2020 ca. 1000 Windräder in Genehmigungsverfahren feststeckten. Mit der neuen Regierung und ihrer Ansage an den Ausbau der erneuerbaren Energien werden wieder mehr Windräder installiert, v. a. in Niedersachsen und Schleswig-Holstein liegt der Zubau im dreistelligen Bereich. In MV allerdings geht es nach wie vor nur schleppend voran, braucht es für die Bearbeitung der Anträge immer noch länger als andernorts (20 Monate). Immerhin gab es 2023 endlich mal mehr Neu- als Abbauten, sodass unterm Strich 19 neue Windkraftanlagen hinzukamen. Doch nach wie vor gibt es Diskussionen um das Pro und Contra.

Pro

Jürgen S., Mitarbeiter eines Windkraftunternehmens
Unsere Ressourcen werden immer knapper. Fossile Energien und Atomkraft sind Auslaufmodelle. Es geht um den Schutz unserer Umwelt. Sonne und Wind sind natürliche Ressourcen und in ausreichender Menge vorhanden. Windkraftanlagen sowohl on- als auch offshore liefern schon jetzt 16 % des in Deutschland produzierten Stroms. Das Ziel der Bundesregierung, den Anteil der Stromerzeugung aus erneuerbaren Energieträgern bis zum Jahr 2030 auf mindestens 50 % zu steigern, ist also durchaus realistisch. Und in Mecklenburg werden bereits knapp 50 % durch Windenergie gedeckt. D. h., es könnte das erste Bundesland sein, dass sich in naher Zukunft zu 100 % aus erneuerbaren Energien versorgt.

Elisa M, Erzieherin
Das eine geht nicht ohne das andere. Uns liegt der Klimaschutz am Herzen, Windenergie ist da eine gute Option. Nur brauchen wir dazu Flächen, die im Land zur Verfügung stehen und wo trotzdem der Naturschutz gewahrt bleibt.

Heiner K., Landwirt
Mit einer Windkraftanlage auf dem eigenen Land kann ich mich selbst versorgen und bin autark. Meist reicht der Strom auch noch für andere. Wird die Anlage auf einer Gemeindefläche errichtet, so kann die Kommune damit Geld verdie-

nen. Selbst wenn die Anlage stillsteht, so gibt es immer noch die Pachteinnahmen, die immerhin im fünfstelligen Bereich pro Jahr liegen.

Birgit M., Buchhalterin
Den Ausbau der Windenergie zu stoppen oder gar zurückzufahren, wäre kontraproduktiv, denn dann gehen Firmen pleite und dem Land Einnahmen und Arbeitsplätze verloren.

Contra

Erwin W., Rentner
Das Rad dort dreht sich nun bald vier Jahre. Aber diese Schatten bei Sonne und vor allem dieses Geräusch der Rotoren, das macht mich ganz kirre.

Henry M., Naturschützer
Der Seeadler ist endlich wieder heimisch bei uns geworden. Um ihn zu schützen, darf keine Anlage in weniger als 1000 m Abstand zum Horst errichtet werden. Windräder an sich stellen für den Adler keine natürliche Gefahr dar, doch wenn er zu nahe an die Rotorblätter kommt, die an ihren Spitzen eine Geschwindigkeit bis zu 400 km/h haben, entsteht ein gefährlicher Sog, der nicht nur für den Adler, sondern für jeden Vogel tödlich ist.

Sieglinde F., Hotelbetreiberin
Ich arbeite in der Tourismusbranche und empfinde die Windräder in den stark touristisch genutzten Regionen des Landes als störend und denke, dass sich das auf Dauer nachteilig auswirkt. Unsere Gäste kommen wegen der intakten Natur und möchten einen unverstellten Blick.

Sabine H., Hebamme
Warum denn noch mehr Windkrafträder? Immer wieder sind trotz guter Windverhältnisse die Rotoren in den Wind gedreht und stehen still. Im Moment wird mehr Energie produziert, als verbraucht werden kann. Solange es keine entsprechenden Stromnetze und Speichertechnologien gibt, müssen auch keine weiteren Anlagen gebaut werden.

Wilhelm B., ehemaliger Schäfer
Wenn wir so viel Energie mit Wind erzeugen können, warum ist Mecklenburg im Bundesvergleich dann das Land mit den höchsten Strompreisen?

Sylvie B., Umweltschützerin
Schon mal vom Windturbinensyndrom gehört?! Nun, das ist, wenn du unter Schlafstörungen, Schwindel, Konzentrationsstörungen, Tinnitus, Müdigkeit, Depressionen, Übelkeit, Bluthochdruck, Herzrhythmusstörungen etc. leidest und in der Nähe einer Windkraftanlage wohnst. Bisher hat das keiner ernst genommen, doch mittlerweile gibt es da Studien zu, und sogar Hunde und wilde Tiere meiden die Windräder. Selbst wenn du nichts hörst, kommt dieser Schall bei dir an. Noch unangenehmer wird es, wenn du es hörst und spürst. Es heißt, die Anlage müsse zehnmal weiter weg vom Wohnhaus errichtet werden, als sie hoch ist. Und nun werden Anlagen von vor 15 Jahren durch neue und höhere ersetzt. Die Rotoren werden auch länger, was den Infraschall auch noch mal verstärkt. Kein Wunder, dass die Leute klagen. Windenergie ja, aber nicht mit gesundheitlichen Schäden. Ist nicht so einfach, die Sache mit dem Klimaschutz.

Rainer A., Nabu-Mitarbeiter
Alle wenig problematischen Standorte werden bereits für die Windkraft genutzt. Der Beitrag der Windkraft zum Klimaschutz ist wichtig, kann aber nicht unbegrenzt sein, sonst nehmen die Schäden für Natur und Artenvielfalt überhand. Es geht ja um eine CO_2-Reduzierung, und da sind beim Energiesparen, Fleischkonsum oder bei der Renaturierung noch längst nicht alle Möglichkeiten ausgeschöpft. ■

Klar zur Wende?

Plötzlich war alles anders — nichts mehr sicher und jeder auf sich selbst gestellt. Mit und nach der Wende wurden Betriebe geschlossen, verkleinert, aufgelöst oder verkauft. Doch einige waren mutig genug, neue Wege zu gehen, manche mit überraschendem Erfolg.

Das war eine Umstellung: Bisher hatte der Staat vorgegeben, was und wie viel zu produzieren war, egal, ob es Sinn ergab oder nicht. Selbstständiges Denken, gar Kritik waren nicht erwünscht. Zwar gab es die staatlich gelenkte Neuererbewegung, doch auch die bewirkte mit ihren Vorschlägen nicht automatisch Verbesserungen. Dazu mussten die Arbeiterinnen und Arbeiter oft improvisieren und scheinbar unmögliche Lösungen austüfteln, weil die vorhandenen ›Produktionsmittel‹ zu alt waren oder benötigtes Material schlichtweg nicht vorhanden war.

Dennoch, die ›Ossis‹ waren Meister der Improvisation, Tüftler und geschickte Handwerker. Manche wagten nach der Wende den Schritt in die neue Marktwirtschaft, indem sie ihren ehemals sozialistischen Betrieb übernahmen – eine echte Herausforderung, ohne die westlichen Geschäftspraktiken zu kennen, wo ein Wort nicht unbedingt als Wort galt, sondern auch und vor allem auf das Kleingedruckte geachtet werden musste und manch windige Geschäftemacher unterwegs waren. Einige sind ordentlich auf die Nase gefallen, andere hatten ein gutes Gespür und wohl auch ein bisschen Glück, so eine Gießerei und eine kleine Bootsbauerbude – beide heute Weltspitze in ihrem Bereich.

Drachenboote aus Schwerin

Der ehemalige VEB Wiking hatte sich als Boatec GmbH neu gegründet – gute Boote werden immer gebraucht, Spezialanfertigungen ebenso. Und so stand auch bald Manfred Russ aus Hamburg, der sich als Rechtsanwalt mit seiner Kanzlei in Schwerin niedergelassen hatte, bei ihnen auf der Matte und wollte sie für eine Geschäftsidee begeistern. Ein Jahr zuvor hatte auf der Binnenalster das erste Drachenbootfestival stattgefunden und Manfred Russ war sich hundertprozentig sicher, dass Drachenbootfahren bald eine neue Fun-Sportart werden würde. Er zeigte Bilder von einem länglichen, schmalen Boot mit einem verzierten Drachenschwanz hinten und einem Drachenkopf vorn, aus dem eine rote Zunge heraushing und der von Ping-Pong-Bällen gekrönt war. So richtig überzeugt waren die Bootsbauer nicht, Manfred Russ war es aber schon. Er gab drei Boote in Auftrag und überredete auch gleich noch die Schweriner Stadtoberen, ein Drachenbootfestival auf dem Pfaffenteich zu veranstalten. Das war 1991. Das Festival wurde ein voller Erfolg und ist seither fester Bestandteil des Schweriner Veranstaltungskalenders.

Wie vorausgesehen, wurde die Fortbewegung auf dem Drachenboot eine neue Trendsportart. Deutsche, europäische und internationale Verbände entstanden, doch es gab keinen einheitlichen Bootstyp. Und so knieten sich die Jungs der 1992 in Lübesse (bei Schwerin) neu gegründeten Firma BuK Boots- und Kunststoffbau GmbH in die Entwicklung eines solchen, recherchierten und studierten und waren offenbar die Ersten, die 1995 den Prototyp eines »vermessbaren Klassen-Drachenboots« herstellten – Grundlage für das moderne, heute weltweit anerkannte International Racing Standard Dragon Boat. Viele weitere Innovationen folgten, 2005 richtete die Firma die Drachenboot-WM in Schwerin aus, zwei Jahre später auch jene in Australien. Die BuK war Marktführer und selbst in der Heimat des Drachenbootsports, China, fuhren die Sportlerinnen und Sportler in deutschen Booten.

Die Antwort aus Asien war Preisdumping. Mittlerweile haben die Mecklenburger und die Chinesen eine gemeinsame Lösung gefunden: 2017 ging BuK eine Kooperation mit einer chinesischen Firma ein, die für den asiatischen Markt produziert. Doch so oder so, an BuK kommt die Drachensportszene bislang nicht vorbei (www.dragon.de).

Über die Weltmeere

Wer in Waren mit dem Zug hält oder hier aussteigt, dem mögen vielleicht die großen Hallen am Bahnhof auffallen – hell mit ein bisschen Grau und Türkis. MMG steht da, und ein Logo mit einer Art Sichel ist zu sehen. Wer aus Malchow kommend nach Waren hineinfährt, wird den großen Propeller zur Rechten kaum

Von Schwerin hinaus in die Welt: An den Bootsbauern von BuK kommt die Drachensportszene nicht vorbei – hier sind die Drachenboote auf einer Meisterschaft in Macau am Start.

Die riesige Produktionshalle der MMG diente auch schon als Spielstätte der Festspiele Mecklenburg-Vorpommern.

übersehen und sich vielleicht fragen, was es mit dem Kaventsmann auf sich hat. Nun, der Propeller ist eines der Modelle, die in den großen Hallen am Bahnhof hergestellt werden – für die Bedürfnisse auf den Gewässern der Mecklenburgischen Seenplatte natürlich vollkommen überdimensioniert. Dafür schieben sie jedoch Schiffe wie Queen Mary II und AIDA Stella oder die Containerschiffe der Emma-Maersk-Reihe über die Weltmeere.

Das hatte man sich ursprünglich auch nicht träumen lassen. 1875 gegründet am heutigen Standort als Maschinen- und Eisengießerei, wurde der Betrieb nach 1945 zum Zulieferer für die ostdeutsche Fischfangflotte. Allmählich spezialisierte er sich auf Schiffspropeller und versuchte in eben diesem Segment den Neustart als Mecklenburger Metallguss GmbH. Seine Vorteile waren eine Gießerei, jede Menge Know-how und Freude am Tüfteln. Hier können nicht nur einfach Schiffspropeller hergestellt, sondern auch nach Maß angefertigt werden, z. B. so: Der Auftraggeber bestellt einen Propeller für »ein Containerschiff mit 70 000 PS und Ruderanlage xy, das bei einer Motordrehzahl von 105 Umdrehungen pro Minute 23 km/h schnell sein soll«. Alles klar?! Und dann legt das Warener Team los. Auch andere Komponenten müssen mitberücksichtigt werden, wie die Anzahl der Propeller, Beladung, Tiefgang, Art der Gewässer, Strömung etc. Dieser Prozess kann an die neun Monate in Anspruch nehmen. Dann der erste große Moment, wenn der Ofen angeheizt wird, das flüssige Metall in die Form fließt und nach etwa zehn Tagen Aushärten die Form zerschlagen wird. Alles fest, keine brüchigen Stellen? Wunderbar! Ist der Guss gelungen, geht die Feinarbeit los, vier bis acht Wochen lang – fräsen, glätten, polieren etc. Dann der Transport: Bei manchen Modellen ist das eine echte Herausforderung – das größte bisher war ein Propeller mit einem Durchmesser von 10,5 m. Zum Glück hatte man schon vorher die Idee für einen Drehmechanismus auf dem Auflieger. So konnte man bis dato alle Propeller durch die Mecklenburger Alleen bis zur Autobahn zirkeln. Die meisten der MMG-Produkte werden über den Hamburger Hafen zu ihrer Zielwerft verschifft. Und dann kommt der zweite große Moment, die Jungfernfahrt, und die Frage: Werden exakt 23 oder nur 22 km/h erreicht? Diese gefühlt kleine Differenz würde auf einer Strecke von Europa nach Südostasien gut zwei Tage Unterschied bedeuten. Und Zeit ist Geld. Doch die Leute von der MMG verstehen ihr Geschäft. Das zeigt auch die Auszeichnung durch die Samsung Heavy Industries, eine der größten Werften im asiatischen Raum, für sehr gute Qualität und Service.

Die Vorteile der MMG bis heute: Alles kommt aus einer Hand, das Unternehmen beschäftigt die besten Experten, besitzt den größten Induktionsschmelzofen für Kupferlegierungen in der Branche und bestreitet die komplette Fertigung in einer gut 400 m langen Produktionshalle (www.mmg-propeller.de). ■

Ackerland in Bauernhand

Man kann es kaum glauben — wenn man durch die mecklenburgischen Weiten fährt: Ackerland wird immer knapper und teurer. Und das, obwohl es genug davon zu geben scheint.

Mecklenburg-Vorpommern nimmt in Sachen ökologischer Landbau eine Spitzenposition ein, denn die geringen Preise für Ackerland nach der Wende waren für alternative Landwirte äußerst lukrativ. Knapp 10 % der Acker- und Weideflächen werden heute nach biologisch-ökologischen Kriterien bewirtschaftet, Tendenz steigend. Es könnten sogar noch mehr sein, doch Agrarland ist mittlerweile auch als Investitionsobjekt heiß begehrt, die Preise sind seit 2005 um nahezu 200 % gestiegen.

Der Deal mit dem Deal

Steht ein landwirtschaftliches Unternehmen zum Verkauf, erhält der Meistbietende den Zuschlag, egal, ob mit oder ohne landwirtschaftlichen Hintergrund. Nicht selten handelt es sich dabei um sogenannte Anteilskäufe, auch Sharedeals genannt, bei denen die Grunderwerbsteuer entfällt, eine Agrarförderung hingegen möglich ist – für den Investor ein lukratives Geschäft. Doch da es bisher keine eindeutige Regelung des Vorkaufsrechts für Landwirte gibt, ziehen diese wegen mangelnder finanzieller Mittel meist den Kürzeren.

Land(-hilfe) für Biobauern

Zum Glück gibt es Initiativen wie die BioBoden Genossenschaft, die ökologischen Landbau unterstützt (www.bioboden.de). In ganz Deutschland kauft sie Land auf und verpachtet bzw. vermittelt es an Biobauern weiter. Das Konzept funktioniert und verhindert, dass gutes Land für den Ökolandbau verloren geht. Die Genossenschaft gehört zur GLS-Bank, die mit ihren Geldern ausschließlich grüne und soziale Projekte fördert. Wer will, kann Anteile erwerben oder Land überschreiben und so die ökologische Landwirtschaft unterstützen. Deutschlandweit gibt es 81 Höfe, elf davon in Mecklenburg-Vorpommern, z.B.: Hof Sommersdorf am Kummerower See, das Sanddorn-Storchennest in Ludwigslust (s. S. 42) oder der Siebengiebelhof. ■

Wem gehört's, das weite Ackerland, durch das die Urlauber voller Vorfreude fahren?

Das zählt

Zahlen sind schnell überlesen — aber sie können die Augen öffnen. Nehmen Sie sich Zeit für ein paar überraschende Einblicke. Und lesen Sie, was in der Mecklenburgischen Seenplatte zählt.

12

Prozent betrug der Preisanstieg 2023 bei den touristischen Unternehmen in Mecklenburg-Vorpommern im Vergleich zum Vorjahr, wobei dieser bei den Unterkünften mit 11 Prozent und bei den gastronomischen Betrieben mit 21 Prozent zu Buche schlug.

39

Seeadler wurden von 1996 bis 2016 durch Windanlagen getötet, was bei nicht einmal 400 Brutpaaren in Mecklenburg-Vorpommern sehr viel ist.

2

Kilogramm Pasta verzehren die Mecklenburger pro Jahr. Dagegen stehen Italien mit 26 und Gesamtdeutschland mit immerhin acht Kilogramm. Dennoch hat die 1952 in Waren/Müritz gegründete Nudelfabrik überlebt und firmiert heute unter dem Label »Möwe«.

2.200

Schlösser, Gutshäuser, Burgen und Herrenhäuser gibt es in Mecklenburg-Vorpommern. Damit kommt auf je zehn Quadratkilometer und 770 Einwohner ein herrschaftliches Gemäuer.

81,4

Prozent der Fischadlerhorste befinden sich auf Masten von Energieversorgungsunternehmen, Tendenz steigend. Auf Hochspannungsleitungen von 110.000 Volt scheint der Fischadler auch lieber zu brüten als auf 20.000-Volt-Mittelspannungsleitungen. Masten mit 380.000 Volt hingegen meidet er, es sei denn, sie sind stromfrei.

0,8

Grad Celcius beträgt der Anstieg der Jahresmitteltemperatur seit 1990. Im gleichen Zeitraum sind die Sonnentage von 22 auf 30 Tage gestiegen und die Frosttage um fünf gesunken.

45.000

Fußballfelder würden in den Müritz-Nationalpark passen. Umgerechnet sind das 322 Quadratkilometer.

27,8

Prozent der Alleenbäume in Mecklenburg-Vorpommern sind Linden. Das spiegelt noch mal gut den Einfluss der Slawen auf diese Region wider: Ihnen galt im Gegensatz zu den Germanen nicht die Eiche, sondern die Linde als heiliger Baum. Sie ist noch heute auf vielen Kirchhöfen und anderen wichtigen Plätzen in der Seenplatte zu finden.

8

Sternerestaurants sind in der Mecklenburgischen Seenplatte ansässig. Das sind ebenso viele wie McDonald's-Filialen (je dreimal in Schwerin und Neubrandenburg, je einmal in Güstrow und Parchim) zusammen.

1.837

Windkraftanlagen sind bis Ende 2022 in Mecklenburg-Vorpommern installiert worden und erbringen eine Leistung von 3.573 MW. Würden zwei Prozent der Landesfläche für Windenergie freigegeben, wären 4.500 MW möglich.

1,8

Millionen Einwohner hatte Mecklenburg-Vorpommern noch 1995. 2022 waren es nur noch knapp 1,63 Millionen und die Prognose für 2030 sagt einen weiteren Rückgang auf 1,48 Millionen voraus. Die Besucherzahlen verhalten sich genau gegenläufig: 1995 kamen 2,7 und 2019 knapp 8,4 Millionen Gäste. Durch Covid-19 gab es einen starken Rückgang, doch 2023 war mit 7,4 Millionen Gästen das Vor-Pandemie-Niveau fast wieder erreicht.

41

Prozent (2023) aller touristischen Unternehmen in Mecklenburg-Vorpommern sind vom Arbeitskräftemangel betroffen. Neben Kurverwaltungen, Touristinformationen und Freizeitanbietern sind es v. a. Unterkünfte (41 %) und Gastronomiebetriebe (71 %!), die händeringend Personal suchen. Von den einzelnen Regionen im Land ist mit 45 % wiederum die Mecklenburgische Seenplatte am stärksten betroffen.

27.190

Euro pro Jahr beträgt das Brutto-Durchschnittsgehalt im Hotel- und Gaststättengewerbe in Mecklenburg-Vorpommern – das niedrigste im Bundesdurchschnitt (am höchsten ist es mit 38.462 Euro in Baden-Württemberg). Kein Wunder, dass man händeringend nach qualifiziertem Personal sucht.

Die erste Schweriner Montagsdemonstration am 23. Oktober 1989 verlief absolut friedlich – die tausendfach auf den Simsen abgestellten Kerzen mögen dabei eine Rolle gespielt haben.

Reise durch Zeit und Raum

Mecklenburg ist anders — nicht nur landschaftlich, sondern auch geschichtlich. Es entstand eigentlich erst im 12. Jh. und damit vergleichsweise spät, wurde bis in die Neuzeit vom selben Herrscherhaus regiert und galt lange Zeit als rückständig. Heute ist es Tourismusziel Nr. 1 in Deutschland.

Nach der Eiszeit

11 000 v. Chr.–600 n. Chr.

Die Gletscher mit ihren über 1000 m dicken Eispanzern zogen sich allmählich zurück und gaben das Land frei, doch erst 8000 Jahre später ließen sich nomadisierende Sippen hier nieder. Zeugnisse dieser Zeit sind einige Steinkreise, vor allem jedoch Großsteingräber, die sogenannten Hünengräber. Denn es mussten wahre Hünen gewesen sein, die in der Lage waren, solche mächtigen Steine aufeinanderzuschichten. Die Region blieb spärlich besiedelt, woran auch die wenigen, ab 600 v. Chr. einwandernden germanischen Stämme nichts änderten, zumal durch eine Klimaverschlechterung um 400 n. Chr. auch im Norden die Völkerwanderung gen Süden einsetzte.

Zum Anschauen:
Steinkreis bei Lenzen, S. 55 (www.grosssteingraeber.de: Steinkreise, Hünengräber und weitere Zeugnisse aus dem Neolithikum)

Slawen, Kreuzzug und die Gründung Mecklenburgs

7. Jh.–1171

In die nun kaum noch besiedelte Region mit ihren dichten Wäldern und Seen wanderten slawische Stämme ein, von denen insbesondere die Obotriten (auch Abodriten) zu erwähnen sind. Sie ließen sich im Westen des heutigen Mecklenburgs nieder. Ihr politisches Zentrum wurde schon bald eine Burg südlich von Wismar, die »Michelenburg« (große Burg), die 995 erstmalig in einer Urkunde von Otto III. erwähnt und woraus später »Mecklenburg« wurde. Mittlerweile hatten die deutschen Kaiser ihren Ostfeldzug begonnen, um den heidnischen Stämmen das Christentum zu bringen und neues Land zu gewinnen. Doch erst im 12. Jh. gelang es Heinrich dem Löwen, das Gebiet im sogenannten Wendenkreuzzug zu erobern. In den Kämpfen wurde der letzte freie Obotritenfürst, Niklot, getötet. Doch da der sächsische Herzog noch andernorts einige Kämpfe zu fechten hatte, belehnte er Pribislaw, den mittlerweile getauften Sohn Niklots, mit der Herrschaft über die eroberten Gebiete. Ab 1171 nannte dieser sich – nach der Stammburg der Obotriten – Fürst von Mecklenburg. Außerdem wurde sein Sohn und Thronfolger, Heinrich Borwin I., mit der Tochter von Heinrich dem Löwen vermählt. Damit ist Pri-

Wallenstein hatte ein kurzes Zwischenspiel als Herzog von Mecklenburg und residierte in Güstrow.

bislaw der Stammvater des Fürstengeschlechts (der Nikloten), das bis 1918 in Mecklenburg herrschte.

Zum Anschauen:
Freilichtmuseum in Groß Raden – Slawendorf mit Burgwall und Tempelanlage, S. 52

Siedler, Herzöge und Ritter

12.–16. Jh.

Nun kamen auch deutsche Siedler in den Osten, vor allem aus Westfalen, Niedersachsen und dem Holsteinischen – und mit ihnen die niederdeutsche Sprache. Jene Siedler erhielten steuerfreies Land, das sie rodeten, um darauf Landwirtschaft zu betreiben. Orte, die auf -hagen enden, gehen auf diese Zeit zurück. Auch die Kirche erhielt einige Ländereien und gründete Klöster wie jenes in Dobbertin. Schwerin war 1164 die erste von damals 46 Stadtgründungen (heute insgesamt 56).

Die mecklenburgischen Herrscher wurden 1348 aus ihrer Lehnspflicht entlassen und zu Herzögen erhoben. Zu ihren wichtigsten Gegenspielern wurde der Landadel, auch »Ritterschaft« genannt (s. u.).

Zum Anschauen:
Altstädte in Schwerin, S. 22, und Neubrandenburg, S. 163, Kloster Dobbertin, S. 57

Neuer Glaube mit bitteren Folgen

1549–1700

Die Reformation hielt in Mecklenburg früher Einzug als anderswo. Bereits 1549 wurde die lutherische Lehre als Landesreligion anerkannt. In der Folge wurden fast alle mecklenburgischen Klöster aufgelöst und in herzoglichen Besitz überführt. Doch leider war die neue Lehre keine 70 Jahre später Auslöser eines regelrechten Glaubenskriegs. Als dieser 1618 ausbrach, verbündeten sich die mecklenburgischen Herzöge mit den Dänen und Franzosen gegen den deutschen Kaiser, erkannten ihren Fehler jedoch zu spät, wurden von diesem abgesetzt und ins Exil geschickt. Während der zum Herzog von Mecklenburg ernannte Wallenstein von 1628 bis 1630 in Güstrow residierte, riefen die abgesetzten Mecklenburger ihren Schwager, den schwedischen König, zu Hilfe. Wallenstein wurde ab- und sie wieder eingesetzt. Auch mit dem Kaiser konnten sie sich 1635 wieder aussöhnen, doch dafür blieb Mecklenburg bis zum Kriegsende 1648 einer der Hauptschauplätze des Dreißigjährigen Krieges mit verheerenden Folgen, vor allem für die Bauernschaft. Große Teile des Landes waren verwüstet und die Einwohnerzahl von 300 000 auf 50 000 gesunken. Ganze Dörfer und Höfe lagen öde – Auftakt für das Bauernlegen und die Leibeigenschaft (s. S. 292).

Zum Anschauen:
Brücke von Sagsdorf, Schauplatz mecklenburgischer Landtage, wo auch die Einführung der Reformation beschlossen wurde, S. 50, Kapellenweg bei Ulrichshusen, S. 94

Alles bleibt, wie es war

1648–1918

Bereits 1234 hatte es durch die vier Enkel Heinrich Borwins I. eine erste Landesteilung gegeben. Durch Erbstreitigkeiten und Todesfälle wurde das Land 1621 in die Herzogtümer Mecklenburg-Schwerin und Mecklenburg-Güstrow aufgeteilt. Doch leider hatte es mit Letzterem mangels Erben auch bald wieder ein Ende und ein neuer Erbschaftsstreit brach aus, der 1701 mit der letzten Landesteilung in Mecklenburg-Schwerin und Mecklenburg-Strelitz beigelegt wurde und in dessen Folge die Residenzstädte Neustrelitz und Ludwigslust entstanden. Während der napoleonischen Kriege traten beide Herzogtümer als letzte (1808) dem Rheinbund bei und sie waren die ersten, die sich 1813 auch wieder von Napoleon lossagten. Dafür wurden sie auf dem Wiener Kongress mit dem Titel eines Großherzogtums belohnt. Nicht zuletzt wohl auch, weil Königin Luise, die kurz zuvor verstorbene Gemahlin des preußischen Königs, aus dem Hause Strelitz stammte. Die 1848er-Revolution scheiterte nach einem ersten Hoffnungsschimmer in Form einer Verfassungsänderung jämmerlich. Selbst mit dem Beitritt zum neu gegründeten Deutschen Reich, 1871, blieben die Verfassungen unverändert bestehen und Mecklenburg eine landwirtschaftlich geprägte Region, in der Leibeigenschaft durchaus noch gebräuchlich war.

Etwa ab Mitte des 19. Jh. wurden erste Orte an das Bahnnetz angeschlossen, und der Tourismus begann zögerlich Fuß zu fassen, anfangs an den großen Seen um Waren, um 1900 auch in der Kleinseenplatte und um Feldberg.

Zum Anschauen:
Schweriner Schloss, S. 20, Residenzstädte Ludwigslust, S. 38, und Neustrelitz, S. 189, Geschichte derer von Mecklenburg-Strelitz im Schloss Mirow, S. 203

Ende und Neuanfänge

1918–1949

Mit dem Ende des Ersten Weltkriegs war es mit der Monarchie und damit auch mit den Großherzögen vorbei – der eine musste abdanken, der andere hatte kurz zuvor aus bis heute ungeklärten Gründen Selbstmord begangen. Die Spekulationen reichen von unglücklicher Liebe, Spionage für die Engländer und falschen Eheversprechen bis zu Homosexualität.

Das neue Mecklenburg war nach dem Scheitern der Weimarer Republik das erste von der NSDAP regierte Land (1932), in dem nun eine Rüstungsindustrie entstand – Flugzeugwerke in Schwerin und Neubrandenburg sowie eine Flugversuchsanstalt bei Rechlin. In Alt Rehse am Tollensesee entstand unter Vorsitz von Rudolf Hess die Führerschule der Ärzteschaft. Ab Ende 1944 kamen die ersten Flüchtlinge aus dem

Die preußische Königin Luise aus dem Hause Strelitz war das It-Girl des 19. Jahrhunderts.

Osten, die bald zahlreicher wurden und von denen viele in den z. T. bereits verlassenen Gutshäusern und Schlössern Unterschlupf fanden. Die Einwohnerzahl Mecklenburgs hatte sich nach Kriegsende verdoppelt. Aus Angst vor den Berichten über die russischen Soldaten begingen allerdings auch viele Menschen Selbstmord. Allein in Malchow – so schätzt man – waren es 3000! Einige Orte kamen glimpflich davon, andere nicht, vor allem jene nicht, die Widerstand leisteten. Am 8. Mai war der Krieg vorbei. Auf Befehl der sowjetischen Militäradministration wurden Mecklenburg und der verbliebene Teil Pommerns 1945 zu Mecklenburg-Vorpommern zusammengelegt. Nach dem Motto »Junkerland in Bauernhand« wurde mit der Ersten Bodenreform Großgrundbesitz entschädigungslos enteignet und unter der ärmeren Landbevölkerung aufgeteilt. Viele der Industrieanlagen wurden demontiert und als Reparationszahlungen in die Sowjetunion gebracht.

Zum Anschauen:
Luftfahrttechnisches Museum in Rechlin, S. 136, Alt Rehse, S. 192

Sozialistische Zeiten

1949–1989

Nach Gründung der Deutschen Demokratischen Republik (1949) wurde Mecklenburg-Vorpommern 1952 wieder aufgelöst und in die Bezirke Rostock (Küstenregion und Hinterland), Schwerin (der Westen Mecklenburgs) und Neubrandenburg (der Osten Mecklenburgs und Vorpommern) unterteilt. Mit einer Zweiten Bodenreform wurde alles Land und Vieh in sogenannte Landwirtschaftliche Produktionsgenossenschaften (LPG) überführt. Alte Militäreinrichtungen wurden von der NVA (Nationale Volksarmee) bzw. den Sowjets genutzt und zu Sperrgebieten. Das gleiche Schicksal ereilte viele Waldareale um die großen Seen, die z. T. auch als Jagdgebiet für Mitglieder der DDR-Regierung dienten. Die alten Schlösser und Gutshäuser mit ihren Parks riss man entweder ab oder nutzte sie für kommunale Zwecke, z. B. als Wohnraum, Kindergarten, Jugendklub, Sporthalle, Kinderheim, Kneipe … Um Wohnraum zu schaffen, entstanden Neubaugebiete in den Städten bzw. einzelne Blocks in den Dörfern.

Die Mecklenburgische Seenplatte blieb eine landwirtschaftlich geprägte Region, wobei jedoch die Gebiete um die Seen schon bald auch touristisch genutzt wurden. Zeltplätze entstanden, und viele Betriebe hatten hier betriebseigene Ferienhäuser oder Kinderferienlager. Aufgrund der landschaftlichen Abgeschiedenheit und Idylle ließen sich verhältnismäßig viele Künstler (vor allem Töpfer) und Intellektuelle hier nieder oder besaßen zumindest ein ›Sommerhaus‹. Mit Glasnost und Perestroika in Russland trat auch die schon seit Anfang der 1980er-Jahre aktive Umwelt- und Friedensbewegung, meist unter kirchlichem Dach, in Erscheinung und eine Protestbewegung formierte sich, die letztlich den Fall der Mauer verursachte.

Zum Anschauen:
Töpferwerkstätten, z. B. in Lenzen, S. 55, Honeckers ›Jagdschloss‹ am Drewitzer See, S. 63, die Scheune von Bollewick, S. 137

Noch ein Neuanfang

Seit 1989

Am 9. November 1989 fiel die Mauer, schon wenige Wochen später sprach man von schneller Wiedervereinigung, und nicht mal ein Jahr später waren Ost und West wieder eins, zumindest auf dem Papier. Zuvor hatte man noch die Gründung des Müritz-Nationalparks beschlossen. Die drei Ostbezirke wurden wieder zu Mecklenburg-Vorpommern und – was keiner so recht erwartet hätte – Schwerin statt Rostock zur neuen Landeshauptstadt.

Für berufstätige Frauen in der DDR gab es einmal im Monat einen Haushaltstag. Im DDR-Museum in Malchow erinnern diese Konsum-Verkaufsstelle und viele andere Objekte an den Alltag im Osten.

Der Start in die neue Zeit war schwer. Das Land hatte die höchsten Arbeitslosenzahlen in Deutschland (20 %), Industrie gab es nicht, Landwirtschaft und Wirtschaft lagen darnieder, die jungen Leute wanderten in die alten Bundesländer ab. Es galt, sich neu zu organisieren: Initiativen und kleine Unternehmen entstanden, alte Gutshäuser und Schlösser wechselten ihre Besitzer und wurden wieder instand gesetzt, es gab Strukturhilfen von Bund, Land und EU. Seit 2004 sinken die Arbeitslosenzahlen wieder; Anfang 2024 lagen sie bei 8 %. Und auch die Einwohnerzahlen steigen wieder leicht, was z. T. an Heimkehrern liegt, vor allem aber an Bürgern aus den Altbundesländern, die nach der Wende hier Häuser und Wohnungen kauften, ausbauten und nun als Alterssitz nutzen. Neben Handel, Gewerbe und Landwirtschaft sind es Dienstleistungssektor und Tourismus, welche die Wirtschaft aktuell bestimmen. Und vor allem der Tourismus ist das Aushängeschild Mecklenburgs, auch wenn sich solche Slogans wie »Leben, wo andere Urlaub machen« oder »MV tut gut« nicht allein auf das Thema Urlaub beziehen. 2022 zählte das Land nahezu sechsmal mehr Besucher als Einheimische (1,28 Mio.) und hat damit fast wieder Vor-Corona-Niveau erreicht. Während der Pandemie ging Mecklenburg-Vorpommern durchaus eigene Wege, auch im Hinblick auf Nord Stream 2 und die Gründung einer Umweltstiftung – ein Kapitel, das immer noch nicht aufgeklärt ist und weiterhin für Enthüllungen und Schlagzeilen sorgt. Für die Tourismusbranche im Land ist jedoch der Arbeitskräftemangel das größte Problem, sodass mancherorts auch zu Maßnahmen wie verkürzten Öffnungszeiten, mehr Ruhetagen oder auch reduzierten Speisekarten gegriffen werden muss. Erste Hotels haben bereits geschlossen und sind auf Catering umgestiegen.

Zum Anschauen:
Landtag von Schwerin, S. 20, Schloss Ulrichshusen, S. 93, Müritz-Nationalpark, S. 127, DDR-Museum in Malchow, S. 148, Buchenwald von Serrahn, S. 201

Vom mecklenburgischen Uradel

So viele Vons und Zus — die einem bei einer Reise durch Mecklenburg, erst recht beim Besuch von Gutshäusern und Schlössern, unterkommen. Sie bildeten die Ritterschaft, welche die Geschichte Mecklenburgs auch sichtbar mitgeschrieben hat. Zur Orientierung ein kurzer Überblick über die wichtigsten Adelsfamilien Mecklenburgs.

Sterne, Theater und Mystik: von Hahn

Die von Hahns waren zeitweise nach dem Großherzog die größten Landbesitzer in Mecklenburg. Es heißt, sie hätten 99 Güter besessen und wohl noch mehr besitzen können, doch dann hätten sie mehr Steuern zahlen müssen. Von ihrem Reichtum zeugt ihr Stammsitz mit Schloss, Lenné-Park und geschlossener Dorfanlage in Basedow, Stammsitz seit 1337. Offenbar waren sie geschickte Diplomaten, denn als Ratgeber erhielten sie große Landschenkungen und gut 100 Jahre später das Amt des Erblandmarschalls. Als Krönung gab es 1802 den Grafentitel für Friedrich II., den Sterngucker von Remplin. Doch nichts ist von Dauer, denn schon der Sohn brachte als ›Theatergraf‹ einen Gutteil des Vermögens durch, sodass nachkommende Hahns Güter veräußern mussten, um ihren Lebensstandard halten zu können. Der Basedower Hauptzweig endete zwar 1951, doch gibt es bis heute einige Nebenlinien, in der ebenfalls schillernde Figuren auftauchen wie Helena Petrovna Blavatsky, geborene Helena Petrovna von Hahn-Rottenstein (1831–91), die in spiritistischen Sitzungen auftrat, sich mit Schamanismus und Voodoo-Kulten beschäftigte, Mitbegründerin der Theosophischen Gesellschaft und am Ende Buddhistin war.

Medium, Hellseherin, Okkultistin – Helena Petrovna Blavatsky spielte im 19. Jh. eine wichtige Rolle für die Entwicklung der westlichen Esoterik.

Kämpfer: von Blücher

Die Blüchers mit ihren slawischen Wurzeln stammen aus dem Boizenburger Land an der Elbe. Im Laufe der Zeit entstanden verschiedene Familienzweige, bekanntester Vertreter dürfte Feldmarschall Blücher (1742–1819) sein. Gemeinsam mit General Wellington siegte er in der Schlacht von Waterloo (1815) über Napoleon, was ihm den gräflichen Titel und die Zugehörigkeit zum deutschen Hochadel einbrachte (Blücher von Wahlstatt). Zum Dank erhielt er außerdem das nach ihm benannte Palais Blücher am Brandenburger Tor in Berlin, das 1931 von den Vereinigten Staaten erworben wurde und wo sich heute der Neubau der amerikanischen Botschaft befindet.

Komiker: von Bülow

An den von Bülows kommt man nicht vorbei. Dieser Name begegnet einem in Mecklenburg immer wieder, denn sie zählen zu den ältesten und namhaftesten Geschlechtern des mecklenburgischen Uradels, das sich mehrfach verzweigte und bis nach Dänemark und Holstein ausbreitete. In Mecklenburg besaßen sie bei Kriegsende (1945) insgesamt neun Güter mit knapp 93 km^2 Fläche, z. B. Ludorf und Solzow. Auch in Kirchenbelangen waren sie sehr aktiv, was sich daran zeigt, dass die Vorsteherin des Klosters Dobbertin mehrfach eine von Bülow war und es immer wieder Schenkungen an mecklenburgische Kirchen gab. Der uns heute bekannteste Vertreter dieses Adelsgeschlechts dürfte Vicco (eigentlich Bernhard-Viktor Christoph Carl) von Bülow (1923–2011) sein, der sich selbst Loriot nannte – das französische Wort für Pirol und das Wappentier der Bülows, auch Vogel Bülow genannt. Manch einer erinnert sich vielleicht auch noch an Claus von Bülow (1926–2019), der Anfang der 1980er-Jahre in die Schlagzeilen geriet,

Sprach gern Sinnig-Unsinniges durch seine knubbelnasigen Alter Egos – Loriot alias Vicco von Bülow.

weil seine Frau Sunny, eine reiche amerikanische Erbin (1932–2008) aus ungeklärten Gründen ins Koma gefallen war, aus dem sie nicht wieder erwachte. 1982 wurde er schuldig, drei Jahre später freigesprochen.

Literaten: von Arnim

Bettina von Arnim (1785–1859) war eine bedeutende Vertreterin der deutschen Romantik. Allerdings ist sie keine echte von Arnim, sondern entstammt der italienischen Adelsfamilie Brentano und heiratete später in die Familie ihres ›Schriftstellerkollegen‹ Achim ein. Jedoch hat sie den Namen von Arnim sehr bekannt gemacht. Die Arnims sind nach den Bülows eine der zahlenstärksten Adelsfamilien in deutschen Landen. Im 12./13. Jh. noch in der Mark Brandenburg ansässig, waren sie dann in großem Stile an der Besiedlung der Uckermark beteiligt, wo es bis 1945 viele Arnimsche Güter gab. Im Mecklenburgischen hatten sie vereinzelt Ländereien erworben; ihr Stammsitz war Schloss Boitzenburg, heute ein Kinder- und Jugendhotel.

Er war der Erste in Mecklenburg: 1816 hob Ferdinand von Maltzan die Leibeigenschaft auf seinen Gütern auf.

Treue Untertanen: von Plessen

Auf die von Plessens wird man vor allem im Nordwesten Mecklenburgs stoßen. Sie kamen aus Sachsen und waren eng mit den ersten mecklenburgischen Landesherren verbandelt. Besondere Meriten erwarben sich die Plessens, als sie die Kinder Heinrichs I. von Mecklenburg (1230–1302), genannt der Pilger, beschützten. Dieser nämlich hatte sich auf eine Pilgerreise ins Heilige Land begeben und geriet dabei in eine 27 Jahre dauernde Gefangenschaft. Sein Sohn Heinrich II. zeigte sich den Plessens gegenüber äußerst erkenntlich, machte sie nicht nur zu seinen Rittern, die den mecklenburgischen Stier in ihrem Wappen führen durften, sondern auch zu seinen Ratgebern. Sie bewiesen sich wiederum als Kriegsunternehmer für ihren Herren. Während der Reformation setzten sie sich entschieden für diese ein. Im 17. Jh. erwarben die Plessens das Gut von Ivenack, errichteten dort ein Barockschloss und später eine der besten deutschen Vollblutzuchten.

Bodenständig: von Maltzahn

Anfangs vor allem um Ratzeburg präsent, trifft man heute eher um Kummerow, Ivenack, Schorssow, Rottmannshagen und Penzlin auf die Spuren derer von Maltzahn oder auch Maltzan; deutschlandweit gibt es von ihnen mittlerweile über 50 verschiedene Linien. Durch Heirat kamen schon zu Beginn des 14. Jh. Titel und Amt des Erblandmarschalls in ihre Familie. Damit standen sie als Präsidenten den Landtagen vor, und da das Amt bis zum Ende der Monarchie 1918 von Generation zu Generation vererbt wurde, waren sie maßgeblich an der Union von 1523 (s. S. 291) beteiligt. So konnten sie sich jahrhundertelang die Privilegien der Guts- und Grundbesitzer sichern. Allerdings war es auch ein Maltzan, Ferdinand (1778–1849), der als Erster in Mecklenburg die Aufhebung der Leibeigenschaft auf seinen Gütern verkündete. Das heute bekannteste Rittergut der Maltzahns ist Schloss Ulrichshusen, das die Familie im 16. Jh. erwarb, 1945 enteignet und nach der Wende als Ruine zurückgekauft wurde. Es ist heute einer der wichtigsten und schönsten Orte der Festspiele Mecklenburg-Vorpommern. ■

D

DIE GANZE VIELFALT

Auf seiner Website (www.gutshaeuser.de) hat der Verein der Schlösser, Guts- und Ferienhäuser Mecklenburg-Vorpommerns e. V. alle Schlösser, Herren- und Gutshäuser gelistet, die es in der Region gibt und welche Familie wo Besitz hatte. Dazu auch Tipps zu Veranstaltungen, Handwerk und touristischer Nutzung.

Allens bliwwt bi'n Ollen

Wie sagte Bismarck? – »Wenn die Welt untergeht, so gehe ich nach Mecklenburg, denn dort geschieht alles 50 Jahre später.« Warum das? Und warum gibt es gerade in Mecklenburg so viele prächtige Guts- und Herrenhäuser, ja, Schlösser? Und was hat es mit dem Bauernlegen auf sich?

Wer durch Mecklenburg reist, dem fallen sofort die landwirtschaftliche Prägung sowie die Vielzahl an Gutshöfen und Herrenhäusern, Schlössern und Burgen auf, fast immer in schönster landschaftlicher Lage, zuweilen noch von einem einladenden Park umgeben. Kein anderes Bundesland weist solch eine Dichte an Prachtbauten auf – in gesamt Mecklenburg-Vorpommern sind es über 2000, von denen knapp 1100 unter Denkmalschutz stehen, ca. 300 werden touristisch genutzt. Grundbesitz und Gutswirtschaft haben die Region geprägt, ihre Besitzer ebenso.

Von Rittern zu Grund- und Gutsbesitzern

Als Heinrich der Löwe im 12. Jh. das spätere Mecklenburg eroberte, standen ihm auch einige Ritter mit ihren Soldaten treu zur Seite. Zum Dank für die Hilfe erhielten sie mehr oder weniger große Ländereien und Privilegien. Als sie und ihre Lehnsheere nicht mehr benötigt und durch Söldnertruppen ersetzt wurden, begannen die Ritter, ihre Güter selbst zu bewirtschaften. Die neuen Rittergutsbesitzer wussten ihre vom Landesherrn erhaltenen Rechte geschickt zu nutzen und auszubauen, um von diesem weitestgehend unabhängig zu sein und auf ihren Gütern nach eigenem Ermessen schalten und walten zu können. Ein genialer Schachzug war 1523, gemeinsam mit den Städten und Kirchen, der Zusammenschluss zur Landständischen Union. Das war eine Art Gewerkschaft, die in den Verhandlungen mit dem oder den Landesherrn ihre wirtschaftliche Kraft geltend machte, um weitere Rechte und Vorteile auszuhandeln – so z. B. gemeinsame Landtage und den zollfreien Warenverkehr, auch wenn das Land wieder einmal geteilt war. Außerdem handelte die Ritterschaft neben der wirtschaftlichen auch die polizeiliche und gerichtliche Hoheit über ihre Untergebenen aus. Damit konnten sie als Gutsherren nach eigenem Gutdünken schalten und walten.

Bauernlegen
Da die Rittergüter ab dem 14. Jh. sukzessive zu Gutsbetrieben wurden, zogen die Gutsherren wüst gewordenes Bauernland ein und verpflichteten ihre Bauern zur Arbeit auf ihrem Gut. Andere Bauernhöfe wurden enteignet oder aufgekauft. Anfangs geschah dies nur vereinzelt, doch mit dem Dreißigjährigen Krieg (1618–48) änderte sich die Situation in Mecklenburg grundlegend. Hier waren die Heere mehrfach durchgezogen und hatten dafür gesorgt, dass unzählige Äcker und Bauernhöfe brach lagen und sogar ganze Dörfer wüst geworden waren. Gab es bei Ausbruch des Krieges noch etwa 12 000 bewirtschaftete Bauernhöfe in Mecklenburg, so waren es bei Kriegsende nur noch 1200. Etwa ein Viertel der Höfe konnte wiederbesetzt und bewirtschaftet werden. Alles andere schlug der Landadel dem eigenen Besitz zu und verpflichtete die noch ansässigen Bauern zu zusätzlichen Frondiensten. Außerdem wurden Abgaben und bestehende Pacht stetig erhöht. So wurden die Bauern allmählich zu Leibeigenen und ihr Land zu dem der Gutsherren »gelegt« – daher der Begriff »Bauernlegen«. Als Leibeigene durften die Bauern das Land jedoch nicht mehr verlassen, auch ihre Nachgeborenen waren Gutsuntertanen und eine Heirat nur mit Einwilligung des Gutsherrn möglich. Im Gegenzug sorgte dieser im Alter und Krankheitsfall für seine Leute, das allerdings nach eigenem Gutdünken.

E

ECHTE SCHLÖSSER

Eigentlich dürften nur die Residenzen der Herzöge als Schloss bezeichnet werden. Wer jedoch etwa die Anwesen von Basedow oder Schorssow gesehen hat, wird verstehen, dass der offiziell zulässige Begriff »Herrenhaus« deren Prunk und Ausstattung keinesfalls gerecht wird. So hat sich im Laufe der Zeit für manch gutsherrschaftliches Anwesen dann doch die Bezeichnung Schloss durchgesetzt. Wer wissen will, wo die echten Schlösser von Mecklenburg stehen, schaut einfach unter www.mv-schloesser.de nach.

Feudal bis in die Neuzeit
Um 1700 verfügte der Landadel über riesige Güter – Gutskomplexe von mehr als 100 ha Größe, die mit Leibeigenen bewirtschaftet wurden. Damit besaßen sie größten wirtschaftlichen und politischen Einfluss. Das zeigte sich deutlich bei der letzten Landesteilung in Mecklenburg-Schwerin und Mecklenburg-Strelitz und dem 1755 geschlossenen Erbvertrag, bei dem die Leibeigenschaft festgeschrieben wurde. Auch nach dem Wiener Kongress (1814/15) blieb die eigentliche Macht bei der »gutsherrlichen Ritterschaft« und die Leibeigenschaft bestehen. Offiziell wurde sie zwar 1820 abgeschafft, doch de facto endete sie erst im 20. Jh. Die 1848er-Revolution weckte kurzzeitig Hoffnung, es wurde sogar eine neue progressive Verfassung für beide Mecklenburgs verabschiedet. Doch nur zwei Jahre später war es damit schon wieder vorbei, denn die sogenannten reaktionären Kräfte in Person des Großherzogs von Mecklenburg-Strelitz und vieler Vertreter des Landadels, waren immer noch stark genug, um alles wieder rückgängig zu machen. Es kam sogar noch ärger: 1852 wurde die Prügelstrafe wieder eingeführt und das Bauernlegen noch einmal um zehn Jahre verlängert. Der Dichter Reuter kommentierte dies satirisch in seiner Version der mecklenburgischen Verfassung, bestehend aus zwei Paragrafen: 1. »Allens bliwwt bi'n Ollen.« 2. »Nix war'd ännert.« Kein Wunder, dass zwischen 1850 und 1900 rund 200 000 Menschen die beiden Herzogtümer Richtung Westen und nach

Übersee verließen. Noch um 1900 befand sich knapp die Hälfte des Territoriums im Besitz der Großherzöge, allerdings gehörten an die 60 % der landwirtschaftlichen Nutzfläche adligen und zunehmend auch bürgerlichen Grundbesitzern. Beide Mecklenburgs blieben von allen deutschen Ländern die rückständigsten und reaktionärsten, was Otto von Bismarck zu seiner gern zitierten Äußerung veranlasst haben soll: »Wenn die Welt untergeht, so ziehe ich nach Mecklenburg, denn dort geschieht alles 50 Jahre später.«

Den Reichtum sichtbar machen

Andernorts, nicht in Mecklenburg, setzte die Industrialisierung ein, die Bevölkerungszahlen stiegen, und Agrarprodukte waren stark gefragt. Das spülte Gelder in die Kassen der Grundbesitzer, und den neuen Reichtum wollten diese nun auch zur Schau stellen. Die neuen Herrenhäuser spiegelten also neben der Bonität auch den Geschmack der Zeit und des Besitzers wider. In Prunk und Ausstattung stellten sie – und das durchaus gewollt – manch herzoglichen Bau in den Schatten, standen gleichzeitig aber auch in krassem Gegensatz zu den umgebenden ärmlichen Dörfern. Wer konnte, errichtete sein Anwesen also lieber etwas weiter weg und umgab es gleich noch mit einem Park oder Garten. Um diese Pracht und den damit verbundenen Lebensstil zu finanzieren, veräußerten adlige Grundbesitzer und selbst die Großherzöge das eine oder andere Gut. Unter den neuen Gutsherren waren nunmehr auch Bürgerliche und Industrielle, die alte Gutshäuser durch neue Herrenhäuser ersetzten – wie z. B. Schloss Kaarz –, und es kam zu einer wahren ›Schlösserflut‹. Mit der Pracht war es bei Kriegsende vorbei, die Grundbesitzer wurden enteignet, die Schlösser und Herrenhäuser fremdgenutzt, abgerissen oder sie zerfielen. Nach der Wende begann ein neues Kapitel … ■

Als Fritz Reuter (unten) in seinen Werken dem Landesherrn mit bissigem Humor auf die Finger klopfte und die Unzulänglichkeiten seiner Mitmenschen liebevoll in Szene setzte, war das Schloss von Güstrow (oben) schon keine Residenz mehr, sondern zum Arbeitshaus umfunktioniert worden.

Von total ruiniert zu topsaniert

Schlösser, Herren- und Gutshäuser — wurden nach dem Zweiten Weltkrieg fremdgenutzt, zerstört oder zerfielen. Mit der Wende kehrten ehemalige Besitzer zurück oder neue traten voller Tatendrang an, investierten und sanierten. Beeindruckend, was dabei entstanden ist und noch entsteht.

Beim Blick ins – hier noch marode – Treppenhaus in Ivenack wird offenbar, dass die Schlösser von Kummerow und Ivenack schwesterliche Bauten sind.

Die Anlage geht auf ein Kloster des Zisterzienserordens aus dem 13. Jh. zurück, erst nach der Reformation wurde es zu einem Gut. Das Schloss, eine barocke Dreiflügelanlage, entstand um 1800.

In der DDR war Schloss Ivenack ein Alten- und Pflegeheim, nach 1990 stand es lange leer und fiel in einen Dornröschenschlaf, bis sich der dänische Unternehmer Lars Fogh 2012 entschloss, es wach zu küssen.

Lange kündete nur das Tor von der einstigen Pracht, der Bau dahinter zerfiel. Das ändert sich gerade …

Kaum zu glauben, dass Schloss Ulrichshusen 1987 bis auf die Grundmauern niedergebrannt war, wenn man das wiederaufgebaute Schloss anschaut. Oben ist der Zwischenstand aus dem Jahr 1994 zu sehen.

Noch mehr aktuelle Reiseinformationen und News zum Reiseziel finden Sie auf www.dumontreise.de/mecklenburg-seen.

Jacqueline Christoph stammt von der Ostsee und war schon in Jugendtagen mit Segel, Rad und Paddel in der Mecklenburgischen Seenplatte unterwegs. Viele Jahre nach der Wende und einem Leben in der Fremde hat sie sich erneut auf den Weg gemacht, um das Mecklenburger Land und seine Seen wiederzuentdecken. Eine Passion, die bis heute anhält und jede Reise durch die Heimat, die Begegnungen mit Einheimischen und Zugereisten zu einem überraschenden Abenteuer werden lässt.

Abbildungsnachweis
BuK GmbH, Lübesse: S. 277 **DuMont Bildarchiv,** Ostfildern: S. 6, 7 li., 7 re., 8, 12/13, 14 li., 14 re., 15 M., 17, 24, 27, 30, 42, 46 li., 46 re., 47 M., 49, 53, 72, 77, 81 M., 81 re., 88, 96, 103, 107, 112 li., 112 re., 113 re., 115, 125, 128, 129, 137, 140, 149, 158 li., 158 re., 159 li., 161, 163, 166, 171, 175, 181, 186 li., 186 re., 187 M., 189, 205, 208, 225, 229, 252/253, 255, 257 o., 263 o., 263 u., 279, 293 o., 293 u. (Sylvia Pollex/Thomas Rötting) **Huber-Images,** Garmisch-Partenkirchen: S. 39, 61, 197 (Reinhard Schmid) **iStock.com,** Calgary (CA): S. 261 (Rocco Umbescheidt) **Jacqueline Christoph,** Berlin: S. 56, 80 li., 80 re., 85, 91, 99, 121, 200, 215, 220, 234/235, 273, 287, 303 **laif,** Köln: S. 133 (Bernd Jonkmanns); 143 (Gregor Lengler); 272 (Jörg Modrow); 47 re., 67 (Martin Kirchner); 269 (SZ Photo/Joachim Krack); 236 **Lookphotos,** München: Titelbild (Thomas Rötting) **Mauritius Images,** Mittenwald: S. 282 (Alamy/Lothar Steiner); 111 (Alamy/PjrStamps); 288, 290 (Alamy/The History Collection); 159 re., 185 (Alamy/The Picture Art Collection); 296 u. li. (Alamy/Ullrich Gnoth); 178, 296 o. li. (Hans Blossey); 257 u. (imagebroker/Bildverlag Bahnmüller); 285 (imagebroker/H.-D. Falkenstein); 2/3 (imagebroker/Hans Blossey); 258/259 (imagebroker/Uwe Kribus); 297 u. (Novarc Images/Hans P. Szyszka); 289 (Rainer Waldkirch) **picture-alliance,** Frankfurt a. M.: S. 83 (Bernd Wüstneck); 79 (dpa); 284 (imagebroker/Heinz-Dieter Falkenstein); 113 M., 152, 297 o. (ZB/Bernd Wüstneck); 294/295, 296 re. (ZB/Jens Büttner) **Shutterstock.com,** Amsterdam (NL): S. 156 (Bjoern Wylezich); 187 re., 201 (dugdax); 15 re., 45 (Konrad Weiss); 266 (Werner Spremberg)

Umschlagfoto
Titelbild: Kanufahrer auf dem Schmalen Luzin

Kartografie
© KOMPASS-Karten GmbH, A-6020 Innsbruck; DuMont Reiseverlag, D-73751 Ostfildern

Autorin: Jacqueline Christoph **Redaktion/Lektorat:** Anne Winterling, Erika E. Schmitz **Bildredaktion:** Anne Winterling, Titelbild: Carmen Brunner **Grafisches Konzept und Umschlaggestaltung:** zmyk, Oliver Griep und Jan Spading, Hamburg

Danksagung
Mein besonderer Dank geht an Susann Christoph, Petra Boeckstiegel, Simone Stabler, Antje Krüger, Stefanie Lipke, Anne Winterling und Christa Benzin, die mich auf meinen Reisen begleitet oder mich mit Geduld, Feedback und Input unterstützt haben.

Hinweis: Autorin und Verlag haben alle Informationen mit größtmöglicher Sorgfalt geprüft. Gleichwohl erfolgen alle Angaben ohne Gewähr. Bitte schreiben Sie uns! Über Ihre Rückmeldung und Ihre Verbesserungsvorschläge freuen wir uns: DuMont Reiseverlag, Postfach 3151, 73751 Ostfildern, info@dumontreise.de, www.dumontreise.de

2., aktualisierte Auflage 2024

Printed in Poland

Offene Fragen*

Leitet sich Buchstabe von Buche ab?
Seite 232

Was hat Neustrelitz mit dem Erfinder der Dachpappe zu tun?
Seite 193

Welche Ente brütet statt im Schilf lieber in einer Baumhöhle?
Seite 230

Warum liegen in der Kirche von Wesenberg Teppiche?
Seite 214

Kann ein Wisent Spitzengeschwindigkeiten von 100 km/h erreichen?
Seite 118

Was macht eigentlich ein Harzer?
Seite 63

Wer verbirgt sich hinter dem Namen »Buddelpeter«?
Seite 111

Was hat Claudia Schiffer in Mecklenburg zu suchen?
Seite 231

Wird in der Seenplatte Wein angebaut?
Seite 265

Wer ist die Sisi der Preußen und was hat sie mit Mecklenburg zu tun?
Seite 181

Warum essen Mecklenburger zu Silvester so gerne Karpfen?
Seite 33

Wer weiß, was eine WM 66 ist? ›Ossis‹ sind hier klar im Vorteil …

** Fragen über Fragen – aber Ihre ist nicht dabei? Dann schreiben Sie an info@dumontreise.de. Über Anregungen für die nächste Ausgabe freuen wir uns.*